U0901336

吕梁2018统计年鉴

吕梁市统计局　编

图书在版编目（CIP）数据

吕梁统计年鉴. 2018 / 吕梁市统计局编. -- 北京 ：中国统计出版社, 2018.9
ISBN 978-7-5037-8644-0

Ⅰ. ①吕… Ⅱ. ①吕… Ⅲ. ①统计年鉴－吕梁－2018－年鉴 Ⅳ. ①C832.254-54

中国版本图书馆 CIP 数据核字(2018)第 203335 号

吕梁统计年鉴—2018

作　　者/吕梁市统计局
责任编辑/徐　涛
责任校对/李　艳　李茹萍　刘小芳
封面设计/李　静
出版发行/中国统计出版社
通信地址/北京市丰台区西三环南路甲 6 号　邮政编码/100073
电　　话/邮购（010）63376909　书店（010）68783171
网　　址/ http://www.zgtjcbs.com/
印　　刷/河北鑫兆源印刷有限公司
经　　销/新华书店
开　　本/880mm×1230mm　1/16
字　　数/928 千字
印　　张/29
版　　别/2018 年 11 月第 1 版
版　　次/2018 年 11 月第 1 次印刷
定　　价/298.00 元

如有印装差错，由本社发行部调换。

《吕梁统计年鉴-2018》

编辑说明

一、《吕梁统计年鉴-2018》收录了全市和各县（市、区）以及各部门2017年经济、文化、社会等各方面的统计数据。

二、全书共分13个篇章，即：1.综合；2.人口、从业人员和劳动报酬；3.物价、城乡居民生活；4.财政、金融；5.能源消费与平衡；6.固定资产投资；7.农业；8.工业；9.建筑业；10.批发零售贸易和餐饮业；11.交通运输业；12.教育、卫生；13.县市篇。为方便读者使用，篇末附有《主要统计指标解释》，对统计指标的涵义、统计范围和统计方法作了简要说明。

三、本年鉴的指标口径范围，基本上以国家现行的统计报表制度为准。资料来源于统计年报，部分资料来源于抽样调查和相关部门的行政记录。

四、为便于使用，对某些指标在表下作了简要注解。凡以前发表过的统计数字与本年鉴不一致的，请以本年鉴为准。

五、本年鉴中所使用的度量衡单位，均采用国际统一标准计量单位。“空格”表示统计指标数据不详或无该项指标数据；“#”表示其中项。

目 录

第一部分 综合

第二部分 人口、从业人员和劳动报酬

第三部分 物价、城乡居民生活

第四部分 财政、金融

第五部分 能源消费与平衡

第六部分　固定资产投资

第七部分　农业

第八部分　工业

第九部分　建筑业

第十部分　批发零售贸易和餐饮业

第十一部分　交通运输业

第十二部分　教育、卫生

第十三部分　县市篇

一、综　合

资料整理：高宇飞　苏利红　冯　利

1-1 吕梁市乡级以上行政区划一览表（2018年）

地名	县(市、区)	街道办	镇	乡	社区居委会	村委会
吕梁市	13	13	81	67	232	3111
离石区(市辖区)	凤山街道办、城北街道办、滨河街道办、莲花街道办、吴城镇、田家会街道办、西属巴街道办、交口街道办、信义镇、红眼川乡、枣林乡、坪头乡(7街道办、2镇、3乡)					
文水县	凤城镇、开栅镇、南庄镇、南安镇、刘胡兰镇、下曲镇、孝义镇、南武乡、西城乡、北张乡、马西乡、西槽头乡(7镇、5乡)					
交城县	天宁镇、夏家营镇、西营镇、水峪贯镇、西社镇、庞泉沟镇、洪相乡、岭底乡、东坡底乡、会立乡(6镇、4乡)					
兴　县	蔚汾镇、魏家滩镇、瓦塘镇、康宁镇、高家村镇、罗峪口镇、蔡家会镇、交楼申乡、恶虎滩乡、东会乡、固贤乡、奥家湾乡、蔡家崖乡、贺家会乡、孟家坪乡、赵家坪乡、圪垯 上乡(7镇、10乡)					
临　县	临泉镇、白文镇、城庄镇、兔坂镇、克虎寨镇、三交镇、湍水头镇、林家坪镇、招贤镇、碛口镇、刘家会镇、丛罗峪镇、曲峪镇、木瓜坪乡、安业乡、玉坪乡、青凉市乡、石白 头乡、雷家碛乡、八堡乡、大禹乡、车赶乡、安家庄乡(13镇、10乡)					
柳林县	柳林镇、穆村镇、薛村镇、庄上镇、留誉镇、下三交镇、成家庄镇、孟门镇、李家湾乡、贾家垣乡、陈家湾乡、金家庄乡、高家沟乡、石西乡、王家沟乡(8镇、7乡)					
石楼县	灵泉镇、罗村镇、义碟镇、小蒜镇、龙交乡、和合乡、前山乡、曹家垣乡、 裴沟乡(4镇、5乡)					
岚　县	东村镇、岚城镇、普明镇、界河口镇、土峪乡、上明乡、王狮乡、梁家庄乡、顺会乡、河口乡、社科乡、大蛇头乡(4镇、8乡)					
方山县	圪洞镇、马坊镇、峪口镇、大武镇、北武当镇、积翠乡、麻地会乡(5镇、2乡)					
中阳县	宁乡镇、金罗镇、枝柯镇、武家庄镇、暖泉镇、下枣林乡、车鸣峪乡(5镇、2乡)					
交口县	水头镇、康城镇、双池镇、桃红坡镇、石口乡、回龙乡、温泉乡(4镇、3乡)					
孝义市	新义街道办、中阳楼街道办、振兴街道办、崇文街道办、兑镇镇、阳泉曲镇、下堡镇、西辛庄镇、高阳镇、梧桐镇、柱濮镇、大孝堡乡、下栅乡、驿马乡、南阳乡、杜村乡(4街道办、7镇、5乡)					
汾阳市	文峰街道办、太和桥街道办、贾家庄镇、杏花村镇、冀村镇、肖家庄镇、演武镇、三泉镇、石庄镇、杨家庄镇、峪道河镇、西河乡、阳城乡、栗家庄乡 (2街道办、9镇、3乡)					

注：资料来源于吕梁市民政局。

1-2 主要年份地区生产总值

按当年价格计算

年份	地区生产总值(万元)	第一产业	第二产业	工业	建筑业	第三产业	人均地区生产总值(元)
1980	60582	21849	25226	23780	1446	13507	242
1985	127224	41161	57337	55479	1858	28726	476
1990	264854	83263	123203	108757	14446	58388	905
1991	281353	61593	139547	126224	13323	80213	936
1992	340421	71188	170948	155108	15840	98285	1116
1993	562828	123985	295918	272011	23907	142925	1820
1994	689951	152292	349520	318309	31211	188139	2202
1995	802065	167328	416791	380565	36226	217946	2524
1996	922185	212851	464924	421712	43212	244410	2862
1997	959046	183089	504669	474442	30227	271288	2940
1998	985344	191680	477390	440280	37110	316274	2993
1999	922434	129523	431454	392228	39226	361457	2775
2000	1051801	157166	488959	441799	47160	405676	3127
2001	1149094	112568	556495	513947	42548	480031	3382
2002	1379170	181899	641161	588216	52945	556110	4023
2003	1778785	177295	955381	878497	76884	646109	5144
2004	2409653	212602	1428715	1310714	118001	768336	6907
2005	3282021	195911	2247661	2121269	126392	838449	9331
2006	4098953	197021	2753701	2593617	160084	1148231	11570
2007	5186857	254623	3530032	3349290	180742	1402202	14549
2008	6555378	265465	4584778	4428775	156003	1705135	18275
2009	6111804	377535	3853526	3693755	159771	1880743	16939
2010	8431781	437034	5722630	5552722	169908	2272117	22949
2011	11233165	482399	8059612	7844909	214703	2691154	30026
2012	12230946	549704	8616766	8383146	233620	3064476	32514
2013	12289309	640085	8207201	7948758	258443	3442023	32492
2014	11013462	687072	6847714	6614170	233544	3478676	28960
2015	9558013	540197	5440133	5212645	227488	3577683	25003
2016	9967382	536696	5566125	5335693	230432	3864561	25933
2017	13103217	568790	8252935	7980675	272260	4281492	33886

注：1. 1978—1990年的数据资料取自《山西省国民经济核算资料》(李庭钧等主编，山西经济出版社1997年版)。
2. 1991—2004年的数据为2004年第一次经济普查调整后的数据；2005—2008年的数据为2008年第二次经济普查调整后的数据；2009—2013年的数据为2013年第三次经济普查调整后的数据；2014—2017年的数据为年报数。

1-3　主要年份地区生产总值构成

单位：%

年　份	地　区 生产总值	第一产业	第二产业			第三产业
				工　业	建筑业	
1980	100.0	36.1	41.6	39.2	2.4	22.3
1985	100.0	32.3	45.1	43.6	1.5	22.6
1990	100.0	31.4	46.5	41.1	5.4	22.1
1991	100.0	21.9	49.6	44.9	4.7	28.5
1992	100.0	20.9	50.2	45.6	4.6	28.9
1993	100.0	22.0	52.6	48.3	4.3	25.4
1994	100.0	22.1	50.6	46.1	4.5	27.3
1995	100.0	20.9	51.9	47.4	4.5	27.2
1996	100.0	23.1	50.4	45.7	4.7	26.5
1997	100.0	19.1	52.6	49.5	3.1	28.3
1998	100.0	19.5	48.4	44.7	3.7	32.1
1999	100.0	14.0	46.8	42.5	4.3	39.2
2000	100.0	14.9	46.5	42.0	4.5	38.6
2001	100.0	9.8	48.4	44.7	3.7	41.8
2002	100.0	13.2	46.5	42.7	3.8	40.3
2003	100.0	10.0	53.7	49.4	4.3	36.3
2004	100.0	8.8	59.3	54.4	4.9	31.9
2005	100.0	6.0	68.5	64.6	3.9	25.5
2006	100.0	4.8	67.2	63.3	3.9	28.0
2007	100.0	4.9	68.1	64.6	3.5	27.0
2008	100.0	4.0	69.9	67.6	2.3	26.1
2009	100.0	6.2	63.0	60.4	2.6	30.8
2010	100.0	5.2	67.9	65.9	2.0	26.9
2011	100.0	4.3	71.7	69.8	1.9	24.0
2012	100.0	4.5	70.4	68.5	1.9	25.1
2013	100.0	5.2	66.8	64.7	2.1	28.0
2014	100.0	6.2	62.2	60.1	2.1	31.6
2015	100.0	5.7	56.9	54.5	2.4	37.4
2016	100.0	5.4	55.8	53.5	2.3	38.8
2017	100.0	4.3	63.0	60.9	2.1	32.7

注：1. 1978—1990年的数据资料取自《山西省国民经济核算资料》(李庭钧等主编，山西经济出版社1997年版)。
2. 1991—2004年的数据为2004年第一次经济普查调整后的数据；2005—2008年的数据为2008年第二次经济普查调整后的数据2009—2013年的数据为2013年第三次经济普查调整后的数据；2014—2017年的数据为年报数。

1-4 主要年份地区生产总值指数

上年为100

年 份	地 区 生产总值	第一产业	第二产业	工 业	建筑业	第三产业	人均地区 生产总值
1980	96.7	86.6	105.2	108.3	95.4	100.7	95.8
1985	119.5	110.9	134.1	136.3	125.2	107.6	117.9
1990	108.9	114.4	100.4	102.8	85.1	124.5	104.5
1991	92.7	71.7	100.3	100.5	98.9	118.9	91.4
1992	118.0	107.3	130.8	133.4	110.7	113.3	116.2
1993	140.4	130.3	145.3	145.6	142.3	143.8	138.7
1994	114.3	107.9	119.0	118.6	123.1	113.4	112.7
1995	110.6	93.9	118.0	118.9	110.0	113.7	109.0
1996	110.9	113.1	111.3	111.3	111.0	108.8	109.4
1997	105.0	82.8	112.5	115.8	78.9	109.7	103.8
1998	101.8	110.4	91.0	89.4	115.7	115.1	101.1
1999	98.5	70.3	100.5	100.1	104.6	111.5	97.3
2000	109.6	116.1	107.3	106.2	119.4	110.0	108.4
2001	108.7	72.3	113.2	115.7	89.1	116.7	107.7
2002	112.9	121.3	113.2	112.4	123.0	110.8	112.0
2003	113.8	93.3	120.4	118.6	140.7	111.2	112.8
2004	117.3	107.8	124.8	125.5	118.3	109.8	116.3
2005	114.4	96.9	117.6	117.8	116.1	113.4	113.5
2006	119.4	100.3	120.9	121.3	113.1	119.9	118.6
2007	116.3	100.1	117.5	118.3	104.3	116.2	115.6
2008	111.6	102.9	110.5	112.0	81.2	116.1	110.9
2009	102.3	103.7	97.8	97.6	104.3	114.0	101.7
2010	120.8	103.0	124.4	125.2	102.8	115.2	118.6
2011	113.9	104.5	115.2	115.1	121.2	112.2	111.9
2012	110.8	105.2	110.6	110.8	106.7	112.0	110.2
2013	109.5	104.1	109.5	109.5	109.7	110.2	108.9
2014	98.0	104.1	96.7	96.8	90.8	100.6	97.5
2015	95.3	92.8	92.3	92.1	99.7	102.9	94.8
2016	104.1	104.7	102.5	102.6	100.8	106.4	103.5
2017	109.2	103.1	111.0	111.1	108.0	107.5	108.5

注：1. 1978—1990年的数据资料取自《山西省国民经济核算资料》(李庭钧等主编，山西经济出版社1997年版)。
2. 1991—2004年的数据为2004年第一次经济普查调整后的数据；2005—2008年的数据为2008年第二次经济普查调整后的数据；2009—2013年的数据为2013年第三次经济普查调整后的数据；2014—2017年的数据为年报数。

1-5 支出法地区生产总值

指　　标	按当年价格计算(万元)		指数(上年=100)
	2017年	2016年	
总　　计	**13103217**	**9967382**	**109.2**
一、最终消费	6381748	4826704	108.8
居民消费	4816406	3809168	108.8
农村居民	1399150	1332131	103.6
城镇居民	3417256	2477037	111.6
政府消费	1565342	1017536	108.9
二、资本形成总额	6724901	5831298	107.7
固定资本形成总额	6293455	5537166	107.7
存货增加	431446	294132	109.2
三、货物和服务净出口	-3432	-690620	

注：2016年、2017年数据为年报数。

1-6 总产出

指　　标	按当年价格计算(万元)		指数(上年=100)
	2017年	2016年	
总　　计	**33906582**	**25761791**	**109.8**
第一产业	1058911	997936	103.3
第二产业	23750796	16486692	111.3
工　业	22456349	15393139	111.5
建筑业	1294447	1093553	108.2
第三产业	9096875	8277163	107.6
#交通运输、仓储和邮政业	1439396	1247145	115.0
批发和零售业	853718	805338	104.6
住宿和餐饮业	481580	451127	105.8

注：2016年、2017年数据为年报数。

1-7 资本形成总额

单位：万元

指　　标	2017年	2016年
总　　计	**6724901**	**5831298**
固定资本形成总额	6293455	5537166
住　宅	588005	450792
非住宅建筑物	4357330	3301254
机器和设备	1034107	1214385
其　他	303114	565649
存货增加	431446	294132
第一产业	9726	6241
第二产业	243812	183805
第三产业	177908	104086

注：2016年、2017年数据为年报数。

1-8 支出法地区生产总值构成

单位：%

指　　标	按当年价格计算	
	2017年	2016年
总　　计	**100.0**	**100.0**
一、最终消费	48.7	48.4
居民消费	36.8	38.2
农村居民	10.7	13.4
城镇居民	26.1	24.8
政府消费	11.9	10.2
二、资本形成总额	51.3	58.5
固定资本形成总额	48.0	55.6
存货增加	3.3	3.0
三、货物和服务净出口		-6.9

注：2016年、2017年数据为年报数。

1-9　地区生产总值构成项目

单位：万元

指　　标	2017年	2016年
地区生产总值	**13103217**	**9967382**
1.农、林、牧、渔业	579040	546636
2.工　业	7980675	5335693
3.建筑业	272260	230432
4.批发和零售业	535156	506028
5.交通运输、仓储和邮政业	723192	627041
6.住宿和餐饮业	192051	180382
7.信息传输、软件和信息技术服务业	395513	332361
8.金融业	696319	624702
9.房地产业	447908	399095
10.租赁和商务服务业	46978	45432
11.科学研究和技术服务业	19134	18648
12.水利、环境和公共设施管理业	18018	17123
13.居民服务、修理和其他服务业	32562	31399
14.教　育	305577	279082
15.卫生和社会工作	100660	98394
16.文化、体育和娱乐业	54525	50250
17.公共管理、社会保障和社会组织	703649	644684
第一产业	568790	536696
第二产业	8252935	5566125
第三产业	4281492	3864561

注：2016年、2017年数据为年报数。

1-10 一套表调查单位数

单位：个

年 份	总 计	工 业	建筑业	批 发 零售业	住 宿 餐饮业	房地产业	服务业	投 资
2007	777	553	82	50	21	71		
2008	736	477	87	65	29	78		
2009	626	374	86	59	29	78		
2010	950	597	87	127	51	88		
2011	970	579	93	145	59	94		
2012	1060	582	105	153	60	105	55	
2013	1132	601	106	193	69	108	55	
2014	1154	567	107	207	70	119	84	
2015	1202	538	108	197	65	124	82	88
2016	1242	471	113	192	64	124	78	200
2017	1246	453	123	203	63	106	83	215

注：1.投资从2015年开始进入一套表。
2.服务业从2013年起进入一套表。

主要统计指标解释

地区生产总值　是按市场价格计算的一个地区所有常住单位在一定时期内生产活动的最终成果。地区生产总值有三种表现形态，即价值形态、收入形态和产品形态。从价值形态看，它是所有常住单位在一定时期内所生产的全部货物和服务价值与同期投入的全部非固定资产货物和服务价值的差额，即所有常住单位的增加值之和；从收入形态看，它是所有常住单位在一定时期内所创造并分配给常住单位和非常住单位的初次分配收入之和；从产品形态看，它是最终使用的货物和服务价值与货物和服务价值净出口之和。在核算中，地区生产总值的三种表现形态表现为三种计算方法，即生产法、收入法和支出法。三种方法分别从不同的方面反映地区生产总值及其构成。

三次产业　我国的三次产业划分是：

第一产业是指农、林、牧、渔业（不含农、林、牧、渔服务业）。

第二产业是指采矿业（不含开采辅助活动），制造业（不含金属制品、机械和设备修理业），电力、热力、燃气及水生产和供应业，建筑业。

第三产业即服务业，是指除第一产业、第二产业以外的其他行业。第三产业包括：批发和零售业，交通运输、仓储和邮政业，住宿和餐饮业，信息传输、软件和信息技术服务业，金融业，房地产业，租赁和商务服务业，科学研究和技术服务业，水利、环境和公共设施管理业，居民服务、修理和其他服务业，教育，卫生和社会工作，文化、体育和娱乐业，公共管理、社会保障和社会组织，国际组织，以及农、林、牧、渔业中的农、林、牧、渔服务业，采矿业中的开采辅助活动，制造业中的金属制品、机械和设备修理业。

总产出　指一定时期内一个地区常住单位生产的所有货物和服务的价值，既包括新增价值，也包括被消耗的货物和服务价值以及固定资产的转移价值。总产出按生产者价格计算，它反映常住单位生产活动的总规模。

增加值　指常住单位生产过程创造的新增价值和固定资产的转移价值。它可以按生产法计算，也可以按收入法计算，按生产法计算，它等于总产出减去中间投入；按收入法计算，它等于劳动者报酬、生产税净额、固定资产折旧和营业盈余之和。

劳动者报酬　指劳动者因从事生产活动所获得的全部报酬。包括劳动者获得的各种形式的工资、奖金和津贴，既有货币形式的，也有实物形式的，还包括劳动者所享受的公费医疗和医药卫生费、上下班交通补贴、单位支付的社会保险费、住房公积金等。对于个体经济来说，其所有者所获得的劳动报酬和经营利润不易区分，这两部分统一作为劳动者报酬处理。

生产税净额　指生产税减生产补贴后的差额。生产税指政府对生产单位从事生产、销售和经营活动以及因从事生产活动使用某些生产要素（如固定资产、土地、劳动力）所征收的各种税、附加费和规费。生产补贴与生产税相反，指政府对生产单位的单方面转移支付，因此视为负生产税，包括政策性亏损补贴、价格补贴等。

固定资产折旧　指一定时期内为弥补固定资产损耗按照规定的固定资产折旧率提取的固定资产折旧，或按国民经济核算统一规定的折旧率虚拟计算的固定资产折旧。它反映了固定资产在当期生产中的转移价值。各类企业和企业化管理的事业单位的固定资产折旧是指实际计提的折旧费；不计提折旧的政府机关、非企业化管理的事业单位和居民住房的固定资产折旧是按照统一规定的折旧率和固定资产原值计算的虚拟折旧。原则上，固定资产折旧应按固定资产的重置价值计算，但是目前我国尚不具备对全社会固定资产进行重估价的基础，所以暂时还不能采用这种办法。

营业盈余 指常住单位创造的增加值扣除劳动者报酬、生产税净额和固定资产折旧后的余额。它相当于企业的营业利润加上生产补贴，但要扣除从利润中开支的工资和福利等。

支出法地区生产总值 指一个地区所有常住单位在一定时期内用于最终消费、资本形成总额，以及货物和服务净出口的总额，它反映本期生产的地区生产总值的使用情况。

最终消费 指常住单位在一定时期内对于货物和服务的全部最终消费支出，也就是说常住单位为满足物质、文化和精神生活的需要，从本地区经济领土和地区外购买的货物和服务的支出，不包括非常住单位在本地区经济领土内的消费支出。最终消费分为居民消费和政府消费。

居民消费 指常住住户在一定时期内对货物和服务的全部最终消费支出。它除了常住住户直接以货币形式购买货物和服务的消费之外，还包括以其他方式获得的货物和服务的消费，即单位以实物报酬及实物转移的形式提供给劳动者的货物和服务；住户生产并由住户自己消费的货物和服务，其中的服务仅指住户的自有住房服务和付酬的家庭服务；金融机构提供的金融媒介服务；保险公司提供的保险服务。

政府消费 指政府部门为全社会提供公共服务的消费支出和免费或以较低价格向住户提供的货物和服务的净支出。前者等于政府服务的产出价值减去政府单位所获得的经营收入后的价值，政府服务的产出价值等于它的经常性业务支出加上固定资产折旧；后者等于政府部门免费或以较低价格向住户提供的货物和服务的市场价值减去向住户收取的价值。

资本形成总额 指常住单位在一定时期内获得的减去处置的固定资产加存货的净变动额，包括固定资本形成总额和存货增加。

固定资本形成总额 指生产者在一定的时期内获得的固定资产减处置的固定资产的价值总额。固定资产是通过生产活动生产出来的，其使用年限在一年以上，单位价值在规定标准以上的资产，不包括自然资产。固定资本形成总额分有形固定资本形成总额和无形固定资本形成总额。有形固定资本形成总额包括一定时期内完成的建筑工程、安装工程、设备工器具购置（减处置）价值以及土地改良、新增役、种、奶、毛、娱乐用牲畜和新增经济林木价值。无形固定资本形成总额包括矿藏的勘探、计算机软件等获得减处置。

存货增加 指常住单位存货实物量变动的市场价值，即期末价值减期初价值的差额，再扣除当期由于价格变动而产生的持有收益。存货 增加可以是正值，也可以是负值；正值表示存货增加，负值表示存货减少。它包括生产单位购进的原材料、燃料和储备物资等存货，以及生产单位生产的产成品、在制品存货等。

货物和服务净出口 指货物和服务出口减货物和服务进口的差额。出口包括常住单位向非常住单位出售或无偿转让的各种货物和服务的价值；进口包括常住单位从非常住单位购买或无偿得到的各种货物和服务的价值。由于服务活动的提供与使用同时发生，因此服务的进出口业务并不发生出入境现象，一般把常住单位从国外得到的服务作为进口，常住单位向国外提供的服务作为出口。

法人单位 指有权拥有资产、承担负债，并独立从事社会经济活动（或与其他单位进行交易）的组织。

产业活动单位 指位于一个地点，从事一种或主要从事一种社会经济活动的组织或组织的一部分。

二、人口、从业人员和劳动报酬

资料整理：曹利明　吴佩佩　秦　峰　张新平

2-1　主要年份总户数、总人口数

单位：万人

年　份	总户数（万户）	总人口	按性别分		按农业非农业分(城镇乡村分)	
			男　性	女　性	非农业人口（城镇人口）	农业人口（乡村人口）
1980		250.60			22.90	227.70
1985		268.90			29.50	239.40
1990	75.41	298.20	156.07	142.14	31.60	261.60
1991	76.58	302.60	158.25	144.36	37.60	265.00
1992	78.10	307.40	160.70	146.67	38.60	268.80
1993	79.81	311.10	163.00	148.12	39.70	271.40
1994	81.44	315.50	165.37	150.15	41.80	273.70
1995	83.52	320.00	167.33	152.69	43.30	276.70
1996	85.51	324.40	169.26	155.09	45.10	279.30
1997	86.34	328.08	170.69	157.39	46.84	281.24
1998	87.50	330.42	170.60	159.86	48.36	282.06
1999	89.29	334.54	173.59	160.95	50.96	283.58
2000	91.17	338.16	176.98	164.85	75.14	263.03
2001		341.38	177.55	163.83	75.35	266.03
2002		344.25	178.94	165.31	87.08	257.17
2003		347.36	180.08	167.28	90.53	256.83
2004		350.36	182.42	167.94	94.65	255.71
2005		353.08	182.36	170.72	112.23	240.85
2006		355.44	184.61	170.83	118.10	237.34
2007		357.60	184.73	172.87	124.14	233.46
2008		359.80	187.03	172.77	128.80	231.01
2009		361.80	188.77	173.03	132.53	229.27
2010		373.05	193.55	179.50	141.44	231.61
2011		375.18	193.88	181.30	149.47	225.71
2012		377.16	195.03	182.13	156.94	220.22
2013		379.29	197.98	181.31	163.52	215.77
2014		381.31	199.23	182.08	170.34	210.97
2015		383.22	198.61	184.61	177.21	206.01
2016		385.49	201.24	184.25	184.06	201.43
2017		387.89	200.81	187.08	191.04	196.85

备注：1980年-1999年为非农业人口与农业人口，2000年-2017年为城镇人口与乡村人口

2-2 主要年份人口自然变动

单位：万人，‰

年 份	出 生		死 亡		自然增长	
	人 数	出生率	人 数	死亡率	人 数	增长率
1990	7.28	24.41	1.72	5.78	5.56	18.63
1991	5.32	17.57	1.60	5.28	3.72	12.29
1992	5.00	16.28	1.69	5.51	3.31	10.77
1993	4.64	14.90	1.64	5.27	3.00	9.63
1994	4.81	15.26	1.56	4.96	3.25	10.30
1995	4.74	14.81	1.58	4.95	3.16	9.86
1996	4.69	14.46	1.51	4.65	3.18	9.81
1997	4.73	14.41	1.69	5.14	3.04	9.27
1998	4.18	12.64	1.69	5.11	2.49	7.53
1999	4.62	13.82	1.52	4.54	3.10	9.28
2000	6.58	19.45	1.83	5.40	4.75	14.05
2001	4.82	14.13	2.00	5.85	2.83	8.28
2002	5.07	14.72	2.19	6.35	2.88	8.37
2003	4.93	14.18	1.80	5.19	3.12	8.99
2004	4.93	14.08	1.92	5.47	3.02	8.61
2005	4.81	13.61	2.08	5.88	2.73	7.73
2006	4.53	12.74	2.16	6.09	2.36	6.65
2007	4.42	12.35	2.25	6.28	2.17	6.07
2008	4.41	12.28	2.21	6.16	2.20	6.12
2009	4.21	11.67	2.22	6.15	1.99	5.52
2010	4.31	11.59	2.06	5.54	2.25	6.05
2011	4.16	11.13	2.09	5.58	2.07	5.56
2012	4.23	11.25	2.27	6.05	1.96	5.20
2013	4.31	11.40	2.18	5.77	2.13	5.63
2014	4.36	11.47	2.34	6.14	2.02	5.33
2015	4.04	10.57	2.13	5.58	1.91	5.00
2016	3.97	10.34	1.71	4.45	2.26	5.89
2017	4.30	11.12	1.90	4.91	2.40	6.21

2-3　按机构类型、行业(门类)分组的法人单位、产业活动单位数及就业人数(2016年)

单位：个，人

类　别	法　人单位数	单产业法人	多产业法人	产业活动单位数	法人单位就业人数	#女性
合　计	**37229**	**35543**	**1686**	**45565**	**808520**	**244401**
一、按机构类型分组						
企　业	21216	20765	451	24943	501248	125513
事业单位	2606	2328	278	5150	108221	59505
机　关	867	454	413	1283	42508	12523
社会团体	709	692	17	728	16648	6547
民办非企业单位	455	454	1	454	10196	7269
其他法人	11379	10852	527	13119	129767	33082
二、按行业门类分组						
农、林、牧、渔业	9446	9435	11	9472	121857	32572
采矿业	1063	1037	26	1122	131849	16253
制造业	3262	3203	59	3366	145324	39464
电力、燃气及水的生产和供应业	295	286	9	389	9725	2586
建筑业	843	816	27	988	26588	4335
批发和零售业	7466	7306	160	8648	71127	25570
交通运输、仓储和邮政业	1193	1162	31	1644	24920	4346
住宿和餐饮业	343	335	8	393	10532	5691
信息传输、软件和信息技术服务业	608	598	10	875	8015	3205
金融业	261	209	52	1164	11349	4771
房地产业	910	899	11	969	12141	4307
租赁和商务服务业	1774	1741	33	2096	18408	5956
科学研究和技术服务业	581	572	9	766	8175	2461
水利、环境和公共设施管理业	280	278	2	355	8935	3244
居民服务、修理和其他服务业	813	801	12	916	6681	2026
教　育	1115	1016	99	1941	60826	40414
卫生和社会工作	510	421	89	2578	18326	11539
文化、体育和娱乐业	641	635	6	685	7126	2986
公共管理、社会保障和社会组织	5828	4795	1033	7310	106684	32713
国际组织						

注：其他法人包括基金会、村委会、居委会、农民专业合作社和其他组织机构

2-4 按机构类型、行业(门类)分组的法人单位、产业活动单位数及就业人数(2017年)

单位：个，人

类别	法人单位数	单产业法人	多产业法人	产业活动单位数	法人单位就业人数	#女性
合计	**49547**	**47749**	**1798**	**58717**	**894723**	**245900**
一、按机构类型分组						
企业	30542	29984	558	35017	571093	128673
事业单位	2584	2311	273	5130	101410	55058
机关	874	457	417	1269	40171	11873
社会团体	753	738	15	776	18448	6968
民办非企业单位	520	518	2	518	11357	7764
其他法人	14274	13741	533	16007	152244	35564
二、按行业门类分组						
农、林、牧、渔业	12615	12599	16	12658	146451	35276
采矿业	1232	1203	29	1301	137988	16700
制造业	4154	4080	74	4282	167273	36879
电力、燃气及水的生产和供应业	409	397	12	514	10410	2495
建筑业	1289	1252	37	1486	28657	4661
批发和零售业	11405	11207	198	12818	88751	26932
交通运输、仓储和邮政业	1886	1846	40	2427	29917	5407
住宿和餐饮业	435	424	11	486	11103	5773
信息传输、软件和信息技术服务业	1068	1054	14	1392	10790	3813
金融业	279	223	56	1244	10432	4246
房地产业	1208	1194	14	1289	13313	4433
租赁和商务服务业	2737	2695	42	3222	22148	6751
科学研究和技术服务业	958	945	13	1181	10593	3021
水利、环境和公共设施管理业	554	548	6	627	11570	3682
居民服务、修理和其他服务业	748	739	9	814	5404	1589
教育	1289	1182	107	2117	64069	41330
卫生和社会工作	577	488	89	2662	15999	9623
文化、体育和娱乐业	846	835	11	896	7990	2865
公共管理、社会保障和社会组织	5858	4838	1020	7301	101865	30424
国际组织						

注：其他法人包括基金会、村委会、居委会、农民专业合作社和其他组织机构

2-5 按登记注册类型分组的法人单位、产业活动单位数及就业人数(2016年)

单位：个，人

登记注册类型	法人单位数			产业活动单位数	法人单位就业人数	
		单产业法人	多产业法人			#女性
合 计	**37229**	**35543**	**1686**	**45565**	**808520**	**244401**
内 资	**37196**	**35513**	**1683**	**45576**	**794206**	**240852**
国 有	4045	3296	749	7865	176926	81273
集 体	324	293	31	1010	21303	6386
股份合作	29	29		54	543	243
联 营	28	28		42	1018	471
国有联营	11	11		14	452	311
集体联营	6	6		11	186	117
国有与集体联营	5	5		9	103	17
其他联营	6	6		8	277	26
有限责任公司	2986	2865	121	3422	159599	37441
国有独资公司	70	59	11	113	25908	7982
其他有限责任公司	2916	2806	110	3309	133691	29459
股份有限公司	220	189	31	538	20591	4340
私 营	16367	16151	216	18125	253228	65852
私营独资	2476	2466	10	2655	22970	7575
私营合伙	225	225		248	3497	871
私营有限责任公司	11952	11768	184	13309	214570	55028
私营股份有限公司	1714	1692	22	1913	12191	2378
其他内资	13197	12662	535	14520	160998	44846
港澳台商投资	**16**	**14**	**2**	**42**	**5420**	**1731**
与港澳台商合资经营	6	6		13	1778	382
与港澳台商合作经营	1	1		2	1129	124
港澳台商独资	7	6	1	23	2188	1022
港澳台商投资股份有限公司	2	1	1	3	325	203
其他港、澳、台商投资				1		
外商投资	**20**	**18**	**2**	**59**	**8962**	**1856**
中外合资经营	12	11	1	16	6881	926
中外合作经营						
外资企业	5	5		35	956	121
外商投资股份有限公司	1	1		7	9	2
其他外商投资	2	1	1	1	1116	807

2-6 按登记注册类型分组的法人单位、产业活动单位数及就业人数(2017年)

单位：个，人

登记注册类型	法人单位数	单产业法人	多产业法人	产业活动单位数	法人单位就业人数	#女性
合计	**49547**	**47749**	**1798**	**58717**	**894723**	**245900**
内资	**49486**	**47694**	**1792**	**58471**	**874135**	**241801**
国有	4140	3392	748	7774	168627	77308
集体	438	412	26	1155	17060	4433
股份合作	21	18	3	71	1156	316
联营	25	25		33	816	450
国有联营	9	9		12	428	304
集体联营	5	5		6	167	112
国有与集体联营	6	6		10	107	13
其他联营	5	5		5	114	21
有限责任公司	1680	1583	97	2336	156174	32214
国有独资公司	161	149	12	244	35139	9711
其他有限责任公司	1519	1434	85	2092	121035	22503
股份有限公司	127	102	25	615	19960	3118
私营	27708	27347	361	29926	332138	77307
私营独资	2963	2951	12	3080	23246	6514
私营合伙	214	214		225	3122	638
私营有限责任公司	24169	23828	341	26152	300054	69137
私营股份有限公司	362	354	8	469	5716	1018
其他内资	15347	14815	532	16561	178204	46655
港澳台商投资	**25**	**23**	**2**	**106**	**9021**	**1664**
与港澳台商合资经营	14	13	1	15	7089	922
与港澳台商合作经营	1	1		1	15	1
港澳台商独资	7	6	1	85	1756	718
港澳台商投资股份有限公司	2	2		3	11	3
其他港、澳、台商投资	1	1		2	150	20
外商投资	**36**	**32**	**4**	**140**	**11567**	**2435**
中外合资经营	13	12	1	18	8640	1494
中外合作经营	1	1		1	10	
外资企业	20	18	2	115	1336	169
外商投资股份有限公司	1	1		6	500	2
其他外商投资	1		1		1081	770

2-7　按行业(门类、大类)分组的企业法人单位数及就业人数(2016年)

单位：个，人

行　业	单位数	#单产业法人	就业人数	#单产业法人	#女性
合　计	**21216**	**20765**	**501248**	**397148**	**125513**
农、林、牧、渔业	1569	1560	17478	17093	4759
农　业	503	500	6207	6140	1957
林　业	328	328	4007	4007	1050
畜牧业	604	600	5992	5719	1390
渔　业	14	14	187	187	41
农、林、牧、渔服务业	120	118	1085	1040	321
采矿业	1063	1037	131849	92723	16253
煤炭开采和洗选业	683	663	122963	84966	15196
石油和天然气开采业	2	2	20	20	7
黑色金属矿采选业	65	64	2595	2474	284
有色金属矿采选业	53	50	2166	1176	241
非金属矿采选业	199	198	2786	2781	323
开采辅助活动	29	29	931	931	144
其他采矿业	32	31	388	375	58
制造业	3251	3192	145197	112774	39398
农副食品加工业	340	333	14984	9349	6792
食品制造业	124	122	2619	2518	1176
酒、饮料和精制茶制造业	226	215	19416	7693	7334
纺织业	15	15	561	561	435
纺织服装、服饰业	13	12	396	393	305
皮革、毛皮、羽毛及其制品和制鞋业	9	9	86	86	30
木材加工和木、竹、藤、棕、草制品业	29	29	552	552	305
家具制造业	20	20	176	176	50
造纸和纸制品业	26	26	506	506	309
印刷和记录媒介复制业	60	58	1891	1326	868
文教、工美、体育和娱乐用品制造业	17	17	220	220	120
石油加工、炼焦和核燃料加工业	73	69	22526	21953	4392
化学原料和化学制品制造业	252	247	11931	9991	3260
医药制造业	26	26	812	812	349
化学纤维制造业	3	3	22	22	8
橡胶和塑料制品业	98	97	1541	1433	512
非金属矿物制品业	710	695	22283	18790	4789
黑色金属冶炼和压延加工业	182	179	19383	12062	3051
有色金属冶炼和压延加工业	62	62	7851	7851	1400
金属制品业	237	236	4688	4615	869
通用设备制造业	300	298	4723	4506	899
专用设备制造业	84	81	2628	2193	820
汽车制造业	8	8	215	215	27
铁路、船舶、航空航天和其他运输设备制造业	4	4	182	182	66
电气机械和器材制造业	46	45	2544	2314	809
计算机、通信和其他电子设备制造业	2	2	54	54	24
仪器仪表制造业	12	12	104	104	22
其他制造业	204	204	1703	1703	269
废弃资源综合利用业	50	49	472	466	90
金属制品、机械和设备修理业	19	19	128	128	18
电力、热力、燃气及水生产和供应业	292	283	9699	8867	2583
电力、热力生产和供应业	147	145	6097	5817	1495
燃气生产和供应业	86	80	1755	1420	427
水的生产和供应业	59	58	1847	1630	661

2-7 续表

单位：个，人

行　业	单位数	#单产业法人	就业人数	#单产业法人	#女性
建筑业	843	816	26588	22264	4335
房屋建筑业	118	104	11605	9722	1064
土木工程建筑业	160	152	7652	5681	1679
建筑安装业	117	112	2552	2082	491
建筑装饰和其他建筑业	448	448	4779	4779	1101
批发和零售业	7454	7294	70907	61455	25511
批发业	2996	2945	31011	28030	8979
零售业	4458	4349	39896	33425	16532
交通运输、仓储和邮政业	1171	1143	24143	20165	4162
铁路运输业	30	29	1275	1271	214
道路运输业	933	918	17866	15956	3424
水上运输业	4	4	28	28	6
航空运输业	1	1	134	134	34
管道运输业	3	3	170	170	44
装卸搬运和运输代理业	112	112	1598	1598	133
仓储业	43	41	895	820	215
邮政业	45	35	2177	188	92
住宿和餐饮业	334	326	10060	9700	5407
住宿业	122	118	3255	2967	1739
餐饮业	212	208	6805	6733	3668
信息传输、软件和信息技术服务业	586	578	7695	4788	3096
电信、广播电视和卫星传输服务	37	32	3285	418	2014
互联网和相关服务	199	199	1223	1223	300
软件和信息技术服务业	350	347	3187	3147	782
金融业	248	197	10666	2385	4517
货币金融服务	105	78	6495	986	3181
资本市场服务	27	27	227	227	62
保险业	74	53	3040	777	890
其他金融业	42	39	904	395	384
房地产业	891	880	11932	11677	4218
房地产业	891	880	11932	11677	4218
租赁和商务服务业	1652	1621	16468	15209	5133
租赁业	221	221	1887	1887	365
商务服务业	1431	1400	14581	13322	4768
科学研究和技术服务业	332	326	4297	4089	1172
研究和试验发展	25	23	948	910	260
专业技术服务业	244	240	2917	2747	803
科技推广和应用服务业	63	63	432	432	109
水利、环境和公共设施管理业	157	155	2266	2169	637
水利管理业	24	24	199	199	51
生态保护和环境治理业	19	19	155	155	36
公共设施管理业	114	112	1912	1815	550
居民服务、修理和其他服务业	758	746	5613	5440	1734
居民服务业	182	178	1482	1437	631
机动车、电子产品和日用产品修理业	158	153	1203	1092	269
其他服务业	418	415	2928	2911	834
教　育	92	92	1333	1333	439
教　育	92	92	1333	1333	439
卫生和社会工作	57	56	1205	1200	736
卫　生	52	51	1109	1104	668
社会工作	5	5	96	96	68
文化、体育和娱乐业	466	463	3852	3817	1423
新闻和出版业	6	6	71	71	33
广播、电视、电影和影视录音制作业	46	46	556	556	205
文化艺术业	134	134	1574	1574	606
体　育	22	21	227	217	78
娱乐业	258	256	1424	1399	501

2-8　按行业(门类、大类)分组的企业法人单位数及就业人数(2017年)

单位：个，人

行　业	单位数	#单产业法人	就业人数	#单产业法人	#女性
合　计	**30542**	**29984**	**571093**	**451570**	**128673**
农、林、牧、渔业	2118	2106	21177	20682	5281
农　业	699	697	7598	7518	2189
林　业	401	399	4479	4456	1070
畜牧业	818	811	7243	6856	1467
渔　业	25	25	207	207	25
农、林、牧、渔服务业	175	174	1650	1645	530
采矿业	1232	1203	137988	94787	16700
煤炭开采和洗选业	765	745	128416	85593	15670
石油和天然气开采业	4	4	75	75	8
黑色金属矿采选业	90	89	2496	2396	293
有色金属矿采选业	85	81	2770	2715	211
非金属矿采选业	261	259	3582	3364	372
开采辅助活动	19	18	592	587	135
其他采矿业	8	7	57	57	11
制造业	4051	3977	166353	128432	36666
农副食品加工业	404	397	13688	7414	5576
食品制造业	159	156	2346	2236	885
酒、饮料和精制茶制造业	303	293	23607	9608	6872
纺织业	20	20	817	817	411
纺织服装、服饰业	29	28	451	448	314
皮革、毛皮、羽毛及其制品和制鞋业	17	17	270	270	160
木材加工和木、竹、藤、棕、草制品业	42	42	1249	1249	327
家具制造业	25	25	310	310	139
造纸和纸制品业	36	36	408	408	87
印刷和记录媒介复制业	76	74	2722	2190	654
文教、工美、体育和娱乐用品制造业	68	68	532	532	186
石油加工、炼焦和核燃料加工业	94	89	24021	20372	3765
化学原料和化学制品制造业	320	314	14332	12600	2791
医药制造业	32	31	1066	1063	479
化学纤维制造业	3	3	90	90	8
橡胶和塑料制品业	131	129	2178	2057	575
非金属矿物制品业	876	855	24819	21499	4667
黑色金属冶炼和压延加工业	200	197	22116	15641	2934
有色金属冶炼和压延加工业	71	71	8868	8868	1389
金属制品业	355	353	6233	5702	1259
通用设备制造业	341	337	6109	5576	983
专用设备制造业	130	127	2929	2604	713
汽车制造业	17	17	882	882	127
铁路、船舶、航空航天和其他运输设备制造业	5	5	360	360	86
电气机械和器材制造业	66	64	3188	2895	875
计算机、通信和其他电子设备制造业	8	8	341	341	74
仪器仪表制造业	17	17	132	132	29
其他制造业	106	104	1453	1432	183
废弃资源综合利用业	64	64	582	582	81
金属制品、机械和设备修理业	36	36	254	254	37
电力、热力、燃气及水生产和供应业	395	383	10064	8930	2349
电力、热力生产和供应业	234	231	6724	6422	1441
燃气生产和供应业	96	88	1654	1042	385
水的生产和供应业	65	64	1686	1466	523

2-8 续表

单位：个，人

行　业	单位数	#单产业法人	就业人数	#单产业法人	#女性
建筑业	1289	1252	28657	20294	4661
房屋建筑业	262	243	11372	7261	1368
土木工程建筑业	262	251	8994	5337	1656
建筑安装业	184	179	3348	2901	603
建筑装饰和其他建筑业	581	579	4943	4795	1034
批发和零售业	11321	11123	88189	78542	26797
批发业	4760	4710	40780	37985	9353
零售业	6561	6413	47409	40557	17444
交通运输、仓储和邮政业	1859	1822	29050	23854	5171
铁路运输业	31	30	2406	1061	382
道路运输业	1560	1541	21964	20085	3353
水上运输业	7	7	32	32	8
航空运输业	2	2	175	175	55
管道运输业	2	2	16	16	4
装卸搬运和运输代理业	157	157	1510	1510	154
仓储业	46	45	772	755	147
邮政业	54	38	2175	220	1068
住宿和餐饮业	429	418	10724	10027	5525
住宿业	143	136	3910	3380	1914
餐饮业	286	282	6814	6647	3611
信息传输、软件和信息技术服务业	1050	1037	10407	6737	3684
电信、广播电视和卫星传输服务	58	53	4410	800	2216
互联网和相关服务	362	361	1669	1659	411
软件和信息技术服务业	630	623	4328	4278	1057
金融业	268	213	9909	2374	3998
货币金融服务	145	113	6474	1181	3010
资本市场服务	34	34	352	352	76
保险业	71	48	2939	697	879
其他金融业	18	18	144	144	33
房地产业	1188	1174	13092	12911	4344
房地产业	1188	1174	13092	12911	4344
租赁和商务服务业	2609	2569	20067	19051	5888
租赁业	410	410	2531	2531	523
商务服务业	2199	2159	17536	16520	5365
科学研究和技术服务业	680	672	6646	6443	1790
研究和试验发展	49	48	804	788	266
专业技术服务业	371	367	4202	4026	1165
科技推广和应用服务业	260	257	1640	1629	359
水利、环境和公共设施管理业	323	319	4092	3967	1035
水利管理业	43	43	506	506	133
生态保护和环境治理业	44	44	264	264	58
公共设施管理业	236	232	3322	3197	844
居民服务、修理和其他服务业	712	704	4794	4694	1353
居民服务业	213	210	1324	1303	476
机动车、电子产品和日用产品修理业	241	238	1787	1722	332
其他服务业	258	256	1683	1669	545
教　育	214	213	3048	3047	996
教　育	214	213	3048	3047	996
卫生和社会工作	116	116	1622	1622	840
卫　生	79	79	1289	1289	675
社会工作	37	37	333	333	165
文化、体育和娱乐业	687	682	5209	5171	1592
新闻和出版业	4	4	25	25	9
广播、电视、电影和影视录音制作业	66	66	681	681	172
文化艺术业	229	229	2404	2404	755
体　育	39	39	303	303	86
娱乐业	349	344	1796	1758	570

2-9　主要年份从业人员年末人数

单位：万人

年　份	从业人员合　　计	在岗职工	国有单位	城镇集体单　　位	其他单位
1980	14.16	14.05	11.87	2.18	
1985	17.78	16.99	12.69	4.30	
1990	21.45	20.92	16.12	4.79	
1991	22.01	21.59	16.69	4.90	
1992	22.31	21.88	16.95	4.94	
1993	22.60	21.48	16.78	4.55	1.45
1994	22.99	22.40	17.89	4.48	0.03
1995	23.88	23.15	18.55	4.54	0.06
1996	23.46	22.59	18.63	3.81	0.15
1997	22.34	21.71	18.22	3.37	0.11
1998	20.53	19.32	15.80	2.64	0.87
1999	21.42	20.02	16.50	2.52	1.01
2000	21.25	20.18	16.92	2.23	1.03
2001	21.22	20.51	17.16	2.24	1.11
2002	21.08	20.31	16.74	2.29	1.29
2003	21.14	20.40	16.73	2.15	1.52
2004	21.79	20.89	16.95	2.12	1.82
2005	24.63	23.93	17.01	2.80	4.12
2006	27.52	26.91	20.15	2.69	4.07
2007	27.77	27.04	20.72	2.90	0.72
2008	27.81	26.62	21.25	2.76	3.80
2009	28.77	27.81	17.68	1.49	9.61
2010	30.78	29.55	18.73	1.81	10.23
2011	32.73	31.02	19.40	1.95	11.37
2012	35.33	33.63	20.31	2.90	12.12
2013	39.51	37.56	18.44	2.67	18.39
2014	37.19	34.60	17.49	2.45	14.26
2015	36.17	33.66	16.67	2.35	17.16
2016	35.19	32.74	16.88	2.17	16.14
2017	34.00	31.47	17.16	1.64	15.23

2-10 全部非私营单位从业人员(2017年)

类别	平均人数(人)				
	单位从业人员	1.在岗职工	2.劳务派遣人员	在岗劳务合计	3.其他从业人员
总计	**336987**	**311782**	**5894**	**317676**	**19311**
一、按执行会计标准类别分组					
1.企业	185684	175753	3984	179737	5947
2.事业	99328	88751	1098	89849	9479
3.机关	51409	46785	812	47597	3812
5.其他	566	493		493	73
二、按国民经济行业分组					
(一)农、林、牧、渔业	703	703		703	
(二)采矿业	79022	76955	538	77493	1529
(三)制造业	51080	50133	493	50626	454
(四)电力、热力、燃气及水生产和供应业	5667	4873	439	5312	355
(五)建筑业	6088	5477	62	5539	549
(六)批发和零售业	10800	10030	284	10314	486
(七)交通运输、仓储和邮政业	8088	6973	566	7539	549
(八)住宿和餐饮业	2611	2341	84	2425	186
(九)信息传输、软件和信息技术服务业	3811	2422	517	2939	872
(十)金融业	12591	10518	1128	11646	945
(十一)房地产业	882	870	9	879	3
(十二)租赁和商务服务业	1491	1476		1476	15
(十三)科学研究和技术服务业	959	946		946	13
(十四)水利、环境和公共设施管理业	7876	5392	9	5401	2475
(十五)居民服务、修理和其他服务业	23	22		22	1
(十六)教育	56500	53654	694	54348	2152
(十七)卫生和社会工作	13821	12675		12675	1146
(十八)文化、体育和娱乐业	3075	2861	8	2869	206
(十九)公共管理、社会保障和社会组织	71899	63461	1063	64524	7375

2-11 全部非私营单位从业人员劳动报酬(2017年)

类 别	工资总额(万元)				平均工资(元)
	从业人员工资总额	1.在岗职工工资总额	2.劳务派遣人员工资总额	3.其他从业人员工资总额	从业人员平均工资
总 计	**1982367**	**1913664**	**23351**	**45352**	**58826**
一、按执行会计标准类别分组					
1.企 业	1102497	1063238	19050	20209	59375
2.事 业	569361	548916	2212	18233	57321
3.机 关	307003	298150	2089	6763	59718
5.其 他	3507	3360		147	61958
二、按国民经济行业分组					
(一)农、林、牧、渔业	4099	4099			58300
(二)采矿业	545589	537747	2344	5498	69043
(三)制造业	255663	251969	2512	1182	50052
(四)电力、热力、燃气及水生产和供应业	29250	26022	2441	787	51614
(五)建筑业	22528	21058	186	1284	37003
(六)批发和零售业	49538	47729	727	1082	45869
(七)交通运输、仓储和邮政业	47848	41138	3650	3061	59159
(八)住宿和餐饮业	7418	6850	231	337	28411
(九)信息传输、软件和信息技术服务业	25558	17812	3778	3967	67064
(十)金融业	90431	84066	3437	2928	71822
(十一)房地产业	3038	3014	17	7	34447
(十二)租赁和商务服务业	4323	4301		23	28995
(十三)科学研究和技术服务业	5389	5361		28	56195
(十四)水利、环境和公共设施管理业	17787	13736	24	4027	22584
(十五)居民服务、修理和其他服务业	124	123		1	53870
(十六)教 育	367651	363310	1243	3099	65071
(十七)卫生和社会工作	80915	78578		2336	58545
(十八)文化、体育和娱乐业	15847	15424	28	395	51535
(十九)公共管理、社会保障和社会组织	409371	391329	2733	15309	56937

2-12 全部非私营国有单位从业人员(2017年)

类 别	平均人数(人)			
	单 位 从业人员	1.在岗职工	2.劳务 派遣人员	3.其他 从业人员
总 计	**172289**	**154671**	**3016**	**14602**
一、按隶属关系分组				
1.中 央	4943	4595	301	47
2.省、自治区、直辖市	16997	13807	979	2211
3.地 区	19464	16820	337	2307
4.县及县级以下	123666	112406	1399	9861
5.其 他	7219	7043		176
二、按执行会计标准类别分组				
1.企 业	24917	22365	1179	1373
#地 方	21132	18807	958	1367
2.事 业	95997	85535	1025	9437
#地 方	95754	85317	1024	9413
3.机 关	51231	46627	812	3792
#地 方	50302	45799	733	3770
4.民间非营利组织				
5.其 他	144	144		
三、按国民经济行业分组				
(一)农、林、牧、渔业	663	663		
(二)采矿业	176	38		138
(三)制造业	1574	1511		63
(四)电力、热力、燃气及水生产和供应业	2601	2369	45	187
(五)建筑业	1520	1494		26
(六)批发和零售业	2865	2447	196	222
(七)交通运输、仓储和邮政业	3281	2610	311	360
(八)住宿和餐饮业	1586	1525	61	
(九)信息传输、软件和信息技术服务业	728	303	350	75
(十)金融业	5958	5389	281	288
(十一)房地产业	333	325	8	
(十二)租赁和商务服务业	447	432		15
(十三)科学研究和技术服务业	959	946		13
(十四)水利、环境和公共设施管理业	6054	3581	3	2470
(十五)居民服务、修理和其他服务业	23	22		1
(十六)教 育	56349	53570	694	2085
(十七)卫生和社会工作	12314	11174		1140
(十八)文化、体育和娱乐业	2959	2811	4	144
(十九)公共管理、社会保障和社会组织	71899	63461	1063	7375

2-13　全部非私营国有单位从业人员劳动报酬(2017年)

类　别	工资总额(万元)				平均工资(元)
	从业人员工资总额	1.在岗职工工资总额	2.劳务派遣人员工资总额	3.其他从业人员工资总额	从业人员平均工资
总　计	**1004536**	**964696**	**10030**	**29810**	**58305**
一、按隶属关系分组					
1.中　央	36740	35766	865	109	74326
2.省、自治区、直辖市	107378	94951	5250	7177	63175
3.地　区	105973	100356	804	4814	54446
4.县及县级以下	709516	689158	3112	17247	57374
5.其　他	44929	44466		463	62237
二、按执行会计标准类别分组					
1.企　业	141752	130866	5935	4951	56889
#地　方	113316	103145	5237	4934	53623
2.事　业	555044	534916	2006	18122	57819
#地　方	553670	533591	2003	18077	57822
3.机　关	306668	297842	2089	6736	59860
#地　方	299675	291066	1926	6683	59575
4.民间非营利组织					
5.其　他	1073	1073			74479
三、按国民经济行业分组					
(一)农、林、牧、渔业	3922	3922			59154
(二)采矿业	1149	171		978	65307
(三)制造业	5532	5435		97	35145
(四)电力、热力、燃气及水生产和供应业	12199	11645	91	463	46901
(五)建筑业	6793	6693		100	44688
(六)批发和零售业	15194	14389	422	383	53032
(七)交通运输、仓储和邮政业	20760	16437	2124	2199	63274
(八)住宿和餐饮业	4841	4709	133		30524
(九)信息传输、软件和信息技术服务业	3996	1259	2236	501	54890
(十)金融业	44213	43021	1017	175	74207
(十一)房地产业	1294	1278	15		38847
(十二)租赁和商务服务业	2191	2168		23	49004
(十三)科学研究和技术服务业	5389	5361		28	56195
(十四)水利、环境和公共设施管理业	14466	10442	10	4015	23895
(十五)居民服务、修理和其他服务业	124	123		1	53870
(十六)教　育	367034	362830	1243	2961	65136
(十七)卫生和社会工作	70764	68437		2327	57466
(十八)文化、体育和娱乐业	15305	15049	8	249	51725
(十九)公共管理、社会保障和社会组织	409371	391329	2733	15309	56937

2-14 全部全部非私营集体单位从业人员(2017年)

类 别	平均人数(人)			
	单 位 从业人员	1.在岗职工	2.劳务 派遣人员	3.其他 从业人员
总 计	**16044**	**14492**	**876**	**676**
一、按执行会计标准类别分组				
1.企 业	12380	10969	803	608
2.事 业	3190	3075	73	42
3.机 关	178	158		20
4.民间非营利组织				
5.其 他	296	290		6
二、按国民经济行业分组				
(一)农、林、牧、渔业	40	40		
(二)采矿业	5028	4624		404
(三)制造业	925	851	8	66
(四)电力、热力、燃气及水生产和供应业	231	231		
(五)建筑业	403	339	20	44
(六)批发和零售业	1693	1622	26	45
(七)交通运输、仓储和邮政业	57	56		1
(八)住宿和餐饮业	139	133	2	4
(九)信息传输、软件和信息技术服务业	68	56	9	3
(十)金融业	4261	3347	811	103
(十一)房地产业	80	80		
(十二)租赁和商务服务业	6	6		
(十三)科学研究和技术服务业				
(十四)水利、环境和公共设施管理业	1542	1542		
(十五)居民服务、修理和其他服务业				
(十六)教 育	25	25		
(十七)卫生和社会工作	1507	1501		6
(十八)文化、体育和娱乐业	39	39		
(十九)公共管理、社会保障和社会组织				

2-15　全部非私营集体单位从业人员劳动报酬(2017年)

类　别	工资总额(万元)				平均工资(元)
	从业人员工资总额	1.在岗职工工资总额	2.劳务派遣人员工资总额	3.其他从业人员工资总额	从业人员平均工资
总　计	**95180**	**91626**	**2527**	**1028**	**59325**
一、按执行会计标准类别分组					
1.企　业	79128	75927	2321	881	63916
2.事　业	13743	13427	206	110	43083
3.机　关	335	308		27	18809
4.民间非营利组织					
5.其　他	1974	1965		9	66682
二、按国民经济行业分组					
(一)农、林、牧、渔业	177	177			44150
(二)采矿业	39974	39648		326	79502
(三)制造业	4077	3957	21	100	44079
(四)电力、热力、燃气及水生产和供应业	602	602			26078
(五)建筑业	1674	1507	71	96	41531
(六)批发和零售业	1905	1802	42	62	11253
(七)交通运输、仓储和邮政业	163	162		1	28649
(八)住宿和餐饮业	313	291	12	10	22504
(九)信息传输、软件和信息技术服务业	261	233	21	6	38338
(十)金融业	32674	29896	2360	418	76681
(十一)房地产业	118	118			14788
(十二)租赁和商务服务业	18	18			30333
(十三)科学研究和技术服务业					
(十四)水利、环境和公共设施管理业	2630	2630			17057
(十五)居民服务、修理和其他服务业					
(十六)教　育	156	156			62560
(十七)卫生和社会工作	10151	10142		9	67357
(十八)文化、体育和娱乐业	287	287			73615
(十九)公共管理、社会保障和社会组织					

2-16 全部非私营其他单位从业人员(2017年)

类 别	平均人数(人)			
	单 位 从业人员	1.在岗职工	2.劳务 派遣人员	3.其他 从业人员
总 计	**148654**	**142619**	**2002**	**4033**
一、按登记注册类型分组				
(一)内 资	131419	126478	1832	3109
1.股份合作	16	16		
2.联 营	579	577		2
#国有联营	550	548		2
集体联营	29	29		
3.有限责任公司	114202	110174	1671	2357
#国有独资	20769	20273	44	452
4.股份有限公司	14821	14094	161	566
5.其 他	1801	1617		184
(二)港、澳、台商投资	7942	7007	56	879
(三)外商投资	9293	9134	114	45
二、按执行会计标准类别分组				
1.企 业	148387	142419	2002	3966
2.事 业	141	141		
3.机 关				
4.民间非营利组织				
5.其 他	126	59		67
三、按国民经济行业分组				
(一)农、林、牧、渔业				
(二)采矿业	73818	72293	538	987
(三)制造业	48581	47771	485	325
(四)电力、热力、燃气及水生产和供应业	2835	2273	394	168
(五)建筑业	4165	3644	42	479
(六)批发和零售业	6242	5961	62	219
(七)交通运输、仓储和邮政业	4750	4307	255	188
(八)住宿和餐饮业	886	683	21	182
(九)信息传输、软件和信息技术服务业	3015	2063	158	794
(十)金融业	2372	1782	36	554
(十一)房地产业	469	465	1	3
(十二)租赁和商务服务业	1038	1038		
(十三)科学研究和技术服务业				
(十四)水利、环境和公共设施管理业	280	269	6	5
(十五)居民服务、修理和其他服务业				
(十六)教 育	126	59		67
(十七)卫生和社会工作				
(十八)文化、体育和娱乐业	77	11	4	62
(十九)公共管理、社会保障和社会组织				

2-17　全部非私营其他单位从业人员劳动报酬(2017年)

类　别	工资总额(万元)				平均工资(元)
	从业人员工资总额	1.在岗职工工资总额	2.劳务派遣人员工资总额	3.其他从业人员工资总额	从业人员平均工资
总　计	**882651**	**857342**	**10794**	**14515**	**59376**
一、按登记注册类型分组					
(一)内　资	775794	755907	9259	10628	59032
1.股份合作	32	32			20063
2.联　营	2123	2104		19	36672
#国有联营	1908	1889		19	34691
集体联营	215	215			74241
3.有限责任公司	664804	647421	8513	8869	58213
#国有独资	128522	127594	140	789	61882
4.股份有限公司	100414	98248	745	1421	67751
5.其　他	8421	8102		319	46757
(二)港、澳、台商投资	41142	36596	908	3638	51803
(三)外商投资	65715	64839	627	249	70715
二、按执行会计标准类别分组					
1.企　业	881617	856445	10794	14377	59413
2.事　业	574	574			40688
3.机　关					
4.民间非营利组织					
5.其　他	461	323		137	36548
三、按国民经济行业分组					
(一)农、林、牧、渔业					
(二)采矿业	504466	497928	2344	4194	68339
(三)制造业	246054	242578	2491	986	50648
(四)电力、热力、燃气及水生产和供应业	16448	13774	2350	324	58019
(五)建筑业	14062	12858	115	1088	33761
(六)批发和零售业	32439	31538	264	637	51969
(七)交通运输、仓储和邮政业	26925	24538	1526	860	56684
(八)住宿和餐饮业	2264	1851	86	327	25554
(九)信息传输、软件和信息技术服务业	21301	16320	1521	3460	70651
(十)金融业	13545	11150	60	2335	57102
(十一)房地产业	1626	1617	2	7	34676
(十二)租赁和商务服务业	2115	2115			20371
(十三)科学研究和技术服务业					
(十四)水利、环境和公共设施管理业	691	664	15	13	24689
(十五)居民服务、修理和其他服务业					
(十六)教　育	461	323		137	36548
(十七)卫生和社会工作					
(十八)文化、体育和娱乐业	255	88	21	146	33052
(十九)公共管理、社会保障和社会组织					

2-18 全部非私营企业单位从业人员(2017年)

类 别	平均人数(人)			
	单 位 从业人员	1.在岗职工	2.劳务 派遣人员	3.其他 从业人员
总 计	**185684**	**175753**	**3984**	**5947**
#国有控股	93106	88443	2233	2430
集体控股	14586	12817	775	994
按国民经济行业分组				
(一)农、林、牧、渔业	96	96		
(二)采矿业	79022	76955	538	1529
(三)制造业	51080	50133	493	454
(四)电力、热力、燃气及水生产和供应业	5507	4724	439	344
(五)建筑业	6078	5467	62	549
(六)批发和零售业	10609	9859	284	466
(七)交通运输、仓储和邮政业	6880	5818	520	542
(八)住宿和餐饮业	2611	2341	84	186
(九)信息传输、软件和信息技术服务业	3710	2333	508	869
(十)金融业	11459	9524	1037	898
(十一)房地产业	722	710	9	3
(十二)租赁和商务服务业	1056	1056		
(十三)科学研究和技术服务业	18	18		
(十四)水利、环境和公共设施管理业	283	269	6	8
(十五)居民服务、修理和其他服务业	17	17		
(十六)教 育	5021	5021		
(十七)卫生和社会工作	1148	1114		34
(十八)文化、体育和娱乐业	300	231	4	65
(十九)公共管理、社会保障和社会组织	67	67		

2-19　全部非私营企业单位从业人员劳动报酬(2017年)

类　别	工资总额(万元)				平均工资(元)
	从业人员工资总额	1.在岗职工工资总额	2.劳务派遣人员工资总额	3.其他从业人员工资总额	从业人员平均工资
总　计	**1102497**	**1063238**	**19050**	**20209**	**59375**
#国有控股	627505	605963	11539	10002	67397
集体控股	91411	87201	2371	1839	62670
按国民经济行业分组					
(一)农、林、牧、渔业	337	337			35063
(二)采矿业	545589	537747	2344	5498	69043
(三)制造业	255663	251969	2512	1182	50052
(四)电力、热力、燃气及水生产和供应业	28573	25346	2441	786	51885
(五)建筑业	22495	21025	186	1284	37010
(六)批发和零售业	49116	47334	727	1055	46297
(七)交通运输、仓储和邮政业	42492	35851	3598	3043	61762
(八)住宿和餐饮业	7418	6850	231	337	28411
(九)信息传输、软件和信息技术服务业	25107	17389	3757	3961	67674
(十)金融业	81722	75720	3201	2801	71317
(十一)房地产业	2201	2177	17	7	30485
(十二)租赁和商务服务业	2161	2161			20466
(十三)科学研究和技术服务业	67	67			37167
(十四)水利、环境和公共设施管理业	694	664	15	16	24537
(十五)居民服务、修理和其他服务业	90	90			52824
(十六)教　育	32211	32211			64153
(十七)卫生和社会工作	4915	4844		71	42814
(十八)文化、体育和娱乐业	1240	1052	21	168	41337
(十九)公共管理、社会保障和社会组织	404	404			60313

主要统计指标解释

人口数 指一定时点、一定地区范围内有生命的个人总和。

年度统计的年末人口数指每年 12 月 31 日 24 时的常住人口数。

常住人口 包括：1、住本乡（镇）街道，户口登记地在本乡（镇）街道；2、住本乡（镇）街道半年以上，户口登记地在其他乡（镇）街道；3、住本乡（镇）街道不满半年，但是已离开户口登记地半年以上；4、户口登记地在本乡（镇）街道，离开不满半年；5、住本乡（镇）街道，户口待定。6、户口登记地在本乡（镇）街道，现居住国外。

城镇人口和乡村人口 城镇人口是指居住在城镇范围内的全部常住人口；乡村人口是除上述人口以外的全部人口。

城镇包括城区和镇区。城区是指在市辖区和不设区的市中，街道办事处所辖的居民委员会地域；城市公共设施、居住设施等连接到的其他居民委员会地域和村民委员会地域。

镇区是指在城区以外的镇和其他区域，其包括镇所辖的居民委员会地域；镇的公共设施、居住设施等连接到的村民委员会地域。

出生率（又称粗出生率） 指在一定时期内（通常为一年）一定地区的出生人数与同期内平均人数（或期中人数）之比，用千分率表示。本资料中的出生率指年出生率，其计算公式为：

出生率=年出生人数/年平均人数×1000‰

式中：出生人数指活产婴儿，即胎儿脱离母体时（不管怀孕月数），有过呼吸或其他生命现象。年平均人数指年初、年底人口数的平均数，也可用年中人口数代替。

死亡率（又称粗死亡率） 指在一定时期内（通常为一年）一定地区的死亡人数与同期内平均人数（或期中人数）之比，用千分率表示。本资料中的死亡率指年死亡率，其计算公式为：

死亡率=年死亡人数/年平均人数×1000‰

人口自然增长率 指在一定时期内（通常为一年）人口自然增加数（出生人数减死亡人数）与该时期内平均人数（或期中人数）之比，用千分率表示。计算公式为：

人口自然增长率=（本年出生人数-本年死亡人数）/年平均人数×1000‰=人口出生率-人口死亡率

从业人员期末人数 指报告期末最后一日 24 时在本单位工作，并取得工资或其他形式劳动报酬的人员数。该指标为时点指标，不包括最后一日当天及以前已经与单位解除劳动合同关系的人员，是在岗职工、劳务派遣人员及其他从业人员之和。从业人员不包括：

(1)离开本单位仍保留劳动关系，并定期领取生活费的人员；

(2)利用课余时间打工的学生及在本单位实习的各类在校学生；

(3)本单位因劳务外包而使用的人员，如：建筑业整建制使用的人员。

从业人员平均人数 指报告期内（年度、季度、月度）平均拥有的从业人员数。季度或年度平均人数按单位实际月平均人数计算得到，不得用期末人数替代。

年平均人数是以 12 个月的平均人数相加之和除以 12 求得，或以 4 个季度的平均人数之和除以 4 求得。计算公式为：

$$年平均人数=\frac{报告年内12个月平均人数之和}{12}$$

或：

$$年平均人数 = \frac{报告年内4个季度平均人数之和}{4}$$

在年内新成立的单位年平均人数计算方法为：从实际开工之月起到年底的月平均人数相加除以 12 个月。计算公式为：

$$年平均人数 = \frac{开工之月平均人数 + \cdots + 12月平均人数}{12}$$

在岗职工　指在本单位工作且与本单位签订劳动合同，并由单位支付各项工资和社会保险、住房公积金的人员，以及上述人员中由于学习、病伤、产假等原因暂未工作仍由单位支付工资的人员。在岗职工还包括：

(1)应订立劳动合同而未订立劳动合同人员（如使用的农村户籍人员）；

(2)处于试用期人员；

(3)编制外招用的人员，如临时人员；

(4)派往外单位工作，但工资仍由本单位发放的人员（如挂职锻炼、外派工作等情况）。

在岗职工不包括：

(1)本单位使用的且由本单位直接支付工资的劳务派遣人员，应统计在本单位“劳务派遣人员”指标中；

(2)本单位因劳务外包而使用的人员，由承包劳务的单位统计为在岗职工。

从业人员工资总额　指根据《关于工资总额组成的规定》（1990 年 1 月 1 日国家统计局发布的一号令）进行修订，本单位在报告期内（季度或年度）直接支付给本单位全部从业人员的劳动报酬总额。包括计时工资、计件工资、奖金、津贴和补贴、加班加点工资、特殊情况下支付的工资，是在岗职工工资总额、劳务派遣人员工资总额和其他从业人员工资总额之和。

工资总额是税前工资，包括单位从个人工资中直接为其代扣或代缴的房费、水费、电费、住房公积金和社会保险基金个人缴纳部分等。

工资总额不论是计入成本的还是不计入成本的，不论是以货币形式支付的还是以实物形式支付的，均应列入工资总额的计算范围。

在岗职工工资总额　指本单位在报告期内直接支付给本单位全部在岗职工的劳动报酬总额。在岗职工工资总额由基本工资、绩效工资、工资性津贴和补贴、其他工资四部分组成。工资总额不包括病假、事假等情况的扣款。

各单位在填报在岗职工工资总额四项构成时，应根据实际情况调整对应项目；如不能确定调整项，可扣减基本工资项。

三、物价、城乡居民生活

资料整理：刘文娟　李雪竹　武海鹏

3-1　各年度各种物价总指数

上年价格=100

年　份	市政府所在地城市居民消费价格总指数	市政府所在地城市商品零售价格总指数
1996	107.0	106.4
1997	103.2	101.0
1998	98.4	96.1
1999	99.2	97.2
2000	101.7	97.9
2001	102.6	100.7
2002	101.0	99.1
2003	101.3	100.1
2004	104.5	102.5
2005	101.0	99.1
2006	102.3	100.7
2007	105.1	104.2
2008	106.3	105.0
2009	99.4	97.6
2010	103.4	103.3
2011	104.6	104.1
2012	102.6	101.8
2013	103.0	101.7
2014	101.7	100.4
2015	100.3	99.3
2016	100.6	101.0
2017	100.2	100.6

3-2 居民消费价格指数

上年价格=100

项 目	2016年	2017年
居民消费价格总指数	**100.6**	**100.2**
一、食品烟酒	**102.6**	**97.7**
1.食 品	103.3	96.6
(1)粮 食	99.3	102.6
大 米	100.0	101.9
面 粉	100.7	105.7
其他粮食	94.3	98.5
粮食制品	100.0	100.0
(2)薯 类	112.7	98.5
薯 类	112.7	98.5
(3)豆 类	96.3	100.9
干 豆	95.3	95.5
豆制品	96.5	102.0
(4)食用油	101.1	103.9
食用植物油	100.6	104.0
食用动物油	134.8	98.9
(5)菜	111.5	93.1
鲜 菜	111.8	92.5
干菜及菜制品	108.0	100.2
(6)畜肉类	112.2	90.2
猪 肉	122.0	82.7
牛 肉	98.4	103.2
羊 肉	99.0	103.9
畜肉副产品	100.2	87.9
其他畜肉及制品	105.3	99.5
(7)禽肉类	108.0	99.8
鸡	110.2	99.8
鸭	89.0	92.0
其他禽肉及制品	104.5	99.8
(8)水产品	102.0	98.2
淡水鱼	91.2	94.0
海水鱼	108.7	101.5
虾蟹类	110.6	99.5
其他水产品及制品	109.8	100.4
(9)蛋类	92.6	95.4
鸡蛋	92.3	95.1
其他蛋及制品	100.0	100.0
(10)奶 类	99.2	100.4
鲜 奶	98.4	98.8
酸 奶	100.0	100.0
奶 粉	100.0	100.0
其他奶制品	100.0	108.9
(11)干鲜瓜果类	95.0	94.7
鲜瓜果	96.3	95.2
坚 果	93.6	93.1
瓜果制品	79.7	94.2
(12)糖果糕点类	99.1	99.9
食 糖	100.0	100.0
糖 果	93.4	99.4
糕 点	100.0	100.0
其他糖果糕点	100.0	100.0
(13)调味品	100.5	99.4
食用盐	100.0	100.0

3-2　续表1

上年价格=100

项　目	2016年	2017年
酱　油	100.0	100.0
食　醋	100.0	100.0
调味酱	100.5	100.0
味　精	100.0	100.8
其他调味品	102.7	96.4
(14)其他食品类	99.7	101.5
方便食品	104.2	100.2
淀粉及制品	93.0	105.0
膨化食品	100.0	100.0
2.茶及饮料	99.6	99.9
茶　叶	100.0	100.0
固体咖啡	100.0	100.0
其他固体饮料	100.0	99.2
饮用水	100.0	99.7
果汁饮料	100.0	100.0
其他液体饮料	98.9	99.9
3.烟　酒	101.4	100.0
(1)烟　草	103.0	100.0
烟　草	103.0	100.0
(2)酒　类	98.4	100.0
白　酒	100.0	100.0
葡萄酒	100.0	100.0
啤　酒	88.4	99.7
其他酒类	100.0	100.0
4.在外餐饮	101.3	100.2
正　餐	100.3	100.5
快　餐	104.4	100.0
地方小吃	99.9	100.0
其他在外餐饮	100.0	97.7
二、衣着	**101.1**	**100.5**
1.服　装	102.1	100.6
(1)男式服装	101.8	100.6
男式西服	98.3	97.8
男式冬衣	113.5	100.0
男式夹克衫	96.0	104.1
男式毛线衣	111.2	101.5
男式运动装	99.5	99.3
男式衬衫T恤	95.2	102.7
男式裤子	98.7	98.7
男式内衣	100.2	100.5
(2)女式服装	103.0	100.6
女式外套	92.2	101.2
女式冬衣	113.9	100.5
女式毛线衣	113.2	101.1
女式运动装	99.6	101.0
女式衬衫T恤	95.3	102.0
女式裤子	100.0	100.0
女式裙子	103.1	99.6
女式内衣	98.6	99.8
(3)儿童服装	100.3	100.6
婴幼服装	100.0	99.6
儿童上衣	100.0	99.9
儿童裤子	100.0	101.1
儿童裙子	101.7	102.5

3-2 续表2

上年价格=100

项　目	2016年	2017年
2.服装材料	100.0	99.9
服装材料	100.0	99.9
3.其他衣着及配件	100.0	100.0
袜　子	100.0	100.0
帽　子	100.0	100.1
其他衣着配件	100.0	100.0
4.衣着加工服务费	100.0	100.4
衣着洗涤保养	100.0	100.6
衣着加工	100.0	100.0
5.鞋　类	98.4	100.0
(1)鞋	98.4	100.0
男　鞋	98.1	99.7
女　鞋	98.5	100.5
童　鞋	98.9	98.1
(2)鞋类加工服务	100.0	100.0
鞋类加工服务	100.0	100.0
三、居　住	**97.1**	**100.1**
1.租赁房房租	94.3	98.1
公房房租	100.0	100.0
私房房租	94.2	98.1
2.住房保养维修及管理	100.1	101.1
(1)住房装潢材料	100.0	100.6
木地板	99.2	100.2
瓷　砖	100.0	99.9
水　泥	101.1	104.4
涂　料	100.0	99.7
板　材	99.5	99.2
管　材	101.1	101.1
厨卫设备	100.0	100.0
门　窗	100.0	102.2
其他住房装潢材料	100.0	100.4
(2)物业管理费	100.4	104.2
物业管理费	100.4	104.2
(3)住房装潢维修	100.0	100.0
装潢维修费	100.0	100.0
其他住房费用	100.0	100.0
3.水电燃料	100.6	102.6
(1)水	100.0	100.0
水	100.0	100.0
(2)电	100.0	100.0
电	100.0	100.0
(3)燃　气	100.0	99.2
管道燃气	100.0	100.0
液化石油气	100.0	98.3
(4)取暖费	100.0	100.0
取暖费	100.0	100.0
(5)其他燃料	107.9	136.6
其他燃料	107.9	136.6
4.自有住房	95.0	98.6
自有住房	95.0	98.6
四、生活用品及服务	**100.1**	**101.1**
1.家具及室内装饰品	99.5	99.9

3-2　续表3

上年价格=100

项　目	2016年	2017年
(1)家　具	99.4	99.8
柜	99.9	100.1
床	97.5	99.6
桌	100.0	100.1
椅	100.0	100.0
沙　发	100.0	100.0
其他家具	99.5	98.0
(2)室内装饰品	100.6	100.8
灯　具	100.0	100.0
其他室内装饰品	101.4	101.9
2.家用器具	100.2	102.8
(1)大型家用器具	100.2	103.3
洗衣机	100.3	102.5
电冰箱(柜)	100.0	103.7
抽油烟机	100.0	103.1
空调器	101.4	108.4
热水器	100.0	104.4
炉具灶具	100.0	100.0
微波炉	100.0	99.2
其他大型家用器具	100.0	100.0
(2)小家电	100.0	100.0
厨房小家电	100.0	99.9
生活小家电	100.0	100.0
3.家用纺织品	99.9	99.4
(1)床上用品	99.8	99.7
被　子	99.4	99.1
床单被套	100.0	100.0
其他床上用品	100.0	100.0
(2)窗帘门帘	100.4	96.9
窗帘门帘	100.4	96.9
(3)其他家用纺织品	100.0	100.0
其他家用纺织品	100.0	100.0
4.家庭日用杂品	100.3	100.5
(1)洗涤卫生用品	100.1	100.6
清洗用品	100.2	101.0
清洁用具	100.0	100.0
清洁用纸	100.1	100.2
(2)厨具餐具茶具	101.1	100.8
厨　具	101.7	100.0
餐　具	100.9	102.7
茶　具	100.0	100.0
(3)家用手工工具	100.2	100.0
家用手工工具	100.2	100.0
(4)其他家庭日用杂品	100.0	100.0
配电附件	100.0	100.0
雨　具	100.0	100.0
其他日用杂品	100.0	100.0
5.个人护理用品	100.5	101.8
(1)化妆品	100.7	102.3
清洁化妆品	100.5	101.9
护肤化妆品	101.0	103.5
彩妆化妆品	100.3	99.9
化妆器具	100.0	100.0

3-2 续表4

上年价格=100

项 目	2016年	2017年
(2)其他护理用品类	100.1	100.8
清洁类护理用品	100.4	103.1
护发美发用品	100.1	99.1
护理器具	100.0	100.0
其他护理用品	99.2	96.7
6.家庭服务	100.0	100.0
家政服务	100.0	100.0
家庭维修服务	100.0	100.0
五、交通和通信	**99.1**	**100.4**
1.交　通	98.5	101.9
(1)交通工具	100.0	98.8
小型汽车	100.0	98.5
电动自行车	100.0	100.0
自行车	100.0	100.0
其他交通工具	100.0	100.0
(2)交通工具用燃料	95.3	109.4
汽　油	95.4	109.5
柴　油	97.2	110.4
其他车用能源	86.5	100.0
(3)交通工具使用和维修	100.0	102.7
停车费	100.0	100.0
车辆使用费	100.0	100.0
交通工具零配件	100.0	108.0
车辆修理与保养	100.0	100.0
(4)交通费	98.5	98.6
市内公共交通	100.0	100.0
出租汽车	100.0	100.0
飞机票	99.7	127.8
火车票	100.0	100.0
长途汽车	92.9	77.2
其他交通费	100.0	100.2
2.通　信	100.1	97.9
(1)通信工具	100.5	92.3
固定电话机	100.0	100.0
移动电话机	100.5	91.9
通信工具零配件	100.0	100.0
(2)通信服务	100.0	100.0
固定电话费	100.0	100.0
移动通信费	100.0	100.0
上网费	100.0	100.0
其他通信服务	100.0	100.0
(3)邮递服务	100.0	100.0
邮政邮寄	100.0	100.0
快递服务	100.0	100.0
六、教育文化和娱乐	**102.9**	**101.7**
1.教　育	104.5	101.7
(1)教育用品	103.9	100.2
工具书	100.0	100.0
教材	105.9	93.8
参考资料	104.9	106.3
其他教育用品	100.0	100.0
(2)教育服务	104.5	101.8
学前教育	125.1	100.2

3-2　续表5

上年价格=100

项　目	2016年	2017年
小学初中教育	103.2	107.0
高中中职教育	100.0	100.0
高等教育	100.0	100.0
课外教育	101.6	105.5
专业技能培训	100.0	100.0
2.文化娱乐	100.8	101.7
(1)文娱耐用消费品	100.2	99.8
电视机	100.4	100.3
照相机	100.0	100.0
台式计算机	100.0	100.0
笔记本平板	100.0	100.0
乐　器	100.0	100.0
音　响	100.0	100.0
其他文娱耐用消费品	101.0	95.8
(2)其他文娱用品	100.0	104.1
书报杂志	100.0	114.5
纸张文具	100.0	100.0
体育户外用品	100.0	100.0
游戏用品和玩具	100.0	100.2
园艺花卉及用品	100.0	108.4
宠物及用品	100.0	111.2
其他文化娱乐用品	100.0	100.0
(3)文化娱乐服务	100.9	102.3
电影票	100.0	100.0
景点门票	100.0	114.5
有线电视	100.0	100.0
健身活动	108.5	100.7
其他文娱服务	100.0	99.6
(4)旅　游	101.4	101.3
旅行社收费	101.6	101.5
其他旅游	100.0	100.0
七、医疗保健	**100.4**	**105.7**
1.药品及医疗器具	101.0	98.2
(1)中　药	100.7	99.2
中药材	101.4	103.0
中成药	100.3	97.3
(2)西　药	101.2	95.9
抗微生物药	93.7	89.8
消化系统用药	100.4	97.7
呼吸系统用药	105.7	94.4
解热镇痛药	97.5	97.5
抗肿瘤药	100.7	100.8
激素及影响内分泌药	102.7	98.9
心血管系统用药	106.6	94.0
血液系统用药	100.0	95.6
治疗精神障碍药	104.8	112.3
神经系统用药	102.8	95.5
消毒防腐及创伤外科用药	99.9	94.3
泌尿系统用药	100.0	94.7
维生素、矿物质类药	99.6	97.8
调节水、电解质及酸碱平衡药	100.0	96.5
(3)滋补保健品	101.0	103.9
滋补保健品	101.0	103.9

3-2 续表6

上年价格=100

项 目	2016年	2017年
(4)医疗卫生器具	100.0	100.0
医疗卫生器具	100.0	100.0
(5)保健器具	100.0	100.0
保健器具	100.0	100.0
2.医疗服务	100.0	111.2
(1)综合医疗类	100.0	133.6
一般医疗服务	100.0	147.5
一般治疗操作	100.0	120.5
护　理	100.0	172.8
其他综合医疗服务	100.0	100.0
(2)诊断类	100.0	100.0
病理学诊断	100.0	100.0
实验室诊断	100.0	100.0
影像学诊断	100.0	100.0
临床诊断	100.0	100.0
(3)治疗类	100.0	105.3
临床手术治疗	100.0	108.3
临床非手术治疗	100.0	100.0
(4)康复类	100.0	100.0
康复医疗	100.0	100.0
(5)中医医疗服务类	100.0	100.0
中医治疗	100.0	100.0
(6)其他医疗服务	100.0	100.0
其他医疗服务	100.0	100.0
八、其他用品和服务	**101.7**	**104.3**
1.其他用品类	103.0	101.9
(1)首饰手表	104.8	101.1
金饰品	114.5	99.5
银饰品	102.5	106.9
铂金饰品	90.8	97.7
手　表	99.8	101.9
(2)其他杂项用品	100.4	103.1
箱　包	100.9	100.6
母婴用品	100.0	110.1
眼　镜	100.0	100.0
2.其他服务类	100.6	106.3
(1)旅馆住宿	100.5	104.5
宾馆住宿	100.1	102.1
其他住宿	101.1	107.9
(2)美容美发洗浴	102.4	104.6
美　容	100.0	100.0
美　发	105.6	110.5
洗　浴	100.0	100.0
(3)养老服务	100.0	100.0
养老服务	100.0	100.0
(4)金融保险	100.1	108.7
金融服务	95.5	90.7
车辆保险	101.9	102.7
旅行保险	100.0	100.0
其他保险	100.0	125.0
(5)其他服务类	100.0	100.0
中介服务	100.0	100.0
其他服务	100.0	100.0

3-3　商品零售价格指数

上年价格=100

项　目	2016年	2017年
商品零售价格指数	**101.0**	**100.6**
一、食　品	**102.8**	**97.4**
1.粮　食	99.3	102.6
大　米	100.0	101.9
面　粉	100.7	105.7
其他粮食	94.3	98.5
粮食制品	100.0	100.0
2.薯　类	112.7	98.5
薯　类	112.7	98.5
3.豆　类	96.3	100.9
干　豆	95.3	95.5
豆制品	96.5	102.0
4.食用油	101.1	103.9
食用植物油	100.6	104.0
食用动物油	134.8	98.9
5.菜	111.5	93.1
鲜　菜	111.8	92.5
干菜及菜制品	108.0	100.2
6.畜肉类	112.2	90.2
猪　肉	122.0	82.7
牛　肉	98.4	103.2
羊　肉	99.0	103.9
畜肉副产品	100.2	87.9
其他畜肉及制品	105.3	99.5
7.禽肉类	108.0	99.8
鸡	110.2	99.8
鸭	89.0	92.0
其他禽肉及制品	104.5	99.8
8.水产品	102.0	98.2
淡水鱼	91.2	94.0
海水鱼	108.7	101.5
虾蟹类	110.6	99.5
其他水产品及制品	109.8	100.4
9.蛋　类	92.6	95.4
鸡　蛋	92.3	95.1
其他蛋及制品	100.0	100.0
10.奶　类	99.2	100.4
鲜　奶	98.4	98.8
酸　奶	100.0	100.0
奶　粉	100.0	100.0
其他奶制品	100.0	108.9
11.干鲜瓜果类	95.0	94.7
鲜瓜果	96.3	95.2
坚　果	93.6	93.1
瓜果制品	79.7	94.2

3-3 续表1

上年价格=100

项 目	2016年	2017年
12.糖果糕点类	99.1	99.9
食 糖	100.0	100.0
糖 果	93.4	99.4
糕 点	100.0	100.0
其他糖果糕点	100.0	100.0
13.调味品	100.5	99.4
食用盐	100.0	100.0
酱 油	100.0	100.0
食 醋	100.0	100.0
调味酱	100.5	100.0
味 精	100.0	100.8
其他调味品	102.7	96.4
14.其他食品类	99.7	101.5
方便食品	104.2	100.2
淀粉及制品	93.0	105.0
膨化食品	100.0	100.0
15.在外餐饮	101.3	100.2
正 餐	100.3	100.5
快 餐	104.4	100.0
地方小吃	99.9	100.0
其他在外餐饮	100.0	97.7
二、饮料、烟酒	**101.1**	**100.0**
1.茶及饮料	99.6	99.9
茶 叶	100.0	100.0
固体咖啡	100.0	100.0
其他固体饮料	100.0	99.2
饮用水	100.0	99.7
果汁饮料	100.0	100.0
其他液体饮料	98.9	99.9
2.烟 草	103.0	100.0
烟 草	103.0	100.0
3.酒 类	98.4	100.0
白 酒	100.0	100.0
葡萄酒	100.0	100.0
啤 酒	88.4	99.7
其他酒类	100.0	100.0
三、服装、鞋帽	**101.1**	**100.4**
1.服 装	102.1	100.6
(1)男士服装	101.8	100.6
男式西服	98.3	97.8
男式冬衣	113.5	100.0
男式夹克衫	96.0	104.1
男式毛线衣	111.2	101.5
男式运动装	99.5	99.3

3-3　续表2

上年价格=100

项　目	2016年	2017年
男式衬衫T恤	95.2	102.7
男式裤子	98.7	98.7
男式内衣	100.2	100.5
(2)女士服装	103.0	100.6
女式外套	92.2	101.2
女式冬衣	113.9	100.5
女式毛线衣	113.2	101.1
女式运动装	99.6	101.0
女式衬衫T恤	95.3	102.0
女式裤子	100.0	100.0
女式裙子	103.1	99.6
女式内衣	98.6	99.8
(3)儿童服装	100.3	100.6
婴幼服装	100.0	99.6
儿童上衣	100.0	99.9
儿童裤子	100.0	101.1
儿童裙子	101.7	102.5
2.鞋帽袜	98.6	100.0
(1)鞋	98.4	100.0
男　鞋	98.1	99.7
女　鞋	98.5	100.5
童　鞋	98.9	98.1
(2)袜　子	100.0	100.0
袜　子	100.0	100.0
(3)帽　子	100.0	100.1
帽　子	100.0	100.1
3.其他衣着配件	100.0	100.0
其他衣着配件	100.0	100.0
四、纺织品	**99.8**	**99.7**
1.服装材料	100.0	99.9
服装材料	100.0	99.9
2.床上用品	99.8	99.7
被　子	99.4	99.1
床单被套	100.0	100.0
其他床上用品	100.0	100.0
五、家用电器及音像器材	**100.3**	**101.9**
1.家庭设备	100.2	102.8
洗衣机	100.3	102.5
电冰箱(柜)	100.0	103.7
抽油烟机	100.0	103.1
空调器	101.4	108.4
热水器	100.0	104.4
炉具灶具	100.0	100.0
微波炉	100.0	99.2

3-3 续表3

上年价格=100

项　目	2016年	2017年
厨房小家电	100.0	99.9
生活小家电	100.0	100.0
其他大型家用器具	100.0	100.0
2.文娱用耐用消费品	100.5	99.4
电视机	100.4	100.3
照相机	100.0	100.0
音　响	100.0	100.0
其他文娱耐用消费品	101.0	95.8
3.专业音像器材	100.0	100.0
专业音响器材	100.0	100.0
专业声像器材	100.0	100.0
六、文化办公用品	**100.0**	**100.0**
纸张文具	100.0	100.0
台式计算机	100.0	100.0
笔记本平板	100.0	100.0
电脑附件	100.0	100.0
打印复印机	100.0	100.0
教学设备	100.0	100.0
七、日用品	**100.3**	**101.0**
1.日用百货	100.0	100.1
电动自行车	100.0	100.0
自行车	100.0	100.0
雨　具	100.0	100.0
护理器具	100.0	100.0
清洁用纸	100.1	100.2
化妆器具	100.0	100.0
2.厨具餐具茶具	101.1	100.8
厨　具	101.7	100.0
餐　具	100.9	102.7
茶　具	100.0	100.0
3.清洗用品	100.2	101.0
清洗用品	100.2	101.0
4.其他日用品	100.3	102.0
灯　具	100.0	100.0
箱　包	100.9	100.6
母婴用品	100.0	110.1
眼　镜	100.0	100.0
其他护理用品	99.2	96.7
其他日用杂品	100.0	100.0
八、体育娱乐用品	**100.0**	**102.5**
1.体育户外用品	100.0	100.0
体育户外用品	100.0	100.0
2.娱乐用品	100.0	102.8
乐　器	100.0	100.0

3-3　续表4

上年价格=100

项　目	2016年	2017年
游戏用品和玩具	100.0	100.2
园艺花卉及用品	100.0	108.4
宠物及用品	100.0	111.2
其他文化娱乐用品	100.0	100.0
九、交通、通信用品	**100.3**	**96.5**
1.交通运输机械	100.1	99.7
小型汽车	100.0	98.5
大中型客车	100.4	100.0
交通工具零配件	100.0	108.0
2.通信器材	100.4	93.4
固定电话机	100.0	100.0
移动电话机	100.5	91.9
其他通信器材	100.0	100.0
十、家　具	**99.4**	**99.8**
柜	99.9	100.1
床	97.5	99.6
桌	100.0	100.1
椅	100.0	100.0
沙　发	100.0	100.0
其他家具	99.5	98.0
十一、化妆品	**100.6**	**102.2**
清洁化妆品	100.5	101.9
护肤化妆品	101.0	103.5
彩妆化妆品	100.3	99.9
清洁类护理用品	100.4	103.1
护发美发用品	100.1	99.1
十二、金银饰品	**106.0**	**100.7**
金饰品	114.5	99.5
银饰品	102.5	106.9
铂金饰品	90.8	97.7
十三、中西药品及医疗保健用品	**101.0**	**98.2**
1.医疗卫生器具	100.0	100.0
医疗卫生器具	100.0	100.0
2.中　药	100.7	99.2
中药材	101.4	103.0
中成药	100.3	97.3
3.西　药	101.2	95.9
抗微生物药	93.7	89.8
消化系统用药	100.4	97.7
呼吸系统用药	105.7	94.4
解热镇痛药	97.5	97.5
抗肿瘤药	100.7	100.8
激素及影响内分泌药	102.7	98.9
心血管系统用药	106.6	94.0

3-3 续表5

上年价格=100

项 目	2016年	2017年
血液系统用药	100.0	95.6
治疗精神障碍药	104.8	112.3
神经系统用药	102.8	95.5
消毒防腐及创伤外科用药	99.9	94.3
泌尿系统用药	100.0	94.7
维生素、矿物质类药	99.6	97.8
调节水、电解质及酸碱平衡药	100.0	96.5
4.保健器具及用品	100.9	103.4
保健器具	100.0	100.0
滋补保健品	101.0	103.9
十四、书报杂志及电子出版物	**101.8**	**106.5**
1.教材及参考书	103.9	100.2
工具书	100.0	100.0
教 材	105.9	93.8
参考资料	104.9	106.3
其他教育用品	100.0	100.0
2.书报杂志	100.0	114.5
书报杂志	100.0	114.5
3.计算机办公软件	100.0	100.0
计算机办公软件	100.0	100.0
十五、燃 料	**99.8**	**114.7**
1.煤炭及制品	107.3	134.7
原 煤	107.5	137.0
煤制品	106.5	125.2
2.石油及制品	96.9	106.2
管道燃气	100.0	100.0
液化石油气	100.0	98.3
汽 油	95.4	109.5
柴 油	97.2	110.4
十六、建筑材料及五金电料	**100.0**	**100.4**
1.建筑装璜材料	100.0	100.6
木地板	99.2	100.2
瓷 砖	100.0	99.9
水 泥	101.1	104.4
涂 料	100.0	99.7
板 材	99.5	99.2
管 材	101.1	101.1
厨卫设备	100.0	100.0
门 窗	100.0	102.2
其他住房装潢材料	100.0	100.4
2.五金水暖	100.0	100.0
家用手工工具	100.2	100.0
配电附件	100.0	100.0
水暖器材	100.0	100.0

3-4　主要年份工业生产者价格指数

上年价格=100

年　份	工业生产者出厂价格指数	工业生产者购进价格指数
2001	98.67	101.76
2002	101.61	108.74
2003	117.04	120.09
2004	122.48	118.85
2005	107.80	110.58
2006	97.31	98.27
2007	105.65	103.73
2008	130.97	129.44
2009	92.26	97.94
2010	113.04	110.00
2011	108.48	106.90
2012	92.11	98.66
2013	90.80	96.00
2014	87.50	95.60
2015	85.00	90.70
2016	99.40	99.60
2017	134.20	116.60

3-5　工业生产者购进价格指数

上年价格=100

名　称	2016	2017
总指数	**99.6**	**116.6**
一、燃料动力类	103.7	125.4
二、黑色金属材料类	93.9	105.6
钢　材	98.4	102.8
其　他	88.8	109.3
三、有色金属材料和电线类	106.0	120.9
四、化工原料类	94.0	108.7
五、木材及纸浆类	99.5	102.4
六、建筑材料及非金属矿类	106.6	133.1
七、其他工业原材料及半成品类	99.7	98.5
八、农副产品类	91.6	95.7
九、纺织原料类	100.0	100.0

3-6 工业生产者出厂价格指数

上年价格=100

类 别	2016	2017
全部工业品	**99.4**	**134.2**
1.轻工业	94.6	98.5
以农产品为原料	94.6	98.4
以非农产品为原料	96.2	101.7
重工业	100.0	138.6
采掘工业	101.8	159.0
原料工业	99.7	137.7
加工工业	99.4	121.9
2.生产资料	99.8	137.2
采掘工业	101.8	159.0
原料工业	99.7	137.7
加工工业	98.4	118.3
生活资料	94.6	95.5
食 品	94.5	95.4
衣 着		
一般日用品	96.8	98.5
耐用消费品		
按工业部门分:		
1.冶金工业	104.4	135.0
2.电力工业	90.0	100.2
3.煤炭及炼焦工业	99.6	148.7
4.石油工业	98.1	115.1
5.化学工业	102.2	110.0
6.机械工业	92.5	101.5
7.建筑材料工业	89.9	112.0
8.森林工业		
9.食品工业	94.6	98.4
10.纺织工业		
11.缝纫工业		
12.皮革工业		
13.造纸工业		
14.文教艺术用品工业	97.7	100.0
15.其他工业	92.7	99.6

3-7　工业生产者分行业出厂价格指数

上年价格=100

行　业	2016	2017
煤炭开采和洗选业	96.3	142.6
黑色金属矿采选业	98.4	117.7
农副食品加工业	94.5	100.7
食品制造业	97.6	99.7
酒、饮料和精制茶制造业	94.3	95.1
印刷和记录媒介复制业	97.7	100.0
石油加工、炼焦和核燃料加工业	109.6	165.3
化学原料和化学制品制造业	102.4	110.5
医药制造业	96.7	98.3
橡胶和塑料制品业	100.2	101.9
非金属矿物制品业	89.9	111.8
黑色金属冶炼和压延加工业	100.6	127.8
有色金属冶炼和压延加工业	110.3	145.3
金属制品业	97.7	100.0
通用设备制造业	94.1	94.0
专用设备制造业	97.7	100.0
铁路、船舶、航空航天和其他运输设备制造业	102.9	92.3
电气机械和器材制造业	94.9	125.9
电力、热力生产和供应业	90.0	100.2
燃气生产和供应业	98.1	100.0
水的生产和供应业	96.2	98.7

注：2016年轮换基期，大类行业有变化

主要统计指标解释

居民消费价格指数 反映居民生活消费品及服务项目价格变动趋势和变动程度的相对数，采用链式拉斯贝尔公式，加权平均计算。

商品零售价格指数 反映市场商品零售价格变动趋势和变动程度的相对数，计算方法同上。

工业生产者出厂价格指数 是反映工业产品出厂价格总水平的变动趋势和程度的相对数，根据全市部分重点企业的产品出厂价格的定期调查资料，按链式拉氏公式加权计算。

工业生产者购进价格指数 是反映工业企业购进主要原材料、燃料、动力价格水平变动趋势和程度的相对数。根据全市部分重点企业主要原材料、燃料、动力购进价格的定期调查资料，按链式拉氏公式加权计算。

可支配收入 指住户在调查期内获得的、可用于最终消费支出和储蓄的总和，即调查户可以用来自由支配的收入。可支配收入既包括现金，也包括实物收入。按照收入的来源，可支配收入包含四项，分别为：工资性收入、经营净收入、财产净收入和转移净收入。计算公式为：

可支配收入 = 工资性收入 + 经营净收入 + 财产净收入 + 转移净收入

工资性收入 指就业人员通过各种途径得到的全部劳动报酬和各种福利，包括受雇于单位或个人、从事各种自由职业、兼职和零星劳动得到的全部劳动报酬和福利。

经营净收入 指住户或住户成员从事生产经营活动所获得的净收入，是全部经营收入中扣除经营费用、生产性固定资产折旧和生产税之后得到的净收入。计算公式具体为：

经营净收入 = 经营收入 - 经营费用 - 生产性固定资产折旧 - 生产税

财产净收入 指住户或住户成员将其所拥有的金融资产、住房等非金融资产和自然资源交由其他机构单位、住户或个人支配而获得的回报并扣除相关的费用之后得到的净收入。财产净收入包括利息净收入、红利收入、储蓄性保险净收益、转让承包土地经营权租金净收入、出租房屋净收入、出租其他资产净收入和自有住房折算净租金等。

转移净收入 计算公式为：转移净收入 = 转移性收入 - 转移性支出

转移性收入 指国家、单位、社会团体对住户的各种经常性转移支付和住户之间的经常性收入转移。包括政府、非行政事业单位、社会团体对居民转移的养老金或退休金、社会救济和补助、惠农补贴、政策性生活补贴、救灾款、经常性捐赠和赔偿以及报销医疗费等；住户之间的赡养收入、经常性捐赠和赔偿以及农村地区（村委会）在外（含国外）工作的本住户非常住成员寄回带回的收入等。

转移性支出 指住户对国家、单位、住户或个人的经常性或义务性转移支付。包括缴纳的税款、各项社会保障支出、赡养支出、经常性捐赠和赔偿支出以及其他经常转移支出等。

消费支出 指住户用于满足家庭日常生活消费需要的全部支出，包括用于消费品的支出和用于服务性消费的支出。根据用途不同，消费支出可划分为食品烟酒、衣着、居住、生活用品及服务、交通通信、教育文化娱乐服务、医疗保健、其他商品及服务八大类。

四、财政、金融

资料整理：冯中兵

4-1 主要年份一般公共预算收支总额

单位：万元

年 份	一般公共预算收入	一般公共预算支出
1978	5311	11722
1980	5728	11012
1985	11560	22242
1990	26636	37719
1995	33669	77234
2000	51237	131707
2001	59831	177150
2002	58459	212967
2003	79869	262333
2004	118849	346390
2005	186500	452742
2006	256741	577538
2007	383317	754600
2008	551070	1013922
2009	597196	1217730
2010	729582	1510013
2011	1005058	1897561
2012	1419491	2441281
2013	1639780	2922924
2014	1306045	2566189
2015	906798	2741687
2016	895988	2758512
2017	1387790	3150474

4-2 一般公共预算收入

单位：万元

项　　目	2016年	2017年
本年收入合计	**895988**	**1387790**
一、税收收入	**654730**	**1129140**
国内增值税	275885	584702
营业税	59198	
企业所得税	41645	124153
企业所得税退税		
个人所得税	15392	26196
资源税	93748	180991
城市维护建设税	52103	83908
房产税	24339	22369
印花税	10174	19308
城镇土地使用税	52862	53045
土地增值税	3381	4732
车船税	12832	13371
耕地占用税	5492	8689
契　税	7679	7676
烟叶税		
其他税收收入		
二、非税收入	**241258**	**258650**
专项收入	75378	92142
行政事业性收费收入	27864	43143
罚没收入	35310	34210
国有资本经营收入	34	
国有资源(资产)有偿使用收入	84672	75072
其他收入	18000	14083

4-3 一般公共预算支出

单位: 万元

项 目	2016年	2017年
本年支出合计	**2758512**	**3153750**
一、一般公共服务支出	248612	290543
二、外 交		
三、国 防	2517	2489
四、公共安全	149365	161863
五、教 育	599429	644344
六、科学技术	16646	34553
七、文化体育传媒	50114	56059
八、社会保障和就业	379277	392306
九、医疗卫生	319071	352983
十、节能环保	79011	142732
十一、城乡社区事务	154805	180502
十二、农林水事务	415496	493699
十三、交通运输	82859	110646
十四、资源勘探电力信息等事务	37066	45708
十五、商业服务业等事务	11026	21992
十六、金融监管等事务	198	825
十七、地震灾后恢复重建等事务		
十八、援助其他地区事务		
十九、国土资源气象等事务	28923	58651
二十、住房保障支出	119171	115959
二十一、粮油物资储备事务	10075	7031
二十二、国债还本付息支出		29974
二十三、其他支出	28503	15581

4-4 政府性基金收支

单位: 万元

项　　目	2016年	2017年
收入合计	**320751**	**373361**
一、政府性基金收入	110259	151862
二、上级补助收入	36100	32642
三、上年结余	73267	68661
四、债务(转贷)收入	101036	120000
五、调入资金	89	196
1.公共财政预算调入		
2.财政专户管理资金调入		
3.其他调入		
支出合计	**320751**	**373361**
一、教育支出		
二、文化体育与传媒支出	512	627
三、社会保障和就业支出	3459	3195
四、节能环保支出		
五、城乡社区支出	169961	241877
六、农林水支出	5547	791
七、交通运输支出	175	950
八、资源勘探信息等支出	404	
九、商务服务业等支出	6	232
十、其他支出	27341	27593
上解上级支出	111	110
债务还本支出	11036	
调出资金	31693	60399
年终结余	68661	33050
#本级		

4-5 金融机构本外币信贷收支

单位：万元

项 目	2016年	2017年
资金来源总计	**18946282**	**21620676**
一、各项存款	18111051	20185686
(一)境内存款	18109903	20184799
1.住户存款	2349163	14466094
2.非金融企业存款	7160041	3329093
3.广义政府存款		2373204
4.非银行业金融机构存款		16408
(二)境外存款	1148	887
二、金融债券		
三、卖出回购资产		10360
四、借款及非银行业金融机构拆入		
五、联行往来		
六、应付及暂收款	543687	687720
七、各项准备	532318	582936
八、所有者权益	351401	670515
九、其 他	-592175	-516541
资金运用总计	**18946282**	**21620676**
一、各项贷款	9509213	10358347
(一)境内贷款	9509203	10358340
1.住户贷款		2792970
2.非金融企业及机关团体贷款		756370
3.非银行业金融机构贷款		
(二)境外贷款	9	7
二、债券投资	1113357	1539051
三、股权及其他投资	810	**289406**
四、买入返售资产	317520	441300
五、存放非银行业金融机构款项		
六、联行往来	7756161	8734883
七、金银占款		
八、中央银行外汇占款		
九、应收及预付款	100685	95391
十、投资性房地产	5	5
十一、固定资产	148531	**162293**

4-6 金融机构人民币信贷收支

单位：万元

项　　目	2016年	2017年
资金来源总计	**18926810**	**21601153**
一、各项存款	18087698	20162677
(一)境内存款	18086559	20161798
1.住户存款	13270008	14447665
(1)活期存款	3911112	4252515
(2)定期及其他存款	9358895	10195150
2.非金融企业存款	2624466	3324521
(1)活期存款	1848379	2361973
(2)定期及其他存款	776087	962548
3.广义政府存款	2137938	2373204
(1)财政性存款	340656	240692
(2)机关团体存款	1797283	2132512
4.非银行业金融机构存款	54147	16408
(二)境外存款	1139	879
二、金融债券		
三、卖出回购资产		10360
四、借款及非银行业金融机构拆入		
五、联行往来(净)		
六、应付及暂收款	543569	687606
七、各项准备	532267	582878
八、所有者权益	351208	670110
#实收资本	305815	351793
九、其　他	-587942	-512478
资金运用总计	**18926810**	**21601153**
一、各项贷款	9508723	10355592
(一)境内贷款	9508714	10355586
1.住户贷款	2349143	2792904
(1)短期贷款	1458905	1722307
消费贷款	230971	401026
经营贷款	1227934	1321281
(2)中长期贷款	890238	1070597
消费贷款	589241	680221
经营贷款	300997	390376
2.非金融企业及机关团体贷款	7159571	7562682
(1)短期贷款	2913951	2864183
(2)中长期贷款	2631867	2938336
(3)票据融资	1549405	1752639
(4)融资租赁		
(5)各项垫款	64349	7524
3.非银行业金融机构贷款		
(二)境外贷款	9	7
二、债券投资	1113357	1539051
三、股权及其他投资	810	289406
四、买入返售资产	317520	441300
五、存放非银行业金融机构款项		
六、联行往来(净)	7737198	8718148
七、金银占款		
八、外汇买卖		
九、应收及预付款	100656	95357
十、投资性房地产	5	5
十一、固定资产	148531	162293

4-7　金融机构外汇信贷收支

单位：万美元

项　　目	2016年	2017年
资金来源总计	**2808**	**2988**
一、各项存款	3366	3521
(一)境内存款	3365	3520
(二)境外存款	1	1
二、金融债券		
三、卖出回购资产		
四、借款及非银行业金融机构拆入		
五、联行往来(净)		
六、应付及暂收款	17	17
七、外汇买卖	7	
八、各项准备	28	9
九、所有者权益		62
十、其　他	-610	-622
资金运用总计	**2808**	**2988**
一、各项贷款	71	422
(一)境内贷款	71	422
(二)境外贷款		
二、债券投资		
三、股权及其他投资		
四、买入返售资产		
五、存放非银行业金融机构款项		
六、联行往来(净)	2734	2561
七、应收及预付款	4	5
八、投资性房地产		
九、固定资产		

4-8 主要年份金融机构各项存贷款余额

单位：万元

年 份	存款余额	#企业存款	#储蓄存款	贷款余额	#工业贷款	#商业贷款	#农业贷款	#中长期贷 款
1978	16300	4490	3221	29475	5554	16176	7630	115
1980	26048	6925	6620	37699	6676	20537	9340	1146
1985	73636	16056	31209	85646	12762	38885	18723	6288
1990	201706	39525	132222	220229	42480	79620	42501	16028
1995	622031	86106	465384	539810	105136	120409	67610	72767
2000	1171957	152811	950505	792450	131911	117218	115281	124324
2001	1334061	176217	1076052	858886	150916	117086	126382	156208
2002	1632977	227571	1295540	993881	181369	130073	149689	192176
2003	2231776	310031	1715875	1211368	225053	121025	198242	228767
2004	2811501	385747	2124300	1396965	230523	110904	288205	233871
2005	3537484	473253	2545872	1486448	202895	90510	379294	244575
2006	4240323	608238	3033091	1746742	294919	117802	424431	288349
2007	5528342	821348	3746723	1949678	305916	110676	464540	406519
2008	7825397	1174639	5348166	1979979	283627	61599	832789	432642
2009	9171419	1489079	5953116	2634522	327049	61603	985987	777983
2010	11342797	2263332	6813930	4061113				1679817
2011	13570428		7727754	5192257				2035145
2012	15874615		9205164	7620672				3078974
2013	16035503		10319453	8030528				3255129
2014	15784456		10906445	8596013				3539539
2015	16164222	2010427	12022263	8922686				3423073
2016	18111051	2626521	13291297	9509213				3522574
2017	20185686	3329093	14466094	10358347				1070597

主要统计指标解释

一般公共预算收入　指按照现行财政体制规定列入地方预算，直接缴入地方金库的财政收入。具体由两部分组成：一是税收收入，包括增值税、企业所得税、个人所得税的地方分享部分，营业税、资源税、城市维护建设税、房产税、印花税、城镇土地使用税、土地增值税、车船税、契税、耕地占用税等；二是非税收入，包括专项收入、行政事业性收费收入、罚没收入、国有资本经营收入、国有资源（资产）有偿使用收入、其他收入等。

上划中央收入　指实行分税制财政体制后，增值税的75%部分和消费税划为中央收入，以及从2002年起实行所得税分享改革后，所得税（包括企业所得税、个人所得税）由中央分享部分，这部分收入直接缴入中央金库。根据《预算法》和财政体制规定，上划中央收入属于列入中央预算范围的收入，地方总预算中不予包括。

税收收入　反映政府税收收入。包括：增值税、营业税、企业所得税、个人所得税、城市维护建设税、房产税、印花税、城镇土地使用税、土地增值税、车船税、耕地占用税、契税、烟叶税以及其他税收收入等。

非税收入　反映政府非税收入。包括：专项收入、行政事业性收入、罚没收入、国有资本经营收入、国有资源（资产）有偿使用收入以及其他收入等。

一般公共预算支出　是指列入地方预算的财政支出，包括：一般公共服务支出、国防支出、公共安全支出、教育支出、科学技术支出、文化体育与传媒支出、社会保障和就业支出、医疗卫生与计划生育支出、节能环保支出、城乡社区支出、农林水支出、交通运输支出、资源勘探信息等支出、商业服务业等支出、金融支出、国土海洋气象等支出、住房保障支出、粮油物资储备支出、国债还本付息支出及其他支出等。其资金来源包括用地方当年财力安排的支出、上年结余、调入资金和中央一般性及专项转移支付补助收入安排的支出。

一般公共服务　反映政府提供一般公共服务的支出。具体包括人大、政协、政府办公厅（室）及相关机构、发展与改革、统计信息、财政、税收、审计、海关、人事、纪检监察、人口与计划生育、商贸、知识产权、工商行政管理、质量技术监督与检验检疫、民族、宗教、港澳台侨、档案、民主党派及工商联、群众团体事务、党委办公厅（室）其相关机构事务、组织事务、宣传事务、统战事务、对外联盟、其它共产党事务支出、其它一般公共服务支出。

公共安全支出　反映政府维护社会公共安全方面的支出。有关事务包括：武装警察、公安、国家安全、法院、司法、强制隔离戒毒、国家保密、缉私警察等。

教育支出　反映政府教育事务支出。有关事务包括：教育管理事务、学前教育、小学教育、初中教育、高中教育、高等教育、初等职业教育、中专教育、技校教育、职业高中教育、高等职业教育、成人教育、广播电视教育、留学生教育、特殊教育、进修及培训等。

科学技术支出　反映科学技术方面的支出。有关事务包括：科学技术管理事务、基础研究、应用研究、技术研究与开发、科技条件与服务、社会科学、科学技术普及、科技交流与合作等。

文化体育与传媒支出　反映政府在文化、文物、体育、广播影视、新闻出版等方面的支出。

社会保障和就业支出　反映政府在社会保障与就业方面的支出。有关事务包括：人力资源和社会保障管理事务、民政管理事务、财政对社会保险基金的补助、补充全国社会保障基金、行政事业单位离退休、企业改革补助、就业补助、抚恤、退役安置、社会福利、残疾人事业、城市居民最低生活保障、其他城市生活救助、自然灾害生活救助、农村最低生活保障、红十字事务等。

医疗卫生与计划生育支出 反映政府医疗卫生方面的支出。有关事务包括：医疗卫生管理事务、公立医院、公共卫生、基层医疗卫生机构、医疗保障、中医药、人口与计划生育事务、食品和药品监督管理事务等。

节能环保支出 反映政府节能环保支出。有关事务包括：环境保护管理事务、环境监测与监察、污染防治、自然生态保护、天然林保护、退耕还林、风沙荒漠治理、退牧还草、已垦草原退耕还草、能源节约利用、污染减排、可再生能源和资源综合利用等支出等。

城乡社区支出 反映政府城乡社区事务支出。有关事务包括：城乡社会管理事务、城乡社区规划与管理、城乡社区公共设施、城乡社区环境卫生、建设市场管理与监督等。

农林水支出 反映政府农林水事务支出。有关事务包括：农业、林业、水利、扶贫、农业综合开发等。

交通运输支出 反映交通运输和邮政业方面的支出。有关事务包括：公路水路运输、铁路运输、民用航空运输等。

资源勘探信息等支出 反映用于资源勘探、制造业、建筑业、信息等方面的支出。有关事务包括：资源勘探、制造业、建筑业、工业和信息产业监管、安全生产监管、国有资产监管、支持中小企业发展和管理支出等。

粮油物资储备支出 反映政府用于粮油物资储备方面的支出。有关事务包括：粮油事务、物资事务、能源储备、重要商品储备等。

金融支出 反映金融方面的支出。有关事务包括：金融部门行政支出、金融部门监管支出、金融发展支出、金融调控支出等。

国土海洋气象支出 反映政府用于国土资源、海洋、测绘、地震、气象等公益服务事务方面的支出。

商业服务业等支出 反映商业服务业等方面的支出。有关事务包括：商业流通事务、旅游业管理与服务支出、涉外发展服务支出等。

其他支出 反映不能划分到上述功能科目的其他政府支出。包括年初预留和其他支出。

当年可用财力 是指按照现行财政体制规定，在预算年度内可统筹安排使用的预算内资金，其来源包括当年公共财政收入、税收返还收入、下级上解收入、一般性转移支付补助，并从中扣减上解上级及补助下级的资金。当年可用财力不包括上年结余资金及中央专项转移支付补助。根据《预算法》的规定，当年支出预算应当小于或等于当年地方可用财力。

存款 企业、机关、团体或居民根据可以收回的原则，把货币资金存入银行或其他信用机构保管并取得一定利息的一种信用活动形式。根据存款对象的不同可划分：企业存款、财政存款、机关团体存款、城镇居民储蓄存款、农村存款等项目。

住户存款 银行业金融机构通过信用方式吸收的居民储蓄存款及通过其他方式吸收的由住户部门（由住户和为其服务的非营利机构组成的部门）支配的存款。其他方式吸收的存款主要有两部分：一是保证金存款；二是个人委托业务在银行沉淀资金。

非金融企业存款 银行业金融机构吸收的企业定活期存款、保证金存款、应解及临时存款以及企业委托银行业金融机构开展委托业务沉淀在银行的货币资金。

贷款 银行或其他信用机构根据必须归还的原则，按一定利率，为企业、个人等提供资金的一种信用活动形式。我国银行贷款，分流动资金贷款、农业贷款、固定资产贷款等科目。

境内贷款 银行业金融机构对非金融企业、个人、机关团体以贷款、票据贴现、垫款、押汇、福费廷等方式提供的融资总额。

住户贷款 银行业金融机构向住户部门（由住户和为其服务的非营利机构组成的部门）发放的贷款。

非金融企业及机关团体贷款 银行业金融机构向非金融企业及机关团体发放的贷款。

票据融资 银行业金融机构通过对客户持有的商业汇票、银行承兑汇票等票据进行贴现提供的融资。

五、能源消费与平衡

资料整理：高文举

5-1 能源生产、外调、使用平衡表

单位：万吨标准煤

项 目	2017年	2016年
一、资 源		
年初库存	1048.87	845.07
成品库存		
使用单位库存		
商业部门库存		
一次能源生产量	8275.91	7643.69
外省市调入量	2336.97	2065.62
回收能	57.55	67.05
二、加工转换投入产出差数	**438.59**	**337.5**
加工转换投入量	9954.31	9644.61
加工转换产出量	9515.72	8981.21
三、外调出省、出口	**8633.05**	**6354.68**
调给外省市	8633.05	6354.68
供应外贸出口		
四、终端消费	**1399.21**	**1413.34**
(一)第一产业	9.43	9.3
农林牧渔业	9.43	9.3
(二)第二产业	1233.67	1182.05
工 业	1224.13	1172.75
轻工业		
重工业		
建筑业	9.54	9.33
(三)第三产业	88.59	122.12
交通运输、仓储及邮电通讯业	47.31	71.18
批发和零售贸易业、餐饮业	19.88	22.46
其 他	21.4	28.47
(四)人民生活	67.52	99.87
城 镇	42.62	63.18
乡 村	24.9	36.69
五、损失量	**30.62**	**16.86**
#煤矿损失		
运输变电损失	30.62	16.86
六、年末库存量	**1012.46**	**1008.95**
成品库存		
使用单位库存		
商业部门库存		

5-2 煤炭生产、外调、使用平衡表

单位：万吨

项　目	2017年	2016年
一、资　源		
年初库存	1104.57	1058.88
成品库存		
使用单位库存		
商业部门库存		
一次能源生产量	10924.88	10729.71
外省市调入量	3137.25	2786.1
二、加工转换投入产出差数	**6240.71**	**5759.51**
加工转换投入量	13402.16	13327.68
加工转换产出量	7161.45	7568.17
三、外调出省、出口	**7702.31**	**7479.45**
调给外省市	7702.31	7479.45
供应外贸出口		
四、终端消费	**197.03**	**293.23**
(一)第一产业	0.03	1.29
农林牧渔业	0.03	1.29
(二)第二产业	193.97	257.59
工　业	189.77	257.59
轻工业		
重工业		
建筑业	4.20	4.67
(三)第三产业	1.53	7.33
交通运输、仓储及邮电通讯业	0.31	1.24
批发和零售贸易业、餐饮业	0.35	2.4
其　他		3.6
(四)人民生活	1.50	22.36
城　镇		3.86
乡　村	1.50	18.5
五、损失量	**.**	**0.01**
煤矿损失		0.01
运输变电损失		
六、年末库存量	**1026.66**	**1042.49**
成品库存		
使用单位库存		
商业部门库存		

5-3　焦炭生产、外调、使用平衡表

单位：万吨

项　　目	2017年	2016年
一、资　源		
年初库存	141.78	156.24
成品库存		
使用单位库存		
二、加工转换投入产出差数		
加工转换投入量		
加工转换产出量	1929.80	1741.90
三、外调出省、出口	**1769.99**	**1595.99**
调给外省市	1769.99	1595.99
供应外贸出口		
四、终端消费	**180.10**	**168.12**
(一)第一产业		
农林牧渔业		
(二)第二产业	180.10	168.12
工　业	180.10	168.12
轻工业		
重工业		
建筑业		
(三)第三产业		
交通运输、仓储及		
邮电通讯业		
批发和零售贸易业、餐饮业		
其　他		
(四)人民生活		
城　镇		
乡　村		
五、损失量		
运输变电损失		
六、年末库存量	**121.49**	**134.03**
成品库存		
使用单位库存		

5-4 电力生产、外调、使用平衡表

单位: 万千瓦小时

项　　目	2017年	2016年
一、资　源		
一次能源生产量	50400	8600
外省市调入量		
二、加工转换投入产出差数		**3097600**
加工转换投入量		5035900
加工转换产出量	1894000	1938800
三、外调出省、出口		
调给外省市		
四、终端消费	**1849900**	**1346500**
(一)第一产业	28300	10200
农林牧渔业	28300	10200
(二)第二产业	1556300	1058100
工　业	1538300	1048100
轻工业		
重工业		
建筑业	18000	10000
(三)第三产业	117800	144700
交通运输、仓储及邮电通讯业	36300	89700
批发和零售贸易业、餐饮业	27200	24000
其　他	54300	31000
(四)人民生活	147500	133500
城　镇	87300	82500
乡　村	60200	51000
五、损失量	**94500**	**239200**
运输变电损失	94500	239200

5-5　石油制品生产、外调、使用平衡表

单位: 万吨标准煤

项　　目	2017年	2016年
一、资　源		
年初库存	3.50	3.32
使用单位库存		
商业部门库存		
外省市调入量	82.06	75.13
二、加工转换投入产出差数		
加工转换投入量		
加工转换产出量	0.26	
三、外调出省、出口		
调给外省市		
四、终端消费	**54.35**	**73.79**
(一)第一产业	0.23	0.70
农林牧渔业	0.23	0.70
(二)第二产业	12.43	9.97
工　业	11.89	9.63
轻工业		
重工业		
建筑业	0.54	0.34
(三)第三产业	38.39	60.16
交通运输、仓储及邮	32.90	55.18
电通讯业		
批发和零售贸易业、餐饮业	5.46	4.96
其　他	0.03	0.02
(四)人民生活	3.30	2.96
城　镇	2.77	2.44
乡　村	0.53	0.52
五、损失量		
运输变电损失及仓储		
六、年末库存量	**30.95**	**2.39**
使用单位库存		
商业部门库存		

5-6 主要年份石油制品、焦炭消费量

单位:万吨

年 份	石油制品(标准煤)	#工业交通	#农业	焦 炭	#工业生产	#建筑
2006	60.50	57.00	3.57	339.14	338.73	
2007	59.00	55.00	4.00	375.00	375.00	
2008	65.00	61.00	4.00	243.00	243.00	
2009	69.36	67.48	1.88	220.17	219.72	
2010	77.83	74.95	2.88	222.73	222.00	
2011	83.13	80.56	2.57	190.90	190.45	
2012	47.43	46.85	0.58	199.70	199.19	
2013	72.03	71.61	0.42	216.94	216.38	
2014	158.01	146.61	0.61	230.69	230.15	
2015	62.71	48.78	0.12	184.24	183.97	
2016	74.00	55.00	0.70	164.00	164.00	
2017	54.35	44.79	0.23	180.10	180.10	

5-7 主要年份社会用电量

单位: 万千瓦小时

年 份	社 会 用电量	#农业	#工业	#交通运输	#市政生活
2006	640800	29800	483800	28200	41400
2007	822600	15400	634600	40900	50200
2008		14174	652865	4794	68083
2009	812400	14200	660200	8000	68700
2010	1046245	19596	846700	10300	95580
2011	1266900	25000	1021500	27700	103100
2012	1328000	22300	1050000	36200	136200
2013	1494900	23900	1126100	41400	136300
2014	1497300	22500	1207700	40200	146000
2015	1348400	23500	1047600	39700	149600
2016	1361500	23800	1048100	39500	133500
2017	1849900	28300	1556300	36300	147500

5-8 终端能源消费量和构成(2016年)

单位：万吨标准煤

项 目	合 计	原 煤	洗精煤及其他洗煤	焦 炭	石油制品	电 力	天然气煤气及其他
消费总计	**1413.34**	**202.43**	**1.33**	**163.94**	**73.79**	**434.67**	**523.92**
一、第一产业	9.3	0.98			0.7	4.62	0.64
农林牧渔业	9.3	0.98			0.7	4.62	
二、第二产业	1172.75	175.35	1.33	163.94	9.63	334.62	469.97
工 业	1157.22	169.82	1.33	163.94	9.56	332.58	469.95
轻工业							
重工业							
建筑业	9.3	3.54			0.34	5.4	0.02
三、第三产业	122.12	5.56			60.16	43.42	16.64
交通运输、仓储及邮电通讯业	71.19	0.94			55.18	12.61	2.44
批发和零售贸易业、餐饮业	22.46	1.82			4.96	8.29	11.07
其 他	28.47	2.80			0.02	22.52	3.13
四、人民生活	99.87	16.98			2.96	42.62	37.31

5-9 终端能源消费量和构成(2017年)

单位：万吨标准煤

项 目	合 计	原 煤	洗精煤及其他洗煤	焦 炭	石油制品	电 力	天然气煤气及其他
消费总计	**1399.21**	**128.69**	**20.93**	**182.71**	**54.35**	**599.43**	**413.1**
一、第一产业	9.43	0.02			0.23	9.17	0.01
农林牧渔业	9.43	0.02			0.23	9.17	0.01
二、第二产业	1233.67	126.4	20.93	182.71	12.43	504.31	386.89
工 业	1224.13	123.24	20.93	182.71	11.89	498.48	386.88
轻工业							
重工业							
建筑业	9.54	3.16			0.54	5.83	0.01
三、第三产业	88.59	1.14			38.39	38.17	10.89
交通运输、仓储及邮电通讯业	47.31	0.23			32.9	11.76	2.42
批发和零售贸易业、餐饮业	19.88	0.26			5.46	8.81	5.35
其 他	21.4	0.65			0.03	17.6	3.12
四、人民生活	67.52	1.13			3.3	47.78	15.31

5-10 分行业能源消费总量(2016年)

单位: 万吨标准煤

行 业	能源消费总量(万吨标准煤)	煤炭(万吨)	电力(亿千瓦小时)	焦炭(万吨)	汽油(万吨)	柴油(万吨)
总 计	**1767.70**	**221.69**	**136.15**	**163.94**	**26.55**	**47.07**
一、农林牧渔业	9.30	0.98	2.38		0.06	0.63
二、工 业	1172.70	175.36	104.81	163.94	0.40	9.10
三、建筑业	9.28	3.55	1.69			0.34
四、交通、运输、仓储及邮政业	71.41	0.94	3.95		19.44	35.70
五、批发零售业和住宿餐饮业	22.46	1.82	2.91		3.71	1.25
六、人民生活及其他	99.87	16.98	13.35		2.94	0.01

5-11 分行业能源消费总量(2017年)

行 业	能源消费总量(万吨标准煤)	煤炭(万吨)	电力(亿千瓦小时)	焦炭(万吨)	汽油(万吨)	柴油(万吨)
总 计	**1837.80**	**168.65**	**184.99**	**180.1**	**11.82**	**25.30**
一、农林牧渔业	9.43	0.03	2.83		0.04	0.10
二、工 业	1224.13	161.39	153.83	180.1	0.26	7.85
三、建筑业	9.54	4.20	1.8		0.16	0.21
四、交通、运输、仓储及邮政业	47.31	0.31	3.63		6.28	16.24
五、批发零售业和住宿餐饮业	19.88	0.35	2.72		2.85	0.87
六、人民生活及其他	88.92	2.37	20.18		2.23	0.03

主要统计指标解释

能源资源　指报告期全市各种能源资源总量。能源品种包括原煤、洗精煤、焦炭、原油、汽油、柴油、煤油、燃料油、天然气、焦炉煤气、其他煤气、其他焦化制品、热力、电力等品种。能源资源组成包括三部分：

1.期初、期末库存量是指一定时点各种能源的库存量，其中包括产成品库存量，各种能源库存量。

2.一次能源生产量是指报告期一次能源的生产量，其中包括原煤、水电、风电、天然气（煤矿瓦斯）的生产量。由一次能源加工转换产出的二次能源产量不包括在内。

3.外省调入量是指报告期调入的各种能源数量。我市从外省调入的能源主要是石油制品：汽油、柴油、煤油、燃料油及电网交界处输入部分电力和相邻省调入的部分煤炭。

能源消费总量　是指报告期全市用于生产、生活的各种能源消费量的总和。能源消费总量按标准煤折算。能源消费总量中包括：原煤、原油及其制品、天然气、电力，不包括生物能和太阳能等的利用。能源消费总量包括三部分：

1.能源终端消费量　指报告期全市物质生产部门、非物质生产部门的各种能源消费量。不包括加工转换损失量和运输、管理中的损失量。

2.能源加工转换损失量　指全市投入加工转换的各种能源数量和与产出能源及制品之和的差数，是能源加工转换过程的消费量，也称加工转换损失量。

3.损失量　指能源的运输、储存中发生的经营管理损失量，包括煤炭库存中的水冲、自燃等损失量。

能源加工转换效率　是指报告期内一次能源产品经过加工转换后，产出的各种能源产品及其制品的数量，与同期投入加工转换的各种一次能源数量的比率。它是观察能源加工转换装置和生产工艺先进与落后、管理水平高低等的重要指标。

六、固定资产投资

资料整理：贺　强　侯丽丽　王　佳

6-1　固定资产投资

年份	全社会固定资产投资(万元)	#住宅	#国有	城镇	农村	新增固定资产(万元)	房屋施工面积(万平方米)	房屋竣工面积(万平方米)	#住宅
1978	8044	910	4624	5234	2810	5582	104.6	78.4	61.4
1979	9937	1170	5747	6567	3370	6860	116.9	84.8	76.9
1980	10471	1923	5671	6506	3965	8480	125.2	89.3	76.6
1981	8701	9026	4226	5146	3555	7882	119.7	85.8	82.8
1982	12478	9600	5531	6401	6077	10236	150.9	117.4	109.1
1983	17406	11820	4916	5906	11500	16066	169.4	134.5	126.7
1984	25233	14219	7507	8707	16526	22500	196.8	155.2	139.5
1985	32530	16738	12265	13685	18845	26853	201.9	156.4	145.2
1986	35451	18341	12559	14287	21164	29164	176.3	134.2	118.7
1987	39020	22075	13280	14820	24200	37765	167.6	122.9	107.1
1988	43876	20705	18760	20976	22900	32875	137.9	113.9	92.4
1989	50675	22796	23335	25267	25408	37755	135.2	105.3	91.0
1990	52933	25258	21172	23500	29433	43786	132.4	115.7	101.5
1991	57820	27928	21803	22808	35012	48984	136.7	106.6	96.8
1992	68625	31441	31421	31468	37157	45248	141.0	99.3	83.2
1993	114926	37507	66771	67470	47456	116843	163.5	120.7	100.0
1994	173187	45298	94270	109297	63890	78660	178.8	131.9	104.0
1995	216739	48772	142703	158359	58380	149530	174.7	149.4	110.4
1996	251123	60442	173144	191842	59281	235818	178.0	135.5	116.7
1997	187457	41972	140146	147660	39797	172930	167.3	133.2	115.9
1998	175567	38237	122184	132197	43370	165150	178.0	150.1	124.6
1999	192014	35015	145447	145707	46307	116350	188.9	144.3	128.4
2000	265450	36352	184840	226099	39351	282746	161.6	116.8	117.1
2001	265184	32115	110054	220340	44844	132285	132.0	93.5	66.7
2002	399345	46033	186924	347972	51373	265213	179.3	126.8	77.6
2003	678126	31401	359091	613000	65126	293762	144.9	83.6	50.4
2004	1026714	66258	371226	862171	164543	588479	221.6	147.2	96.2
2005	1537190	96065	461011	1250918	286272	1167201	289.6	138.4	87.6
2006	2029172	188581	727859	1651299	377873	1592806	434.5	229.5	133.5
2007	3010995	357746	796412	2424527	586468	1637907	705.6	322.7	205.5
2008	3755686	404238	1333658	3363516	392170	2270024	751.6	334.5	254.6
2009	3888472	409717	1414021	3461691	426781	2457667	785.4	268.7	178.4
2010	4357587	495196	1620808	3998501	359086	2157351	1129.1	370.3	239.0
2011	5437488	564972	1771936	5158488	279000	4733533	1151.4	330.9	204.7
2012	6903834	610816	2642616	6461333	442501	3271704	1428.3	394.8	229.0
2013	8729071	676501	2799128	8221579	507492	4543052	1798.0	439.7	254.8
2014	10169695	1827595	3129546	8372701	1796994	10480791	2276.4	768.3	598.0
2015	11664013	2141670	4051820	10988701		13179154	2130.6	1128.5	848.5
2016	11184608	1448152	4104405	10479280		8159138	1795.5	542.5	433.5
2017	4267234	392113	563646	3879068		3379271	843.4	96.0	80.9

注：1.1978—2000年面积指标包括城镇和农村个人建房。
2.2001—2005年面积指标包括城镇工矿区私人建房，不包括农村个人建房。
3.2006—2009年面积指标仅包括城镇投资、非农户投资。
4.本资料2009年以前全社会固定资产投资包括跨地市项目。
5.2010-2016年数据不包括跨地市项目和个人建房。

6-2 固定资产投资

指　标	2016年	2017年
一、投资总额(万元)	**11184608**	**4267234**
#住宅	1448152	392113
按登记注册类型分		
国　有	4104405	1810200
非国有	7080203	2457034
按城乡分		
城　镇	11184608	4267234
#房地产开发	705328	388106
按构成分		
建筑工程	6428726	2656678
安装工程	1417209	550877
设备工器具购置	2443390	690363
其他费用	895283	369316
按三次产业分		
第一产业	850774	310265
第二产业	6103359	2297033
第三产业	4230475	1659936
二、新增固定资产(万元)	**8159138**	**3379271**
三、房屋建筑面积(平方米)		
本年施工房屋面积	17954957	8433862
#住宅	11301197	5997704
本年竣工房屋面积	5425229	960441
#住宅	4334520	809465
本年竣工房屋价值	1052995	205618
#住宅	831137	161655
四、本年资金来源小计(万元)	**8884396**	**2963927**
国家预算内资金	448074	158651
国内贷款	658820	249023
债　券	2610	50953
利用外资	6298	876
自筹资金	7360664	2250816
#企事业单位自有资金	4064547	
#股东投入资金	398974	
#借入资金	216394	
其　他	407930	253608

注：固定资产投资不包括跨省、市项目和个体投资(下同)。

6-3　按登记注册类型分固定资产投资(2017年)

单位: 万元

类　别	固定资产投资	#城　镇
总　计	**4267234**	**3879068**
内　资	**4162327**	**3774161**
国　有	952541	942137
集　体	107271	107271
股份合作		
国有联营		
集体联营		
国有与集体联营		
其他联营		
国有独资公司	129947	129947
其他有限责任公司	1384921	1280501
股份有限公司	69377	69377
私　营	1417687	1144377
其　他	100551	100551
港澳台投资	**95058**	**95058**
港澳台合资经营	966	966
港澳台合作经营		
港澳台独资	54680	54680
港澳台股份有限	39412	39412
外商投资	**7706**	**7706**
中外合资经营企业	7706	7706
中外合作经营企业		
外资企业		
其他外商投资企业		
个体经营	**2143**	**2143**
个体户	2143	2143
个人合伙		

注：城镇不包括房地产开发投资。

6-4 按国民经济行业分固定资产投资

单位：万元

行 业	2016年	2017年
总 计	**11184608**	**4267234**
农、林、牧、渔业	850774	321336
采矿业	1754041	387548
制造业	2945828	1164814
电力、燃气及水的生产和供应业	1403490	747132
建筑业		
交通运输、仓储和邮政业	95553	361587
信息传输、计算机服务和软件业	616434	23754
批发和零售业	24444	24489
住宿和餐饮业	111001	45664
金融业	9863	
房地产业	2018480	509398
租赁和商务服务业	10330	2311
科学研究、技术服务和地质勘查业	9502	18612
水利、环境和公共设施管理业	796377	461033
居民服务和其他服务业	5500	4097
教 育	154992	55219
卫生、社会保障和社会福利业	116761	74831
文化、体育和娱乐业	192475	33917
公共管理和社会组织	68763	31492

6-5　固定资产投资新增生产能力(2017年)

生产能力(或效益)名称	单　位	本年新增生产能力	生产能力(或效益)名称	单　位	本年新增生产能力
原煤开采	万吨／年		铅锌采矿(原矿)	万吨/年	
洗　煤	万吨／年		铅锌选矿：(1)处理原矿	万吨/年	
焦　炭	万吨／年	90	(2)铅含量	吨／年	
天然原油开采	万吨／年		(3)锌含量	吨／年	
天然气开采	亿立方米／年	0.7	铅冶炼	吨／年	
石油加工：蒸馏设备能力	处理万吨／年		#电解铅	吨／年	
裂化设备能力	处理万吨／年		锌冶炼	吨／年	
加氢精制设备能力	万吨／年		#电解锌	吨／年	
焦化设备能力	万吨／年		锡冶炼	吨／年	
催化重整设备能力	万吨／年		#电解锡	吨／年	
润滑油(综合能力)	万吨／年		镍冶炼	吨／年	
铁矿开采(原矿)	万吨／年		#电解镍	吨／年	
铁矿选矿处理原矿量	万吨／年		氧化铝	吨／年	
铁矿石成品矿	万吨／年		电解铝	吨／年	160000
生　铁	万吨／年		粗　铅	吨／年	
粗　钢	万吨／年		铝加工	吨／年	
#转炉钢	万吨／年		铜加工材	吨／年	
#电弧炉钢	万吨／年		黄　金	公斤／年	
#感应电炉钢	万吨／年		银选矿：(1)处理原矿	吨／年	
连铸坯	万吨／年		(2)银含量	公斤／年	
铁合金	万吨／年		硫铁矿开采	吨／年	
钢　材	万吨／年		水力发电	万千瓦	
热轧钢材	万吨／年		火力发电	万千瓦	
冷轧(拔)钢材	万吨／年		核能发电	万千瓦	
镀层、涂层钢材	万吨／年		风力发电	万千瓦	8.2
锻压、挤压、旋压钢材	万吨/年		太阳能发电	万千瓦	12.2
其他加工工艺钢材	万吨/年		其他发电	万千瓦	
铜采矿(原矿)	万吨/年		输电线路长度(110KV及以上)	公里	
铜选矿：(1)处理原矿	万吨/年		水　泥	万吨／年	
(2)铜含量	吨／年		平板玻璃	万重量箱／年	
铜冶炼	吨／年		石墨及炭素制品	吨／年	
#电解铜	吨／年		木　材	吨／年	

6-5 续表

生产能力(或效益)名称	单　位	本年新增生产能力	生产能力(或效益)名称	单　位	本年新增生产能力
电　石	吨／年		程控交换机（指安装能力）	万线／年	
氮　肥	吨／年	80200	新建铁路里程	公里	17
磷　肥	吨／年		复线里程	公里	
钾　肥	吨／年		电气化铁路里程	公里	
化学农药原药	吨／年		新建高速铁路里程	公里	
精甲醇	吨／年		新建公路	公里	10.5
塑料树脂及共聚物	吨／年		#高速公路	公里	
合成橡胶	吨／年		一级公路	公里	
轮胎外胎	万条／年		二级公路	公里	7.8
轮胎内胎	万条／年		改建公路	公里	510.9
内燃机	台/年		#高速公路	公里	
内燃机	万千瓦/年		一级公路	公里	
载货汽车制造	辆／年		二级公路	公里	44
客车制造	辆／年		新建独立公路桥梁	延长米	
轿车制造	辆／年		新建独立公路桥梁	座	
其他汽车制造	辆／年		新建独立公路隧道	延长米	
摩托车制造	辆／年		新建独立公路隧道	处	
电视机	万部／年		新(扩)建港口码头	年吞吐量：万吨	
#彩色电视机	万吨／年		新(扩)建港口码头	年吞吐量：标准集装箱	
化学纤维	吨／年		新(扩)建港口码头	泊位：个	
#合成纤维	吨／年		#新(扩)建沿海港口码头	年吞吐量：万吨	
粘胶纤维	吨／年		#新(扩)建沿海港口码头	泊位：个米	
棉纺锭	锭		新(扩)建公路客、货运站	个	
毛纺锭	锭		新(扩)建公路客、货运站	平方米	
啤　酒	万吨／年		民航机场跑道	条	
白　酒	万吨／年		民航机场跑道	米	
其他酒	万吨／年		飞机购置	架	
卷　烟	箱/年		候机楼	座	
机制纸浆	万吨／年		候机楼	平方米	
家用电冰箱	万台／年		城市自来水供水能力	万吨/日	
家用洗衣机	万台／年		城市公共交通车辆购置	辆/年	
房间空气调节器	万台／年		城市污水处理能力	万吨/日	1.5

6-6　按国民经济行业分城镇固定资产投资(2017年)

单位：万元

行　　业	城镇固定资产投资
总　计	**3879068**
农、林、牧、渔业	**321336**
农　业	68515
林　业	118097
畜牧业	121191
渔　业	2462
农、林、牧、渔服务业	11071
采矿业	**387548**
煤炭开采和洗选业	298836
石油和天然气开采业	29894
黑色金属矿采选业	
有色金属矿采选业	38244
非金属矿采选业	18113
制造业	**1164814**
农副食品加工业	36889
食品制造业	18160
酒、饮料和精制茶制造业	108522
烟草制品业	
纺织业	
纺织服装、鞋、帽制造业	
皮革、毛皮、羽毛(绒)及其制品业	
木材加工及木、竹、藤、棕、草制	
家具制造业	
造纸及纸制品业	37498
印刷业和记录媒介的复制	
文教体育用品制造业	1200
石油加工、炼焦及核燃料加工业	108852
化学原料及化学制品制造业	196300
医药制造业	5827
化学纤维制造业	678
橡胶和塑料制品业	12622
非金属矿物制品业	160220
黑色金属冶炼及压延加工业	56331
有色金属冶炼及压延加工业	394113
金属制品业	3905
通用设备制造业	3048
专用设备制造业	
汽车制造业	1600
铁路、船舶、航空航天等制造业	
电气机械及器材制造业	10148
计算机、通信和其他电子设备制造业	
仪器仪表制造业	3945
其他制造业	
废弃资源综合利用业	4956
金属制品、机械和设备修理业	
电力、热力、燃气及水的生产和供应业	**747132**
电力、热力的生产和供应业	707977
燃气生产和供应业	8395
水的生产和供应业	30760
建筑业	
房屋建筑业	
土木工程建筑业	
建筑安装业	
建筑装饰和其他建筑业	
批发和零售业	**24489**
批发业	6679
零售业	17810
交通运输、仓储和邮政业	**361587**
铁路运输业	42555
道路运输业	270529
水上运输业	
航空运输业	
管道运输业	17312
装卸搬运和运输代理业	16005
仓储业	15186
邮政业	
住宿和餐饮业	**45664**
住宿业	41664
餐饮业	4000
信息传输、软件和信息技术服务业	**23754**
电信、广播电视和卫星传输服务业	
互联网和相关服务业	6300
软件和信息技术服务业	17454
金融业	
货币金融业	
资本市场业	
保险业	
其他金融业	
房地产业	**121232**
房地产业	121232
租赁和商务服务业	**2311**
租赁业	
商务服务业	2311
科学研究和技术服务业	**18612**
研究与试验发展	
专业技术服务业	12900
科技交流和推广服务业	5712
水利、环境和公共设施管理业	**461033**
水利管理业	59250
生态保护和环境治理业	53054
公共设施管理业	348729
居民服务、修理和其他服务业	**4097**
居民服务业	1859
机动车、电子产品和日用产品修理业	
其他服务业	2238
教　育	**55219**
教　育	55219
卫生和社会工作	**74831**
卫　生	61729
社会工作	13102
文化、体育和娱乐业	**33917**
新闻和出版业	
广播、电视、电影和影视录音制作业	
文化艺术业	20107
体　育	1063
娱乐业	12747
公共管理、社会保障和社会组织	**31492**
中国共产党机关	
国家机构	30842
人民政协和民主党派	
社会保障	650

6-7 城镇固定资产投资主要指标

指　　标	2017年	指　　标	2017年
一、投资总额(万元)	**3879068**	**二、新增固定资产(万元)**	**3150997**
#国有经济控股	1799796	中　央	
#住　宅	68291	地　方	3150997
按隶属关系分		**三、建设项目(个)**	
中　央	286632	施工项目	598
地　方	3592436	中　央	11
按登记注册类型分		地　方	587
国　有	1072084	施工项目中本年新开工	401
非国有	2806984	全部建成投产项目	356
按构成分		**四、房屋建筑面积(万平方米)**	
建筑工程	2371240	本年施工房屋面积	1292706
安装工程	469619	#住　宅	399396
设备工器具购置	687557	本年竣工房屋面积	331006
其他费用	350652	#住　宅	276869
按建设性质分		**五、投资资金来源合计(万元)**	**3129933**
新　建	2641425	上年结余资金	166006
扩　建	379040	本年资金来源小计	2963927
改建和技术改造	635704	国家预算内资金	158651
单纯建造生活设施	58280	国内贷款	249023
其　他	164619	债　券	50953
按三次产业分		利用外资	876
第一产业	310265	自筹资金	2250816
第二产业	2297033	#企事业单位自有资金	
第三产业	1271770	股东投入资金	253608
		借入资金	1246937
		其他资金来源	490482

注:不包含房地产开发投资。

6-8　城镇固定资产投资规模(2017年)

类　别	计　划总投资(万元)	自开始建设至本年底累计完成投资(万元)	#本年完成投资	本年新增固定资产(万元)	施工项目个数(个)	#本年新开工	本年投产项目个数(个)
总　计	**17188179**	**10188882**	**3879068**	**3150997**	**598**	**401**	**356**
#本年新开工项目	17082474	10084493	3774707	3046608	598	401	332
本年投产项目	4310279	3522445	1832713	2995378	332	240	356
按隶属关系分							
中　央	805637	609149	286632		11	5	
地　方	16382542	9579733	3592436	3150997	587	396	356
按登记注册类型分							
国　有	8110937	5294707	1799796	738763	233	122	94
非国有	9077242	4894175	2079272	2412234	365	279	262
按建设性质分							
新　建	11098940	6246177	2641425	1655266	398	297	227
扩　建	3879665	2238492	379040	629467	81	31	36
改建和技术改造	1662414	1251844	635704	713503	89	57	53
单纯建造生活设施	219435	219378	58280	48372	27	15	16
其　他	327725	232991	164619	104389	3	1	24
按三次产业分							
第一产业	762526	444634	310265	192765	78	63	45
第二产业	12075727	7081537	2297033	2074800	263	182	174
第三产业	4349926	2662711	1271770	883432	257	156	137
按投资总规模分							
500 － 5000万元	890998	796039	756740	664379	349	290	267
5000万元 － 1亿元	410001	329099	265416	197464	57	37	30
1亿元 － 5亿元	3143679	2303777	1342211	865807	130	62	49
5亿元 － 10亿元	1758945	872472	263566	157244	23	6	2
10亿元以上	10984556	5887495	1251135	1266103	39	6	8

注：不包含房地产开发投资。

6-9 按登记注册类型分城镇固定资产投资(2017年)

单位：万元

行 业	合 计	内资企业				
			国有企业	集体企业	股份合作企业	联营企业
总 计	**3879068**	**3774161**	**942137**	**107271**		
农、林、牧、渔业	321336	321336	91442	7860		
农 业	68515	68515	4845	3300		
林 业	118097	118097	68216	4560		
畜牧业	121191	121191	17824			
渔 业	2462	2462				
农、林、牧、渔服务业	11071	11071	557			
采矿业	387548	379842	35201	23260		
煤炭开采和洗选业	298836	291473	25759	23260		
石油和天然气开采业	29894	29551	9442			
黑色金属矿采选业						
有色金属矿采选业	38244	38244				
非金属矿采选业	18113	18113				
开采辅助活动		2461				
其他采矿业						
制造业	1164814	1122293				
农副食品加工业	36889	36889				
食品制造业	18160	18160				
酒、饮料和精制茶制造业	108522	108522				
烟草制品业						
纺织业						
纺织服装、服饰业						
皮革、毛皮、羽毛及其制品和制鞋业						
木材加工和木、竹、藤、棕、草制品业						
家具制造业						
造纸和纸制品业	37498	37498				
印刷和记录媒介复制业						
文教、工美、体育和娱乐用品制造业	1200	1200				
石油加工、炼焦和核燃料加工业	108852	68474				
化学原料和化学制品制造业	196300	196300				
医药制造业	5827	5827				
化学纤维制造业	678	678				
橡胶和塑料制品业	12622	12622				
非金属矿物制品业	160220	158077				
黑色金属冶炼和压延加工业	56331	56331				
有色金属冶炼和压延加工业	394113	394113				
金属制品业	3905	3905				

6-9　续表1

单位: 万元

行　　业	合　计	内资企业				
			国有企业	集体企业	股份合作企业	联营企业
通用设备制造业	3048	3048				
专用设备制造业						
汽车制造业	1600	1600				
铁路、船舶、航空航天和其他运输设备制造业						
电气机械和器材制造业	10148	10148				
计算机、通信和其他电子设备制造业						
仪器仪表制造业	3945	3945				
其他制造业						
废弃资源综合利用业	4956	4956				
金属制品、机械和设备修理业						
电力、热力、燃气及水生产和供应业	747132	692452	134444	3766		
电力、热力生产和供应业	707977	653297	115124	3766		
燃气生产和供应业	8395	8395				
水的生产和供应业	30760	30760	19320			
建筑业						
房屋建筑业						
土木工程建筑业						
建筑安装业						
建筑装饰和其他建筑业						
批发和零售业	24489	24489		9130		
批发业	6679	6679				
零售业	17810	17810		9130		
交通运输、仓储和邮政业	361587	361587	166767	13068		
铁路运输业	42555	42555				
道路运输业	270529	270529	166767	13068		
水上运输业						
航空运输业						
管道运输业	17312	17312				
装卸搬运和运输代理业	16005	16005				
仓储业	15186	15186				
邮政业						
住宿和餐饮业	45664	45664				
住宿业	41664	41664				
餐饮业	4000	4000				
信息传输、软件和信息技术服务业	23754	23754				
电信、广播电视和卫星传输服务						
互联网和相关服务	6300	6300				
软件和信息技术服务业	17454	17454				
金融业						
货币金融服务						
资本市场服务						
保险业						
其他金融业						

6-9 续表2

单位：万元

行 业	合 计	内资企业	国有企业	集体企业	股份合作企业	联营企业
房地产业	121232	121232	75215	13498		
房地产业	121232	121232	75215	13498		
租赁和商务服务业	2311	2311	2311			
租赁业						
商务服务业	2311	2311	2311			
科学研究和技术服务业	18612	18612				
研究和试验发展						
专业技术服务业	12900	12900				
科技推广和应用服务业	5712	5712				
水利、环境和公共设施管理业	461033	461033	279253	32386		
水利管理业	59250	59250	59250			
生态保护和环境治理业	53054	53054	15531	986		
公共设施管理业	348729	348729	204472	31400		
居民服务、修理和其他服务业	4097	4097	2238			
居民服务业	1859	1859				
机动车、电子产品和日用产品修理业						
其他服务业	2238	2238	2238			
教 育	55219	55219	40492			
教 育	55219	55219	40492			
卫生和社会工作	74831	74831	66699	1286		
卫 生	61729	61729	60443	1286		
社会工作	13102	13102	6256			
文化、体育和娱乐业	33917	33917	21170	3017		
新闻和出版业						
广播、电视、电影和影视录音制作业						
文化艺术业	20107	20107	20107			
体 育	1063	1063	1063			
娱乐业	12747	12747		3017		
公共管理、社会保障和社会组织	31492	31492	26905			
中国共产党机关						
国家机构	30842	30842	26255			
人民政协、民主党派						
社会保障	650	650	650			
群众团体、社会团体和其他成员组织						
基层群众自治组织						

6-9　续表3

单位：万元

行　　业	有限责任公司	国有独资公司	其他有限责任公司	股份有限公司	私营企业	其他企业
总　计	**70781**	**23691**	**47090**	**20243**	**109814**	**21196**
农、林、牧、渔业	70781	23691	47090	20243	109814	21196
农　业				19051	32319	9000
林　业	23691	23691			21630	
畜牧业	47090		47090		46543	9734
渔　业						2462
农、林、牧、渔服务业				1192	9322	
采矿业	150556		150556	17404	151421	2000
煤炭开采和洗选业	124872		124872	17404	100178	
石油和天然气开采业	20109		20109			
黑色金属矿采选业						
有色金属矿采选业	5575		5575		30669	2000
非金属矿采选业					18113	
开采辅助活动					2461	
其他采矿业						
制造业	498969		498969	14305	594437	14582
农副食品加工业	3062		3062		33827	
食品制造业					18160	
酒、饮料和精制茶制造业	26000		26000		75848	6674
烟草制品业						
纺织业						
纺织服装、服饰业						
皮革、毛皮、羽毛及其制品和制鞋业						
木材加工和木、竹、藤、棕、草制品业						
家具制造业						
造纸和纸制品业	12181		12181		21864	3453
印刷和记录媒介复制业						
文教、工美、体育和娱乐用品制造业					1200	
石油加工、炼焦和核燃料加工业	11903		11903		56571	
化学原料和化学制品制造业	10226		10226	10360	175714	
医药制造业					5827	
化学纤维制造业					678	
橡胶和塑料制品业	122		122		12500	
非金属矿物制品业	42581		42581		115496	
黑色金属冶炼和压延加工业	44910		44910		11421	
有色金属冶炼和压延加工业	342784		342784		51329	
金属制品业	461		461		2989	455

6-9 续表4

单位：万元

行　　业	有限责任公司	国有独资公司	其他有限责任公司	股份有限公司	私营企业	其他企业
通用设备制造业					3048	
专用设备制造业						
汽车制造业	1600		1600			
铁路、船舶、航空航天和其他运输设备制造业						
电气机械和器材制造业	3139		3139		3009	4000
计算机、通信和其他电子设备制造业						
仪器仪表制造业				3945		
其他制造业						
废弃资源综合利用业					4956	
金属制品、机械和设备修理业						
电力、热力、燃气及水生产和供应业	476010	61799	414211	17425	53532	7275
电力、热力生产和供应业	463570	61799	401771	17425	46137	7275
燃气生产和供应业	1000		1000		7395	
水的生产和供应业	11440		11440			
建筑业						
房屋建筑业						
土木工程建筑业						
建筑安装业						
建筑装饰和其他建筑业						
批发和零售业	3400		3400		10121	1838
批发业					5941	738
零售业	3400		3400		4180	1100
交通运输、仓储和邮政业	132309		132309		45833	3610
铁路运输业	42555		42555			
道路运输业	84749		84749		2335	3610
水上运输业						
航空运输业						
管道运输业					17312	
装卸搬运和运输代理业	5005		5005		11000	
仓储业					15186	
邮政业						
住宿和餐饮业	12420	4000	8420		18459	14785
住宿业	8420		8420		18459	14785
餐饮业	4000	4000				
信息传输、软件和信息技术服务业	7005	6300	705		16749	
电信、广播电视和卫星传输服务						
互联网和相关服务	6300	6300				
软件和信息技术服务业	705		705		16749	
金融业						
货币金融服务						
资本市场服务						
保险业						
其他金融业						

6-9　续表5

单位：万元

行　　业						
	有限责任公司	国有独资公司	其他有限责任公司	股份有限公司	私营企业	其他企业
房地产业	12665	6665	6000			19854
房地产业	12665	6665	6000			19854
租赁和商务服务业						
租赁业						
商务服务业						
科学研究和技术服务业					17630	982
研究和试验发展						
专业技术服务业					12900	
科技推广和应用服务业					4730	982
水利、环境和公共设施管理业	44393	27492	16901		97395	7606
水利管理业						
生态保护和环境治理业	12901		12901		20116	3520
公共设施管理业	31492	27492	4000		77279	4086
居民服务、修理和其他服务业						1859
居民服务业						1859
机动车、电子产品和日用产品修理业						
其他服务业						
教　育	1940		1940		8410	4377
教　育	1940		1940		8410	4377
卫生和社会工作					6846	
卫　生						
社会工作					6846	
文化、体育和娱乐业					9730	
新闻和出版业						
广播、电视、电影和影视录音制作业						
文化艺术业						
体　育						
娱乐业					9730	
公共管理、社会保障和社会组织					4000	587
中国共产党机关						
国家机构					4000	587
人民政协、民主党派						
社会保障						
群众团体、社会团体和其他成员组织						
基层群众自治组织						

6-9 续表6

单位: 万元

行业	港澳台商投资企业	外商投资企业	个体经营		
				个体户	个人合伙
总计	**95058**	**7706**	**2143**	**2143**	
农、林、牧、渔业					
农业					
林业					
畜牧业					
渔业					
农、林、牧、渔服务业					
采矿业		7706			
煤炭开采和洗选业		7363			
石油和天然气开采业		343			
制造业	40378		2143	2143	
石油加工、炼焦和核燃料加工业	40378				
非金属矿物制品业			2143	2143	
电力、热力、燃气及水生产和供应业	54680				
电力、热力生产和供应业	54680				
建筑业					
批发和零售业					
交通运输、仓储和邮政业					
住宿和餐饮业					
信息传输、软件和信息技术服务业					
金融业					
房地产业					
租赁和商务服务业					
科学研究和技术服务业					
水利、环境和公共设施管理业					
居民服务、修理和其他服务业					
教育					
卫生和社会工作					
文化、体育和娱乐业					
公共管理、社会保障和社会组织					

6-10　按构成分城镇固定资产投资(2017年)

单位: 万元

行　　业	本年完成投　　资	#住宅	建筑工程	安装工程	设备工器具 购 置	其他费用
总　计	**3879068**	**68291**	**2371240**	**469619**	**687557**	**350652**
农、林、牧、渔业	321336	227	237313	34252	20557	29214
农　业	68515	27	54850	3756	7688	2221
林　业	118097		86019	7301	2890	21887
畜牧业	121191		90060	16527	9682	4922
渔　业	2462		2462			
农、林、牧、渔服务业	11071	200	3922	6668	297	184
采矿业	387548	20	209725	32055	71956	73812
煤炭开采和洗选业	298836		167669	17983	59060	54124
石油和天然气开采业	29894		14332	4401	3072	8089
黑色金属矿采选业						
有色金属矿采选业	38244		17688	5785	5104	9667
非金属矿采选业	18113		9145	3506	3530	1932
开采辅助活动	2461	20	891	380	1190	
其他采矿业						
制造业	1164814		641564	169066	319985	34199
农副食品加工业	36889		23979	3580	8709	621
食品制造业	18160		13862	1245	2145	908
酒、饮料和精制茶制造业	108522		36507	211	71754	50
烟草制品业						
纺织业						
纺织服装、服饰业						
皮革、毛皮、羽毛及其制品和制鞋业						
木材加工和木、竹、藤、棕、草制品业						
家具制造业						
造纸和纸制品业	37498		21759	1125	14614	
印刷和记录媒介复制业						
文教、工美、体育和娱乐用品制造业	1200		724		400	76
石油加工、炼焦和核燃料加工业	108852		55156	15258	38240	198
化学原料和化学制品制造业	196300		90481	42441	58365	5013
医药制造业	5827		1500	647	3680	
化学纤维制造业	678		678			
橡胶和塑料制品业	12622		10230	675	1717	
非金属矿物制品业	160220		87122	26912	35345	10841
黑色金属冶炼和压延加工业	56331		24951	5247	21634	4499
有色金属冶炼和压延加工业	394113		261775	64281	58541	9516
金属制品业	3905		2727	357	521	300

6-10 续表1

单位：万元

行　业	本年完成投资	#住宅	建筑工程	安装工程	设备工器具购置	其他费用
通用设备制造业	3048		2971	53	24	
专用设备制造业						
汽车制造业	1600		200	100	1300	
铁路、船舶、航空航天和其他运输设备制造业						
电气机械和器材制造业	10148		5579	488	1904	2177
计算机、通信和其他电子设备制造业						
仪器仪表制造业	3945			3945		
其他制造业						
废弃资源综合利用业	4956		1363	2501	1092	
金属制品、机械和设备修理业						
电力、热力、燃气及水生产和供应业	747132	4600	334453	139198	212881	60600
电力、热力生产和供应业	707977	4600	313882	134554	209241	50300
燃气生产和供应业	8395		5247	532	1130	1486
水的生产和供应业	30760		15324	4112	2510	8814
建筑业						
房屋建筑业						
土木工程建筑业						
建筑安装业						
建筑装饰和其他建筑业						
批发和零售业	24489	9130	18842	1833	1738	2076
批发业	6679		6667			12
零售业	17810	9130	12175	1833	1738	2064
交通运输、仓储和邮政业	361587	572	303474	14141	20536	23436
铁路运输业	42555	572	42555			
道路运输业	270529		234492	7400	8999	19638
水上运输业						
航空运输业						
管道运输业	17312		33	6227	11042	10
装卸搬运和运输代理业	16005		12345		160	3500
仓储业	15186		14049	514	335	288
邮政业						
住宿和餐饮业	45664		28087	5210	8157	4210
住宿业	41664		25087	4210	8157	4210
餐饮业	4000		3000	1000		
信息传输、软件和信息技术服务业	23754		20654	100		3000
电信、广播电视和卫星传输服务						
互联网和相关服务	6300		3200	100		3000
软件和信息技术服务业	17454		17454			
金融业						
货币金融服务						
资本市场服务						
保险业						
其他金融业						

6-10　续表2

单位：万元

行　　业	本年完成投　　资	#住宅	建筑工程	安装工程	设备工器具购置	其他费用
房地产业	121232	53642	91418	5354	1227	23233
房地产业	121232	53642	91418	5354	1227	23233
租赁和商务服务业	2311		1800	511		
租赁业						
商务服务业	2311		1800	511		
科学研究和技术服务业	18612		12213	3557	1977	865
研究和试验发展						
专业技术服务业	12900		9263	1660	1977	
科技推广和应用服务业	5712		2950	1897		865
水利、环境和公共设施管理业	461033	100	311370	53708	17951	78004
水利管理业	59250	100	44615	6369	4193	4073
生态保护和环境治理业	53054		34734	6613	4776	6931
公共设施管理业	348729		232021	40726	8982	67000
居民服务、修理和其他服务业	4097		2238		1859	
居民服务业	1859				1859	
机动车、电子产品和日用产品修理业						
其他服务业	2238		2238			
教　育	55219		43150	4632	3241	4196
教　育	55219		43150	4632	3241	4196
卫生和社会工作	74831		67727	1332	496	5276
卫生	61729		58727	1279	91	1632
社会工作	13102		9000	53	405	3644
文化、体育和娱乐业	33917		18523	3155	4023	8216
新闻和出版业						
广播、电视、电影和影视录音制作业						
文化艺术业	20107		11119	605	437	7946
体　育	1063		693	100		270
娱乐业	12747		6711	2450	3586	
公共管理、社会保障和社会组织	31492		28689	1515	973	315
中国共产党机关						
国家机构	30842		28039	1515	973	315
人民政协、民主党派						
社会保障	650		650			
群众团体、社会团体和其他成员组织						
基层群众自治组织						

6-11 按建设性质分城镇固定资产投资(2017年)

单位: 万元

行业	合计	新建	扩建	改建和技术改造	单纯建造生活设施	其他
总计	**3879068**	**2641425**	**379040**	**635704**	**58280**	**164619**
农、林、牧、渔业	321336	247730	44584	8007		21015
农业	68515	39525	7975			21015
林业	118097	102483	7607	8007		
畜牧业	121191	92746	28445			
渔业	2462	2462				
农、林、牧、渔服务业	11071	10514	557			
采矿业	387548	159463	91577	114723		21785
煤炭开采和洗选业	298836	115306	56451	105294		21785
石油和天然气开采业	29894	343	29551			
黑色金属矿采选业						
有色金属矿采选业	38244	27661	5575	5008		
非金属矿采选业	18113	16153		1960		
开采辅助活动	2461			2461		
其他采矿业						
制造业	1164814	631361	142704	313579		77170
农副食品加工业	36889	34739		2150		
食品制造业	18160	11300	6860			
酒、饮料和精制茶制造业	108522	32674	4858			70990
烟草制品业						
纺织业						
纺织服装、服饰业						
皮革、毛皮、羽毛及其制品和制鞋业						
木材加工和木、竹、藤、棕、草制品业						
家具制造业						
造纸和纸制品业	37498	25317	11081	1100		
印刷和记录媒介复制业						
文教、工美、体育和娱乐用品制造业	1200	1200				
石油加工、炼焦和核燃料加工业	108852	63806	2088	42958		
化学原料和化学制品制造业	196300	145580	50720			
医药制造业	5827	2147				3680
化学纤维制造业	678	678				
橡胶和塑料制品业	12622	10700	1800	122		
非金属矿物制品业	160220	111177	28998	17545		2500
黑色金属冶炼和压延加工业	56331	14921	33310	8100		
有色金属冶炼和压延加工业	394113	158365		235748		
金属制品业	3905	10	2989	906		

6-11　续表1

单位：万元

行　　业	总　计	新　建	扩　建	改建和技术改造	单纯建造生活设施	其　他
通用设备制造业	3048	3048				
专用设备制造业						
汽车制造业	1600	1600				
铁路、船舶、航空航天和其他运输设备制造业						
电气机械和器材制造业	10148	9143		1005		
计算机、通信和其他电子设备制造业						
仪器仪表制造业	3945			3945		
其他制造业						
废弃资源综合利用业	4956	4956				
金属制品、机械和设备修理业						
电力、热力、燃气及水生产和供应业	747132	700650	18249	28233		
电力、热力生产和供应业	707977	662495	17249	28233		
燃气生产和供应业	8395	7395	1000			
水的生产和供应业	30760	30760				
建筑业						
房屋建筑业						
土木工程建筑业						
建筑安装业						
建筑装饰和其他建筑业						
批发和零售业	24489	24489				
批发业	6679	6679				
零售业	17810	17810				
交通运输、仓储和邮政业	361587	214592	4071	142924		
铁路运输业	42555	42555				
道路运输业	270529	124482	3123	142924		
水上运输业						
航空运输业						
管道运输业	17312	17312				
装卸搬运和运输代理业	16005	16005				
仓储业	15186	14238	948			
邮政业						
住宿和餐饮业	45664	45664				
住宿业	41664	41664				
餐饮业	4000	4000				
信息传输、软件和信息技术服务业	23754	23754				
电信、广播电视和卫星传输服务						
互联网和相关服务	6300	6300				
软件和信息技术服务业	17454	17454				
金融业						
货币金融服务						
资本市场服务						
保险业						
其他金融业						

6-11 续表2

单位: 万元

行业	总计	新建	扩建	改建和技术改造	单纯建造生活设施	其他
房地产业	121232	62952			58280	
房地产业	121232	62952			58280	
租赁和商务服务业	2311		2311			
租赁业						
商务服务业	2311		2311			
科学研究和技术服务业	18612	18612				
研究和试验发展						
专业技术服务业	12900	12900				
科技推广和应用服务业	5712	5712				
水利、环境和公共设施管理业	461033	393442	40240	27351		
水利管理业	59250	31536	23971	3743		
生态保护和环境治理业	53054	39341		13713		
公共设施管理业	348729	322565	16269	9895		
居民服务、修理和其他服务业	4097	2238				1859
居民服务业	1859					1859
机动车、电子产品和日用产品修理业						
其他服务业	2238	2238				
教育	55219	20556	9373			25290
教育	55219	20556	9373			25290
卫生和社会工作	74831	41956	15375			17500
卫生	61729	31393	12836			17500
社会工作	13102	10563	2539			
文化、体育和娱乐业	33917	27276	6341	300		
新闻和出版业						
广播、电视、电影和影视录音制作业						
文化艺术业	20107	13466	6341	300		
体育	1063	1063				
娱乐业	12747	12747				
公共管理、社会保障和社会组织	31492	26690	4215	587		
中国共产党机关						
国家机构	30842	26690	3565	587		
人民政协、民主党派						
社会保障	650		650			
群众团体、社会团体和其他成员组织						
基层群众自治组织						

6-12　按资金来源分城镇固定资产投资(2017年)

单位: 万元

行　　业	本年资金来源小计				
		国　　家预算资金	国内贷款	债　券	利用外资
总　计	**2963927**	**158651**	**249023**	**50953**	**876**
农、林、牧、渔业	181730	12922	3030		
农　业	52934	2076	2530		
林　业	28049	960			
畜牧业	87234	9886			
渔　业	2462				
农、林、牧、渔服务业	11051		500		
采矿业	370793		31500		
煤炭开采和洗选业	294817		30000		
石油和天然气开采业	23955		1500		
黑色金属矿采选业					
有色金属矿采选业	31647				
非金属矿采选业	17913				
开采辅助活动	2461				
其他采矿业					
制造业	1292155		10870		
农副食品加工业	28861				
食品制造业	6860				
酒、饮料和精制茶制造业	62388				
烟草制品业					
纺织业					
纺织服装、服饰业					
皮革、毛皮、羽毛及其制品和制鞋业					
木材加工和木、竹、藤、棕、草制品业					
家具制造业					
造纸和纸制品业	36730		370		
印刷和记录媒介复制业					
文教、工美、体育和娱乐用品制造业	1200				
石油加工、炼焦和核燃料加工业	96487				
化学原料和化学制品制造业	150180		3500		
医药制造业	5827				
化学纤维制造业	678				
橡胶和塑料制品业	13200				
非金属矿物制品业	151942		7000		
黑色金属冶炼和压延加工业	53871				
有色金属冶炼和压延加工业	480360				
金属制品业	3130				

6-12 续表1

单位: 万元

行业	本年资金来源小计	国家预算资金	国内贷款	债券	利用外资
通用设备制造业	3057				
专用设备制造业					
汽车制造业	1600				
铁路、船舶、航空航天和其他运输设备制造业					
电气机械和器材制造业	186882				
计算机、通信和其他电子设备制造业					
仪器仪表制造业	3945				
其他制造业					
废弃资源综合利用业	4957				
金属制品、机械和设备修理业					
电力、热力、燃气及水生产和供应业	444617	41106	149857	30755	
电力、热力生产和供应业	435737	41106	149857	30755	
燃气生产和供应业	7200				
水的生产和供应业	1680				
建筑业					
房屋建筑业					
土木工程建筑业					
建筑安装业					
建筑装饰和其他建筑业					
批发和零售业	19596		150		
批发业	1779				
零售业	17817		150		
交通运输、仓储和邮政业	161756	20172			
铁路运输业	42555				
道路运输业	83558	20172			
水上运输业					
航空运输业					
管道运输业	15000				
装卸搬运和运输代理业	11000				
仓储业	9643				
邮政业					
住宿和餐饮业	22470				
住宿业	22470				
餐饮业					
信息传输、软件和信息技术服务业	22300			2500	
电信、广播电视和卫星传输服务					
互联网和相关服务	7000			2500	
软件和信息技术服务业	15300				
金融业					
货币金融服务					
资本市场服务					
保险业					
其他金融业					

6-12　续表2

单位：万元

行　　业	本年资金来源小计	国　　家预算资金	国内贷款	债　券	利用外资
房地产业	67630	18952	3956	2244	
房地产业	67630	18952	3956	2244	
租赁和商务服务业	4511				
租赁业					
商务服务业	4511				
科学研究和技术服务业	15671				
研究和试验发展					
专业技术服务业	9859				
科技推广和应用服务业	5812				
水利、环境和公共设施管理业	251129	37049	45097	7000	
水利管理业	71149	15090	35997		
生态保护和环境治理业	49033	6382		2000	
公共设施管理业	130947	15577	9100	5000	
居民服务、修理和其他服务业	4097				
居民服务业	1859				
机动车、电子产品和日用产品修理业					
其他服务业	2238				
教　育	41894	21054	4563	1654	876
教　育	41894	21054	4563	1654	876
卫生和社会工作	27746	1033		5000	
卫　生	14635	437		5000	
社会工作	13111	596			
文化、体育和娱乐业	28197	5378			
新闻和出版业					
广播、电视、电影和影视录音制作业					
文化艺术业	17657	4718			
体　育	810	660			
娱乐业	9730				
公共管理、社会保障和社会组织	7635	985		1800	
中国共产党机关					
国家机构	7085	485		1800	
人民政协、民主党派					
社会保障	550	500			
群众团体、社会团体和其他成员组织					
基层群众自治组织					

6-12 续表3

单位：万元

行　业	自筹资金	#企、事业单位自有资金	#股东投入资金	#借入资金	其　他资金来源
总　计	**2250816**				**253608**
农、林、牧、渔业	161747				4031
农　业	48328				
林　业	27074				15
畜牧业	73332				4016
渔　业	2462				
农、林、牧、渔服务业	10551				
采矿业	326858				12435
煤炭开采和洗选业	252382				12435
石油和天然气开采业	22455				
黑色金属矿采选业					
有色金属矿采选业	31647				
非金属矿采选业	17913				
开采辅助活动	2461				
其他采矿业					
制造业	1129197				152088
农副食品加工业	28857				4
食品制造业	4385				2475
酒、饮料和精制茶制造业	62388				
烟草制品业					
纺织业					
纺织服装、服饰业					
皮革、毛皮、羽毛及其制品和制鞋业					
木材加工和木、竹、藤、棕、草制品业					
家具制造业					
造纸和纸制品业	36360				
印刷和记录媒介复制业					
文教、工美、体育和娱乐用品制造业	1200				
石油加工、炼焦和核燃料加工业	96487				
化学原料和化学制品制造业	141680				5000
医药制造业	5827				
化学纤维制造业	678				
橡胶和塑料制品业	13200				
非金属矿物制品业	142942				2000
黑色金属冶炼和压延加工业	53871				
有色金属冶炼和压延加工业	337760				142600
金属制品业	3130				

6-12 续表4

单位: 万元

行业	自筹资金	#企、事业单位自有资金	#股东投入资金	#借入资金	其他资金来源
通用设备制造业	3049				8
专用设备制造业					
汽车制造业	1600				
铁路、船舶、航空航天和其他运输设备制造业					
电气机械和器材制造业	186882				
计算机、通信和其他电子设备制造业					
仪器仪表制造业	3945				
其他制造业					
废弃资源综合利用业	4956				1
金属制品、机械和设备修理业					
电力、热力、燃气及水生产和供应业	210857				12042
电力、热力生产和供应业	201977				12042
燃气生产和供应业	7200				
水的生产和供应业	1680				
建筑业					
房屋建筑业					
土木工程建筑业					
建筑安装业					
建筑装饰和其他建筑业					
批发和零售业	18596				850
批发业	1779				
零售业	16817				850
交通运输、仓储和邮政业	89539				52045
铁路运输业	42555				
道路运输业	11341				52045
水上运输业					
航空运输业					
管道运输业	15000				
装卸搬运和运输代理业	11000				
仓储业	9643				
邮政业					
住宿和餐饮业	22470				
住宿业	22470				
餐饮业					
信息传输、软件和信息技术服务业	15300				4500
电信、广播电视和卫星传输服务					
互联网和相关服务					4500
软件和信息技术服务业	15300				
金融业					
货币金融服务					
资本市场服务					
保险业					
其他金融业					

6-12 续表5

单位：万元

行　　业	自筹资金	#企、事业单位自有资金	#股东投入资金	#借入资金	其　他资金来源
房地产业	36206				6272
房地产业	36206				6272
租赁和商务服务业	4511				
租赁业					
商务服务业	4511				
科学研究和技术服务业	14671				1000
研究和试验发展					
专业技术服务业	9859				
科技推广和应用服务业	4812				1000
水利、环境和公共设施管理业	154893				7090
水利管理业	17978				2084
生态保护和环境治理业	40151				500
公共设施管理业	96764				4506
居民服务、修理和其他服务业	4097				
居民服务业	1859				
机动车、电子产品和日用产品修理业					
其他服务业	2238				
教　育	12542				1205
教　育	12542				1205
卫生和社会工作	21713				
卫　生	9198				
社会工作	12515				
文化、体育和娱乐业	22819				
新闻和出版业					
广播、电视、电影和影视录音制作业					
文化艺术业	12939				
体　育	150				
娱乐业	9730				
公共管理、社会保障和社会组织	4800				50
中国共产党机关					
国家机构	4800				
人民政协、民主党派					
社会保障					50
群众团体、社会团体和其他成员组织					
基层群众自治组织					

6-13　城镇固定资产投资规模及新增生产能力(2017年)

生产能力(或效益)名称	单　位	建设规模	本　年施工规模	#本年新开工	累计新增生产能力	#本年新增
原煤开采	万吨/年	2960	1240	760		
洗　煤	万吨/年					
焦　炭	万吨/年	90	90	90	90	
天然原油开采	万吨/年					
天然气开采	亿立方米/年	7.8	0.2	0.1	0.7	0.2
石油加工：蒸馏设备能力	处理万吨/年					
裂化设备能力	处理万吨/年					
加氢精制设备能力	万吨/年					
焦化设备能力	万吨/年					
催化重整设备能力	万吨/年					
润滑油(综合能力)	万吨/年					
铁矿开采(原矿)	万吨/年					
铁矿选矿处理原矿量	万吨/年					
铁矿石成品矿	万吨/年					
生　铁	万吨/年					
粗　钢	万吨/年					
#转炉钢	万吨/年					
#电弧炉钢	万吨/年					
#感应电炉钢	万吨/年					
连铸坯	万吨/年					
铁合金	万吨/年					
钢　材	万吨/年					
热轧钢材	万吨/年					
冷轧(拔)钢材	万吨/年					
镀层、涂层钢材	万吨/年					
锻压、挤压、旋压钢材	万吨/年					
其他加工工艺钢材	万吨/年					
铜采矿(原矿)	万吨/年					
铜选矿：(1)处理原矿	万吨/年					
(2)铜含量	吨/年					
铜冶炼	吨/年					
#电解铜	吨/年					
铅锌采矿(原矿)	万吨/年					
铅锌选矿：(1)处理原矿	万吨/年					
(2)铅含量	吨/年					
(3)锌含量	吨/年					
铅冶炼	吨/年					
#电解铅	吨/年					
锌冶炼	吨/年					
#电解锌	吨/年					
锡冶炼	吨/年					
#电解锡	吨/年					
镍冶炼	吨/年					
#电解镍	吨/年					
氧化铝	吨/年					
电解铝	吨/年	382262	160000		160000	160000
粗　铅	吨/年					
铝加工	吨/年					
铜加工材	吨/年					
黄　金	公斤/年					
银选矿：(1)处理原矿	吨/年					
(2)银含量	公斤/年					

6-13 续表1

生产能力(或效益)名称	单 位	建设规模	本年施工规模	#本年新开工	累计新增生产能力	#本年新增
硫铁矿开采	吨／年					
水力发电	万千瓦					
火力发电	万千瓦	280	140			
核能发电	万千瓦					
风力发电	万千瓦	32	23.2	8.2	8.2	8.2
太阳能发电	万千瓦	15.9	10.1	9.9	12.2	9.7
其他发电	万千瓦					
输电线路长度(110KV及以上)	公里					
水 泥	万吨／年	200	200	200		
平板玻璃	万重量箱／年					
石墨及炭素制品	吨／年					
木 材	吨／年					
电 石	吨／年					
氮 肥	吨／年	80200	22500	22500	80200	22500
磷 肥	吨／年					
钾 肥	吨／年					
化学农药原药	吨／年					
精甲醇	吨／年					
塑料树脂及共聚物	吨／年					
合成橡胶	吨／年					
轮胎外胎	万条／年					
轮胎内胎	万条／年					
内燃机	台/年					
内燃机	万千瓦/年					
载货汽车制造	辆／年					
客车制造	辆／年					
轿车制造	辆／年					
其他汽车制造	辆／年					
摩托车制造	辆／年					
电视机	万部／年					
#彩色电视机	万吨／年					
化学纤维	吨／年					
#合成纤维	吨／年					
粘胶纤维	吨／年					
棉纺锭	锭					
毛纺锭	锭					
啤 酒	万吨／年					
白 酒	万吨／年	10	10			
其他酒	万吨／年					
卷 烟	箱/年					
机制纸浆	万吨／年					
家用电冰箱	万台／年					
家用洗衣机	万台／年					
房间空气调节器	万台／年					
程控交换机(指安装能力)	万线／年					

6-13　续表2

生产能力(或效益)名称	单　位	建设规模	本　　年施工规模	#本年新开工	累计新增生产能力	#本年新增
新建铁路里程	公里	17	17		17	
复线里程	公里					
电气化铁路里程	公里					
新建高速铁路里程	公里					
新建公路	公里	69.8	28.5	18	10.5	10.5
#高速公路	公里					
一级公路	公里					
二级公路	公里	53.6	12.3	12.3	7.8	7.8
改建公路	公里	670.4	479	290.2	510.9	289.2
#高速公路	公里					
一级公路	公里					
二级公路	公里	51.1	12.1	12.1	44	11
新建独立公路桥梁	延长米					
新建独立公路桥梁	座					
新建独立公路隧道	延长米					
新建独立公路隧道	处					
新(扩)建港口码头	年吞吐量：万吨					
新(扩)建港口码头	年吞吐量：标准集装箱					
新(扩)建港口码头	泊位：个					
#新(扩)建沿海港口码头	年吞吐量：万吨					
#新(扩)建沿海港口码头	泊位：个米					
新(扩)建公路客、货运站	个					
新(扩)建公路客、货运站	平方米					
民航机场跑道	条					
民航机场跑道	米					
飞机购置	架					
候机楼	座					
候机楼	平方米					
城市自来水供水能力	万吨/日					
城市公共交通车辆购置	辆/年					
城市污水处理能力	万吨/日	1.5	1.5	1.5	1.5	1.5

6-14 城镇固定资产投资总规模及新增固定资产(2017年)

单位: 万元

行业	计划总投资	自开始建设至本年底累计完成投资	#本年完成投资	施工项目个数(个)	#本年新开工	本年投产项目个数(个)	本年新增固定资产
总计	**17188179**	**10188882**	**3879068**	**598**	**401**	**356**	**3150997**
农、林、牧、渔业	781716	465386	321336	83	65	49	212325
农业	138695	92259	68515	24	14	15	41376
林业	134221	121297	118097	20	18	11	93932
畜牧业	486760	228616	121191	33	30	19	57457
渔业	2850	2462	2462	1	1		
农、林、牧、渔服务业	19190	20752	11071	5	2	4	19560
采矿业	3366251	2004284	387548	66	47	42	221124
煤炭开采和洗选业	2564433	1432053	298836	48	34	34	185361
石油和天然气开采业	563937	405211	29894	3			
黑色金属矿采选业							
有色金属矿采选业	213320	146446	38244	7	5	5	31108
非金属矿采选业	20734	18113	18113	4	4	1	3369
开采辅助活动	3827	2461	2461	4	4	2	1286
其他采矿业							
制造业	6554722	3410293	1164814	137	99	102	1714874
农副食品加工业	202237	124285	36889	14	7	8	35622
食品制造业	32053	32053	18160	2		2	15020
酒、饮料和精制茶制造业	1084317	924612	108522	5	4	11	80837
烟草制品业							
纺织业							
纺织服装、服饰业							
皮革、毛皮、羽毛及其制品和制鞋业							
木材加工和木、竹、藤、棕、草制品业							
家具制造业							
造纸和纸制品业	257970	159662	37498	7	5	2	6167
印刷和记录媒介复制业							
文教、工美、体育和娱乐用品制造业	1200	1200	1200	1	1	1	1200
石油加工、炼焦和核燃料加工业	778520	329235	108852	12	6	9	193161
化学原料和化学制品制造业	1166872	599905	196300	33	29	24	558644
医药制造业	10480	11839	5827	1		2	5827
化学纤维制造业	678	678	678	1	1	1	678
橡胶和塑料制品业	13650	12622	12622	5	5	4	12500
非金属矿物制品业	557788	294141	160220	25	21	23	251188
黑色金属冶炼和压延加工业	157098	125242	56331	7	4	5	110278
有色金属冶炼和压延加工业	1535369	715657	394113	8	6	5	425371
金属制品业	15678	3940	3905	4	3		

6-14　续表1

单位：万元

行　　业	计　划总投资	自开始建设至本年底累计完成投资	#本年完成投资	施工项目个　数（个）	#本年新开工	本年投产项目个数（个）	本年新增固定资产
通用设备制造业	41750	31796	3048	2	1		
专用设备制造业							
汽车制造业	2500	2500	1600	1		1	2500
铁路、船舶、航空航天和其他运输设备制造业							
电气机械和器材制造业	668702	32020	10148	6	4	4	15881
计算机、通信和其他电子设备制造业							
仪器仪表制造业	6360	3950	3945	1			
其他制造业							
废弃资源综合利用业	21500	4956	4956	2	2		
金属制品、机械和设备修理业							
电力、热力、燃气及水生产和供应业	2158581	1669421	747132	64	40	32	140088
电力、热力生产和供应业	2035458	1592814	707977	54	33	26	132318
燃气生产和供应业	15487	14493	8395	7	6	5	6700
水的生产和供应业	107636	62114	30760	3	1	1	1070
建筑业							
房屋建筑业							
土木工程建筑业							
建筑安装业							
建筑装饰和其他建筑业							
批发和零售业	36255	24698	24489	11	10	9	22280
批发业	8125	6888	6679	3	2	2	6150
零售业	28130	17810	17810	8	8	7	16130
交通运输、仓储和邮政业	1255800	813380	361587	38	15	17	157296
铁路运输业	146010	156418	42555	1			
道路运输业	1007415	576754	270529	29	11	11	130049
水上运输业							
航空运输业							
管道运输业	17546	17546	17312	1		1	17546
装卸搬运和运输代理业	69400	46821	16005	2	1	1	160
仓储业	15429	15841	15186	5	3	4	9541
邮政业							
住宿和餐饮业	94113	66609	45664	6	2	3	12721
住宿业	86470	61109	41664	5	2	3	12721
餐饮业	7643	5500	4000	1			
信息传输、软件和信息技术服务业	211500	54972	23754	3	2	1	47967
电信、广播电视和卫星传输服务							
互联网和相关服务	30000	6300	6300	1	1		
软件和信息技术服务业	181500	48672	17454	2	1	1	47967
金融业							
货币金融服务							
资本市场服务							
保险业							
其他金融业							

6-14 续表2

单位：万元

行业	计划总投资	自开始建设至本年底累计完成投资	#本年完成投资	施工项目个数（个）	#本年新开工	本年投产项目个数（个）	本年新增固定资产
房地产业	358342	318961	121232	39	22	20	114377
房地产业	358342	318961	121232	39	22	20	114377
租赁和商务服务业	4511	4511	2311	1		1	4511
租赁业							
商务服务业	4511	4511	2311	1		1	4511
科学研究和技术服务业	58754	23446	18612	6	5	3	10672
研究和试验发展							
专业技术服务业	24527	12900	12900	3	3	2	7672
科技推广和应用服务业	34227	10546	5712	3	2	1	3000
水利、环境和公共设施管理业	1590414	960874	461033	87	55	54	430281
水利管理业	333853	205211	59250	12	4	7	41136
生态保护和环境治理业	181398	53631	53054	15	13	7	32940
公共设施管理业	1075163	702032	348729	60	38	40	356205
居民服务、修理和其他服务业	4097	4097	4097	1	1	2	4097
居民服务业	1859	1859	1859			1	1859
机动车、电子产品和日用产品修理业							
其他服务业	2238	2238	2238	1	1	1	2238
教　育	212442	110578	55219	19	12	10	16218
教　育	212442	110578	55219	19	12	10	16218
卫生和社会工作	376296	166965	74831	15	9	4	5503
卫　生	316298	153824	61729	11	6	3	2964
社会工作	59998	13141	13102	4	3	1	2539
文化、体育和娱乐业	64468	45159	33917	15	13	6	36076
新闻和出版业							
广播、电视、电影和影视录音制作业							
文化艺术业	48934	31349	20107	9	7	3	26346
体　育	1790	1063	1063	2	2		
娱乐业	13744	12747	12747	4	4	3	9730
公共管理、社会保障和社会组织	59917	45248	31492	7	4	1	587
中国共产党机关							
国家机构	58381	44598	30842	6	3	1	587
人民政协、民主党派							
社会保障	1536	650	650	1	1		
群众团体、社会团体和其他成员组织							
基层群众自治组织							

6-15　主要年份房地产开发投资、面积

年份	本年完成投资（万元）	#商品住宅	本年新增固定资产（万元）	本年商品房屋销售额（万元）	#商品住宅	本年销售面积（平方米）	#商品住宅
1991	1651	1611	998			42520	40720
1992	2401	2344	1710			39852	39852
1993	2746	2646	1399			35165	28856
1994	2813	2070	2047			38331	37331
1995	4068	2839	1200	792	792	14340	14340
1996	3688	3389	4303	4413	3014	53250	42050
1997	4031	4003	2934	1478	1478	37083	37083
1998	6469	5228	2990	1178	1178	71229	71229
1999	7011	5876	4118	7868	6317	102483	85983
2000	3265	3009	2454	1471	1471	23560	23560
2001	7096	5560	5706	4440	4321	40294	39360
2002	14873	12041	19714	16708	13281	159520	147120
2003	13678	9310	5851	7855	5482	84117	67354
2004	14930	11623	6750	8839	8505	79159	76529
2005	28615	21521	10342	15855	12344	106565	94650
2006	54905	49323	23689	29108	28716	252269	250296
2007	87691	72809	38485	79146	66957	497545	465375
2008	129735	103904	50105	60142	50151	364110	316255
2009	130581	109400	55190	103274	91658	455765	434857
2010	197130	169577	136445	165093	131548	648410	561656
2011	229703	169182	165751	156002	117853	600632	544930
2012	293758	219833	70984	132650	119082	517128	489649
2013	324716	237493	208540	252313	232620	801120	755965
2014	431517	302229	182737	189679	176349	526994	498273
2015	675312	511079	243070	205406	189089	620338	580207
2016	705328	538021	367825	269968	240557	891053	816551
2017	388166	323822	149405	237579	206000	646059	588403

6-15 续表

年份	本年施工房屋面积(平方米)	#商品住宅	本年竣工房屋面积(平方米)	#商品住宅	本年竣工房屋价值(万元)	#商品住宅
1991	102845	99715	42870	39740	1058	902
1992	98781	94386	44852	44852	1656	1656
1993	123333	104847	49278	40077	2030	1778
1994	113774	83105	41001	36128	2094	2001
1995	114869	95869	38787	38287	2072	2042
1996	132610	121440	64650	53450	4303	2904
1997	115810	115010	49830	49830	2934	2934
1998	184710	168210	39635	39635	2990	2990
1999	147967	131467	56087	39587	4118	2567
2000	127473	121143	45437	45437	2454	2454
2001	157787	146365	79254	78320	5706	5587
2002	273077	243691	206434	204034	16572	16389
2003	214463	178937	51214	27338	5851	2105
2004	281251	257400	74714	72084	6750	6461
2005	584313	483971	85932	66801	10292	7062
2006	865747	796178	228606	218126	21178	19962
2007	1239619	1094967	294143	273068	31485	27808
2008	1674310	1517139	395017	375669	45923	42637
2009	2312612	1995171	368959	327933	53940	47722
2010	3330980	2623631	1044196	782026	136445	111977
2011	3092741	2537496	735010	644917	133827	112251
2012	4874248	3898781	372395	314315	69099	57475
2013	5614317	4382690	1005680	828415	207690	162870
2014	6562847	5026344	845638	673922	159212	134793
2015	7325768	5557969	993485	766193	237242	183609
2016	8732298	6581340	1417702	1090615	339010	218314
2017	7141156	5598308	629435	532596	143505	118960

6-16　房地产开发完成情况

指　　标	单位	2016年	2017
本年完成投资	万元	705328	388166
#商品住宅	万元	538021	323822
按构成分:			
建筑工程	万元	497017	285438
安装工程	万元	128999	81258
设备工器具购置	万元	12504	2806
其它费用	万元	66808	18664
本年土地购置面积	平方米	209565	47405
成交价款	万元	31284	6012
本年新增固定资产	万元	367825	149405
本年商品房屋销售额	万元	269968	237579
#商品住宅	万元	240557	206000
本年销售面积	平方米	891053	646059
#商品住宅	平方米	816551	588403
本年施工房屋面积	平方米	8732298	7141156
#商品住宅	平方米	6581340	5598308
本年新开工施工房屋面积	平方米	2598791	1209869
#商品住宅	平方米	1994079	1035407
本年竣工房屋面积	平方米	42870	629435
#商品住宅	平方米	39740	532596
本年竣工房屋价值	万元	1058	143505
#商品住宅	万元	902	118960

6-17 房地产开发投资(2017年)

单位：万元

类　　别	企业个数(个)	计　划总投资	自开始建设累计完成投资	本　　年完成投资	建筑工程
总　计	**114**	**2358781**	**1862987**	**388166**	**285438**
按登记注册类型分:					
内资企业	114	2358781	1862987	388166	285438
国有企业	5	57917	54636	10404	6604
集体企业	2				
股份合作企业					
国有联营企业					
集体联营企业					
国有与集体联营企业					
其他联营企业					
国有独资公司					
其他有限责任公司	23	471719	401164	104420	73924
股份有限公司	1	9800	13351	32	32
私营独资企业					
私营合伙企业					
私营有限责任公司	80	1816440	1390931	273310	204878
私营股份有限公司	3	2905	2905		
其他企业					
港澳台商投资企业					
外商投资企业					
按控股情况分:	114				
国有控股	5	57917	54636	10404	6604
集体控股	2				
私人控股	103	2262133	1776298	377432	278654
港澳台商控股					
外商控股					
其　他	4	38731	32053	330	180
按隶属关系分:	114				
中　央					
省(自治区、直辖市)					
地区(州、盟、省辖市)	7	17955	21135	746	746
县(区、市、旗)					
街　道					
镇					
乡					
居委会					
村委会					
其　他	102	2247589	1753572	360625	266388
县级及以下	5	93237	88280	26795	18304
按企业资质等级分:	114				
一　级					
二　级	7	257077	160214	21949	15990
三　级	15	297375	238002	83375	70812
四　级	56	1243625	1050150	127889	89535
暂　定	28	413015	288954	106983	77471
其　他	8	147689	125667	47970	31630
按企业类型分:					
大　型					
中　型	54	667769	459088	99147	64634
小　型	20	288820	286949	29059	20045
微　型	40	1402192	1116950	259960	200759

6-17 续表1

单位：万元

类别	安装工程	设备工器具购置	其他费用	#旧建筑物购置费	#土地购置费
总 计	**81258**	**2806**	**18664**	**170**	**8229**
按登记注册类型分:					
内资企业	81258	2806	18664	170	8229
国有企业	2000		1800		
集体企业					
股份合作企业					
国有联营企业					
集体联营企业					
国有与集体联营企业					
其他联营企业					
国有独资公司					
其他有限责任公司	23720	131	6645		5690
股份有限公司					
私营独资企业					
私营合伙企业					
私营有限责任公司	55538	2675	10219	170	2539
私营股份有限公司					
其他企业					
港澳台商投资企业					
外商投资企业					
按控股情况分:					
国有控股	2000		1800		
集体控股					
私人控股	79108	2806	16864	170	8229
港澳台商控股					
外商控股					
其 他	150				
按隶属关系分:					
中 央					
省(自治区、直辖市)					
地区(州、盟、省辖市)					
县(区、市、旗)					
街 道					
镇					
乡					
居委会					
村委会					
其 他	75533	2795	15909	170	8229
县级及以下	5725	11	2755		
按企业资质等级分:					
一 级					
二 级	1601	135	4223		4143
三 级	7658		4905		2533
四 级	27184	2471	8699	140	1266
暂 定	28475	200	837	30	287
其 他	16340				
按企业类型分:					
大 型					
中 型	23573	80	10860		5455
小 型	8059		955		
微 型	49626	2726	6849	170	2774

6-17　续表2

单位：万元

类　　别							
	商品住宅	#90平方米及以下	#144平方米以上	#别墅、高档公寓	办公楼	商业营业用房	其他
总　计	**323822**	**120044**	**24931**	**564**	**1622**	**46448**	**16274**
按登记注册类型分:							
内资企业	323822	120044	24931	564	1622	46448	16274
国有企业	10404	10404					
集体企业							
股份合作企业							
国有联营企业							
集体联营企业							
国有与集体联营企业							
其他联营企业							
国有独资公司							
其他有限责任公司	91855	6556	11249			9171	3394
股份有限公司	32		32				
私营独资企业							
私营合伙企业							
私营有限责任公司	221531	103084	13650	564	1622	37277	12880
私营股份有限公司							
其他企业							
港澳台商投资企业							
外商投资企业							
按控股情况分:							
国有控股	10404	10404					
集体控股							
私人控股	313268	109490	24931	564	1622	46448	16094
港澳台商控股							
外商控股							
其　他	150	150					180
按隶属关系分:							
中　央							
省(自治区、直辖市)							
地区(州、盟、省辖市)	746	714	32				
县(区、市、旗)							
街　道							
镇							
乡							
居委会							
村委会							
其　他	297783	108968	24278	564	1622	44946	16274
县级及以下	25293	10362	621			1502	
按企业资质等级分:							
一　级							
二　级	18937	6010	2800			206	2806
三　级	81174	51280	9950			827	1374
四　级	101260	27932	4722	564	1523	23987	1119
暂　定	83403	32860	1157		99	14437	9044
其　他	39048	1962	6302			6991	1931
按企业类型分:							
大　型							
中　型	76951	12554	2800			15665	6531
小　型	27557	1509	925			1502	
微　型	219314	105981	21206	564	1622	29281	9743

6-18　房地产企业资金和土地情况(2017年)

单位：万元

类　　别	本年新增固定资产	本年实际到位资金合计	上年末结余资金	本年实际到位资金小计	国内贷款	#银行贷款	#非银行金融机构贷款
总　计	**149405**	**469691**	**73776**	**395915**	**10480**	**10480**	
按登记注册类型分:							
内资企业	149405	469691	73776	395915	10480	10480	
国有企业		11008	604	10404	1923	1923	
集体企业							
股份合作企业							
国有联营企业							
集体联营企业							
国有与集体联营企业							
其他联营企业							
国有独资公司							
其他有限责任公司	46838	111756	13250	98506			
股份有限公司		100	100				
私营独资企业							
私营合伙企业							
私营有限责任公司	102567	346827	59822	287005	8557	8557	
私营股份有限公司							
其他企业							
港澳台商投资企业							
外商投资企业							
按控股情况分:							
国有控股		11008	604	10404	1923	1923	
集体控股							
私人控股	149405	458660	73172	385488	8557	8557	
港澳台商控股							
外商控股							
其　他		23		23			
按隶属关系分:		469691	73776	395915	10480	10480	
中　央							
省(自治区、直辖市)							
地区(州、盟、省辖市)		1333	704	629			
县(区、市、旗)							
街　道							
镇							
乡							
居委会							
村委会							
其　他	136950	438373	73045	365328	8557	8557	
县级及以下	12455	29985	27	29958	1923	1923	
按企业资质等级分:							
一　级							
二　级	8500	40475	7286	33189			
三　级	15002	80452	9363	71089	7480	7480	
四　级	107285	159663	9042	150621	3000	3000	
暂　定	18618	131626	32221	99405			
其　他		57475	15864	41611			
按企业类型分:							
大　型							
中　型	17341	124395	30433	93962			
小　型	35297	43997	2399	41598			
微　型	96767	301299	40944	260355	10480	10480	

6-18 续表1

单位：万元

类　别	自筹资金	其他资金来　源	#定金及预收款	#个人按揭贷款
总　计	**243503**	**141932**	**84800**	**45331**
按登记注册类型分:				
内资企业	243503	141932	84800	45331
国有企业	604	7877		
集体企业				
股份合作企业				
国有联营企业				
集体联营企业				
国有与集体联营企业				
其他联营企业				
国有独资公司				
其他有限责任公司	79700	18806	10133	8673
股份有限公司				
私营独资企业				
私营合伙企业				
私营有限责任公司	163199	115249	74667	36658
私营股份有限公司				
其他企业				
港澳台商投资企业				
外商投资企业				
按控股情况分:				
国有控股	604	7877		
集体控股				
私人控股	242876	134055	84800	45331
港澳台商控股				
外商控股				
其　他	23			
按隶属关系分:	243503	141932	84800	45331
中　央				
省(自治区、直辖市)				
地区(州、盟、省辖市)	629			
县(区、市、旗)				
街　道				
镇				
乡				
居委会				
村委会				
其　他	225880	130891	81636	45331
县级及以下	16994	11041	3164	
按企业资质等级分:				
一　级				
二　级	7810	25379	11716	10663
三　级	29175	34434	22134	4423
四　级	108256	39365	26697	12668
暂　定	62798	36607	23903	11780
其　他	35464	6147	350	5797
按企业类型分:				
大　型				
中　型	52804	41158	19947	21211
小　型	26472	15126	15126	
微　型	164227	85648	49727	24120

6-18 续表2

类　别	本年各项应付款合计	#工程款	待开发土地面积	本年购置土地面积	本年土地成交价款	#拆迁补偿费
总　计	**118997**	**67738**	**12400**	**47405**	**6012**	**800**
按登记注册类型分:						
内资企业	118997	67738	12400	47405	6012	800
国有企业	604					
集体企业						
股份合作企业						
国有联营企业						
集体联营企业						
国有与集体联营企业						
其他联营企业						
国有独资公司						
其他有限责任公司	23056	15849		35005	4143	
股份有限公司						
私营独资企业						
私营合伙企业						
私营有限责任公司	95337	51889	12400	12400	1869	800
私营股份有限公司						
其他企业						
港澳台商投资企业						
外商投资企业						
按控股情况分:						
国有控股	604					
集体控股						
私人控股	118063	67408	12400	47405	6012	800
港澳台商控股						
外商控股						
其　他	330	330				
按隶属关系分:	118997	67738	12400	47405	6012	800
中　央						
省(自治区、直辖市)						
地区(州、盟、省辖市)	714	110				
县(区、市、旗)						
街　道						
镇						
乡						
居委会						
村委会						
其　他	118283	67628	12400	47405	6012	800
县级及以下						
按企业资质等级分:						
一　级						
二　级	11265	11265		35005	4143	
三　级	54291	11250				
四　级	27202	24470				
暂　定	22376	17340	12400	12400	1869	800
其　他	3863	3413				
按企业类型分:						
大　型						
中　型	31049	30089		35005	4143	
小　型	11822	10253				
微　型	76126	27396	12400	12400	1869	800

6-19 房地产开发财务(2017年)

单位:万元

类别	年初存货	流动资产合计	应收账款	存货	固定资产合计	固定资产原价	#房屋和构筑物	#机器设备
总计	**683941**	**1789642**	**37854**	**921552**	**26556**	**34635**	**11869**	**769**
按登记注册类型分:								
内资企业	683941	1789642	37854	921552	26556	34635	11869	769
国有企业	22266	66889	1174	43001	3841	4881	4416	8
集体企业	550	1231	275	550	3266	3596	3596	
股份合作企业								
国有联营企业								
集体联营企业								
国有与集体联营企业								
其他联营企业								
国有独资公司								
其他有限责任公司	194925	530538	12650	307916	10940	12999	3459	457
股份有限公司		6984			1	1		1
私营独资企业								
私营合伙企业								
私营有限责任公司	459427	1160356	18316	561222	7227	11560	399	304
私营股份有限公司	6773	23644	5440	8863	1282	1598		
其他企业								
港澳台商投资企业								
外商投资企业								
按控股情况分:								
国有控股	22266	66889	1174	43001	3841	4881	4416	8
集体控股	550	1231	275	550	3266	3596	3596	
私人控股	661124	1651647	35429	843320	18583	24759	3858	761
港澳台商控股								
外商控股								
其他	1	69875	978	34681	866	1399		
按隶属关系分:								
中央								
省(自治区、直辖市)								
地区(州、盟、省辖市)	3105	43311	549	1212	7378	8267	7191	1
县(区、市、旗)								
街道								
镇								
乡								
居委会								
村委会								
其他	656635	1676701	36910	873503	15550	21869	418	760
县级及以下	24201	69630	395	46837	3628	4498	4260	8
按企业资质等级分:								
一级								
二级	233568	417366	308	207025	4880	7677		
三级	58642	347333	6158	154210	5377	6714	4487	8
四级	308321	870260	17348	495192	13198	17517	7252	581
暂定	70129	122158	9944	47467	2104	1493	130	181
其他	13282	32526	4096	17660	996	1234		
按企业类型分:								
大型								
中型	157595	497545	9065	240994	4783	6969		53
小型	74530	165988	5798	85865	10528	11804	10828	33
微型	451816	1126110	22992	594692	11244	15862	1041	683

6-19　续表1

单位:万元

类　　别	#运输工具	累计折旧	#本年折旧	在建工程	资产总计	流动负债合计	#应付账款
总　计	**1400**	**9463**	**871**	**22474**	**2029048**	**1624938**	**254951**
按登记注册类型分:							
内资企业	1400	9463	871	22474	2029048	1624938	254951
国有企业	33	829	87		73726	20749	5109
集体企业		330	31		4496	3249	2666
股份合作企业							
国有联营企业							
集体联营企业							
国有与集体联营企业							
其他联营企业							
国有独资公司							
其他有限责任公司	40	3148	363		619663	477623	42829
股份有限公司		0	0		11639	9639	
私营独资企业							
私营合伙企业							
私营有限责任公司	1327	4737	388	22472	1294147	1089485	187095
私营股份有限公司		419	2	2	25376	24192	17252
其他企业							
港澳台商投资企业							
外商投资企业							
按控股情况分:							
国有控股	33	829	87		73726	20749	5109
集体控股		330	31		4496	3249	2666
私人控股	1368	7724	709	22474	1877918	1530511	234822
港澳台商控股							
外商控股							
其　他		580	44		72908	70429	12353
按隶属关系分:							
中　央							
省(自治区、直辖市)							
地区(州、盟、省辖市)		714	62		60914	51672	8560
县(区、市、旗)							
街道							
镇							
乡							
居委会							
村委会							
其　他	1368	7867	553	22474	1894867	1549519	243946
县级及以下	33	882	256		73267	23748	2445
按企业资质等级分:							
一　级							
二　级	94	2797	90		429970	319037	6909
三　级	33	1732	122	3047	366321	277746	50334
四　级	1110	4488	620	5585	992243	817257	163290
暂　定	30	209	39	13842	160798	136784	27243
其　他	133	238			79715	74115	7176
按企业类型分:							
大　型							
中　型	50	2194	71	2	570163	436842	103644
小　型	40	1286	329		180529	162027	23857
微　型	1310	5983	471	22472	1278356	1026069	127450

6-19 续表2

单位:万元

类别	非流动负债合计	负债合计	所有者权益合计	#实收资本	营业收入
总计	**171303**	**1796241**	**232807**	**256791**	**129606**
按登记注册类型分:					
内资企业	171303	1796241	232807	256791	129606
国有企业	38437	59186	14540	1018	179
集体企业	0	3249	1247	800	1203
股份合作企业					
国有联营企业					
集体联营企业					
国有与集体联营企业					
其他联营企业					
国有独资公司					
其他有限责任公司	63540	541163	78500	87514	38135
股份有限公司		9639	2000	2000	3
私营独资企业					
私营合伙企业					
私营有限责任公司	69326	1158811	135336	163659	70211
私营股份有限公司		24192	1184	1800	19875
其他企业					
港澳台商投资企业					
外商投资企业					
按控股情况分:					
国有控股	38437	59186	14540	1018	179
集体控股	0	3249	1247	800	1203
私人控股	131416	1661927	215991	252474	128224
港澳台商控股					
外商控股					
其他	1450	71879	1029	2500	
按隶属关系分:					
中央					
省(自治区、直辖市)					
地区(州、盟、省辖市)	4078	55750	5164	5452	334
县(区、市、旗)					
街道					
镇					
乡					
居委会					
村委会					
其他	131416	1680934	213932	249926	127650
县级及以下	35809	59556	13710	1413	1623
按企业资质等级分:					
一级					
二级	35637	354674	75296	66353	18527
三级	35877	313623	52698	51463	9661
四级	94678	911934	80309	103034	66196
暂定	5111	141894	18904	28941	35093
其他		74115	5600	7000	131
按企业类型分:					
大型					
中型	51141	487984	82180	80246	96789
小型	930	162957	17572	25552	11073
微型	119231	1145300	133056	150993	21745

6-19　续表3

单位:万元

类　别	主营业务收入	商品房屋销售收入	自持物业收入	#房屋出租收入	其他收入	营业成本	#主营业务成本
总　计	**113014**	**111483**	**414**	**414**	**1117**	**112530**	**106275**
按登记注册类型分:							
内资企业	113014	111483	414	414	1117	112530	106275
国有企业	179	68			110	57	57
集体企业	1203	1094			109	622	622
股份合作企业							
国有联营企业							
集体联营企业							
国有与集体联营企业							
其他联营企业							
国有独资公司							
其他有限责任公司	38094	37855	239	239		32158	32158
股份有限公司	3				3	0	
私营独资企业							
私营合伙企业							
私营有限责任公司	53660	52645	174	174	841	60364	54108
私营股份有限公司	19875	19821			54	19330	19330
其他企业							
港澳台商投资企业							
外商投资企业							
按控股情况分:							
国有控股	179	68			110	57	57
集体控股	1203	1094			109	622	622
私人控股	111632	110321	414	414	898	111852	105596
港澳台商控股							
外商控股							
其　他							
按隶属关系分:							
中　央							
省(自治区、直辖市)							
地区(州、盟、省辖市)	334	112			222	106	106
县(区、市、旗)							
街　道							
镇							
乡							
居委会							
村委会							
其　他	111058	109749	414	414	895	111450	105194
县级及以下	1623	1623				975	975
按企业资质等级分:							
一　级							
二　级	18486	18460	26	26		17198	17198
三　级	9661	8940			720	9308	9308
四　级	53155	52504	388	388	263	56888	55165
暂　定	31582	31578			3	29008	24476
其　他	131				131	128	128
按企业类型分:							
大　型							
中　型	95238	95085			153	98802	97947
小　型	11008	9845	388	388	776	4201	3201
微　型	6768	6554	26	26	189	9527	5126

6-19 续表4

单位:万元

类　　别	营业税金及附加	#主营业务税金及附加	其他业务利　润	销售费用	管理费用	财务费用	#利息收入	#利息支出
总　计	**1734**	**1057**	**-446**	**4697**	**9000**	**272**	**56**	**49**
按登记注册类型分:								
内资企业	1734	1057	-446	4697	9000	272	56	49
国有企业	1	1		3	249	-6	8	1
集体企业	2	2		0	168	1	0	0
股份合作企业								
国有联营企业								
集体联营企业								
国有与集体联营企业								
其他联营企业								
国有独资公司								
其他有限责任公司	1447	1199	41	866	1765	71	9	3
股份有限公司	0	0			1	0		
私营独资企业								
私营合伙企业								
私营有限责任公司	-524	-952	-487	3739	6532	208	39	45
私营股份有限公司	807	807		88	285	-1	1	0
其他企业								
港澳台商投资企业								
外商投资企业								
按控股情况分:								
国有控股	1	1		3	249	-6	8	1
集体控股	2	2		0	168	1	0	0
私人控股	1730	1054	-446	4691	8478	278	48	48
港澳台商控股								
外商控股								
其　他				2	104	0		0
按隶属关系分:								
中　央								
省(自治区、直辖市)								
地区(州、盟、省辖市)	1	1		2	426	0	1	0
县(区、市、旗)								
街　道								
镇								
乡								
居委会								
村委会								
其　他	1727	1050	-446	4650	8271	278	48	48
县级及以下	6	6		44	303	-6	8	1
按企业资质等级分:								
一　级								
二　级	911	911	41	1398	2151	36	9	-32
三　级	394	209		222	1221	22	19	7
四　级	-967	-1364	-487	2419	4303	171	18	44
暂　定	1389	1294		451	878	52	1	29
其　他	7	7		207	447	-8	11	2
按企业类型分:								
大　型								
中　型	314	269	-446	2587	2447	210	12	26
小　型	390	91		304	1345	58	3	53
微　型	1030	698		1805	5208	4	42	-29

6-19　续表5

单位:万元

类　　别	营业利润	营业外收　入	营业外支　出	利润总额	应　交所得税	应　交增值税	应付职工薪酬(贷方累计发生额)	年末从业人员总计
总　计	**-16036**	**1823**	**376**	**-14589**	**136**	**-1121**	**9988**	**1912**
按登记注册类型分:								
内资企业	-16036	1823	376	-14589	136	-1121	9988	1912
国有企业	-124	1301	80	1098			202	134
集体企业	410			410			89	50
股份合作企业								
国有联营企业								
集体联营企业								
国有与集体联营企业								
其他联营企业								
国有独资公司								
其他有限责任公司	1828		101	1727	779	49	799	287
股份有限公司	2			2			28	12
私营独资企业								
私营合伙企业								
私营有限责任公司	-17520	276	177	-17421	-643	-1170	8825	1400
私营股份有限公司	-633	247	18	-405			45	29
其他企业								
港澳台商投资企业								
外商投资企业								
按控股情况分:								
国有控股	-124	1301	80	1098			202	134
集体控股	410			410			89	50
私人控股	-16217	523	296	-15991	136	-1121	9370	1685
港澳台商控股								
外商控股								
其　他	-106			-106			327	43
按隶属关系分:								
中　央								
省(自治区、直辖市)								
地区(州、盟、省辖市)	-200	0		-199			296	145
县(区、市、旗)								
街　道								
镇								
乡								
居委会								
村委会								
其　他	-16137	523	276	-15891	126	-1141	9533	1702
县级及以下	301	1301	100	1502	10	20	159	65
按企业资质等级分:								
一　级								
二　级	-1833	0	58	-1891	351	-1232	1189	218
三　级	-1506	1299	189	-396	172	-532	656	304
四　级	-11140	266	89	-10962	-390	643	6898	864
暂　定	-907	250	33	-690	3		868	425
其　他	-650	8	7	-650			378	101
按企业类型分:								
大　型								
中　型	-15586	310	65	-15341	-328	541	1346	234
小　型	541		23	518	196	86	4721	267
微　型	-991	1514	289	234	269	-1748	3921	1411

6-20 房地产开发施工面积(2017年)

单位:平方米

类别	房屋施工面积合计	住宅	#90平方米及以下住房	#144平方米以上住房	#别墅、高档公寓	办公楼	商业营业用房	其他房屋
总计	**7141156**	**5598308**	**1592780**	**576174**	**57230**	**81455**	**788356**	**673037**
按登记注册类型分:								
内资企业	7141156	5598308	1592780	576174	57230	81455	788356	673037
国有企业	276115	275715	275715					400
集体企业								
股份合作企业								
国有联营企业								
集体联营企业								
国有与集体联营企业								
其他联营企业								
国有独资公司								
其他有限责任公司	1818452	1522236	353005	109337		37808	151477	106931
股份有限公司	63598	28236					35362	
私营独资企业								
私营合伙企业								
私营有限责任公司	4969491	3758621	964060	466837	57230	43647	601517	565706
私营股份有限公司	13500	13500						
其他企业								
港澳台商投资企业								
外商投资企业								
按控股情况分:								
国有控股	276115	275715	275715					400
集体控股								
私人控股	6661326	5169857	1193286	573402	57230	81455	779443	630571
港澳台商控股								
外商控股								
其　他	203715	152736	123779	2772			8913	42066
按隶属关系分:								
中　央								
省(自治区、直辖市)								
地区(州、盟、省辖市)	111402	75640	47404				35362	400
县(区、市、旗)								
街　道								
镇								
乡								
居委会								
村委会								
其　他	6552804	5077134	1286169	567877	57230	81455	721578	672637
县级及以下	476950	445534	259207	8297			31416	
按企业资质等级分:								
一　级								
二　级	716764	524067	193406	43398		4100	43363	145234
三　级	945493	815732	322592	56840			47934	81827
四　级	3797829	2933141	733559	368689	57230	76855	494090	293743
暂　定	1179557	920005	258932	48701		500	139991	119061
其　他	501513	405363	84291	58546			62978	33172
按企业类型分:								
大　型								
中　型	1461039	1228348	148372	246726			131948	100743
小　型	873814	639927	127620	119262		47308	119903	66676
微　型	4806303	3730033	1316788	210186	57230	34147	536505	505618

6-20　续表

单位:平方米

类　别	新开工面积合计	住宅	#90平方米及以下住房	#144平方米以上住房	#别墅、高档公寓	办公楼	商业营业用房	其他房屋
总　计	**1209869**	**1035407**	**307573**	**74407**	**4259**	**1847**	**73664**	**98951**
按登记注册类型分:								
内资企业	1209869	1035407	307573	74407	4259	1847	73664	98951
国有企业	64526	64526	64526					
集体企业								
股份合作企业								
国有联营企业								
集体联营企业								
国有与集体联营企业								
其他联营企业								
国有独资公司								
其他有限责任公司	323681	302866	37299	2492			9135	11680
股份有限公司								
私营独资企业								
私营合伙企业								
私营有限责任公司	821662	668015	205748	71915	4259	1847	64529	87271
私营股份有限公司								
其他企业								
港澳台商投资企业								
外商投资企业								
按控股情况分:								
国有控股	64526	64526	64526					
集体控股								
私人控股	1145343	970881	243047	74407	4259	1847	73664	98951
港澳台商控股								
外商控股								
其　他								
按隶属关系分:								
中　央								
省(自治区、直辖市)								
地区(州、盟、省辖市)								
县(区、市、旗)								
街　道								
镇								
乡								
居委会								
村委会								
其　他	1046954	872492	243047	74407	4259	1847	73664	98951
县级及以下	162915	162915	64526					
按企业资质等级分:								
一　级								
二　级	95659	89958	2299					5701
三　级	229372	216530	107312				3061	9781
四　级	489325	408915	61589	27304	4259	1747	46118	32545
暂　定	361901	293115	130995	25592		100	21045	47641
其　他	33612	26889	5378	21511			3440	3283
按企业类型分:								
大　型								
中　型	254925	195224	13188				23499	36202
小　型	140539	140539	80					
微　型	814405	699644	294305	74407	4259	1847	50165	62749

6-21 房地产开发竣工面积(2017年)

单位:平方米

类别	房屋竣工面积合计	住宅	#90平方米及以下住房	#144平方米以上住房	#别墅、高档公寓	办公楼	商业营业用房	其他房屋
总计	**629435**	**532596**	**84181**	**50977**			**41293**	**55546**
按登记注册类型分:								
内资企业	629435	532596	84181	50977			41293	55546
国有企业								
集体企业								
股份合作企业								
国有联营企业								
集体联营企业								
国有与集体联营企业								
其他联营企业								
国有独资公司								
其他有限责任公司	206434	191392		44082			6070	8972
股份有限公司								
私营独资企业								
私营合伙企业								
私营有限责任公司	423001	341204	84181	6895			35223	46574
私营股份有限公司								
其他企业								
港澳台商投资企业								
外商投资企业								
按控股情况分:								
国有控股								
集体控股								
私人控股	629435	532596	84181	50977			41293	55546
港澳台商控股								
外商控股								
其　他								
按隶属关系分:								
中　央								
省(自治区、直辖市)								
地区(州、盟、省辖市)								
县(区、市、旗)								
街　道								
镇								
乡								
居委会								
村委会								
其　他	554655	457816	84181	45831			41293	55546
县级及以下	74780	74780		5146				
按企业资质等级分:								
一　级								
二　级	55839	49324	4312				5282	1233
三　级	64853	37437					6070	21346
四　级	444347	384976	29010	50977			29941	29430
暂　定	64396	60859	50859					3537
其　他								
按企业类型分:								
大　型								
中　型	102352	86761	4312				11352	4239
小　型	145748	139782		38936				5966
微　型	381335	306053	79869	12041			29941	45341

6-22　房地产开发竣工房屋价值(2017年)

单位:万元

类　　别	竣工房屋价值合计	住　宅	#90平方米及以下住房	#144平方米以上住房	#别墅、高档公寓	办公楼	商业营业用房	其他房屋
总　计	**143505**	**118960**	**21050**	**9052**			**9588**	**14957**
按登记注册类型分:								
内资企业	143505	118960	21050	9052			9588	14957
国有企业								
集体企业								
股份合作企业								
国有联营企业								
集体联营企业								
国有与集体联营企业								
其他联营企业								
国有独资公司								
其他有限责任公司	46838	43571		7306			1154	2113
股份有限公司								
私营独资企业								
私营合伙企业								
私营有限责任公司	96667	75389	21050	1746			8434	12844
私营股份有限公司								
其他企业								
港澳台商投资企业								
外商投资企业								
按控股情况分:								
国有控股								
集体控股								
私人控股	143505	118960	21050	9052			9588	14957
港澳台商控股								
外商控股								
其　他								
按隶属关系分:								
中　央								
省(自治区、直辖市)								
地区(州、盟、省辖市)								
县(区、市、旗)								
街　道								
镇								
乡								
居委会								
村委会								
其　他	131050	106505	21050	8072			9588	14957
县级及以下	12455	12455		980				
按企业资质等级分:								
一　级								
二　级	8500	7508	656				804	188
三　级	15002	7116					1154	6732
四　级	102165	88258	7341	9052			7630	6277
暂　定	17838	16078	13053					1760
其　他								
按企业类型分:								
大　型								
中　型	17341	14624	656				1958	759
小　型	35297	33755		6326				1542
微　型	90867	70581	20394	2726			7630	12656

6-23 房地产开发销售面积(2017年)

单位:平方米

类别	商品房销售面积合计	住宅	#90平方米及以下住房	#144平方米以上住房	#别墅、高档公寓	办公楼	商业营业用房	其他房屋
总计	**646059**	**588403**	**35317**	**47306**		**6447**	**38512**	**12697**
按登记注册类型分:								
内资企业	646059	588403	35317	47306		6447	38512	12697
国有企业	9868	9868						
集体企业								
股份合作企业								
国有联营企业								
集体联营企业								
国有与集体联营企业								
其他联营企业								
国有独资公司								
其他有限责任公司	237950	231110	3746	31101			6840	
股份有限公司								
私营独资企业								
私营合伙企业								
私营有限责任公司	398241	347425	31571	16205		6447	31672	12697
私营股份有限公司								
其他企业								
港澳台商投资企业								
外商投资企业								
按控股情况分:								
国有控股	9868	9868						
集体控股								
私人控股	636191	578535	35317	47306		6447	38512	12697
港澳台商控股								
外商控股								
其他								
按隶属关系分:								
中央								
省(自治区、直辖市)								
地区(州、盟、省辖市)								
县(区、市、旗)								
街道								
镇								
乡								
居委会								
村委会								
其他	627679	570023	35317	47306		6447	38512	12697
县级及以下	18380	18380						
按企业资质等级分:								
一级								
二级	153892	136134	1235	16205		6447	9711	1600
三级	51779	50842					937	
四级	365021	329098	16408	31101			24826	11097
暂定	57815	54777	17674				3038	
其他	17552	17552						
按企业类型分:								
大型								
中型	237145	208211	10450				21407	7527
小型	84449	83836	3368	31101			613	
微型	324465	296356	21499	16205		6447	16492	5170

6-23　续表1

单位:平方米

类　　别	现房销售面积合计	住　宅	#90平方米及以下住房	#144平方米以上住房	#别墅、高档公寓	办公楼	商业营业用　　房	其他房屋
总　计	**446029**	**411080**	**20821**	**47306**		**6447**	**23332**	**5170**
按登记注册类型分:								
内资企业	446029	411080	20821	47306		6447	23332	5170
国有企业	9868	9868						
集体企业								
股份合作企业								
国有联营企业								
集体联营企业								
国有与集体联营企业								
其他联营企业								
国有独资公司								
其他有限责任公司	205298	198458	1156	31101			6840	
股份有限公司								
私营独资企业								
私营合伙企业								
私营有限责任公司	230863	202754	19665	16205		6447	16492	5170
私营股份有限公司								
其他企业								
港澳台商投资企业								
外商投资企业								
按控股情况分:								
国有控股	9868	9868						
集体控股								
私人控股	436161	401212	20821	47306		6447	23332	5170
港澳台商控股								
外商控股								
其　他								
按隶属关系分:								
中　央								
省(自治区、直辖市)								
地区(州、盟、省辖市)								
县(区、市、旗)								
街　道								
镇								
乡								
居委会								
村委会								
其　他	427649	392700	20821	47306		6447	23332	5170
县级及以下	18380	18380						
按企业资质等级分:								
一　级								
二　级	116949	99191	87	16205		6447	9711	1600
三　级	29307	28370					937	
四　级	247661	234445	3060	31101			9646	3570
暂　定	52112	49074	17674				3038	
其　他								
按企业类型分:								
大　型								
中　型	113828	107601	1904				6227	
小　型	80479	79866	1156	31101			613	
微　型	251722	223613	17761	16205		6447	16492	5170

6-23 续表2

单位:平方米

类　　别	期房销售面积合计	住　宅	#90平方米及以下住房	#144平方米以上住房	#别墅、高档公寓	办公楼	商业营业用　　房	其他房屋
总　计	**200030**	**177323**	**14496**				**15180**	**7527**
按登记注册类型分:								
内资企业	200030	177323	14496				15180	7527
国有企业								
集体企业								
股份合作企业								
国有联营企业								
集体联营企业								
国有与集体联营企业								
其他联营企业								
国有独资公司								
其他有限责任公司	32652	32652	2590					
股份有限公司								
私营独资企业								
私营合伙企业								
私营有限责任公司	167378	144671	11906				15180	7527
私营股份有限公司								
其他企业								
港澳台商投资企业								
外商投资企业								
按控股情况分:								
国有控股								
集体控股								
私人控股	200030	177323	14496				15180	7527
港澳台商控股								
外商控股								
其　他								
按隶属关系分:								
中　央								
省(自治区、直辖市)								
地区(州、盟、省辖市)								
县(区、市、旗)								
街　道								
镇								
乡								
居委会								
村委会								
其　他	200030	177323	14496				15180	7527
县级及以下								
按企业资质等级分:								
一　级								
二　级	36943	36943	1148					
三　级	22472	22472						
四　级	117360	94653	13348				15180	7527
暂　定	5703	5703						
其　他	17552	17552						
按企业类型分:								
大　型								
中　型	123317	100610	8546				15180	7527
小　型	3970	3970	2212					
微　型	72743	72743	3738					

6-24　房地产开发销售额(2017年)

单位:万元

类　别	商品房销售额合计	住　宅	#90平方米及以下住房	#144平方米以上住房	#别墅、高档公寓	办公楼	商业营业用房	其他房屋
总　计	**237579**	**206000**	**14182**	**19642**		**2460**	**25167**	**3952**
按登记注册类型分:								
内资企业	237579	206000	14182	19642		2460	25167	3952
国有企业	2600	2600						
集体企业								
股份合作企业								
国有联营企业								
集体联营企业								
国有与集体联营企业								
其他联营企业								
国有独资公司								
其他有限责任公司	78279	73092	1121	11498			5187	
股份有限公司								
私营独资企业								
私营合伙企业								
私营有限责任公司	156700	130308	13061	8144		2460	19980	3952
私营股份有限公司								
其他企业								
港澳台商投资企业								
外商投资企业								
按控股情况分:								
国有控股	2600	2600						
集体控股								
私人控股	234979	203400	14182	19642		2460	25167	3952
港澳台商控股								
外商控股								
其　他								
按隶属关系分:								
中　央								
省(自治区、直辖市)								
地区(州、盟、省辖市)								
县(区、市、旗)								
街　道								
镇								
乡								
居委会								
村委会								
其　他	231816	200237	14182	19642		2460	25167	3952
县级及以下	5763	5763						
按企业资质等级分:								
一　级								
二　级	58196	48693	437	8144		2460	6643	400
三　级	13657	13134					523	
四　级	140462	120699	8079	11498			16211	3552
暂　定	21169	19379	5666				1790	
其　他	4095	4095						
按企业类型分:								
大　型								
中　型	77490	67187	6101				8083	2220
小　型	30520	28938	1250	11498			1582	
微　型	129569	109875	6831	8144		2460	15502	1732

6-24 续表1

单位:万元

类别	现房销售额合计	住宅	#90平方米及以下住房	#144平方米以上住房	#别墅、高档公寓	办公楼	商业营业用房	其他房屋
总计	**165181**	**140300**	**6674**	**19642**		**2460**	**20689**	**1732**
按登记注册类型分:								
内资企业	165181	140300	6674	19642		2460	20689	1732
国有企业	2600	2600						
集体企业								
股份合作企业								
国有联营企业								
集体联营企业								
国有与集体联营企业								
其他联营企业								
国有独资公司								
其他有限责任公司	69525	64338	393	11498			5187	
股份有限公司								
私营独资企业								
私营合伙企业								
私营有限责任公司	93056	73362	6281	8144		2460	15502	1732
私营股份有限公司								
其他企业								
港澳台商投资企业								
外商投资企业								
按控股情况分:								
国有控股	2600	2600						
集体控股								
私人控股	162581	137700	6674	19642		2460	20689	1732
港澳台商控股								
外商控股								
其他								
按隶属关系分:								
中央								
省(自治区、直辖市)								
地区(州、盟、省辖市)								
县(区、市、旗)								
街道								
镇								
乡								
居委会								
村委会								
其他	159418	134537	6674	19642		2460	20689	1732
县级及以下	5763	5763						
按企业资质等级分:								
一级								
二级	41320	31817	40	8144		2460	6643	400
三级	7822	7299					523	
四级	96923	83858	968	11498			11733	1332
暂定	19116	17326	5666				1790	
其他								
按企业类型分:								
大型								
中型	33225	29620	575				3605	
小型	29276	27694	393	11498			1582	
微型	102680	82986	5706	8144		2460	15502	1732

6-24　续表2

单位:万元

类　　别	期房销售额合计	住　宅	#90平方米及以下住房	#144平方米以上住房	#别墅、高档公寓	办公楼	商业营业用房	其他房屋
总　计	**72398**	**65700**	**7508**				**4478**	**2220**
按登记注册类型分:								
内资企业	72398	65700	7508				4478	2220
国有企业								
集体企业								
股份合作企业								
国有联营企业								
集体联营企业								
国有与集体联营企业								
其他联营企业								
国有独资公司								
其他有限责任公司	8754	8754	728					
股份有限公司								
私营独资企业								
私营合伙企业								
私营有限责任公司	63644	56946	6780				4478	2220
私营股份有限公司								
其他企业								
港澳台商投资企业								
外商投资企业								
按控股情况分:								
国有控股								
集体控股								
私人控股	72398	65700	7508				4478	2220
港澳台商控股								
外商控股								
其　他								
按隶属关系分:								
中　央								
省(自治区、直辖市)								
地区(州、盟、省辖市)								
县(区、市、旗)								
街　道								
镇								
乡								
居委会								
村委会								
其　他	72398	65700	7508				4478	2220
县级及以下								
按企业资质等级分:								
一　级								
二　级	16876	16876	397					
三　级	5835	5835						
四　级	43539	36841	7111				4478	2220
暂　定	2053	2053						
其　他	4095	4095						
按企业类型分:								
大　型								
中　型	44265	37567	5526				4478	2220
小　型	1244	1244	857					
微　型	26889	26889	1125					

6-25 房地产开发待售面积(2017年)

单位:平方米

类　　别	待售面积合　　计	住　宅	#90平方米以下住房	#144平方米以上住房	#别墅、高档公寓	办公楼	商业营业用　　房	其他房屋
总　计	**737825**	**424183**	**66699**	**57692**		**9030**	**110797**	**193815**
按登记注册类型分:								
内资企业	737825	424183	66699	57692		9030	110797	193815
国有企业								
集体企业								
股份合作企业								
国有联营企业								
集体联营企业								
国有与集体联营企业								
其他联营企业								
国有独资公司								
其他有限责任公司	76590	29043	289	8744			17223	30324
股份有限公司								
私营独资企业								
私营合伙企业								
私营有限责任公司	661235	395140	66410	48948		9030	93574	163491
私营股份有限公司								
其他企业								
港澳台商投资企业								
外商投资企业								
按控股情况分:								
国有控股								
集体控股								
私人控股	725670	422784	66699	57692		9030	107137	186719
港澳台商控股								
外商控股								
其　他	12155	1399					3660	7096
按隶属关系分:								
中　央								
省(自治区、直辖市)								
地区(州、盟、省辖市)	12155	1399					3660	7096
县(区、市、旗)								
街　道								
镇								
乡								
居委会								
村委会								
其　他	722164	419278	66699	56783		9030	107137	186719
县级及以下	3506	3506		909				
按企业资质等级分:								
一　级								
二　级	179568	53770	4399	9294		9030	71707	45061
三　级	18340							18340
四　级	459827	303964	44269	48398			33425	122438
暂　定	80090	66449	18031				5665	7976
其　他								
按企业类型分:								
大　型								
中　型	132082	89068	8617	39654			21165	21849
小　型	19574	9821	289	7835			2387	7366
微　型	586169	325294	57793	10203		9030	87245	164600

6-25　续表

单位:平方米

类　　别	待售1-3年面积合计	住　宅	#90平方米以下住房	#144平方米以上住房	#别墅、高档公寓	办公楼	商业营业用房	其他房屋
总　计	**129779**	**85857**	**1759**	**48398**			**7018**	**36904**
按登记注册类型分:								
内资企业	129779	85857	1759	48398			7018	36904
国有企业								
集体企业								
股份合作企业								
国有联营企业								
集体联营企业								
国有与集体联营企业								
其他联营企业								
国有独资公司								
其他有限责任公司	23080	13327	289	8744			2387	7366
股份有限公司								
私营独资企业								
私营合伙企业								
私营有限责任公司	106699	72530	1470	39654			4631	29538
私营股份有限公司								
其他企业								
港澳台商投资企业								
外商投资企业								
按控股情况分:								
国有控股								
集体控股								
私人控股	129779	85857	1759	48398			7018	36904
港澳台商控股								
外商控股								
其　他								
按隶属关系分:								
中　央								
省(自治区、直辖市)								
地区(州、盟、省辖市)								
县(区、市、旗)								
街　道								
镇								
乡								
居委会								
村委会								
其　他	126273	82351	1759	47489			7018	36904
县级及以下	3506	3506		909				
按企业资质等级分:								
一　级								
二　级								
三　级	18340							18340
四　级	77640	54991	289	48398			6205	16444
暂　定	33799	30866	1470				813	2120
其　他								
按企业类型分:								
大　型								
中　型	52550	39654		39654			3818	9078
小　型	19574	9821	289	7835			2387	7366
微　型	57655	36382	1470	909			813	20460

6-26 房地产开发竣工、销售套数(2017年)

单位:套

类　别	商品住宅竣工套数	#90平方米及以下住房	#144平方米以上住房	#别墅、高档公寓	商品住宅销售套数合　计	#90平方米及以下住房	#144平方米以上住房	#别墅、高档公寓
总　计	**4823**	**982**	**268**		**5263**	**441**	**301**	
按登记注册类型分:								
内资企业	4823	982	268		5263	441	301	
国有企业					100			
集体企业								
股份合作企业								
国有联营企业								
集体联营企业								
国有与集体联营企业								
其他联营企业								
国有独资公司								
其他有限责任公司	1449		223		1850	44	215	
股份有限公司								
私营独资企业								
私营合伙企业								
私营有限责任公司	3374	982	45		3313	397	86	
私营股份有限公司								
其他企业								
港澳台商投资企业								
外商投资企业								
按控股情况分:								
国有控股					100			
集体控股								
私人控股	4823	982	268		5163	441	301	
港澳台商控股								
外商控股								
其　他								
按隶属关系分:								
中　央								
省(自治区、直辖市)								
地区(州、盟、省辖市)								
县(区、市、旗)								
街　道								
镇								
乡								
居委会								
村委会								
其　他	4202	982	235		5092	441	301	
县级及以下	621		33		171			
按企业资质等级分:								
一　级								
二　级	422	66			1098	14	86	
三　级	298				437			
四　级	3442	350	268		2952	190	215	
暂　定	661	566			601	237		
其　他					175			
按企业类型分:								
大　型								
中　型	720	66			1804	121		
小　型	1050		190		639	39	215	
微　型	3053	916	78		2820	281	86	

6-26　续表

单位:套

类　　别	现房销售套数合计	#90平方米及以下住房	#144平方米以上住房	#别墅、高档公寓	期房销售套　　数	#90平方米及以下住房	#144平方米以上住房	#别墅、高档公寓
总　计	**3655**	**275**	**301**		**1608**	**166**		
按登记注册类型分:								
内资企业	3655	275	301		1608	166		
国有企业	100							
集体企业								
股份合作企业								
国有联营企业								
集体联营企业								
国有与集体联营企业								
其他联营企业								
国有独资公司								
其他有限责任公司	1554	14	215		296	30		
股份有限公司								
私营独资企业								
私营合伙企业								
私营有限责任公司	2001	261	86		1312	136		
私营股份有限公司								
其他企业								
港澳台商投资企业								
外商投资企业								
按控股情况分:								
国有控股	100							
集体控股								
私人控股	3555	275	301		1608	166		
港澳台商控股								
外商控股								
其　他								
按隶属关系分:								
中　央								
省(自治区、直辖市)								
地区(州、盟、省辖市)								
县(区、市、旗)								
街　道								
镇								
乡								
居委会								
村委会								
其　他	3484	275	301		1608	166		
县级及以下	171							
按企业资质等级分:								
一　级								
二　级	782	1	86		316	13		
三　级	243				194			
四　级	2084	37	215		868	153		
暂　定	546	237			55			
其　他					175			
按企业类型分:								
大　型								
中　型	911	23			893	98		
小　型	597	14	215		42	25		
微　型	2147	238	86		673	43		

6-27 房地产开发不可销售面积(2017年)

单位:平方米

类别	不可销售面积合计	住宅	#90平方米以下住房	#144平方米以上住房	#别墅、高档公寓	办公楼	商业营业用房	其他房屋
总计	**21517**	**13412**	**5310**					**8105**
按登记注册类型分:								
内资企业	21517	13412	5310					8105
国有企业								
集体企业								
股份合作企业								
国有联营企业								
集体联营企业								
国有与集体联营企业								
其他联营企业								
国有独资公司								
其他有限责任公司	3006							3006
股份有限公司								
私营独资企业								
私营合伙企业								
私营有限责任公司	18511	13412	5310					5099
私营股份有限公司								
其他企业								
港澳台商投资企业								
外商投资企业								
按控股情况分:								
国有控股								
集体控股								
私人控股	21517	13412	5310					8105
港澳台商控股								
外商控股								
其 他								
按隶属关系分:								
中 央								
省(自治区、直辖市)								
地区(州、盟、省辖市)								
县(区、市、旗)								
街 道								
镇								
乡								
居委会								
村委会								
其 他	21517	13412	5310					8105
县级及以下								
按企业资质等级分:								
一 级								
二 级								
三 级	3006							3006
四 级	18511	13412	5310					5099
暂 定								
其 他								
按企业类型分:								
大 型								
中 型	3006							3006
小 型								
微 型	18511	13412	5310					5099

主要统计指标解释

全社会固定资产投资　是以货币形式表现的在一定时期内全社会建造和购置固定资产的工作量以及与此有关的费用的总称。该指标是反映固定资产投资规模、结构和发展速度的综合性指标,又是观察工程进度和考核投资效果的重要依据。全社会固定资产投资按登记注册类型可分为国有、集体、联营、股份制、私营和个体、港澳台商、外商、其他等。

固定资产投资（不含农户）　指城镇和农村各种登记注册类型的企业、事业、行政单位及城镇个体户进行的计划总投资 500 万元及 500 万元以上的建设项目投资和房地产开发投资，包含原口径的城镇固定资产投资加上农村企事业组织项目投资，该口径自 2011 年起开始使用。

固定资产投资的实际到位资金　根据固定资产投资的资金来源不同，分为国家预算资金、国内贷款、利用外资、自筹资金和其他资金。

(1)国家预算资金　国家预算包括一般预算、政府性基金预算、国有资本经营预算和社保基金预算。各类预算中用于固定资产投资的资金全部作为国家预算资金填报，其中一般预算中用于固定资产投资的部分包括基建投资、车购税、灾后恢复重建基金和其他财政投资。各级政府债券也应归入国家预算资金。

(2)国内贷款　指报告期固定资产项目投资单位向银行及非银行金融机构借入用于固定资产投资的各种国内借款，包括银行利用自有资金及吸收存款发放的贷款、上级主管部门拨入的国内贷款、国家专项贷款（包括煤代油贷款、劳改煤矿专项贷款等），地方财政专项资金安排的贷款、国内储备贷款、周转贷款等。

(3)利用外资　指报告期收到的境外（包括外国及港澳台地区）资金(包括设备、材料、技术在内)。包括对外借款(外国政府贷款、国际金融组织贷款、出口信贷、外国银行商业贷款、对外发行债券和股票)、外商直接投资、外商其他投资(包括利用外商投资收益在国内进行固定资产再投资活动的资金)。不包括我国自有外汇资金(国家外汇、地方外汇、留成外汇、调剂外汇和国内银行自有资金发放的外汇贷款等)。各类外资按报告期末的外汇牌价（中间价）折成人民币计算。

(4)自筹资金　指固定资产投资单位在报告期收到的，由各企、事业单位筹集用于固定资产投资的资金，包括各类企事业单位的自有资金和从其他单位筹集的用于固定资产投资的资金，但不包括各类财政性资金、从各类金融机构借入资金和国外资金。

(5)其他资金　指在报告期收到的除以上各种资金之外的用于固定资产投资的资金，包括社会集资、个人资金、无偿捐赠的资金及其他单位拨入的资金等。

固定资产投资按国民经济行业分　指根据其从事的社会经济活动性质对各类单位进行的分类。应根据建设项目建成投产后的主要产品种类或主要用途及社会经济活动种类来划分，不能根据项目单位本身的行业类别来划分。如果项目投产后有几种产品，应根据主要产品来确定行业类别。一般情况下，一个建设项目只能属于一种国民经济行业。

固定资产投资按隶属关系分　是按建设单位或企业、事业、行政单位的主管上级机关确定的。

(1)中央　是指中共中央、人大常委会和国务院各部、委、局、总公司以及直属机构直接领导的建设项目和企业、事业、行政单位。这些单位的固定资产投资计划由国务院各部门直接编制和下达，统一组织或委托下级实施。包括有中央垂直管理的部门（如国家统计局各级调查队）和中央直属企业、事业单位（如工商银行、中国电信、中国石油）等。

(2)地方　是由省（自治区、直辖市）、地（区、市、州、盟）、县（区、市、旗）三级政府及业务主管部门直接领导和管理的建设项目、企业、事业、行政单位。地方项目还包括不隶属以上各级政府及主管部门的建设项目和企业、事业单位，如外商投资企业和无主管部门的企业等。

固定资产投资按建设性质分 按整个建设项目情况来确定。建设项目的性质一般分为新建、扩建、改建和技术改造、单纯建造生活设施、迁建、恢复、单纯购置。房地产开发单位、农户投资不划分建设性质。

(1)新建 指从无到有“平地起家”开始建设的项目。现有企业、事业、行政单位投资的项目一般不属于新建。但如有的单位原有基础很小，经过建设后新增的固定资产价值超过该企业、事业、行政单位原有固定资产价值（原值）三倍以上的，也应作为新建。

(2)扩建 指在厂内或其他地点，为扩大原有产品的生产能力(或效益)或增加新的产品生产能力，而增建的生产车间(或主要工程)、分厂、独立的生产线的企业、事业单位。行政、事业单位在原单位增建业务性用房(如学校增建教学用房、医院增建门诊部、病房等)也作为扩建。

现有企、事业单位为扩大原有主要产品生产能力或增加新的产品生产能力，增建一个或几个主要生产车间(或主要工程)、分厂，同时进行一些更新改造工程的，也应作为扩建。

(3)改建和技术改造 指现有企业、事业单位对原有设施进行技术改造或更新(包括相应配套的辅助性生产、生活福利设施) 的建设项目。改建项目包括现有企业、事业单位为适应市场变化的需要，而改变企业的主要产品种类(如军工企业转民产品等) 的建设项目，原有产品生产作业线由于各工序(车间)之间能力不平衡，为填平补齐充分发挥原有生产能力而增建不增加本企业主要产品设计能力的车间的建设项目。技术改造是指企业、事业单位在现有基础上，用先进的技术代替落后的技术，用先进的工艺和装备代替落后的工艺和装备，以改变企业落后的技术经济面貌，实现以内涵为主的扩大再生产，达到提高产品质量、促进产品更新换代、节约能源、降低消耗、扩大生产规模、全面提高社会经济效益的目的。技术改造具体包括以下内容：机器设备和工具的更新改造；生产工艺改革、节约能源和原材料的改造；厂房建筑和公共设施的改造；保护环境进行的“三废”治理改造；劳动条件和生产环境的改造等。

固定资产投资按构成分

(1)建筑工程 指各种房屋、建筑物的建造工程，又称建筑工作量。这部分投资额必须兴工动料，通过施工活动才能实现，是固定资产投资额的重要组成部分。

(2)安装工程 指各种设备、装置的安装工程，又称安装工作量。

在安装工程中，不包括被安装设备本身价值。

(3)设备工具器具购置 指报告期内购置或自制的，达到固定资产标准的设备、工具、器具的价值。新建单位及扩建单位的新建车间，按照设计或计划要求购置或自制的全部设备、工具、器具，不论是否达到固定资产标准均计入“设备工具器具购置”中。

(4)其他费用 指在固定资产建造和购置过程中发生的，除建筑安装工程和设备、工器具购置投资完成额以外的应当分摊计入固定资产投资的费用，不指经营中财务上的其他费用。

施工项目个数 是指本年正式进行过建筑或安装施工活动的建设项目个数。包括本年新开工项目，以前年度开工跨入本年继续施工项目，本年全部建成投产项目、以前年度全部停缓建在本年恢复施工的项目，本年进行过施工又在本年内全部停缓建的项目。施工项目个数可以反映一定时期固定资产投资的实际规模，与同期全部建成投产项目个数相比，可以从建设速度的角度反映固定资产投资的效果。

本年投产项目个数 指报告期内按设计文件规定建成主体工程和相应配套的辅助设施，形成生产能力或工程效益，经过验收合格，并且已正式投入生产或交付使用的建设项目。

新增生产能力(或工程效益) 指通过固定资产投资活动而增加的设计能力(或工程效益)。主要指标包括建设规模、本年施工规模、自开始建设累计新增生产能力(或工程效益)、本年新增生产能力(或工程效益)等。

建设规模 指建设项目或工程设计文件中规定的全部设计能力(或工程效益)。包括已经建成投产和尚未建成投产的工程的生产能力(或工程效益)。

本年施工规模 指报告期内施工的单项工程（或更新改造项目）的设计能力(或工程效益)，包括报告期以前已开工跨入本年继续施工的工程的设计能力和报告期新开工工程的设计能力。也包括报告期内建成投产或报告期施工后又停缓建的单项工程设计能力。不包括在报告期以前建成投产或已经停、缓建的工程，以及报告期内尚未正式开工的工程的设计能力。

自开始建设累计新增生产能力(或工程效益) 指自开始建设至本年底止建成投产的全部单项工程累计新增生产能力(或工程效益)。

本年新增生产能力(或工程效益) 指在本年度内按照新增生产能力(或工程效益)的计算条件和标准，实际建成投入生产或交付使用的生产能力(或工程效益)。

新增固定资产 是指已经完成建造和购置过程，并已交付生产或使用单位的固定资产的价值，包括已经建成投入生产或交付使用的工程投资和达到固定资产标准的设备、工具、器具的投资及有关应摊入的费用。该指标是表示固定资产投资成果的价值指标，也是反映建设进度，计算固定资产投资效果的重要指标。

项目建成投产率 指一定时期内全部建成投产项目个数与同期施工项目个数的比率。该指标从建设单位建设速度的角度反映投资效果。

固定资产交付使用率 指一定时期新增固定资产与同期完成投资额的比率。该指标是反映固定资产动用速度，衡量建设过程中宏观投资效果的综合指标。由于新增固定资产是较长时期内形成的结果，而投资额则是当年完成的，因此，该指标一般适宜于反映较长时期内固定资产的动用情况。、

房地产开发投资 指各种登记注册类型的房地产开发法人单位统一开发的住宅、厂房、仓库、饭店、宾馆、度假村、写字楼、办公楼等房屋建筑物，配套的服务设施，土地开发工程（如道路、给水、排水、供电、供热、通讯、平整场地等基础设施工程）和土地购置的投资；不包括单纯的土地开发和交易活动。

本年实际到位资金小计 指房地产开发企业在报告期内实际拨入的，用于房地产开发的各种货币资金。包括国内贷款、利用外资、自筹资金和其他资金。

本年土地购置面积 指通过各种方式获得土地使用权的土地面积。

本年土地成交价款 指进行土地使用权交易活动的最终金额。在土地一级市场，是指土地最后的划拨款、“招拍挂”价格和出让价；在土地二级市场是指土地转让、出租、抵押等最后确定的合同价格。土地成交价款与土地购置面积同口径，可以计算土地的平均购置价格。

房屋新开工面积 指报告期内新开工建设的房屋建筑面积，以单位工程为核算对象，即整栋房屋的全部建筑面积，不能分割计算。不包括在上期开工跨入报告期继续施工的房屋建筑面积和上期停缓建而在本期恢复施工的房屋建筑面积。房屋的开工应以房屋正式开始破土刨槽（地基处理或打永久桩）的日期为准。

房屋竣工面积 指报告期内房屋建筑按照设计要求已全部完工，达到住人和使用条件，经验收鉴定合格或达到竣工验收标准，可正式移交使用的各栋房屋建筑面积的总和。

房屋竣工价值 指报告期内按规定已经上报竣工的房屋本身的建造价值。一般按房屋设计和预算规定的内容计算。包括竣工房屋本身的基础、结构、屋面、装修以及水、电、卫等附属工程的建筑价值；也包括作为房屋建筑组成部分而列入房屋建筑工程预算内的设备（如电梯、通风设备等）的购置和安装费用。不包括厂房内的工艺设备、工艺管线的购置和安装，工艺设备基础的建造；室外的水、暖、电、卫、道路工程、挡土墙等环境工程的费用；办公和生活用家具的购置等费用；购置土地的费用；迁移补偿费和场地平整的费用及城市建设配套投资。

房屋竣工价值不仅包括该竣工房屋在报告期内完成的价值，也包括跨年施工的房屋在本期以前完成的价值。未竣工而转让给其他单位的房屋建筑工程，出让单位不计算竣工价值，待接受单位继续施工并符合竣工条件后，由接受单位计算其竣工价值，包括出让单位在出让前所完成的价值。房屋竣工价值一般按结算价格（或中标价）计算。

商品房销售面积 指报告期内出售商品房屋的合同总面积（即双方签署的正式买卖合同中所确定的建筑面积）。商品房销售面积由现房销售面积和期房销售面积两部分组成。

商品房销售额 指报告期内出售商品房屋的合同总价款（即双方签署的正式买卖合同中所确定的合同总价）。该指标与商品房销售面积同口径，由现房销售额和期房销售额两部分组成。

待售面积 指报告期末已竣工的可供销售或出租的商品房屋建筑面积中，尚未销售或出租的商品房屋建筑面积，包括以前年度竣工和本期竣工的房屋面积，但不包括报告期已竣工的拆迁还建、统建代建、公共配套建筑、房地产公司自用及周转房等不可销售或出租的房屋面积。按照商品房待售时间的长短可以划分为待售一年以下、待售一到三年（含一年）和待售三年以上（含三年）。

七、农　业

资料整理：杨 晋 王 莹 李 军 刘晓庆

7-1 农村基层组织及基础设施情况(2017年)

单位：个

指　标	数　量	指　标	数　量
一、农村基层组织情况		村委会个数	3086
乡镇数量	164	二、农村基础设施	
1.镇	81	自来水受益村数	2729
#城关镇	9	通有线电视村数	1827
2.乡	67	通宽带村数	2387
3.涉农街道办事处	16	通汽车村数	3085
4.其他乡级单位		通电话村数	3085

7-2 乡村人口与从业人员情况(2017年)

指　标	数　量	指　标	数　量
一、乡村户数(户)	1078636	按行业分	
二、乡村人口(人)	3114152	1.农业从业人员	815235
#男	1668363	#男	464920
女	1445789	女	350315
三、乡村劳动力资源数(人)	1708682	2.工　业	
#男	966399	3.建筑业	
女	742283	4.交通运输仓储业和邮政业	
四、乡村从业人员(人)	1446347	5.信息传输、计算机服务和软件业	
按性别分		6.批发与零售业	
#男	829166	7.住宿与餐饮业	
女	617181	8.其他行业	

7-3 农业主要能源及物质消耗情况(2017年)

指　标	数　量	指　标	数　量
一、乡、村办水电站(个)	7	四、农用化肥施用折纯量(吨)	75785
装机容量(千瓦)	204055	1.氮　肥	28846
发电量(万千瓦时)	1894	2.磷　肥	8762
二、农村用电量(万千瓦时)	98037	3.钾　肥	3529
三、农用化肥施用实物量(吨)	199151	4.复合肥	34649
1.氮　肥	82481	五、农用塑料薄膜使用量(吨)	1410
2.磷　肥	38833	＃地膜使用量	1181
3.钾　肥	6418	地膜覆盖面积(公顷)	23473
4.复合肥	71418	六、农用柴油使用量(吨)	11127
		七、农药使用量(吨)	744

7-4 农林牧渔业增加值(2017年)

指　标	总　量 (万元)	比上年增长 (%)
一、农林牧渔业总产值	**1078911**	**3.3**
农　业	479297	-2.8
林　业	87325	17.6
牧　业	488898	8.3
渔　业	3391	-2.9
农林牧渔服务业	20000	5.3
二、农林牧渔业中间消耗	**499871**	
农　业	205154	
林　业	39981	
牧　业	243448	
渔　业	1540	
农林牧渔服务业	9750	
三、农林牧渔业增加值	**579040**	**3.2**
农　业	274143	-2.6
林　业	47345	19.2
牧　业	245451	8.4
渔　业	1852	-3.3
农林牧渔服务业	10250	3.1

7-5 粮食作物生产情况(2017年)

指 标	播种面积(公顷)	产 量(吨)	单 产(公斤/亩)
粮食作物	340557	994034	195
一、谷 物	241246	876341	242
1.小 麦	1729	4750	183
2.玉 米	174597	761482	291
3.谷 子	44871	76445	114
4.高 粱	7099	19825	186
5.秋杂谷物	12950	13839	71
#燕麦(莜麦)	1669	1637	65
荞 麦	783	856	73
二、豆 类	54349	50007	61
1.大 豆	36584	35070	64
2.秋杂豆	17765	14937	56
#绿 豆	2363	1875	53
红小豆	3037	2364	52
三、薯类(鲜薯)	44962	338434	502
1.马铃薯	42560	320413	502
2.甘 薯	2402	18020	500

7-6 经济作物生产情况(2017年)

指 标	播种面积(公顷)	产 量(吨)	单 产(公斤/亩)
经济作物	31842		
一、油 料	15574	16854	72
1.花 生	1623	2309	95
2.油菜籽	317	312	66
3.芝 麻	1059	729	46
4.胡麻籽	1896	1541	54
5.葵花籽	4088	3873	63
6.其他油料	6591	8091	82
二、棉 花	47	23	33
三、中草药材	4539	749	11
四、蔬菜及食用菌	9896	251616	1695
五、瓜果类	681	15838	1551
六、其他农作物	1105		
#青饲料	949		
七、特种农作物			
花 卉	1		
鲜切花(百支)		2060	
盆栽观赏植物(盆)		102060	
#盆栽花(盆)		102060	
香料原料		9	
#花 椒		9	
补充资料：饲料用青贮玉米面积	444		

注：盆栽观赏植物包括盆景。

7-7 蔬菜及食用菌、瓜果、中草药材生产情况(2017年)

指 标	播种面积(公顷)	产 量(吨)	指 标	播种面积(公顷)	产 量(吨)
一、蔬菜及食用菌	9896	251616	西红柿	1258	46045
1.叶菜类	350	6651	8.葱蒜类	722	18166
#芹 菜	103	1360	#大 葱	642	16569
油 菜	56	1154	蒜 头	49	1149
菠 菜	107	1848	葱 头	1	26
香 菜	79	2078	韭 菜	18	333
2.白菜类	1329	48698	9.水生菜类		
#大白菜	1231	48310	#莲 藕		
3.甘蓝类	540	11091	10.其他蔬菜	144	1789
#茴子白	285	6808	#黄花菜	1	3
紫甘蓝	2	45	芦 笋	114	1271
菜 花	10	231	11.食用菌(干鲜混合)		11893
西兰花	241	3987	(1)干品		637
4.根茎类	1149	17683	#香 菇		629
#白萝卜	297	3970	黑木耳(干品)		6
胡萝卜	738	11857	(2)鲜品		11256
生 姜	1	2	#蘑 菇		2963
5.瓜菜类	2268	57539	二、瓜果类	681	15838
#黄 瓜	403	20750	#西 瓜	472	12004
南 瓜	1304	20987	香瓜(甜瓜)	140	2800
西葫芦	527	14279	草 莓	57	1006
冬 瓜	30	1332	三、中草药材	4539	749
6.豆类(菜用)	1344	13357	#人 参		
#豇 豆	210	1081	甘 草	7	0
四季豆	1057	12041	枸 杞	15	7
7.茄果类	2050	64749	黄 芪	875	48
#茄 子	322	9698	党 参	81	0
辣 椒	464	8813	生 地	0	4

7-8 茶叶、水果及食用坚果生产情况(2017年)

指 标	年末果园面积(公顷)	产 量(吨)	指 标	年末果园面积(公顷)	产 量(吨)
一、园林水果	52208	220405	9.沙果	4	14
1.苹果	1919	9378	10.其他园林水果	45	576
2.梨	4263	117417	二、食用坚果		51197
3.桃	176	1571	1.核桃	80802	50786
4.杏	582	1880	2.板栗		
5.猕猴桃			3.松子		
6.葡萄	335	7860	4.仁用杏		411
7.红枣	44798	80623	5.其他		
8.柿子	88	1087			

7-9 设施农业生产情况(2017年)

指　标	播种面积(公顷)	产　量(吨)
一、蔬　菜	688	41463
#芹　菜	10	408
油　菜	11	183
菠　菜	29	770
黄　瓜	161	12036
西红柿	332	22119
生　姜		
辣　椒	43	1067
二、瓜果类	48	1028
#草　莓	35	657
三、花卉苗木	1	
四、食用菌(干鲜混合)		11172
1.干　品		481
2.鲜　品		10690
#蘑　菇		2504
五、其他作物	15	

7-9 续表

指　标	设施数量(个)	设施农业占地面积(公顷)	实际使用面积(公顷)
合　计	**17945**	**1131**	**779**
1.连栋温室	67	3	2
2.日光温室	3441	499	284
3.大　棚	4428	525	408
4.中小棚	10009	104	85

7-10 林业生产情况

指　标	2017年	指　标	2017年
一、当年造林面积(公顷)	79399	4.薪炭林	
1.用材林		二、育苗面积(公顷)	7988
2.经济林		#本年新育	
3.防护林		三、零星植树(株)	11250000

7-11 主要畜禽生产情况(2017年)

指　标	年末存栏数	当年出栏数	畜产品产量(吨)
一、猪(头)	658820	795287	64223
#能繁殖母猪	73092		
二、牛(头)	197571	135491	17118
#肉　牛	175347		
奶　牛	7228		
三、羊(只)	923550	679545	11367
1.山　羊	678967	442107	7021
2.绵　羊	244583	237438	4346
四、活家禽(只)	17467431	47216942	93057
#活　鸡	16644855	41470215	73959
#蛋　鸡	8424348		
肉　鸡	8220507		
附：禽蛋产量			91595
#鸡蛋产量			90224
牛奶产量			27373
蜂蜜产量			262

7-12　非主要畜禽生产情况(2017年)

指　标	年末存栏数	当年出栏数	(肉、产品)产量(吨)
一、活牲畜(除猪、牛、羊外)(头)	12524	1695	184
1.马	1760	384	45
2.驴	6781	867	89
3.骡	3980	444	51
4.骆驼	3		
二、家兔(万只)	0.56	0.28	5
三、其他肉产量(吨)			6
四、其他奶产量(吨)			
五、山羊毛产量(吨)			471
1.山羊粗毛			304
2.山羊绒			167
六、绵羊毛产量(吨)			199
#细羊毛			49
半细羊毛			82
七、其他禽蛋产量(吨)			0
八、蚕茧产量(吨)			2
#桑蚕茧			2
特种养殖产值(万元)			30

7-13　渔业生产情况(2017年)

指　标	养殖面积(公顷)	总产量(吨)
淡水产品产量	1233	1739
#鱼类产量	1233	1739
1.养殖产量	1233	1739
2.捕捞产量		

7-14 农业机械拥有量情况(2017年)

指 标	数 量	指 标	数 量
农业机械总动力（万千瓦特）	**115.55**	农用水泵(台)	8551
大中型农用拖拉机(台)	6764	联合收割机(台)	1365
(万千瓦特)	28.44	机动脱粒机(台)	5234
小型农用拖拉机(台)	7907	农用动力机(台)	21864
(万千瓦特)	7.32	(万千瓦特)	18.19
大中型拖拉机配套机具(部)	9868	1.电动机(台)	19555
小型拖拉机配套机具(部)	8157	(万千瓦特)	15.57
农用排灌动力机械(台)	14157	2.柴油机(台)	2383
(万千瓦特)	13.54	(万千瓦特)	2.73

7-15 农机化作业情况(2017年)

单位：千公顷

指 标	数 量	指 标	数 量
一、机耕面积	274.01	四、机电植保面积	68.14
二、机播面积	215.74	五、机收面积	131.89
三、机电灌溉面积	82.02		

主要统计指标解释

乡村户数 指长期(一年以上)居住在乡镇(不包括城关镇)行政管理区域内的住户，还包括居住在城关镇所辖行政村范围内的农村住户。户口不在本地而在本地居住一年及以上的住户也包括在本地农村住户内；有本地户口，但举家外出谋生一年以上的住户，无论是否保留承包耕地都不包括在本地农村住户范围内。不包括乡村地区内的国有经济的机关、团体、学校、企业、事业单位的集体户。

乡村人口 乡村地区常住居民户数中的常住人口数，即经常在家或在家居住 6 个月以上，而且经济和生活与本户连成一体的人口。外出从业人员在外居住时间虽然在 6 个月以上，但收入主要带回家中，经济与本户连为一体，仍视为家庭常住人口；在家居住，生活和本户连成一体的国家职工、退休人员也为家庭常住人口，但是现役军人、中专及以上（走读生除外）的在校学生以及常年在外（不包括探亲、看病等）且已有稳定的职业与居住场所的外出从业人员，不应当作家庭常住人口。

乡村从业人员 指乡村人口中 16 岁以上实际参加生产经营活动并取得实物或货币收入的人员，既包括劳动年龄内经常参加劳动的人员，也包括超过劳动年龄但经常参加劳动的人员。但不包括户口在家的在外学生、现役军人和丧失劳动能力的人，也不包括待业人员和家务劳动者。从业人员年龄为 16 岁以上。从业人员按从事主业时间最长（时间相同按收入）分为农业从业人员、工业从业人员、建筑业从业人员、交运仓储及邮政从业人员、信息传输、计算机服务业和软件业从业人员、批发与零售业从业人员、住宿和餐饮业从业人员、其他行业从业人员。

农林牧渔业总产值 指以货币表现的农林牧渔业的全部产品总量和对农林牧渔业生产进行的各种支持性服务活动的价值。它反映一定时期内农林牧渔业生产总规模和总成果，是观察农林牧渔业生产水平和发展速度，研究农林牧渔业内部比例关系、农林牧渔业与工业、农林牧渔业与国家建设、人民生活比例关系的重要指标，同时也是计算农林牧渔业劳动生产率和农林牧渔业增加值的基础资料。

农林牧渔业增加值 指农、林、牧、渔业生产及农林牧渔服务业提供服务活动所增加的价值，为农林牧渔业现价总产值扣除农林牧渔业中间消耗后的余额。

农作物播种面积 指农业生产经营者应在日历年度内收获农作物在全部土地（耕地或非耕地）上的播种或移植面积。凡是本年内收获的农作物，无论是本年还是上年播种，都算为播种面积，但不包括本年播种，下年收获的农作物面积。移植的农作物面积按移植后的面积计算，不计算移植前的秧田、畦田等面积。多年生作物，即播种后可连续生长多年的缩根性草本植物，如有些麻类、中药等作物的播种面积，按本年新增面积加往年的连续累计面积计算。如果因灾害等原因，应该收获却未能收获，也要按原播种面积计算，新补或改种，并在本年收获的，要按复种作物计算面积。间种、混种的作物面积按比例折算各个作物的面积，如果完全混合、同步生长、收获的作物，按混合面积平均分配。复种、套种的作物，按次数计算面积，每种一次计算一次。再生稻、再生高粱、再生烟等，因其没有经过播种或移植，不算入播种面积。

期末畜禽存栏头(只)数 指本调查期末饲养的生猪、各类型的牛、各种羊只、家禽以及饲养的活牲畜（除猪、牛、羊外）、家兔的总量。

肉类总产量 指本调查期内各种牲畜及家禽、兔等动物肉产量总计。猪、牛、羊、马、驴、骡、骆驼肉产量按去掉头蹄下水后带骨肉的胴体重量计算，兔及禽肉产量按屠宰后去毛和内脏后的重量计算。

禽蛋产量 指本调查期内饲养的蛋用家禽生产的禽蛋总重量。包括出售的和农民自产自用的部分。品种主要为鸡鸭鹅。

农用化肥施用量 指本年内实际用于农业生产的化肥数量，包括氮肥、磷肥、钾肥和复合肥。化肥施用量要求按折纯量计算数量。折纯量是指把氮肥、磷肥、钾肥分别按含氮、含五氧化二磷、含氧化钾的百分之百成份进行折算后的数量。复合肥按其所含主要成分折算。公式为：折纯量=实物量×某种化肥有效成份含量的百分比

农村用电量 本年度内，扣除在农村中的国有工业、交通、基建等单位的用电量以后的农村生产和生活的全年用电总量。包括国家电网供电和农村自办电站供电量。

八、工　业

资料整理：张　辉

8-1　主要年份工业企业单位数

单位：个

年份	企业单位数	按隶属关系分		按经济类型分			按轻重工业分		按企业规模分		
		中央企业	地方企业	国有经济	集体经济	其他经济	轻工业	重工业	大型企业	中型企业	小微企业
1980	726	1	725								
1985	839	7	832	203	634	2	391	448	2	8	829
1990	878	8	870	224	654		330	548	1	5	872
1991	832	2	830	218	614		334	498	1	7	824
1992	755	2	753	211	544		278	477	1	10	744
1993	770	3	767	206	555	9	263	507	1	12	757
1994	765	2	763	199	560	6	233	532	1	10	754
1995	758	2	756	204	531	23	211	547	1	11	746
1996	695	2	693	212	459	24	180	515	1	10	684
1997	666	2	664	205	444	17	195	471	1	12	653
1998	319	1	318	148	91	80	66	253	1	13	305
1999	290	1	289	143	64	83	73	217	2	14	274
2000	279	1	278	137	59	83	71	208	2	11	266
2001	274	1	273	106	54	114	57	217	2	14	258
2002	303	1	302	103	63	137	49	254	2	11	290
2003	300	1	299	72	68	160	43	257	2	50	248
2004	426	1	425	60	117	249	43	383	6	59	361
2005	481	1	480	44	185	252	39	442	8	79	394
2006	544	1	543	35	181	328	41	503	11	93	440
2007	553	1	552	25	145	383	36	517	12	107	434
2008	477	3	474	21	34	422	38	439	16	109	352
2009	374	4	370	24	28	324	42	332	15	103	256
2010	597	3	594	19	25	553	50	547	19	140	438
2011	579	1	578	14	21	544	48	531	43	116	377
2012	582	2	580	19	17	546	50	532	46	114	371
2013	601		601	6	14	581	54	547	45	121	379
2014	567		567	8	10	549	67	500	37	114	416
2015	523		523	8	8	507	78	445	34	110	313
2016	448		448	6	7	435	67	381	31	111	306
2017	451		451	5	4	442	63	388	34	110	307

注:1.本表及以后各表的价值量指标从1998年起数据的统计口径均为规模以上工业企业,2008年为第二次经济普查数据,2011年口径增加为主营业务收入2000万元。

2.2011年开始执行GB/T 4754-2011国民经济行业分类和工信部联企业[2011]300号，统计上大中小微型企业划分办法

8-2 主要年份工业产品产量

年份	原煤产量(万吨)	发电量(万千瓦小时)	钢(万吨)	成品钢材(万吨)	生铁(万吨)	焦炭(万吨)	水泥(万吨)	化学肥料(万吨)
1980	382.39	17727.76			2.44	44.30	12.16	2.87
1985	770.00	17683.00			7.50	87.50	23.60	2.86
1990	986.58	22103.40			29.06	234.58	37.60	3.68
1991	950.60	23899.00			31.33	223.06	39.85	4.30
1992	914.91	28339.00			41.17	321.62	50.73	4.17
1993	1137.03	25698.16			67.11	459.56	57.56	2.63
1994	1260.04	23734.03			123.29	775.92	68.83	3.27
1995	1404.75	28479.24			103.51	1008.78	76.23	4.18
1996	1301.42	116749.43			108.14	1071.55	95.37	5.28
1997	1538.80	148110.66			108.57	1055.38	95.89	4.74
1998	1494.77	139835.12		0.02	112.32	987.85	102.55	4.33
1999	1067.65	126623.06	13.30	3.66	117.93	818.23	87.92	5.53
2000	394.70	127661.16	3.13	3.61	103.22	324.05	72.23	6.25
2001	459.64	130195.30		20.65	116.24	320.26	83.86	2.75
2002	718.14	136001.45	16.09	32.24	154.95	367.16	106.57	9.54
2003	1007.50	148460.74	0.94	29.60	172.40	481.56	136.73	9.28
2004	1346.70	165648.20	131.70	141.80	303.90	1006.40	161.00	4.80
2005	1895.40	160356.00	192.00	148.50	320.00	1345.30	161.30	25.40
2006	3678.60	188523.18	192.62	136.71	291.94	2009.30	188.59	17.71
2007	6187.60	189392.70	264.80	146.50	367.20	2331.50	185.30.	18.50
2008	5610.94	966473.69	210.74	141.25	270.41	1789.28	213.66	26.11
2009	5529.40	954572.94	247.58	217.78	245.05	1609.53	207.46	22.86
2010	9076.77	926330.32	317.28	295.51	313.44	1892.34	272.63	27.60
2011	11211.33	1047084.93	340.49	328.13	313.92	1927.46	411.56	21.54
2012	11137.27	938648.86	317.82	306.07	300.90	1754.48	642.23	5.32
2013	11676.12	910248.42	394.95	362.30	362.54	1894.05	888.72	5.14
2014	11606.82	1125625.61	403.25	369.10	447.83	1841.30	666.15	10.04
2015	11556.65	1121120.09	316.38	295.41	388.49	1570.24	428.94	21.98
2016	10453.93	1551689.86	283.32	270.08	398.15	1741.90	414.21	12.66
2017	10924.89	1834627.71	312.35	287.38	395.38	1929.79	427.42	8.45

8-3 主要年份工业基本情况

单位：亿元

年份	企业单位数(个)	工业总产值	工业增加值	工业发展速度(上年=100)	资产合计	主营业务收入	利润总额	利税总额	年平均从业人员(人)
1978	748	3.100			3.3	2.2		0.5	52500
1979	759	3.130			4.6	2.6		0.5	53700
1980	726	3.070			3.9	2.4	0.2	0.5	60400
1981	729	3.260			3.9	2.3	0.2	0.4	60700
1982	715	3.590			4.0	2.7	0.3	0.5	61800
1983	725	4.030			4.3	3.2	0.4	0.7	76500
1984	765	4.780			5.9	3.7	0.5	0.7	78700
1985	839	6.010			6.7	4.4	0.6	0.9	78500
1986	819	6.430			7.4	5.7	0.7	1.2	80600
1987	885	7.750			11.2	9.0	1.3	2.3	89200
1988	895	9.290			13.6	13.0	2.2	3.7	96200
1989	858	15.590	6.3		19.4	14.9	2.2	3.9	98502
1990	844	15.640	5.9	93.8	15.2	15.7	2.2	4.0	101533
1991	798	17.420	6.9	117.3	16.5	18.2	2.6	4.6	100792
1992	735	21.000	8.6	125.0	26.2	20.6	2.5	4.9	106699
1993	759	28.400	17.2	199.2	40.7	29.1	3.3	7.2	104274
1994	763	32.310	13.1	76.1	50.3	26.4	2.5	7.0	106851
1995	751	39.480	11.5	87.7	63.5	30.4	3.1	7.0	108883
1996	692	45.330	15.8	108.8	67.0	35.1	1.8	6.4	105406
1997	663	45.587	20.1	109.8	75.7	38.7	2.0	6.9	100039
1998	319	47.350	20.3	86.4	96.4	41.7	0.4	5.7	78060
1999	290	46.720	19.4	93.8	103.4	43.8	0.9	5.8	73534
2000	279	53.030	18.8	105.3	109.0	51.4	0.6	6.0	70886
2001	274	64.400	24.8	110.3	138.5	62.8	2.3	9.3	77619
2002	288	89.800	35.2	119.8	162.0	92.2	6.2	15.6	86483
2003	300	144.030	54.7	126.3	234.0	143.9	10.4	23.9	97895
2004	426	251.740	77.0	134.8	404.9	249.4	17.3	43.6	124447
2005	481	365.660	111.7	126.0	550.4	348.4	14.0	49.3	150435
2006	544	534.150	182.5	137.2	757.1	509.2	19.8	66.7	177302
2007	553	711.860	251.0	125.0	972.6	711.3	60.2	131.2	194776
2008	477	1027.210	395.6	110.9	1328.0	1056.4	100.6	207.2	191055
2009	374	855.150	343.7	100.1	1582.1	835.6	61.6	136.2	173503
2010	597	1442.506	552.3	138.1	2308.5	1474.4	173.0	294.7	216573
2011	579	1814.691	811.4	118.4	2841.7	1858.3	194.6	350.4	223815
2012	582	1913.612	892.1	113.5	3594.0	1815.6	118.7	226.1	227346
2013	601	1995.390	875.6	112.0	4016.9	1893.8	50.4	183.7	236842
2014	567	1669.050	693.5	94.4	4211.4	1732.8	-9.7	95.4	224820
2015	523	1298.390	516.1	88.1	4341.0	1434.6	-9.0	88.6	211863
2016	448	1397.306	546.7	102.6	4394.7	1493.6	11.4	117.0	197871
2017	451	2107.182	878.4	111.3	4414.8	2225.2	204.3	396.5	185858

注：1998-2006年的统计口径为全部国有及年产品销售收入500万元以上非国有工业企业;2007-2010年的统计口径为年主营业务收入500万元;2011年的统计口径为年主营业务收入2000万元;2004年以后的工业增加值及发展速度为快报数。

8-4　工业产品产量(2017)

产 品 名 称	单位	数 量	产 品 名 称	单 位	数 量
原　煤	吨	109248860	发电量	万千瓦小时	1834628
洗　煤	吨	105157682	塑料制品	吨	10552
焦　炭	吨	19297990	水　泥	吨	4274191
铁矿石原矿	吨	23050916	#强度等级42.5水泥(含R型)	吨	166751
铁矿石成品矿	吨	7526486	新型干法水泥▲	吨	1581575
铝土矿▲	吨	8130020	预应力混凝土桩	米	2052202
高岭土(瓷土)	吨	408964	平板玻璃	重量箱	10139492
小麦粉	吨	1887	钢化玻璃	平方米	2891229
饲　料	吨	815512	夹层玻璃	平方米	1684494
鲜、冷藏肉	吨	161632	玻璃包装容器	吨	34557
冷冻蔬菜	吨	2777	耐火材料制品	吨	1082415
食　醋	吨	36366	石墨及碳素制品	吨	6208
饮料酒	千升	118670	生　铁	吨	3953735
#白酒(折65度，商品量)	千升	114590	粗　钢	吨	3123506
饮　料	吨	20614	铸铁件	吨	207073
果汁和蔬菜汁类饮料	吨	20039	铸钢件	吨	15798
蛋白饮料	吨	575	钢　材	吨	2873763
单色印刷品	令	126076	钢　筋	吨	550549
多色印刷品	对开色令	2018784	线材(盘条)	吨	2256022
氢氧化铝▲	吨	6103766	其他钢材	吨	67192
粗　苯▲	吨	138921	铁合金	吨	280017
纯　苯	吨	84643	#电炉硅铁(折合含硅75%)	吨	1861
精甲醇	吨	231339	锰硅合金(折合含锰硅量合计82%)	吨	27122
煤制油▲	吨	28152	十种有色金属	吨	15189
精　萘▲	吨	10930	氧化铝	吨	11025999
蒽▲	吨	46430	镁	吨	15189
煤制沥青▲	吨	250199	钙(金属钙)▲	吨	4203
农用氮、磷、钾化学肥料(折纯)	吨	84464	钕铁硼▲	吨	667
氮肥(折含氮100%)	吨	84464	钢结构	吨	36787
涂　料	吨	5137	钢　丝	吨	16061
活性炭	吨	7595	输送机械(输送机和提升机)	吨	3829
中成药	吨	212	电力电缆	千米	48513
硅酸盐水泥熟料	吨	3567430	太阳能电池(光伏电池)	千瓦	917943
#窑外分解窑水泥熟料	吨	3567430	自来水生产量	万立方米	1087

8-5　工业增加值(2017)

单位: 万元

行　　业	数　量
总　计	**8783860**
采矿业	**4697249**
煤炭开采和洗选业	4441548
石油和天然气开采业	
黑色金属矿采选业	143608
有色金属矿采选业	109381
非金属矿采选业	2712
开采辅助活动	
其他采矿业	
制造业	**3844936**
农副食品加工业	218525
食品制造业	6047
酒、饮料和精制茶制造业	602835
烟草制品业	
纺织业	
纺织服装、服饰业	
皮革、毛皮、羽毛及其制品和制鞋业	
木材加工和木、竹、藤、棕、草制品业	
家具制造业	
造纸和纸制品业	360
印刷和记录媒介复制业	5968
文教、工美、体育和娱乐用品制造业	
石油加工、炼焦和核燃料加工业	828345
化学原料和化学制品制造业	355708
医药制造业	14567
化学纤维制造业	
橡胶和塑料制品业	3474
非金属矿物制品业	129917
黑色金属冶炼和压延加工业	439690
有色金属冶炼和压延加工业	1173676
金属制品业	9645
通用设备制造业	1693
专用设备制造业	8906
汽车制造业	
铁路、船舶、航空航天和其他运输设备制	
电气机械和器材制造业	45367
计算机、通信和其他电子设备制造业	
仪器仪表制造业	
其他制造业	
废弃资源综合利用业	213
金属制品、机械和设备修理业	
电力、燃气及水的生产和供应业	**241675**
电力、热力的生产和供应业	215387
燃气生产和供应业	25179
水的生产和供应业	1108

8-6 工业企业主要经济

类　　别	企　业单位数(个)	#亏损企业	工业总产值(当年价格)	工业销售产值(当年价格)	#出口交货值
总　　计	**451**	**123**	**20927217**	**20849174**	**76379**
一、按登记注册类型分组:					
内资企业	437	120	18569670	18546448	72968
国有企业	5	4	33772	33793	
中央企业					
地方企业	5	4	33772	33793	
集体企业	4	1	324553	333500	
股份合作企业					
联营企业					
国有联营企业					
集体联营企业					
国有与集体联营企业					
其他联营企业					
有限责任公司	119	31	7678127	7715514	45760
国有独资公司	9	1	1568778	1509336	
其他有限责任公司	110	30	6109349	6206179	45760
股份有限公司	15	3	1543753	1541833	
私营企业	292	81	8899015	8827366	27209
私营独资企业	10	3	127597	121809	
私营合伙企业	2		89314	89685	
私营有限责任公司	275	77	8640709	8572415	27209
私营股份有限公司	5	1	41396	43458	
其他企业	2		90450	94442	
港、澳、台商投资企业	8	1	1788390	1711405	
合资经营企业(港或澳、台资)	7	1	1742124	1664897	
合作经营企业(港或澳、台资)					
港澳台商独资经营企业					
港澳台商投资股份有限公司					
其他港澳台商投资企业	1		46266	46508	
外商投资企业	6	2	569157	591321	3411
中外合资经营企业	5	1	539617	563058	3411
中外合作经营企业					
外资企业	1	1	29540	28263	
外商投资股份有限公司					
其他外商投资企业					
二、在总计中：亏损企业	**123**	**123**	**2773788**	**2764525**	**8054**
在总计中：国有控股企业	58	16	5833471	5764452	15339
在总计中：轻工业	63	10	1863628	1786128	8890
重工业	388	113	19063589	19063046	67489
在总计中：大型企业	34	6	7729561	7767622	22641
中型企业	110	28	8433085	8253564	30572
小型企业	281	83	4528485	4596068	23166
微型企业	26	6	236086	231921	

指标(综合分组)(2017)

单位：万元

年初存货	#产成品	资产总计	流动资产合计	应收账款	存货	#产成品	固定资产合计	固定资产原价	房屋和构筑物
2666818	**1089709**	**44148400**	**18134604**	**2793561**	**2815002**	**1150477**	**14515409**	**21048615**	**5411694**
2354270	1008864	39662783	15957863	2451090	2510048	1093354	13126264	18744250	4707549
2473	1794	145122	43038	6454	3360	2396	40817	81091	9287
2473	1794	145122	43038	6454	3360	2396	40817	81091	9287
47852	26419	285758	78710	13080	44416	32524	157202	408944	200482
1016176	492364	20278243	6648567	986309	1069067	538663	7711288	10236123	2358690
378476	157016	4491022	1414093	147110	378784	162052	1430686	1793161	189659
637699	335348	15787221	5234474	839200	690283	376611	6280602	8442962	2169030
141024	36885	3620029	1024317	192344	167855	55661	1359953	2717037	1054247
1143941	450011	14947063	7878432	1150098	1223366	464109	3791830	5196278	1070182
11950	7539	60116	31931	10814	12540	9122	25889	28705	3498
340	37	13838	2062	897	319	16	61	61	19
1110790	437180	14776788	7781353	1120509	1187850	443657	3737947	5135575	1066665
20862	5256	96321	63086	17877	22658	11314	27934	31938	
2804	1390	386569	284800	102805	1984		65174	104776	14662
227485	26847	3112531	1557672	88845	235905	21877	1068360	1635733	429277
225901	26372	3035808	1489031	86775	234472	21700	1068360	1623673	429277
1584	475	76723	68641	2070	1433	177		12060	
85063	53998	1373086	619069	253627	69049	35247	320785	668632	274868
82505	53699	1198643	613574	253627	65454	34003	179345	479923	168718
2558	299	174443	5495		3596	1244	141440	188709	106150
595685	**279623**	**9732044**	**3905549**	**544228**	**547765**	**262172**	**3546922**	**4375062**	**800197**
815251	368419	16113191	4110852	752952	875821	385135	6490713	9629755	2771385
448613	206453	2148430	1281607	98265	509829	226439	610396	698253	62338
2218205	883256	41999970	16852998	2695296	2305173	924038	13905012	20350361	5349355
1256596	495699	18946639	6843590	861601	1125336	435043	5901482	8741040	2793804
939057	366642	18524826	7861952	1244114	1099464	400628	6548589	9200254	2119169
460324	221144	6383429	3328926	648824	573118	306641	1941925	2980127	486984
10840	6225	293506	100136	39022	17085	8166	123413	127193	11737

8-6

类　别	机器设备	运输工具	累计折旧	#本年折旧	负债合计	流动负债合　计
总　计	**6045589**	**297462**	**7525618**	**1090332**	**34622708**	**25290363**
一、按登记注册类型分组:						
内资企业	5541107	264140	6628078	959787	31819200	23056426
国有企业	3781	387	27145	1009	127208	62859
中央企业						
地方企业	3781	387	27145	1009	127208	62859
集体企业	103040	98016	250728	8095	262126	260182
股份合作企业						
联营企业						
国有联营企业						
集体联营企业						
国有与集体联营企业						
其他联营企业						
有限责任公司	2370971	60137	3201331	504519	16244432	11720181
国有独资公司	147312	1872	647058	71455	2581819	1581621
其他有限责任公司	2223660	58265	2554272	433064	13662613	10138560
股份有限公司	1081349	45098	992393	115219	2103400	1640216
私营企业	1959855	60102	2116880	324459	12691606	9123291
私营独资企业	2035	95	4866	315	34727	33660
私营合伙企业	36	6	35	15	4646	3256
私营有限责任公司	1947178	59990	2106235	320914	12595961	9034083
私营股份有限公司	10605	12	5744	3216	56271	52292
其他企业	22111	400	39602	6486	390428	249696
港、澳、台商投资企业	271907	21043	650170	98533	2299329	1737255
合资经营企业(港或澳、台资)	271907	21043	645574	97918	2224118	1694304
合作经营企业(港或澳、台资)						
港澳台商独资经营企业						
港澳台商投资股份有限公司						
其他港澳台商投资企业			4595	615	75211	42951
外商投资企业	232576	12279	247371	32013	504178	496682
中外合资经营企业	158496	5038	200109	24127	340844	336480
中外合作经营企业						
外资企业	74081	7241	47262	7886	163334	160202
外商投资股份有限公司						
其他外商投资企业						
二、在总计中：亏损企业	**1052045**	**48639**	**1387858**	**205043**	**9073933**	**5867667**
在总计中：国有控股企业	2386322	72952	3068928	391363	11336616	8070514
在总计中：轻工业	42349	2459	245240	42243	1057369	892567
重工业	6003240	295003	7280378	1048089	33565338	24397796
在总计中：大型企业	2481116	196537	3616111	401206	14035250	9753144
中型企业	2735470	76728	2956235	529114	15276756	11847745
小型企业	804898	23561	939117	158025	5099506	3582515
微型企业	24105	636	14155	1988	211196	106958

续表1

单位：万元

应付账款	非流动负债合计	所有者权益合计	#实收资本						
				国家资本	集体资本	法人资本	个人资本	港澳台资本	外商资本
5783696	**8111147**	**9488634**	**6479517**	**2572668**	**106187**	**1575352**	**1703585**	**334900**	**186824**
5197671	7541576	7806525	5530299	2291088	106061	1499452	1633597	100	
19762	38531	17914	13176	10414	2762				
19762	38531	17914	13176	10414	2762				
225751	1944	23632	1205		457	748			
2004375	4126769	4024309	2834578	1647079	62070	740927	384502		
336842	1000198	1909203	963429	963429					
1667533	3126572	2115106	1871149	683650	62070	740927	384502		
374784	451534	1516629	958205	632519	8331	180856	136499		
2532635	2782066	2227901	1720034	1076	32440	573822	1112597	100	
19301	1017	25389	8150			2050	6100		
106		9191	520			520			
2506614	2777070	2153271	1672305	1076	32440	568093	1070597	100	
6614	3979	40050	39059			3159	35900		
40364	140732	-3859	3100			3100			
512673	562074	813202	566788	112000		50000	69988	334800	
507704	529814	811689	565788	111000		50000	69988	334800	
4969	32260	1512	1000	1000					
73353	7496	868907	382430	169580	126	25900			186824
71014	4365	857799	318178	169580	126	25900			122572
2339	3132	11109	64253						64253
1116351	**2385658**	**649252**	**1432395**	**86070**	**8802**	**569302**	**635068**	**44600**	**88553**
1714683	3076127	4776575	3224209	2539814	44923	410929	148513	74000	6030
182679	93178	1069322	238086	96040	10583	25332	106088		42
5601018	8017969	8419312	6241431	2476628	95604	1550020	1597497	334900	186782
2210555	4127861	4911388	2751893	1985406	1000	129899	513058		122530
2601751	3029473	3247427	2488949	516181	65152	940144	568420	334800	64253
925727	886737	1271041	1202933	67991	40034	485251	609515	100	42
45663	67076	58779	35742	3090		20059	12593		

8-6

类　　别	营业收入	#主营业务收入	营业成本	#主营业务成本	税金及附　加
总　　计	**22759790**	**22251531**	**17068792**	**16742144**	**705776**
一、按登记注册类型分组:					
内资企业	20131841	19799061	15075365	14816190	655258
国有企业	35578	33961	29950	29128	755
中央企业					
地方企业	35578	33961	29950	29128	755
集体企业	339757	330238	178806	170043	25071
股份合作企业					
联营企业					
国有联营企业					
集体联营企业					
国有与集体联营企业					
其他联营企业					
有限责任公司	9027906	8856857	6355410	6200838	455857
国有独资公司	2518899	2454449	1819923	1750830	191728
其他有限责任公司	6509008	6402409	4535486	4450008	264129
股份有限公司	1570356	1554712	905679	894235	58642
私营企业	9063802	8928851	7571435	7487861	105689
私营独资企业	104514	104514	97173	97173	896
私营合伙企业	89685	89685	85970	85970	395
私营有限责任公司	8816096	8681321	7343070	7259600	101664
私营股份有限公司	53507	53331	45222	45118	2734
其他企业	94442	94442	34086	34086	9244
港、澳、台商投资企业	1879773	1773825	1498046	1496099	23062
合资经营企业(港或澳、台资)	1829989	1724041	1468396	1466449	22661
合作经营企业(港或澳、台资)					
港澳台商独资经营企业					
港澳台商投资股份有限公司					
其他港澳台商投资企业	49784	49784	29650	29650	401
外商投资企业	748176	678645	495381	429855	27457
中外合资经营企业	720343	650837	473568	408064	26833
中外合作经营企业					
外资企业	27833	27809	21813	21791	624
外商投资股份有限公司					
其他外商投资企业					
二、在总计中：亏损企业	**2716672**	**2695615**	**2457551**	**2449254**	**48294**
在总计中：国有控股企业	7098680	6982504	4754020	4658194	408804
在总计中：轻工业	2707096	2700621	2115929	2115472	159541
重工业	20052694	19550910	14952863	14626672	546236
在总计中：大型企业	9186570	8830052	6158364	5948050	444320
中型企业	8534113	8421650	6513410	6435209	210952
小型企业	4836551	4797857	4220260	4182127	49905
微型企业	202556	201971	176758	176758	600

续表2

单位：万元

#主营业务税金及附加	其他业务收　入	其他业务利　润	销售费用	管理费用	财务费用	#利息收入	#利息支出
684839	**508259**	**22838**	**903840**	**1096464**	**923139**	**36902**	**787529**
634792	332781	18922	855294	1006969	864050	21642	715232
752	1617	212	2454	4872	1751	-1	657
752	1617	212	2454	4872	1751	-1	657
25057	9519		39571	21415	5854	3	5848
444100	171049	13950	329981	575362	533770	18715	477194
191728	64450	12134	141226	158869	64737	4387	68953
252372	106599	1815	188756	416493	469032	14328	408241
58391	15644	4058	233291	57504	42044	2040	34707
97247	134951	703	247742	332150	265464	908	183028
896			2460	2063	1041	1	61
395			950	1070	1076		1048
93223	134776	646	242611	327137	260835	905	179430
2734	175	58	1722	1880	2512	2	2488
9244			2254	15666	15168	-23	13798
22590	105948	3763	36202	45527	42609	14733	55424
22190	105948	3763	35485	45175	39389	14853	52092
401			716	352	3220	-120	3332
27457	69531	152	12345	43968	16480	526	16873
26833	69506	152	11345	36968	9854	526	10248
624	24		1000	7001	6626	0	6625
42253	**21058**	**209**	**94053**	**175651**	**216423**	**1968**	**177077**
396797	116177	18444	482767	423033	367463	22305	320675
159538	6475	340	147918	116997	12828	4028	14899
525300	501784	22498	755922	979467	910311	32874	772630
432236	356518	16364	538021	547603	419807	21374	379199
202388	112463	4789	219707	411185	392811	14093	329018
49615	38694	1685	141705	135149	105328	1374	74183
600	586		4407	2527	5193	61	5128

8-6

类　别	营业利润	资产减值损　失	公允价值变动收益	投资收益	其他收益	营业外收　入
总　计	**2077633**	**12718**	**-28**	**9967**	**7134**	**73706**
一、按登记注册类型分组:						
内资企业	1698846	4595	-28	9928	7134	67074
国有企业	-3860			343		33
中央企业						
地方企业	-3860			343		33
集体企业	68377	781			117	1026
股份合作企业						
联营企业						
国有联营企业						
集体联营企业						
国有与集体联营企业						
其他联营企业						
有限责任公司	800599	976	4	7121	5421	31721
国有独资公司	148642	-6916	4	-3645	2952	15649
其他有限责任公司	651957	7893		10766	2469	16072
股份有限公司	270406	4649		324	1535	4599
私营企业	545300	-1812	-31	2141	61	29452
私营独资企业	883					14
私营合伙企业	224					
私营有限责任公司	544758	-1812	-31	2141	61	28160
私营股份有限公司	-565					1277
其他企业	18024					243
港、澳、台商投资企业	234081	147		-98		5630
合资经营企业(港或澳、台资)	218640	144		-98		5630
合作经营企业(港或澳、台资)						
港澳台商独资经营企业						
港澳台商投资股份有限公司						
其他港澳台商投资企业	15441	3				
外商投资企业	144706	7976		136		1003
中外合资经营企业	153936	7976		136		869
中外合作经营企业						
外资企业	-9230					133
外商投资股份有限公司						
其他外商投资企业						
二、在总计中：亏损企业	**-274225**	**545**		**1620**		**9617**
在总计中：国有控股企业	678374	8113	4	5814	6570	28546
在总计中：轻工业	156782	-2643	-28	-523	809	4221
重工业	1920850	15361		10490	6325	69485
在总计中：大型企业	1087005	16909	4	7698	6251	44608
中型企业	791224	-4288		758	131	10262
小型企业	186333	97	-31	1511	751	18104
微型企业	13071					732

续表3

单位：万元

营业外支出	利润总额	所得税费用	亏损企业亏损总额	利税总额	应交税金及附加	本年应付职工薪酬	本年应交增值税	从业人员平均人数（人）
108447	**2042892**	**412147**	**284880**	**3965114**	**2334369**	**1260755**	**1216445**	**185858**
101000	1664919	314460	262837	3413429	2062970	1160476	1093252	171377
557	-4385	190	4962	-2608	1966	5397	1022	1006
557	-4385	190	4962	-2608	1966	5397	1022	1006
248	69155	9	306	134028	64882	43498	39802	5863
51234	781087	190942	168143	1854292	1264147	731681	617348	95039
6151	158141	44992	6276	517999	404851	176926	168131	23437
45083	622947	145950	161868	1336293	859296	554756	449217	71602
4402	270603	56382	10942	439003	224783	107031	109759	9694
40059	534692	66938	78484	952903	485149	265177	312522	58539
	897		450	2304	1407	1316	511	442
	224			835	611	127	216	79
39939	532979	66890	77426	945597	479508	261588	310954	57404
120	592	48	608	4168	3624	2146	842	614
4500	13767			35810	22043	7692	12799	1236
4816	234895	61001	8321	336259	162365	38475	78302	6653
3154	221116	57556	8321	318486	154926	37701	74708	6508
1662	13779	3445		17774	7439	774	3594	145
2631	143077	36686	13721	215426	109034	61804	44892	7828
2547	152258	36686	4541	222110	106538	56148	43019	7247
84	-9181		9181	-6684	2497	5656	1873	581
20272	**-284880**	**84**	**284880**	**-153665**	**131299**	**183896**	**82921**	**34944**
24484	682435	168841	95147	1604112	1090518	671183	512873	67249
4802	156202	41793	5318	411494	297085	110170	95751	25373
103645	1886690	370354	279561	3553620	2037284	1150585	1120694	160485
26784	1104829	210999	58950	2199001	1305170	789373	649852	94853
59227	742259	164658	155854	1391533	813933	364025	438323	64250
21974	182464	36489	68957	355344	209369	106030	122975	26417
463	13340	1	1119	19236	5897	1328	5296	338

8-7 工业企业主要经济

行 业	企 业 单位数 (个)	#亏损企业	工业总产值 (当年价格)	工业销售产值 (当年价格)	#出口 交货值	年初存货
总 计	**451**	**123**	**20927217**	**20849174**	**76379**	**2666818**
采矿业	206	57	9570320	9708294	12716	648047
煤炭开采和洗选业	189	53	9052609	9192824	12716	620257
烟煤和无烟煤开采洗选	189	53	9052609	9192824	12716	620257
石油和天然气开采业						
黑色金属矿采选业	3	2	382520	379600		20067
铁矿采选	3	2	382520	379600		20067
有色金属矿采选业	11	2	119379	118424		6001
常用有色金属矿采选	11	2	119379	118424		6001
铝矿采选	11	2	119379	118424		6001
非金属矿采选业	3		15812	17446		1722
土砂石开采	3		15812	17446		1722
耐火土石开采	1		547	511		56
粘土及其他土砂石开采	2		15265	16935		1666
开采辅助活动						
其他采矿业						
制造业	223	54	10871467	10658773	63663	2005448
农副食品加工业	29	5	878849	872335	2514	88618
谷物磨制	3	1	8865	8448		1208
饲料加工	3	1	590149	590110		26265
植物油加工	1		2617	2737		246
非食用植物油加工	1		2617	2737		246
屠宰及肉类加工	6	1	201274	201390		24505
禽类屠宰	2		106364	106056		11120
肉制品及副产品加工	4	1	94910	95333		13385
蔬菜、水果和坚果加工	14	2	71359	65342	2514	36159
水果和坚果加工	14	2	71359	65342	2514	36159
其他农副食品加工	2		4585	4309		236
其他未列明农副食品加工	2		4585	4309		236
食品制造业	8		21983	23234		5331
糖果、巧克力及蜜饯制造	1		4500	4500		527
蜜饯制作	1		4500	4500		527
方便食品制造	4		10925	11120		2761
米、面制品制造	2		6921	6838		1698
方便面及其他方便食品制造	2		4004	4283		1063
调味品、发酵制品制造	3		6559	7613		2042
酱油、食醋及类似制品制造	1		5514	5599		914
其他调味品、发酵制品制造	2		1045	2015		1129
酒、饮料和精制茶制造业	13	1	852722	778848		329291
酒的制造	9		839970	767208		326484
白酒制造	9		839970	767208		326484
饮料制造	4	1	12752	11641		2807
果菜汁及果菜汁饮料制造	2		5621	5471		2807
含乳饮料和植物蛋白饮料制造	1		3631	3258		
茶饮料及其他饮料制造	1	1	3500	2912		
烟草制品业						
纺织业						
纺织服装、服饰业						
皮革、毛皮、羽毛及其制品和制鞋业						
木材加工和木、竹、藤、棕、草制品业						
家具制造业						
造纸和纸制品业						
印刷和记录媒介复制业	1		13654	13780		1999

指标(行业分组)(2017)

单位：万元

#产成品	资产总计	流动资产合计	应收账款	存货	#产成品	固定资产合计	固定资产原价	房屋和构筑物
1089709	**44148400**	**18134604**	**2793561**	**2815002**	**1150477**	**14515409**	**21048615**	**5411694**
287332	23194434	8526614	1551611	672583	362194	7369065	10905246	3539038
275800	21657326	8161312	1473610	638702	344719	6646901	10091928	3516804
275800	21657326	8161312	1473610	638702	344719	6646901	10091928	3516804
4356	1332319	295926	54425	21727	5766	667343	779483	15840
4356	1332319	295926	54425	21727	5766	667343	779483	15840
5461	180329	64414	20853	11639	11229	52179	30494	6253
5461	180329	64414	20853	11639	11229	52179	30494	6253
5461	180329	64414	20853	11639	11229	52179	30494	6253
1715	24460	4961	2722	514	480	2642	3341	141
1715	24460	4961	2722	514	480	2642	3341	141
49	2853	1981	359	50	16	871	1328	
1666	21607	2980	2363	464	464	1771	2013	141
801512	18807704	9208073	1145111	2116325	788000	5888154	8194418	1674352
43946	452780	209234	40300	112830	57563	151505	197030	39126
201	7705	4186	1066	2124	557	3111	3721	318
15419	126905	36791	2120	25549	14855	73005	108277	2784
59	1293	1159	461	508	436	134	214	
59	1293	1159	461	508	436	134	214	
11028	140800	68936	16388	28562	11390	52325	63806	26943
3713	54765	20832	2863	10391	3050	26662	32806	7512
7315	86035	48104	13525	18171	8340	25664	31000	19431
17099	139712	95850	19941	55519	29851	14248	19866	8993
17099	139712	95850	19941	55519	29851	14248	19866	8993
140	36365	2313	324	569	474	8682	1144	88
140	36365	2313	324	569	474	8682	1144	88
2000	52828	23836	8030	8068	2100	21319	17577	8651
527	5202	3094	703	1757	527	2021	1534	
527	5202	3094	703	1757	527	2021	1534	
1030	18016	9361	3234	2997	1126	7358	6374	2300
1030	10198	5989	2324	1734	1126	3244	4492	2300
	7818	3372	910	1262		4115	1883	
443	29611	11381	4093	3314	446	11940	9669	6351
443	10700	2909	464	982	446	7687	8010	6351
	18911	8472	3629	2332		4253	1659	
148971	1467577	950852	24406	357486	149187	382031	394025	8455
148206	1414524	931887	23290	350276	147156	348612	359930	7392
148206	1414524	931887	23290	350276	147156	348612	359930	7392
765	53053	18965	1116	7210	2031	33418	34095	1063
765	11289	6281	172	3164	1142	4651	5315	1063
	6989	2839	592	1852	250	3837	5959	
	34776	9846	352	2194	639	24930	22821	
1384	13521	7175	1416	3026	940	5323	15229	

8-7

行　业	企业单位数(个)	#亏损企业	工业总产值(当年价格)	工业销售产值(当年价格)	#出口交货值	年初存货
印　刷	1		13654	13780		1999
书、报刊印刷	1		13654	13780		1999
文教、工美、体育和娱乐用品制造业						
石油加工、炼焦和核燃料加工业	29	7	3072461	3154372		526686
精炼石油产品制造	1		2059	12047		4105
人造原油制造	1		2059	12047		4105
炼　焦	28	7	3070401	3142326		522581
化学原料和化学制品制造业	31	6	761250	753837	36618	135234
基础化学原料制造	22	4	578879	588064	33996	105923
无机酸制造	1		18473	18473		1556
无机碱制造	3		103139	88278		31471
无机盐制造	7	1	88499	106553	33996	7654
有机化学原料制造	10	3	312480	318472		53168
其他基础化学原料制造	1		56289	56289		12075
肥料制造	4		106871	88248	14	17715
氮肥制造	1		23247	19528		7872
复混肥料制造	1		77755	62655		7124
有机肥料及微生物肥料制造	2		5869	6066	14	2718
涂料、油墨、颜料及类似产品制造	2	1	30451	35408		7158
涂料制造	1		5875	6203		460
油墨及类似产品制造	1	1	24576	29205		6698
合成材料制造	1	1	7221	7412	2608	1560
初级形态塑料及合成树脂制造	1	1	7221	7412	2608	1560
专用化学产品制造	1					1020
林产化学产品制造	1					1020
炸药、火工及焰火产品制造	1		37828	34705		1858
炸药及火工产品制造	1		37828	34705		1858
医药制造业	4	1	35275	34361	6376	4744
化学药品原料药制造	1		24969	22407	6376	2079
中药饮片加工	1		2527	2527		469
中成药生产	2	1	7779	9427		2196
化学纤维制造业						
橡胶和塑料制品业	4	2	19736	19541		4769
塑料制品业	4	2	19736	19541		4769
塑料丝、绳及编织品制造	3	1	14386	14191		2791
其他塑料制品制造	1	1	5350	5350		1978
非金属矿物制品业	45	9	429455	415470		81507
水泥、石灰和石膏制造	12	4	142020	140641		18060
水泥制造	10	4	131995	130774		17244
石灰和石膏制造	2		10025	9868		817
石膏、水泥制品及类似制品制造	2		25441	25441		1409
水泥制品制造	2		25441	25441		1409
玻璃制造	1		73913	69640		24751
平板玻璃制造	1		73913	69640		24751
玻璃制品制造	3		37313	36562		12641
技术玻璃制品制造	1		28740	27996		8577
玻璃包装容器制造	2		8573	8566		4065
耐火材料制品制造	26	4	148076	140568		24442
耐火陶瓷制品及其他耐火材料制造	26	4	148076	140568		24442
石墨及其他非金属矿物制品制造	1	1	2693	2618		203
石墨及碳素制品制造	1	1	2693	2618		203
黑色金属冶炼和压延加工业	27	12	1618400	1518704	14746	432040
炼　铁	12	5	328362	302195	3904	68964

续表1

单位：万元

#产成品	资产总计	流动资产合计	应收账款	存货	#产成品	固定资产合计	固定资产原价	房屋和构筑物
1384	13521	7175	1416	3026	940	5323	15229	
1384	13521	7175	1416	3026	940	5323	15229	
254281	6968217	4186166	604932	504140	272080	1513387	2273603	441352
2059	17038	9541	4033	4105	2059	7497	8204	2461
2059	17038	9541	4033	4105	2059	7497	8204	2461
252222	6951179	4176625	600899	500035	270021	1505890	2265398	438891
44359	1497110	638526	55799	148769	59372	526068	749671	90269
26183	1143529	500980	24506	107310	33560	327535	514871	77636
	12196	4983	764	2232			8805	
7338	190752	84960	8629	39731	5896	64772	93686	
4470	72282	35786	10365	7611	4189	30489	33287	957
13982	820622	365046	10576	54279	23150	197074	320858	76680
393	47679	10206	-5828	3457	325	35199	58235	
13444	205503	53336	9017	22725	16260	137653	153066	12
7268	63867	17277	-257	14992	12511	45824	45639	
5514	129037	28237	8401	5162	3242	87305	101583	12
662	12599	7822	873	2571	507	4524	5843	
1834	59187	41670	10826	10294	6477	16526	15185	770
124	5384	4338	2991	603	77	1047	1678	770
1710	53803	37332	7835	9691	6400	15479	13507	
1063	39868	4392	1419	1861	1300	35476	35167	11851
1063	39868	4392	1419	1861	1300	35476	35167	11851
125	4666	4521	3521	260	65	145	465	
125	4666	4521	3521	260	65	145	465	
1711	44356	33626	6509	6319	1711	8732	30918	
1711	44356	33626	6509	6319	1711	8732	30918	
3465	58625	24340	7772	6128	4577	20228	32294	
1527	31764	10785	4662	1940	1148	10385	19332	
	4178	2272	465	605	605	1906	2437	
1938	22683	11283	2645	3583	2824	7937	10525	
1735	22573	14891	4002	4822	3638	1752	5541	
1735	22573	14891	4002	4822	3638	1752	5541	
1049	17100	11393	2724	3319	2417	1752	5541	
686	5473	3498	1278	1503	1220			
26882	1090596	458646	79144	93814	36433	419374	701291	216266
2723	477349	113292	27148	21350	4232	275232	451853	172887
2358	449192	103452	25580	20195	4024	262437	429862	172887
365	28157	9840	1568	1155	208	12795	21990	
1134	17789	10752	4412	1936	1202	5528	11776	5648
1134	17789	10752	4412	1936	1202	5528	11776	5648
11682	374769	205490	17318	21540	9701	60097	120210	21132
11682	374769	205490	17318	21540	9701	60097	120210	21132
2478	71913	48956	6136	13393	3274	20390	33688	2957
51	58071	41897	4296	9048	2834	13627	20050	2957
2427	13842	7060	1841	4345	440	6763	13638	
8809	141081	76286	24011	34965	17939	54302	79123	13642
8809	141081	76286	24011	34965	17939	54302	79123	13642
56	7695	3869	118	629	86	3826	4642	
56	7695	3869	118	629	86	3826	4642	
173772	2309248	856029	83761	340923	102950	945649	1385255	316010
31839	424439	195298	35839	57577	33687	203600	349280	23792

8-7

行　业	企　业 单位数 (个)	#亏损企业	工业总产值 (当年价格)	工业销售产值 (当年价格)	#出口 交货值	年初存货
炼　钢	1	1	2034	2034		567
黑色金属铸造	10	5	92238	89571	3541	27960
钢压延加工	2	1	920013	894303		310853
铁合金冶炼	2		275754	230601	7301	23696
有色金属冶炼和压延加工业	13	4	2826486	2720264		311025
常用有色金属冶炼	9	4	2807353	2700728		299004
铝冶炼	6	1	2778884	2679200		291761
镁冶炼	3	3	28469	21529		7242
稀有稀土金属冶炼	3		14393	14827		11222
稀土金属冶炼	3		14393	14827		11222
有色金属压延加工	1		4740	4709		800
稀有稀土金属压延加工	1		4740	4709		800
金属制品业	9	5	57789	52463		14513
结构性金属制品制造	6	3	41101	37422		11110
金属结构制造	6	3	41101	37422		11110
金属丝绳及其制品制造	2	2	8428	8782		306
建筑、安全用金属制品制造	1		8259	6259		3098
其他建筑、安全用金属制品制造	1		8259	6259		3098
通用设备制造业	3		9330	9174	786	1910
锅炉及原动设备制造	1		2453	2368	786	10
风能原动设备制造	1		2453	2368	786	10
金属加工机械制造	1		3669	3556		1754
其他金属加工机械制造	1		3669	3556		1754
通用零部件制造	1		3208	3250		147
机械零部件加工	1		3208	3250		147
专用设备制造业	5	2	26688	29413		13940
采矿、冶金、建筑专用设备制造	5	2	26688	29413		13940
矿山机械制造	4	1	24156	26948		8810
建筑工程用机械制造	1	1	2532	2465		5131
汽车制造业						
铁路、船舶、航空航天和其他运输设备制造						
电气机械和器材制造业	2		247389	262978	2624	53841
输配电及控制设备制造	1		220939	240436	2624	48101
光伏设备及元器件制造	1		220939	240436	2624	48101
电线、电缆、光缆及电工器材制造	1		26450	22542		5739
电线、电缆制造	1		26450	22542		5739
计算机、通信和其他电子设备制造业						
仪器仪表制造业						
其他制造业						
废弃资源综合利用业						
金属制品、机械和设备修理业						
电力、热力、燃气及水生产和供应业	22	12	485430	482108		13323
电力、热力生产和供应业	14	7	409991	404160		11606
电力生产	13	6	395618	389786		11606
火力发电	8	6	370520	364689		11606
风力发电	2		12752	12752		
太阳能发电	2		9016	9016		
其他电力生产	1		3329	3329		
热力生产和供应	1	1	14373	14373		
燃气生产和供应业	7	4	72637	75146		1455
水的生产和供应业	1	1	2802	2802		262
自来水生产和供应	1	1	2802	2802		262

续表2

单位：万元

#产成品	资产总计	流动资产合计	应收账款	存货	#产成品	固定资产合计	固定资产原价	房屋和构筑物
264	2630	2328	967	495	281	261	445	14
23578	225227	76870	26326	35298	31553	109928	67836	446
102134	1456065	457393		203415	21295	631407	854283	256034
15958	200887	124140	20630	44138	16135	454	113411	35724
41403	4229129	1442376	21703	469511	53641	1846118	2215220	492172
32926	4183285	1410140	13323	455125	44087	1840209	2198132	489695
31778	4138785	1381884	4417	443260	37393	1831723	2165444	484908
1149	44500	28257	8906	11866	6694	8486	32688	4787
8128	35724	24223	7492	13378	9221	3801	13596	1542
8128	35724	24223	7492	13378	9221	3801	13596	1542
349	10121	8013	888	1008	333	2108	3492	935
349	10121	8013	888	1008	333	2108	3492	935
8252	75996	57945	37506	16318	9399	15040	20974	10414
7260	53734	44822	30051	12653	7729	8362	9953	3924
7260	53734	44822	30051	12653	7729	8362	9953	3924
177	9379	6236	4791	232	74	683	1608	383
815	12883	6887	2663	3433	1596	5996	9413	6106
815	12883	6887	2663	3433	1596	5996	9413	6106
1354	27183	10954	3940	1817	1651	11568	16901	2428
	5262	2543	337	255	246	2719	3013	
	5262	2543	337	255	246	2719	3013	
1316	18771	6054	2589	1544	1392	8056	10450	2130
1316	18771	6054	2589	1544	1392	8056	10450	2130
38	3150	2357	1013	18	13	794	3438	298
38	3150	2357	1013	18	13	794	3438	298
4088	58655	32156	7416	15383	8744	23014	34143	9519
4088	58655	32156	7416	15383	8744	23014	34143	9519
2820	45136	24461	8422	10252	7476	17700	28334	6862
1267	13519	7695	-1006	5131	1267	5314	5809	2657
45621	483667	294948	164983	33291	25728	5778	135666	39692
41027	449773	267676	162621	25650	20093		125517	35222
41027	449773	267676	162621	25650	20093		125517	35222
4593	33895	27272	2363	7642	5635	5778	10149	4470
4593	33895	27272	2363	7642	5635	5778	10149	4470
865	2146262	399918	96839	26094	284	1258190	1948951	198303
175	1968422	335328	84587	23370	165	1194254	1864514	188661
175	1895381	316810	80186	23370	165	1164206	1825987	188661
175	1630691	268611	53855	23248	164	993876	1645371	178302
	166575	24273	12380			102505	106904	494
	89200	16257	8137	3		67826	73304	9865
	8916	7669	5814	119	1		407	
	73041	18518	4400			30047	38527	
691	169979	62716	11597	2443	119	58562	73250	1592
	7860	1874	656	282		5375	11187	8050
	7860	1874	656	282		5375	11187	8050

8-7

行　业	机器设备	运输工具	累计折旧	#本年折旧	负债合计	流动负债合计
总　计	**6045589**	**297462**	**7525618**	**1090332**	**34622708**	**25290363**
采矿业	2425850	204129	3701791	530901	18209874	13496345
煤炭开采和洗选业	2411723	202846	3578734	497138	17537140	13038959
烟煤和无烟煤开采洗选	2411723	202846	3578734	497138	17537140	13038959
石油和天然气开采业						
黑色金属矿采选业	12735	448	112140	30520	507552	298559
铁矿采选	12735	448	112140	30520	507552	298559
有色金属矿采选业	1084	835	10215	2988	143633	137844
常用有色金属矿采选	1084	835	10215	2988	143633	137844
铝矿采选	1084	835	10215	2988	143633	137844
非金属矿采选业	308		702	254	21549	20984
土砂石开采	308		702	254	21549	20984
耐火土石开采			457	136	3065	2500
粘土及其他土砂石开采	308		245	118	18484	18484
开采辅助活动						
其他采矿业						
制造业	3047906	91948	3306947	499670	14579405	10835579
农副食品加工业	27579	958	53591	16914	234688	192319
谷物磨制	536	39	658	119	2576	2256
饲料加工	12842	3	35273	10120	89100	87813
植物油加工			80		745	745
非食用植物油加工			80		745	745
屠宰及肉类加工	12771	846	13570	5747	53830	49258
禽类屠宰	5481	21	6145	4270	26023	25055
肉制品及副产品加工	7290	825	7425	1478	27806	24203
蔬菜、水果和坚果加工	1371	71	3890	871	66937	30747
水果和坚果加工	1371	71	3890	871	66937	30747
其他农副食品加工	59		120	57	21499	21499
其他未列明农副食品加工	59		120	57	21499	21499
食品制造业	3090	389	3196	410	11681	8644
糖果、巧克力及蜜饯制造			178		1259	1259
蜜饯制作			178		1259	1259
方便食品制造	1620	200	1748	350	5041	4889
米、面制品制造	1620	200	1248	301	3935	3935
方便面及其他方便食品制造			500	49	1106	954
调味品、发酵制品制造	1470	189	1270	60	5381	2496
酱油、食醋及类似制品制造	1470	189	323	60	1536	1372
其他调味品、发酵制品制造			947		3845	1124
酒、饮料和精制茶制造业	4215	574	147432	16583	700427	585494
酒的制造	1841	393	144646	16432	681026	567427
白酒制造	1841	393	144646	16432	681026	567427
饮料制造	2375	181	2786	151	19401	18067
果菜汁及果菜汁饮料制造	2375	181	664	151	5686	4861
含乳饮料和植物蛋白饮料制造			2122		1213	703
茶饮料及其他饮料制造					12503	12503
烟草制品业						
纺织业						
纺织服装、服饰业						
皮革、毛皮、羽毛及其制品和制鞋业						
木材加工和木、竹、藤、棕、草制品业						
家具制造业						
造纸和纸制品业						
印刷和记录媒介复制业			9906	481	4662	3473

续表3

单位：万元

应付账款	非流动负债合计	所有者权益合计	#实收资本	国家资本	集体资本	法人资本	个人资本	港澳台资本	外商资本
5783696	**8111147**	**9488634**	**6479517**	**2572668**	**106187**	**1575352**	**1703585**	**334900**	**186824**
2334782	3987128	4969886	3306788	1945295	58695	620450	565848		116500
2224208	3771960	4105512	2514678	1191315	55695	587920	563248		116500
2224208	3771960	4105512	2514678	1191315	55695	587920	563248		116500
63546	208993	824767	754370	750870	3000	500			
63546	208993	824767	754370	750870	3000	500			
45469	5610	36696	35910	3110		30200	2600		
45469	5610	36696	35910	3110		30200	2600		
45469	5610	36696	35910	3110		30200	2600		
1558	565	2911	1830			1830			
1558	565	2911	1830			1830			
515	565	-212	50			50			
1044		3123	1780			1780			
3131249	3295568	4205916	2742984	554748	37829	639166	1106017	334900	70324
41136	6224	196353	58346	76	10126	7032	41070		42
591	320	5128	1400	76			1324		
11744	1287	37805	16158			500	15658		
		548	50				50		
		548	50				50		
4266	4572	86970	27360		10000	1672	15688		
976	969	28742	18000		10000		8000		
3290	3603	58228	9360			1672	7688		
3082	45	51036	12368		126	3850	8350		42
3082	45	51036	12368		126	3850	8350		42
21454		14866	1010			1010			
21454		14866	1010			1010			
2095	53	41147	15751			11201	4550		
546		3942	1000			1000			
546		3942	1000			1000			
1247	53	12975	4050				4050		
1169		6263	2500				2500		
78	53	6712	1550				1550		
302		24230	10701			10201	500		
278		9164	1533			1533			
24		15066	9169			8669	500		
125951	82437	767150	133956	91357		4299	38300		
125261	82150	733498	103168	91357		4299	7512		
125261	82150	733498	103168	91357		4299	7512		
691	287	33652	30788				30788		
172	287	5603	3655				3655		
92		5776	4860				4860		
427		22273	22273				22273		
1227	1188	8859	3007	3007					

8-7

行 业						
	机器设备	运输工具	累计折旧	#本年折旧	负债合计	流动负债合计
印 刷			9906	481	4662	3473
书、报刊印刷			9906	481	4662	3473
文教、工美、体育和娱乐用品制造业						
石油加工、炼焦和核燃料加工业	455898	37964	1083848	144283	6586313	4404040
精炼石油产品制造	5743		740	206	9386	9386
人造原油制造	5743		740	206	9386	9386
炼 焦	450155	37964	1083108	144077	6576927	4394654
化学原料和化学制品制造业	357308	5898	258392	42883	1196593	774979
基础化学原料制造	238060	3747	194166	23643	927604	514790
无机酸制造			1821		18668	18666
无机碱制造			29089	3839	141006	138727
无机盐制造	20431	971	13282	2524	51694	50500
有机化学原料制造	217629	2776	126849	13363	676009	269754
其他基础化学原料制造			23126	3917	40228	37143
肥料制造	100015	1557	34640	13887	162229	154154
氮肥制造			18228	2560	73468	66199
复混肥料制造	100015	1557	14278	10349	84386	83756
有机肥料及微生物肥料制造			2134	978	4375	4199
涂料、油墨、颜料及类似产品制造	333	506	2252	1695	43529	43216
涂料制造	333	506	632	75	1559	1245
油墨及类似产品制造			1621	1621	41970	41970
合成材料制造	18900	90	4829	2949	34167	33767
初级形态塑料及合成树脂制造	18900	90	4829	2949	34167	33767
专用化学产品制造			320		1491	1480
林产化学产品制造			320		1491	1480
炸药、火工及焰火产品制造			22186	710	27573	27573
炸药及火工产品制造			22186	710	27573	27573
医药制造业	4697		15023	5090	21974	20386
化学药品原料药制造			8947	1911	8500	8200
中药饮片加工			531	84	614	614
中成药生产	4697		5545	3095	12860	11572
化学纤维制造业						
橡胶和塑料制品业			3788	292	16758	16758
塑料制品业			3788	292	16758	16758
塑料丝、绳及编织品制造			3788	292	12467	12467
其他塑料制品制造					4291	4291
非金属矿物制品业	290662	14555	254932	35663	941746	841938
水泥、石灰和石膏制造	152383	9854	142422	22741	406314	340698
水泥制造	147480	9854	137814	21511	395287	333722
石灰和石膏制造	4902		4608	1230	11027	6976
石膏、水泥制品及类似制品制造	3285	1442	4961	613	9571	8143
水泥制品制造	3285	1442	4961	613	9571	8143
玻璃制造	97792	1287	60114	7379	384685	378567
平板玻璃制造	97792	1287	60114	7379	384685	378567
玻璃制品制造	16620	474	18944	2167	46960	45273
技术玻璃制品制造	16620	474	11679	1601	34058	34058
玻璃包装容器制造			7266	565	12902	11214
耐火材料制品制造	20583	1498	27676	2605	90121	65162
耐火陶瓷制品及其他耐火材料制造	20583	1498	27676	2605	90121	65162
石墨及其他非金属矿物制品制造			816	159	4095	4095
石墨及碳素制品制造			816	159	4095	4095
黑色金属冶炼和压延加工业	771240	22577	717925	79026	1710322	1402216
炼 铁	104640	1995	163043	19827	288210	263068

续表4

单位：万元

应付账款	非流动负债合计	所有者权益合计	#实收资本	国家资本	集体资本	法人资本	个人资本	港澳台资本	外商资本
1227	1188	8859	3007	3007					
1227	1188	8859	3007	3007					
1747253	2062615	381261	895848	120355		289813	363080	122600	
4276		7652	3000			3000			
4276		7652	3000			3000			
1742977	2062615	373609	892848	120355		286813	363080	122600	
145117	289969	300517	305079	1936	8500	14748	279894		
100480	281181	215925	204018		8500	6848	188670		
	2	-6472	518				518		
38965	2279	49746	53522			3000	50522		
8535	1193	20588	9018		500	548	7970		
40357	274621	144613	132960		8000	3300	121660		
12622	3085	7451	8000				8000		
24320	8075	43273	72125			900	71225		
8529	7269	-9601	16925				16925		
15463	630	44651	50000				50000		
328	176	8224	5200			900	4300		
1714	314	15658	16000				16000		
382	314	3825	1000				1000		
1333		11833	15000				15000		
2991	400	5702	10000			7000	3000		
2991	400	5702	10000			7000	3000		
732		3175	1000				1000		
732		3175	1000				1000		
14880		16783	1936	1936					
14880		16783	1936	1936					
3637	1588	36650	4400	1600		800	2000		
1455	300	23264	500			500			
520		3564	2000				2000		
1663	1288	9822	1900	1600		300			
2250		5815	3500			2000	1500		
2250		5815	3500			2000	1500		
1979		4634	2500			2000	500		
271		1181	1000				1000		
121102	90888	148850	277916	16024	4006	66486	127147		64253
56142	65616	71035	168233	16024	4006	34210	49740		64253
51603	61565	53905	162233	16024	4006	34210	43740		64253
4539	4050	17130	6000				6000		
4944	383	8218	3700			3700			
4944	383	8218	3700			3700			
18318	6118	-9916	40250				40250		
18318	6118	-9916	40250				40250		
21206	1688	24952	23668			20000	3668		
16538		24013	20000			20000			
4668	1688	939	3668				3668		
20279	17084	50960	41616			8576	33039		
20279	17084	50960	41616			8576	33039		
213		3600	450				450		
213		3600	450				450		
279184	194310	598926	265803	15300	14700	85514	150189	100	
57231	9262	136229	84935	15300	14700	35705	19130	100	

8-7

行　业	机器设备	运输工具	累计折旧	#本年折旧	负债合计	流动负债合　计
炼　钢	431		220	39	1477	1477
黑色金属铸造	12920	94	33319	5276	185775	86477
钢压延加工	581306	16943	471939	46368	1162087	998422
铁合金冶炼	71944	3545	49404	7517	72772	52772
有色金属冶炼和压延加工业	1002948	4661	704646	145134	2920098	2359660
常用有色金属冶炼	997498	4582	693466	143538	2906528	2346190
铝冶炼	983470	2984	671964	141911	2861441	2315098
镁冶炼	14027	1598	21503	1627	45087	31092
稀有稀土金属冶炼	2942	42	9795	1356	9064	8964
稀土金属冶炼	2942	42	9795	1356	9064	8964
有色金属压延加工	2508	37	1384	240	4507	4507
稀有稀土金属压延加工	2508	37	1384	240	4507	4507
金属制品业	7239	854	8289	891	52318	48976
结构性金属制品制造	3296	276	3947	487	32816	31274
金属结构制造	3296	276	3947	487	32816	31274
金属丝绳及其制品制造	1174	40	925	117	7194	5394
建筑、安全用金属制品制造	2769	539	3418	286	12308	12308
其他建筑、安全用金属制品制造	2769	539	3418	286	12308	12308
通用设备制造业	12639	1806	5332	695	6673	6345
锅炉及原动设备制造	3013		294	294	256	256
风能原动设备制造	3013		294	294	256	256
金属加工机械制造	7109	1211	2394	286	4982	4982
其他金属加工机械制造	7109	1211	2394	286	4982	4982
通用零部件制造	2517	595	2644	115	1435	1107
机械零部件加工	2517	595	2644	115	1435	1107
专用设备制造业	19094	841	11228	1248	40743	40305
采矿、冶金、建筑专用设备制造	19094	841	11228	1248	40743	40305
矿山机械制造	16351	531	9504	1053	27406	26969
建筑工程用机械制造	2743	311	1724	195	13337	13337
汽车制造业						
铁路、船舶、航空航天和其他运输设备制造						
电气机械和器材制造业	91298	872	29418	10078	134411	130046
输配电及控制设备制造	85818	673	25047	9547	107399	103035
光伏设备及元器件制造	85818	673	25047	9547	107399	103035
电线、电缆、光缆及电工器材制造	5480	199	4371	532	27011	27011
电线、电缆制造	5480	199	4371	532	27011	27011
计算机、通信和其他电子设备制造业						
仪器仪表制造业						
其他制造业						
废弃资源综合利用业						
金属制品、机械和设备修理业						
电力、热力、燃气及水生产和供应业	571833	1386	516880	59761	1833429	958438
电力、热力生产和供应业	557796	1179	484111	56517	1666150	838442
电力生产	557796	1179	475631	56517	1598171	802511
火力发电	538674	1133	465595	53127	1375059	689076
风力发电	80	35	4452	1971	142578	75837
太阳能发电	19042	11	5479	1381	75203	32266
其他电力生产			105	39	5332	5332
热力生产和供应			8480		67979	35932
燃气生产和供应业	10924	184	26957	2652	164805	117689
水的生产和供应业	3114	23	5812	591	2475	2307
自来水生产和供应	3114	23	5812	591	2475	2307

续表5

单位：万元

应付账款	非流动负债合计	所有者权益合计	#实收资本	国家资本	集体资本	法人资本	个人资本	港澳台资本	外商资本
535		1152	100				100		
11361	19383	39452	75559			48809	26750		
186021	163665	293978	96688				96688		
24036	2000	128115	8521			1000	7521		
594534	560438	1309031	529446	128820	40	131022	57364	212200	
592023	560338	1276756	516946	128820	40	129672	46214	212200	
573538	546343	1277343	500200	128820		129180	30000	212200	
18485	13995	-587	16746		40	492	16214		
1240	100	26660	11500			500	11000		
1240	100	26660	11500			500	11000		
1271		5614	1000			850	150		
1271		5614	1000			850	150		
21156	728	23678	20799		457	3448	16894		
19726	728	20919	17448			1448	16000		
19726	728	20919	17448			1448	16000		
1049		2185	2894			2000	894		
381		575	457		457				
381		575	457		457				
1241	328	20510	6101			1008	5093		
241		5006	5000				5000		
241		5006	5000				5000		
75		13789	1008			1008			
75		13789	1008			1008			
925	328	1716	93				93		
925	328	1716	93				93		
10201	438	17912	37423	6693		11795	18935		
10201	438	17912	37423	6693		11795	18935		
9712	438	17730	26423	6693		795	18935		
490		182	11000			11000			
35164	4365	349257	185610	169580		10000			6030
35164	4365	342373	175610	169580					6030
35164	4365	342373	175610	169580					6030
		6883	10000			10000			
		6883	10000			10000			
317665	828451	312832	429745	72626	9662	315737	31720		
301913	827707	302272	380629	56692		305687	18250		
286487	795660	297210	372629	48692		305687	18250		
246364	685983	255632	352572	38484		295888	18200		
33006	66741	23998	17067	9218		7849			
6848	42937	13998	1990	990		950	50		
269		3583	1000			1000			
15427	32047	5062	8000	8000					
14420	576	5175	48312	15130	9662	10050	13470		
1332	167	5386	804	804					
1332	167	5386	804	804					

8-7

行　　业	营业收入	#主营业务收入	营业成本	#主营业务成本	税金及附加
总　计	**22759790**	**22251531**	**17068792**	**16742144**	**705776**
采矿业	10272149	9978143	6726886	6558878	498012
煤炭开采和洗选业	9701866	9415985	6293389	6132949	469098
烟煤和无烟煤开采洗选	9701866	9415985	6293389	6132949	469098
石油和天然气开采业					
黑色金属矿采选业	380388	379494	292363	291424	14970
铁矿采选	380388	379494	292363	291424	14970
有色金属矿采选业	170597	163366	128917	122287	12164
常用有色金属矿采选	170597	163366	128917	122287	12164
铝矿采选	170597	163366	128917	122287	12164
非金属矿采选业	19298	19298	12218	12218	1779
土砂石开采	19298	19298	12218	12218	1779
耐火土石开采	2364	2364	1842	1842	22
粘土及其他土砂石开采	16934	16934	10376	10376	1758
开采辅助活动					
其他采矿业					
制造业	12000943	11793653	9876376	9721843	204938
农副食品加工业	847810	847538	789384	789029	763
谷物磨制	9184	9184	8710	8710	1
饲料加工	590110	590110	557734	557734	511
植物油加工	2737	2737	2448	2448	4
非食用植物油加工	2737	2737	2448	2448	4
屠宰及肉类加工	175691	175419	160929	160574	221
禽类屠宰	81081	80808	75733	75378	163
肉制品及副产品加工	94610	94610	85196	85196	57
蔬菜、水果和坚果加工	65780	65780	56170	56170	26
水果和坚果加工	65780	65780	56170	56170	26
其他农副食品加工	4309	4309	3392	3392	0
其他未列明农副食品加工	4309	4309	3392	3392	0
食品制造业	29136	29136	24261	24261	27
糖果、巧克力及蜜饯制造	4500	4500	4010	4010	
蜜饯制作	4500	4500	4010	4010	
方便食品制造	10176	10176	8142	8142	18
米、面制品制造	5893	5893	4269	4269	18
方便面及其他方便食品制造	4283	4283	3873	3873	1
调味品、发酵制品制造	14461	14461	12109	12109	9
酱油、食醋及类似制品制造	5599	5599	4396	4396	4
其他调味品、发酵制品制造	8862	8862	7713	7713	5
酒、饮料和精制茶制造业	1715846	1710149	1214513	1214483	158215
酒的制造	1703456	1697758	1204853	1204823	158149
白酒制造	1703456	1697758	1204853	1204823	158149
饮料制造	12390	12390	9660	9660	66
果菜汁及果菜汁饮料制造	7305	7305	6451	6451	27
含乳饮料和植物蛋白饮料制造	2173	2173	1349	1349	
茶饮料及其他饮料制造	2912	2912	1860	1860	40
烟草制品业					
纺织业					
纺织服装、服饰业					
皮革、毛皮、羽毛及其制品和制鞋业					
木材加工和木、竹、藤、棕、草制品业					
家具制造业					
造纸和纸制品业					
印刷和记录媒介复制业	14027	13780	11133	11107	167

续表6

单位：万元

#主营业务税金及附加	其他业务收入	其他业务利润	销售费用	管理费用	财务费用	#利息收入	#利息支出	营业利润
684839	**508259**	**22838**	**903840**	**1096464**	**923139**	**36902**	**787529**	**2077633**
477973	294006	17377	461982	677097	605412	15983	529963	1328033
450858	285881	15702	452158	623852	582593	15597	505069	1305986
450858	285881	15702	452158	623852	582593	15597	505069	1305986
14970	895	1072	32	35498	21730	389	24083	15858
14970	895	1072	32	35498	21730	389	24083	15858
10366	7231	602	9792	15646	1075	-3	798	3002
10366	7231	602	9792	15646	1075	-3	798	3002
10366	7231	602	9792	15646	1075	-3	798	3002
1779				2101	14		13	3187
1779				2101	14		13	3187
22				499	0			1
1758				1602	13		13	3186
204188	207289	5055	435081	402205	266547	21307	218309	806482
763	272	-83	10151	14478	4835	12	4524	28064
1		0	75	178	25	1	25	195
511			5044	8779	2023	0	1763	15858
4			4	10	1	1	3	269
4			4	10	1	1	3	269
221	272	-83	2345	3070	1364	8	1354	7787
163	272	-83	1404	1352	572	-1	564	1882
57	0		941	1718	793	8	790	5905
26			2327	2183	1136	3	1093	3939
26			2327	2183	1136	3	1093	3939
0			355	259	286		286	16
0			355	259	286		286	16
27			535	744	625	109	578	2945
			10	73	95	4	91	312
			10	73	95	4	91	312
18			327	423	352	1	329	913
18			320	405	330	1	329	552
1			7	18	22			362
9			198	249	178	104	158	1719
4			198	139	157	-1	158	706
5				110	21	105		1013
158215	5698	211	132994	92488	3584	3900	6437	117020
158149	5698	211	132384	91400	2991	3891	6304	116646
158149	5698	211	132384	91400	2991	3891	6304	116646
66			609	1088	593	9	134	374
27			304	338	125	9	134	60
			32	292	71			429
40			273	458	397			-115
167	247		171	2386	-8	9		247

8-7

行　　业	营业收入	#主营业务收入	营业成本	#主营业务成本	税金及附加
印　刷	14027	13780	11133	11107	167
书、报刊印刷	14027	13780	11133	11107	167
文教、工美、体育和娱乐用品制造业					
石油加工、炼焦和核燃料加工业	3298252	3187194	2780052	2721261	12949
精炼石油产品制造	12047	12047	11274	11274	5
人造原油制造	12047	12047	11274	11274	5
炼　焦	3286206	3175147	2768778	2709986	12943
化学原料和化学制品制造业	753358	747166	655872	638881	2781
基础化学原料制造	579338	578153	518291	502795	1536
无机酸制造	18473	18473	10893	10893	111
无机碱制造	94125	93919	86646	86646	564
无机盐制造	114883	114155	103044	102351	133
有机化学原料制造	282406	282154	255439	240635	399
其他基础化学原料制造	69452	69452	62270	62270	330
肥料制造	88471	88412	73641	73641	269
氮肥制造	19581	19528	14484	14484	43
复混肥料制造	62655	62655	55217	55217	223
有机肥料及微生物肥料制造	6236	6229	3940	3940	3
涂料、油墨、颜料及类似产品制造	35408	34982	30380	29904	56
涂料制造	6203	5777	4683	4208	21
油墨及类似产品制造	29205	29205	25697	25697	36
合成材料制造	9195	9195	7959	7959	46
初级形态塑料及合成树脂制造	9195	9195	7959	7959	46
专用化学产品制造	2410	2410	2230	2230	34
林产化学产品制造	2410	2410	2230	2230	34
炸药、火工及焰火产品制造	38535	34015	23370	22352	839
炸药及火工产品制造	38535	34015	23370	22352	839
医药制造业	34621	34363	18114	18069	168
化学药品原料药制造	22407	22407	13597	13597	31
中药饮片加工	2527	2527	1455	1455	
中成药生产	9687	9430	3062	3016	137
化学纤维制造业					
橡胶和塑料制品业	17283	17283	15621	15621	78
塑料制品业	17283	17283	15621	15621	78
塑料丝、绳及编织品制造	12556	12556	11378	11378	27
其他塑料制品制造	4727	4727	4243	4243	51
非金属矿物制品业	465838	448857	388428	372630	2926
水泥、石灰和石膏制造	144749	144456	124549	124319	1518
水泥制造	134880	134587	116853	116623	1438
石灰和石膏制造	9869	9869	7696	7696	80
石膏、水泥制品及类似制品制造	29177	29037	22837	22768	230
水泥制品制造	29177	29037	22837	22768	230
玻璃制造	110183	93921	96380	80880	308
平板玻璃制造	110183	93921	96380	80880	308
玻璃制品制造	35856	35577	30578	30578	77
技术玻璃制品制造	26696	26417	22164	22164	28
玻璃包装容器制造	9159	9159	8414	8414	50
耐火材料制品制造	143255	143249	111826	111826	759
耐火陶瓷制品及其他耐火材料制造	143255	143249	111826	111826	759
石墨及其他非金属矿物制品制造	2618	2618	2259	2259	35
石墨及碳素制品制造	2618	2618	2259	2259	35
黑色金属冶炼和压延加工业	1580711	1531589	1313007	1263293	6850
炼　铁	342855	294168	317050	267744	1560

续表7

单位：万元

#主营业务税金及附加	其他业务收入	其他业务利润	销售费用	管理费用	财务费用	#利息收入	#利息支出	营业利润
167	247		171	2386	-8	9		247
167	247		171	2386	-8	9		247
12477	111058	71	193349	83308	92896	1116	59658	129255
5			618	90	71		71	-12
5			618	90	71		71	-12
12472	111058	71	192732	83217	92825	1116	59587	129266
2762	6192	143	23798	44730	13969	256	12134	12259
1517	1186	84	17771	30737	6982	224	5174	4024
111			1630	574	1104			4161
564	205		1249	1882	3188	18	3152	596
133	728	35	6654	3201	544	220	163	1313
380	252	49	7485	19972	1999	8	1736	-2888
330			754	5109	147	-22	124	843
269	60	60	3349	4015	2759	1	2743	4438
43	53	53	1006	1159	2635	0	2636	254
223			1986	2047	-8			3189
3	7	7	357	809	132	1	107	995
56	426		1601	1071	2491	1	2488	-191
21	426		394	577	4			523
36			1207	494	2486	1	2488	-715
46			429	2710	1363	-1	1376	-3312
46			429	2710	1363	-1	1376	-3312
34			13	46	47			40
34			13	46	47			40
839	4521		635	6151	327	31	354	7261
839	4521		635	6151	327	31	354	7261
166	258	212	2486	4359	912	2	757	8581
31			842	3206	171	8	101	4558
			96	102	83			790
134	258	212	1548	1050	658	-7	656	3233
78			374	524	349	1	66	338
78			374	524	349	1	66	338
27			149	184	283	1		536
51			225	340	66		66	-198
2683	16981	396	15782	34446	23906	263	17924	2577
1275	293	39	3394	16616	11260	-31	11281	-11853
1195	293	39	3129	16008	11256	-31	11281	-13069
80			265	609	4		0	1215
230	140	71	2783	1488	63	0	63	1791
230	140	71	2783	1488	63	0	63	1791
308	16262		523	4011	6222	7	5687	4220
308	16262		523	4011	6222	7	5687	4220
77	279	279	2241	2151	176	0	176	633
28	279	279	2240	1963	125	0	125	177
50			1	189	51	0	51	456
759	7	7	6761	10108	5976	288	717	7824
759	7	7	6761	10108	5976	288	717	7824
35			80	71	211			-38
35			80	71	211			-38
6850	49122	13	16698	58938	35960	-408	37660	149347
1560	48688		7301	9409	3219	141	2894	4317

8-7

行　　业	营业收入	#主营业务收入	营业成本	#主营业务成本	税金及附加
炼　钢	2034	2034	1856	1856	6
黑色金属铸造	110310	110192	103682	103578	169
钢压延加工	892770	892770	706171	706171	4346
铁合金冶炼	232741	232425	184248	183945	769
有色金属冶炼和压延加工业	2796676	2789239	2280811	2277431	17756
常用有色金属冶炼	2777027	2769662	2263998	2260619	17718
铝冶炼	2748613	2741248	2237054	2233674	17519
镁冶炼	28414	28414	26944	26944	199
稀有稀土金属冶炼	14760	14760	12937	12937	5
稀土金属冶炼	14760	14760	12937	12937	5
有色金属压延加工	4890	4817	3876	3876	34
稀有稀土金属压延加工	4890	4817	3876	3876	34
金属制品业	65368	65368	58803	58803	216
结构性金属制品制造	46578	46578	41275	41275	164
金属结构制造	46578	46578	41275	41275	164
金属丝绳及其制品制造	8782	8782	8736	8736	15
建筑、安全用金属制品制造	10008	10008	8793	8793	38
其他建筑、安全用金属制品制造	10008	10008	8793	8793	38
通用设备制造业	9175	9175	7439	7439	27
锅炉及原动设备制造	2368	2368	2195	2195	4
风能原动设备制造	2368	2368	2195	2195	4
金属加工机械制造	3556	3556	2676	2676	9
其他金属加工机械制造	3556	3556	2676	2676	9
通用零部件制造	3251	3251	2568	2568	14
机械零部件加工	3251	3251	2568	2568	14
专用设备制造业	29297	20489	27298	18899	193
采矿、冶金、建筑专用设备制造	29297	20489	27298	18899	193
矿山机械制造	26948	18160	25093	16695	161
建筑工程用机械制造	2350	2329	2204	2204	32
汽车制造业					
铁路、船舶、航空航天和其他运输设备制造					
电气机械和器材制造业	343544	342329	291642	290637	1822
输配电及控制设备制造	320989	319773	271727	270722	1678
光伏设备及元器件制造	320989	319773	271727	270722	1678
电线、电缆、光缆及电工器材制造	22556	22556	19915	19915	144
电线、电缆制造	22556	22556	19915	19915	144
计算机、通信和其他电子设备制造业					
仪器仪表制造业					
其他制造业					
废弃资源综合利用业					
金属制品、机械和设备修理业					
电力、热力、燃气及水生产和供应业	486699	479735	465529	461423	2827
电力、热力生产和供应业	402385	400296	406989	405532	2412
电力生产	388012	385923	389868	388410	2397
火力发电	362915	360826	381052	379595	2257
风力发电	12752	12752	4446	4446	40
太阳能发电	9016	9016	3420	3420	44
其他电力生产	3329	3329	950	950	56
热力生产和供应	14373	14373	17122	17122	15
燃气生产和供应业	81460	76585	56402	53753	388
水的生产和供应业	2854	2854	2138	2138	26
自来水生产和供应	2854	2854	2138	2138	26

续表8

单位：万元

#主营业务税金及附加	其他业务收入	其他业务利润	销售费用	管理费用	财务费用	#利息收入	#利息支出	营业利润
6			71	70	86		86	-56
169	118		1288	5439	1953	2	4710	-2224
4346			953	30773	26875	-735	26557	123654
769	317	13	7086	13248	3826	185	3414	23656
17756	7437	3864	26807	43856	76756	15002	66122	350571
17718	7365	3791	26605	43154	75969	14998	65462	349465
17519	7365	3791	26373	41448	74460	14998	65461	351641
199			233	1706	1508	0	1	-2176
5			179	506	576		447	557
5			179	506	576		447	557
34	72	72	23	196	211	4	213	549
34	72	72	23	196	211	4	213	549
216			4179	2557	367	-5	361	-754
164			4053	1186	368	0	360	-467
164			4053	1186	368	0	360	-467
15			126	35	5	0	1	-134
38				1336	-5	-6		-153
38				1336	-5	-6		-153
27			267	542	128	-1	150	720
4			101	103	-21			-14
4			101	103	-21			-14
9				284	114		114	473
9				284	114		114	473
14			165	154	35	-1	36	261
14			165	154	35	-1	36	261
179	8809		189	2520	2413	-8	2169	-3315
179	8809		189	2520	2413	-8	2169	-3315
147	8788		180	2369	695	1	695	-1551
32	21		9	151	1717	-9	1474	-1764
1822	1215	228	7303	16330	9856	1059	9771	8628
1678	1215	228	5741	14322	9709	1059	9623	9855
1678	1215	228	5741	14322	9709	1059	9623	9855
144			1562	2008	148		148	-1227
144			1562	2008	148		148	-1227
2678	6964	406	6777	17162	51181	-388	39257	-56883
2263	2089	216		11710	50005	-386	39261	-68352
2248	2089	216		10607	48906	-386	39261	-63728
2108	2089	216		10284	43626	-447	35423	-74266
40					2631	10	1139	5635
44				324	2649	51	2699	2580
56					0	0		2324
15				1103	1100			-4624
388	4875	191	6777	4604	1175	0	-6	11628
26				848	0	-3	2	-159
26				848	0	-3	2	-159

8-7

行　　业	资产减值损　　失	公允价值变动收益	投资收益	其他收益	营业外收入
总　计	**12718**	**-28**	**9967**	**7134**	**73706**
采矿业	-373		7805	5591	25648
煤炭开采和洗选业	-373		10372	2960	22118
烟煤和无烟煤开采洗选	-373		10372	2960	22118
石油和天然气开采业					
黑色金属矿采选业			-2566	2630	172
铁矿采选			-2566	2630	172
有色金属矿采选业					3308
常用有色金属矿采选					3308
铝矿采选					3308
非金属矿采选业					50
土砂石开采					50
耐火土石开采					8
粘土及其他土砂石开采					42
开采辅助活动					
其他采矿业					
制造业	12606	-28	1781	1543	40652
农副食品加工业	1170		587	447	1335
谷物磨制					41
饲料加工	1134		587	386	254
植物油加工					4
非食用植物油加工					4
屠宰及肉类加工	36			61	432
禽类屠宰	36			61	92
肉制品及副产品加工					341
蔬菜、水果和坚果加工					36
水果和坚果加工					36
其他农副食品加工					568
其他未列明农副食品加工					568
食品制造业					
糖果、巧克力及蜜饯制造					
蜜饯制作					
方便食品制造					
米、面制品制造					
方便面及其他方便食品制造					
调味品、发酵制品制造					
酱油、食醋及类似制品制造					
其他调味品、发酵制品制造					
酒、饮料和精制茶制造业	-3814	-28	-1111	292	2372
酒的制造	-3814	-28	-1111	292	2287
白酒制造	-3814	-28	-1111	292	2287
饮料制造			0		85
果菜汁及果菜汁饮料制造					0
含乳饮料和植物蛋白饮料制造					83
茶饮料及其他饮料制造			0		2
烟草制品业					
纺织业					
纺织服装、服饰业					
皮革、毛皮、羽毛及其制品和制鞋业					
木材加工和木、竹、藤、棕、草制品业					
家具制造业					
造纸和纸制品业					
印刷和记录媒介复制业	2		0	70	8

续表9

单位：万元

营业外支出	利润总额	所得税费用	亏损企业亏损总额	利税总额	应交税金及附加	本年应付职工薪酬	本年应交增值税	从业人员平均人数（人）
108447	**2042892**	**412147**	**284880**	**3965114**	**2334369**	**1260755**	**1216445**	**185858**
87154	1266528	249938	110475	2577365	1560774	840414	812825	95660
85501	1242604	245753	104358	2484140	1487289	812092	772438	92207
85501	1242604	245753	104358	2484140	1487289	812092	772438	92207
243	15787	3143	3678	57538	44894	19655	26781	1704
243	15787	3143	3678	57538	44894	19655	26781	1704
1344	4966	518	2439	27757	23309	5115	10627	1461
1344	4966	518	2439	27757	23309	5115	10627	1461
1344	4966	518	2439	27757	23309	5115	10627	1461
67	3170	525		7929	5283	3552	2980	288
67	3170	525		7929	5283	3552	2980	288
	9			385	376	95	355	22
67	3161	525		7544	4907	3457	2625	266
18856	828278	157053	92115	1424467	753242	391043	391251	86157
2326	27073	585	3901	28873	2385	27964	1036	8483
14	222		117	232	10	174	9	75
1989	14123	125	3443	14637	640	19308	4	5293
1	271			278	7	30	3	11
1	271			278	7	30	3	11
264	7956	21	214	8676	741	6224	499	1790
154	1820			1983	163	5083		1407
110	6136	21	214	6693	577	1141	499	383
2	3973	408	127	4521	956	2169	522	1270
2	3973	408	127	4521	956	2169	522	1270
56	529	31		529	31	59		44
56	529	31		529	31	59		44
	2945	5		3007	67	1105	36	611
	312			312		180		105
	312			312		180		105
	913			967	54	510	36	243
	552			605	53	397	36	181
	362			362	1	113		62
	1719	5		1728	13	416		263
	706	5		710	9	252		105
	1013			1018	5	164		158
2243	117149	40605	116	366777	290233	70394	91413	13637
2212	116721	40597		366217	290093	68698	91347	12886
2212	116721	40597		366217	290093	68698	91347	12886
31	428	8	116	560	140	1697	66	751
25	35	8		111	84	507	50	404
3	508			508		592		160
3	-116		116	-60	56	598	17	187
9	246			776	530	3996	363	534

8-7

行　　业	资产减值损　　失	公允价值变动收益	投资收益	其他收益	营业外收入
印　刷	2		0	70	8
书、报刊印刷	2		0	70	8
文教、工美、体育和娱乐用品制造业					
石油加工、炼焦和核燃料加工业	7130		687		11216
精炼石油产品制造					16
人造原油制造					16
炼　焦	7130		687		11200
化学原料和化学制品制造业	-47		4		2169
基础化学原料制造			4		540
无机酸制造					
无机碱制造					132
无机盐制造			4		93
有机化学原料制造					304
其他基础化学原料制造					10
肥料制造					912
氮肥制造					30
复混肥料制造					526
有机肥料及微生物肥料制造					356
涂料、油墨、颜料及类似产品制造					418
涂料制造					263
油墨及类似产品制造					155
合成材料制造					44
初级形态塑料及合成树脂制造					44
专用化学产品制造					254
林产化学产品制造					254
炸药、火工及焰火产品制造	-47				1
炸药及火工产品制造	-47				1
医药制造业					124
化学药品原料药制造					124
中药饮片加工					
中成药生产					0
化学纤维制造业					
橡胶和塑料制品业					21
塑料制品业					21
塑料丝、绳及编织品制造					0
其他塑料制品制造					20
非金属矿物制品业	-11		1481	735	1513
水泥、石灰和石膏制造				735	1150
水泥制造				735	1125
石灰和石膏制造					25
石膏、水泥制品及类似制品制造	-14				64
水泥制品制造	-14				64
玻璃制造			1480		22
平板玻璃制造			1480		22
玻璃制品制造					38
技术玻璃制品制造					37
玻璃包装容器制造					0
耐火材料制品制造	4		0		240
耐火陶瓷制品及其他耐火材料制造	4		0		240
石墨及其他非金属矿物制品制造					
石墨及碳素制品制造					
黑色金属冶炼和压延加工业	3		92		16612
炼　铁					613

续表10

单位：万元

营业外支出	利润总额	所得税费用	亏损企业亏损总额	利税总额	应交税金及附加	本年应付职工薪酬	本年应交增值税	从业人员平均人数（人）
9	246			776	530	3996	363	534
9	246			776	530	3996	363	534
6841	133629	14877	27112	231441	112688	71119	84863	18679
	4			59	55	175	50	66
	4			59	55	175	50	66
6841	133625	14877	27112	231382	112633	70944	84813	18613
883	13545	2204	10345	31580	20239	30179	15254	8225
365	4199	894	6467	17103	13798	17692	11368	5282
2	4159			5698	1540	150	1429	145
81	648	128		5390	4870	4948	4178	1605
60	1346	416	550	2542	1612	4198	1064	1411
180	-2764	148	5917	2333	5244	5587	4697	1526
43	811	203		1140	532	2809		595
320	5030	-1		5724	692	6081	425	1502
217	66			539	473	1957	430	655
97	3618			3841	223	3885		777
5	1345	-1		1343	-4	239	-5	70
86	140	102	608	954	917	1441	759	426
39	747	102		1033	388	488	265	145
48	-608		608	-79	529	953	493	281
3	-3271		3271	-3192	78	627	32	120
3	-3271		3271	-3192	78	627	32	120
	294			328	34	380		139
	294			328	34	380		139
109	7154	1209		10664	4719	3958	2671	756
109	7154	1209		10664	4719	3958	2671	756
99	8607	588	86	10376	2356	2933	1600	672
34	4649	588		5198	1136	1591	518	245
	790			790		320		100
65	3168		86	4388	1220	1022	1083	327
28	331		608	599	268	1203	190	354
28	331		608	599	268	1203	190	354
	536		403	572	36	889	9	267
28	-205		205	27	232	314	181	87
596	3494	794	19018	23780	21080	31556	17360	7437
417	-11120	124	17834	-3825	7419	13135	5777	2373
390	-12333	45	17834	-5279	7099	12706	5616	2227
27	1214	80		1454	321	428	161	146
52	1802	538		3453	2189	2799	1421	409
52	1802	538		3453	2189	2799	1421	409
48	4194			8325	4131	5157	3824	1654
48	4194			8325	4131	5157	3824	1654
18	653	18		1370	734	5123	639	1215
13	202	10		740	548	3992	511	830
5	451	8		629	186	1131	129	385
62	8002	114	1146	14434	6546	5207	5673	1737
62	8002	114	1146	14434	6546	5207	5673	1737
	-38		38	23	60	135	26	49
	-38		38	23	60	135	26	49
2444	163515	3238	12224	238457	78180	70909	68092	16084
385	4545	177	4947	19181	14813	12785	13076	3942

8-7

行业	资产减值损失	公允价值变动收益	投资收益	其他收益	营业外收入
炼钢					40
黑色金属铸造	3				1346
钢压延加工			2		14285
铁合金冶炼			90		329
有色金属冶炼和压延加工业	144		26		1904
常用有色金属冶炼	144		26		1824
铝冶炼	144		26		1699
镁冶炼					124
稀有稀土金属冶炼					80
稀土金属冶炼					80
有色金属压延加工					
稀有稀土金属压延加工					
金属制品业					216
结构性金属制品制造					9
金属结构制造					9
金属丝绳及其制品制造					1
建筑、安全用金属制品制造					206
其他建筑、安全用金属制品制造					206
通用设备制造业	53				22
锅炉及原动设备制造					21
风能原动设备制造					21
金属加工机械制造					
其他金属加工机械制造					
通用零部件制造	53				0
机械零部件加工	53				0
专用设备制造业			1		820
采矿、冶金、建筑专用设备制造			1		820
矿山机械制造					791
建筑工程用机械制造			1		29
汽车制造业					
铁路、船舶、航空航天和其他运输设备制造					
电气机械和器材制造业	7976		13		2321
输配电及控制设备制造	7976		20		838
光伏设备及元器件制造	7976		20		838
电线、电缆、光缆及电工器材制造			-7		1483
电线、电缆制造			-7		1483
计算机、通信和其他电子设备制造业					
仪器仪表制造业					
其他制造业					
废弃资源综合利用业					
金属制品、机械和设备修理业					
电力、热力、燃气及水生产和供应业	485		380		7406
电力、热力生产和供应业	-1		380		7048
电力生产	-1		37		7036
火力发电	-1		37		7010
风力发电					
太阳能发电					
其他电力生产					26
热力生产和供应			343		13
燃气生产和供应业	486				346
水的生产和供应业					12
自来水生产和供应					12

续表11

单位：万元

营业外支出	利润总额	所得税费用	亏损企业亏损总额	利税总额	应交税金及附加	本年应付职工薪酬	本年应交增值税	从业人员平均人数（人）
	-16		16	9	25	130	19	47
1157	-2035	76	2531	559	2670	9492	2426	2360
822	137117		4730	189885	52768	42020	48423	8108
81	23905	2986		28822	7903	6482	4149	1627
3003	349472	93723	15018	473504	217755	50227	106276	6932
3002	348286	93657	15018	472035	217406	44738	106031	6565
2943	350398	93657	12906	472782	216041	42026	104866	5806
60	-2112		2112	-747	1365	2712	1166	759
0	637	5		662	31	998	20	287
0	637	5		662	31	998	20	287
	549	61		807	319	4491	225	80
	549	61		807	319	4491	225	80
219	-757	21	1004	1851	2629	4002	2392	1198
172	-630	19	869	1319	1968	3206	1785	712
172	-630	19	869	1319	1968	3206	1785	712
2	-135		135	-5	130	305	116	70
45	8	2		537	531	491	491	416
45	8	2		537	531	491	491	416
	742	62		1011	331	1078	242	326
	8	2		11	6	378		118
	8	2		11	6	378		118
	473			493	20	264	11	90
	473			493	20	264	11	90
	262	60		507	305	436	231	118
	262	60		507	305	436	231	118
51	-2546	7	2684	-1667	886	3132	687	800
51	-2546	7	2684	-1667	886	3132	687	800
39	-799	7	937	44	850	2932	682	724
12	-1747		1747	-1711	36	201	4	76
116	10833	345		14103	3615	21247	1447	2185
60	10633	345		13652	3365	20294	1341	1915
60	10633	345		13652	3365	20294	1341	1915
56	200			451	250	953	106	270
56	200			451	250	953	106	270
2437	-51914	5156	82290	-36717	20353	29299	12370	4041
2281	-63584	990	77503	-48826	15747	23715	12345	3013
2252	-58944	990	72864	-44202	15732	22800	12345	2715
2085	-69341	730	72864	-58432	11639	21629	8652	2549
157	5478			8747	3269	746	3229	56
4	2576			2621	44	305		25
7	2343	259		2863	780	121	465	85
28	-4639		4639	-4624	15	915		298
126	11848	4167	4609	12174	4493	4684	-62	810
31	-178		178	-65	112	900	86	218
31	-178		178	-65	112	900	86	218

8-8 工业国有控股企业主要

类　　别	企　业 单位数 (个)	#亏损企业	工业总产值 (当年价格)	工业销售产值 (当年价格)	#出口交货值
总　　计	**58**	**16**	**5833471**	**5764452**	**15339**
一、按登记注册类型分组:					
内资企业	56	16	5119590	5057890	12716
国有企业	5	4	33772	33793	
中央企业					
地方企业	5	4	33772	33793	
集体企业					
股份合作企业					
联营企业					
有限责任公司	43	11	3914836	3869393	12716
国有独资公司	9	1	1568778	1509336	
其他有限责任公司	34	10	2346058	2360058	12716
股份有限公司	8	1	1170982	1154704	
私营企业					
其他企业					
港、澳、台商投资企业	1		492942	466126	
合资经营企业(港或澳、台资)	1		492942	466126	
合作经营企业(港或澳、台资)					
港澳台商独资经营企业					
港澳台商投资股份有限公司					
其他港澳台商投资企业					
外商投资企业	1		220939	240436	2624
中外合资经营企业	1		220939	240436	2624
中外合作经营企业					
外资企业					
外商投资股份有限公司					
其他外商投资企业					
二、在总计中:亏损企业	**16**	**16**	**398918**	**404143**	
在总计中:国有控股企业	58	16	5833471	5764452	15339
在总计中:轻工业	4	1	825108	752568	
重工业	54	15	5008363	5011884	15339
在总计中:大型企业	13	1	3638675	3613125	15339
中型企业	26	7	1680693	1651484	
小型企业	17	8	483636	469376	
微型企业	2		30467	30467	

经济指标(综合分组)(2017)

单位：万元

年初存货	#产成品	资产总计	流动资产合计	应收账款	存货	#产成品	固定资产合计	固定资产原价	房屋和构筑物
815251	**368419**	**16113191**	**4110852**	**752952**	**875821**	**385135**	**6490713**	**9629755**	**2771385**
710454	327227	14949805	3707850	590289	756483	363256	6012456	8950264	2396659
2473	1794	145122	43038	6454	3360	2396	40817	81091	9287
2473	1794	145122	43038	6454	3360	2396	40817	81091	9287
616356	314033	11688146	2915278	415291	646220	344719	4776820	6417427	1399452
378476	157016	4491022	1414093	147110	378784	162052	1430686	1793161	189659
237879	157018	7197124	1501185	268181	267436	182668	3346134	4624265	1209792
91625	11399	3116537	749535	168544	106903	16140	1194820	2451746	987921
56697	166	713614	135326	43	93689	1786	478257	553974	339505
56697	166	713614	135326	43	93689	1786	478257	553974	339505
48101	41027	449773	267676	162621	25650	20093		125517	35222
48101	41027	449773	267676	162621	25650	20093		125517	35222
37567	**21648**	**2104313**	**338430**	**71437**	**37463**	**18502**	**1065053**	**1616813**	**164786**
815251	368419	16113191	4110852	752952	875821	385135	6490713	9629755	2771385
306884	138782	1357818	887623	12386	330123	137427	334612	353803	4816
508367	229637	14755373	3223229	740566	545698	247707	6156101	9275951	2766569
566208	244667	10022701	2794338	523381	535219	257153	3575310	5226995	1819309
226950	120091	4431867	1034339	176783	307919	117768	1973154	2869599	773395
22093	3661	1597330	267522	47791	32683	10213	901594	1488698	178681
		61294	14653	4998			40654	44463	

8-8

类　别						
	机器设备	运输工具	累计折旧	#本年折旧	负债合计	流动负债合　计
总　计	**2386322**	**72952**	**3068928**	**391363**	**11336616**	**8070514**
一、按登记注册类型分组:						
内资企业	2087413	71257	2968164	354785	10743613	7584818
国有企业	3781	387	27145	1009	127208	62859
中央企业						
地方企业	3781	387	27145	1009	127208	62859
集体企业						
股份合作企业						
联营企业						
有限责任公司	1190483	30510	2050232	259644	8834753	6185087
国有独资公司	147312	1872	647058	71455	2581819	1581621
其他有限责任公司	1043171	28638	1403174	188189	6252934	4603466
股份有限公司	893150	40360	890787	94132	1781652	1336872
私营企业						
其他企业						
港、澳、台商投资企业	213091	1021	75717	27031	485604	382661
合资经营企业(港或澳、台资)	213091	1021	75717	27031	485604	382661
合作经营企业(港或澳、台资)						
港澳台商独资经营企业						
港澳台商投资股份有限公司						
其他港澳台商投资企业						
外商投资企业	85818	673	25047	9547	107399	103035
中外合资经营企业	85818	673	25047	9547	107399	103035
中外合作经营企业						
外资企业						
外商投资股份有限公司						
其他外商投资企业						
二、在总计中:亏损企业	**201936**	**1331**	**356810**	**44867**	**1928176**	**1322147**
在总计中:国有控股企业	2386322	72952	3068928	391363	11336616	8070514
在总计中:轻工业	920	328	152674	15785	636184	555932
重工业	2385403	72623	2916254	375578	10700432	7514582
在总计中:大型企业	1312502	61608	1935665	217638	6514937	4709095
中型企业	645604	9019	715823	131253	3498658	2688534
小型企业	428217	2325	413632	42446	1276741	656481
微型企业			3808	26	46280	16404

续表1

单位：万元

应付账款	非流动负债合计	所有者权益合计	#实收资本	国家资本	集体资本	法人资本	个人资本	港澳台资本	外商资本
1714683	**3076127**	**4776575**	**3224209**	**2539814**	**44923**	**410929**	**148513**	**74000**	**6030**
1566682	2968819	4206192	2863599	2259234	44923	410929	148513		
19762	38531	17914	13176	10414	2762				
19762	38531	17914	13176	10414	2762				
1238792	2485508	2853393	2033817	1616302	36830	240173	140513		
336842	1000198	1909203	963429	963429					
901950	1485311	944190	1070388	652872	36830	240173	140513		
308128	444780	1334886	816606	632519	5331	170756	8000		
112837	102943	228010	185000	111000				74000	
112837	102943	228010	185000	111000				74000	
35164	4365	342373	175610	169580					6030
35164	4365	342373	175610	169580					6030
284918	**559489**	**176137**	**317366**	**85816**	**5762**	**199038**	**26750**		
1714683	3076127	4776575	3224209	2539814	44923	410929	148513	74000	6030
118289	80252	721635	95964	95964					
1596394	2995875	4054940	3128244	2443850	44923	410929	148513	74000	6030
814692	1766572	3507764	2065775	1985406	1000		73339		6030
686430	705959	933209	847840	485581	19455	208961	59844	74000	
204662	573721	320589	306604	65737	24468	201968	14430		
8898	29876	15013	3990	3090			900		

8-8

类　　别	营业收入	#主营业务收入	营业成本	#主营业务成本	税金及附加
总　　计	**7098680**	**6982504**	**4754020**	**4658194**	**408804**
一、按登记注册类型分组:					
内资企业	6310109	6196593	4098048	4004136	401000
国有企业	35578	33961	29950	29128	755
中央企业					
地方企业	35578	33961	29950	29128	755
集体企业					
股份合作企业					
联营企业					
有限责任公司	5091150	4994728	3476494	3394682	342923
国有独资公司	2518899	2454449	1819923	1750830	191728
其他有限责任公司	2572252	2540280	1656571	1643852	151195
股份有限公司	1183380	1167903	591604	580327	57323
私营企业					
其他企业					
港、澳、台商投资企业	467582	466137	384246	383336	6125
合资经营企业(港或澳、台资)	467582	466137	384246	383336	6125
合作经营企业(港或澳、台资)					
港澳台商独资经营企业					
港澳台商投资股份有限公司					
其他港澳台商投资企业					
外商投资企业	320989	319773	271727	270722	1678
中外合资经营企业	320989	319773	271727	270722	1678
中外合作经营企业					
外资企业					
外商投资股份有限公司					
其他外商投资企业					
二、在总计中:亏损企业	**401337**	**396377**	**395038**	**392523**	**13641**
在总计中:国有控股企业	7098680	6982504	4754020	4658194	408804
在总计中:轻工业	1682568	1676576	1192760	1192659	149213
重工业	5416113	5305928	3561260	3465535	259591
在总计中:大型企业	4858929	4779431	3053473	2979137	332864
中型企业	1714647	1688287	1264887	1251861	62389
小型企业	494637	484319	408940	400476	13545
微型企业	30467	30467	26721	26721	6

续表2

单位：万元

#主营业务税金及附加	其他业务收入	其他业务利润	销售费用	管理费用	财务费用	#利息收入	#利息支出	营业利润
396797	**116177**	**18444**	**482767**	**423033**	**367463**	**22305**	**320675**	**678374**
388994	113516	17681	470976	403896	344778	19301	296131	615292
752	1617	212	2454	4872	1751	-1	657	-3860
752	1617	212	2454	4872	1751	-1	657	-3860
331170	96422	13411	258532	354094	302919	17604	263046	375529
191728	64450	12134	141226	158869	64737	4387	68953	148642
139442	31972	1277	117306	195226	238181	13217	194093	226887
57072	15477	4058	209990	44930	40108	1698	32427	243623
6125	1445	535	6050	4815	12977	1944	14921	53227
6125	1445	535	6050	4815	12977	1944	14921	53227
1678	1215	228	5741	14322	9709	1059	9623	9855
1678	1215	228	5741	14322	9709	1059	9623	9855
7603	**4960**	**272**	**6373**	**30106**	**49035**	**-99**	**38858**	**-92982**
396797	116177	18444	482767	423033	367463	22305	320675	678374
149210	5992	212	132391	92511	3246	3899	6684	115545
247587	110185	18232	350376	330522	364218	18406	313991	562828
321251	79499	16425	434100	312491	233006	21426	211337	507615
62248	26360	1032	40619	85519	98178	1078	88372	163094
13292	10318	987	8048	24725	34686	-203	19364	5817
6				298	1594	3	1602	1848

8-8

类　　别	资产减值损　　失	公允价值变动收益	投资收益	其他收益	营业外收入
总　　计	**8113**	**4**	**5814**	**6570**	**28546**
一、按登记注册类型分组:					
内资企业	-7	4	5794	6570	27194
国有企业			343		33
中央企业					
地方企业			343		33
集体企业					
股份合作企业					
联营企业					
有限责任公司	2268	4	5063	5035	23743
国有独资公司	-6916	4	-3645	2952	15649
其他有限责任公司	9184		8709	2083	8094
股份有限公司	-2274		388	1535	3419
私营企业					
其他企业					
港、澳、台商投资企业	144				514
合资经营企业(港或澳、台资)	144				514
合作经营企业(港或澳、台资)					
港澳台商独资经营企业					
港澳台商投资股份有限公司					
其他港澳台商投资企业					
外商投资企业	7976		20		838
中外合资经营企业	7976		20		838
中外合作经营企业					
外资企业					
外商投资股份有限公司					
其他外商投资企业					
二、在总计中:亏损企业	**505**		**380**		**4333**
在总计中:国有控股企业	8113	4	5814	6570	28546
在总计中:轻工业	-3813	4	-1079	362	1378
重工业	11926		6893	6208	27168
在总计中:大型企业	8074	4	5433	5749	17512
中型企业	68		37	70	4196
小型企业	-29		343	751	6758
微型企业					80

续表3

单位：万元

营业外支出	利润总额	所得税费用	亏损企业亏损总额	利税总额	应交税金及附加	本年应付职工薪酬	本年应交增值税	从业人员平均人数（人）
24484	**682435**	**168841**	**95147**	**1604112**	**1090518**	**671183**	**512873**	**67249**
23794	618692	152638	95147	1510295	1044241	638305	490603	64498
557	-4385	190	4962	-2608	1966	5397	1022	1006
557	-4385	190	4962	-2608	1966	5397	1022	1006
19110	380161	102236	81687	1114339	836413	539315	391254	56448
6151	158141	44992	6276	517999	404851	176926	168131	23437
12959	222021	57244	75411	596340	431562	362389	223123	33011
4126	242916	50212	8498	398564	205861	93593	98326	7044
631	53110	15859		80164	42913	12584	20929	836
631	53110	15859		80164	42913	12584	20929	836
60	10633	345		13652	3365	20294	1341	1915
60	10633	345		13652	3365	20294	1341	1915
6498	**-95147**	**-1**	**95147**	**-67743**	**27404**	**58824**	**13763**	**6603**
24484	682435	168841	95147	1604112	1090518	671183	512873	67249
2071	114852	40414	86	354357	279918	70538	90292	12303
22414	567583	128428	95061	1249755	810599	600645	422581	54946
10692	514436	129656	2837	1244847	860067	527144	397548	47608
11323	155967	36002	68901	312606	192642	124682	94250	17083
2459	10116	3183	23409	44736	37803	19084	21075	2527
11	1917			1923	6	273		31

8-9 工业国有控股企业主要

行业	企业单位数(个)	#亏损企业	工业总产值(当年价格)	工业销售产值(当年价格)	#出口交货值	年初存货
总计	**58**	**16**	**5833471**	**5764452**	**15339**	**815251**
采矿业	32	4	3352699	3363164	12716	256020
煤炭开采和洗选业	28	4	2953937	2967850	12716	238891
烟煤和无烟煤开采洗选	28	4	2953937	2967850	12716	238891
石油和天然气开采业						
黑色金属矿采选业	1		369170	365687		16670
铁矿采选	1		369170	365687		16670
有色金属矿采选业	3		29592	29628		458
常用有色金属矿采选	3		29592	29628		458
铝矿采选	3		29592	29628		458
非金属矿采选业						
开采辅助活动						
其他采矿业						
制造业	13	2	2071573	1997359	2624	547412
农副食品加工业						
食品制造业						
酒、饮料和精制茶制造业	2		809295	736644		302941
酒的制造	2		809295	736644		302941
白酒制造	2		809295	736644		302941
烟草制品业						
纺织业						
纺织服装、服饰业						
皮革、毛皮、羽毛及其制品和制鞋业						
木材加工和木、竹、藤、棕、草制品业						
家具制造业						
造纸和纸制品业						
印刷和记录媒介复制业	1		13654	13780		1999
印　刷	1		13654	13780		1999
书、报刊印刷	1		13654	13780		1999
文教、工美、体育和娱乐用品制造业						
石油加工、炼焦和核燃料加工业	2		283361	299250		104260
炼　焦	2		283361	299250		104260
化学原料和化学制品制造业	1		37828	34705		1858
炸药、火工及焰火产品制造	1		37828	34705		1858
炸药及火工产品制造	1		37828	34705		1858
医药制造业	1	1	2159	2144		1943
中成药生产	1	1	2159	2144		1943

经济指标(行业分组)(2017)

单位：万元

#产成品	资产总计	流动资产合计	应收账款	存货	#产成品	固定资产合计	固定资产原价	房屋和构筑物
368419	**16113191**	**4110852**	**752952**	**875821**	**385135**	**6490713**	**9629755**	**2771385**
98835	10785840	2163950	478725	223674	130786	4313787	6182240	2188189
95234	9546352	1950366	447404	202943	124435	3664251	5428956	2186952
95234	9546352	1950366	447404	202943	124435	3664251	5428956	2186952
3213	1216254	201316	27500	19395	5015	647362	750460	
3213	1216254	201316	27500	19395	5015	647362	750460	
388	23234	12268	3821	1336	1336	2174	2824	1237
388	23234	12268	3821	1336	1336	2174	2824	1237
388	23234	12268	3821	1336	1336	2174	2824	1237
268827	3405583	1643366	215406	628697	254185	1021928	1605007	402780
135648	1332364	874794	10689	324266	134184	326048	332746	4816
135648	1332364	874794	10689	324266	134184	326048	332746	4816
135648	1332364	874794	10689	324266	134184	326048	332746	4816
1384	13521	7175	1416	3026	940	5323	15229	
1384	13521	7175	1416	3026	940	5323	15229	
1384	13521	7175	1416	3026	940	5323	15229	
86257	497959	205377	24219	106365	83780	144654	270047	
86257	497959	205377	24219	106365	83780	144654	270047	
1711	44356	33626	6509	6319	1711	8732	30918	
1711	44356	33626	6509	6319	1711	8732	30918	
1711	44356	33626	6509	6319	1711	8732	30918	
1751	11933	5653	281	2831	2304	3241	5828	
1751	11933	5653	281	2831	2304	3241	5828	

8-9

行　业	企　业单位数（个）	#亏损企业	工业总产值（当年价格）	工业销售产值（当年价格）	#出口交货值	年初存货
化学纤维制造业						
橡胶和塑料制品业						
非金属矿物制品业	1		11105	10907		2879
水泥、石灰和石膏制造	1		11105	10907		2879
水泥制造	1		11105	10907		2879
黑色金属冶炼和压延加工业	1		41829	43711		7125
炼　铁	1		41829	43711		7125
有色金属冶炼和压延加工业	2		636640	605303		71463
常用有色金属冶炼	2		636640	605303		71463
铝冶炼	2		636640	605303		71463
金属制品业						
通用设备制造业						
专用设备制造业	1	1	14763	10479		4843
采矿、冶金、建筑专用设备制造	1	1	14763	10479		4843
矿山机械制造	1	1	14763	10479		4843
汽车制造业						
铁路、船舶、航空航天和其他运输设备制造业						
电气机械和器材制造业	1		220939	240436	2624	48101
输配电及控制设备制造	1		220939	240436	2624	48101
光伏设备及元器件制造	1		220939	240436	2624	48101
计算机、通信和其他电子设备制造业						
仪器仪表制造业						
其他制造业						
废弃资源综合利用业						
金属制品、机械和设备修理业						
电力、热力、燃气及水生产和供应业	13	10	409199	403929		11820
电力、热力生产和供应业	9	6	385571	380301		10606
电力生产	8	5	371198	365928		10606
火力发电	6	5	358366	353096		10606
风力发电	1		7251	7251		
太阳能发电	1		5581	5581		
热力生产和供应	1	1	14373	14373		
燃气生产和供应业	3	3	20826	20826		952
水的生产和供应业	1	1	2802	2802		262
自来水生产和供应	1	1	2802	2802		262

续表1

单位：万元

#产成品	#资产总计	流动资产合计	应收账款	存货	#产成品	固定资产合计	固定资产原价	房屋和构筑物
151	30954	5696	172	2912	303	22872	32368	16504
151	30954	5696	172	2912	303	22872	32368	16504
151	30954	5696	172	2912	303	22872	32368	16504
94	53847	25301	6315	5877	1000	25206	80930	
94	53847	25301	6315	5877	1000	25206	80930	
805	951585	206677	43	146739	6176	478257	696705	339505
805	951585	206677	43	146739	6176	478257	696705	339505
805	951585	206677	43	146739	6176	478257	696705	339505
	19292	11391	3141	4712	3696	7597	14720	6734
	19292	11391	3141	4712	3696	7597	14720	6734
	19292	11391	3141	4712	3696	7597	14720	6734
41027	449773	267676	162621	25650	20093		125517	35222
41027	449773	267676	162621	25650	20093		125517	35222
41027	449773	267676	162621	25650	20093		125517	35222
758	1921769	303536	58822	23451	164	1154998	1842508	180417
175	1820683	281370	57152	21992	164	1107089	1776671	172367
175	1747643	262853	52752	21992	164	1077041	1738144	172367
175	1570091	236110	40231	21992	164	968096	1622960	171873
	123900	15790	7822			68312	70797	494
	53653	10953	4698			40634	44387	
	73041	18518	4400			30047	38527	
583	93225	20291	1013	1177		42534	54650	
	7860	1874	656	282		5375	11187	8050
	7860	1874	656	282		5375	11187	8050

8-9

行　业	机器设备	运输工具	累计折旧	#本年折旧	负债合计	流动负债合　计
总　计	**2386322**	**72952**	**3068928**	**391363**	**11336616**	**8070514**
采矿业	1537245	69357	2102569	260659	7655030	5590684
煤炭开采和洗选业	1536578	68993	1998821	230428	7237882	5388129
烟煤和无烟煤开采洗选	1536578	68993	1998821	230428	7237882	5388129
石油和天然气开采业						
黑色金属矿采选业			103098	29925	398647	189654
铁矿采选			103098	29925	398647	189654
有色金属矿采选业	667	364	650	306	18501	12901
常用有色金属矿采选	667	364	650	306	18501	12901
铝矿采选	667	364	650	306	18501	12901
非金属矿采选业						
开采辅助活动						
其他采矿业						
制造业	322950	2645	475401	75623	2009343	1603750
农副食品加工业						
食品制造业						
酒、饮料和精制茶制造业	920	328	140181	15166	621117	542770
酒的制造	920	328	140181	15166	621117	542770
白酒制造	920	328	140181	15166	621117	542770
烟草制品业						
纺织业						
纺织服装、服饰业						
皮革、毛皮、羽毛及其制品和制鞋业						
木材加工和木、竹、藤、棕、草制品业						
家具制造业						
造纸和纸制品业						
印刷和记录媒介复制业			9906	481	4662	3473
印　刷			9906	481	4662	3473
书、报刊印刷			9906	481	4662	3473
文教、工美、体育和娱乐用品制造业						
石油加工、炼焦和核燃料加工业			125393	10998	502105	308271
炼焦			125393	10998	502105	308271
化学原料和化学制品制造业			22186	710	27573	27573
炸药、火工及焰火产品制造			22186	710	27573	27573
炸药及火工产品制造			22186	710	27573	27573
医药制造业			2588	138	10405	9689
中成药生产			2588	138	10405	9689

续表2

单位：万元

应付账款	非流动负债合计	所有者权益合计	#实收资本						
				国家资本	集体资本	法人资本	个人资本	港澳台资本	外商资本
1714683	**3076127**	**4776575**	**3224209**	**2539814**	**44923**	**410929**	**148513**	**74000**	**6030**
922875	2025075	3130809	2077407	1913517	20455	48861	94574		
863732	1810482	2308470	1322527	1159537	20455	48861	93674		
863732	1810482	2308470	1322527	1159537	20455	48861	93674		
51493	208993	817606	750870	750870					
51493	208993	817606	750870	750870					
7650	5600	4733	4010	3110			900		
7650	5600	4733	4010	3110			900		
7650	5600	4733	4010	3110			900		
499032	301428	1396241	756106	554672	18706	66180	36519	74000	6030
115597	78347	711247	91357	91357					
115597	78347	711247	91357	91357					
115597	78347	711247	91357	91357					
1227	1188	8859	3007	3007					
1227	1188	8859	3007	3007					
1227	1188	8859	3007	3007					
169547	89669	-4146	207443	120355		57000	30089		
169547	89669	-4146	207443	120355		57000	30089		
14880		16783	1936	1936					
14880		16783	1936	1936					
14880		16783	1936	1936					
1465	716	1528	1600	1600					
1465	716	1528	1600	1600					

8-9

行　业	机器设备	运输工具	累计折旧	#本年折旧	负债合计	流动负债合　计
化学纤维制造业						
橡胶和塑料制品业						
非金属矿物制品业	15389	368	9680	1634	24811	24797
水泥、石灰和石膏制造	15389	368	9680	1634	24811	24797
水泥制造	15389	368	9680	1634	24811	24797
黑色金属冶炼和压延加工业			46418	3607	27395	27395
炼　铁			46418	3607	27395	27395
有色金属冶炼和压延加工业	213091	1021	86881	32462	672391	545701
常用有色金属冶炼	213091	1021	86881	32462	672391	545701
铝冶炼	213091	1021	86881	32462	672391	545701
金属制品业						
通用设备制造业						
专用设备制造业	7732	254	7123	881	11485	11047
采矿、冶金、建筑专用设备制造	7732	254	7123	881	11485	11047
矿山机械制造	7732	254	7123	881	11485	11047
汽车制造业						
铁路、船舶、航空航天和其他运输设备制造						
电气机械和器材制造业	85818	673	25047	9547	107399	103035
输配电及控制设备制造	85818	673	25047	9547	107399	103035
光伏设备及元器件制造	85818	673	25047	9547	107399	103035
计算机、通信和其他电子设备制造业						
仪器仪表制造业						
其他制造业						
废弃资源综合利用业						
金属制品、机械和设备修理业						
电力、热力、燃气及水生产和供应业	526127	949	490958	55081	1672243	876079
电力、热力生产和供应业	523014	926	464000	54028	1533743	784286
电力生产	523014	926	455520	54028	1465764	748354
火力发电	522934	891	449282	52057	1313716	669517
风力发电	80	35	2485	1971	110684	67350
太阳能发电			3753		41364	11488
热力生产和供应			8480		67979	35932
燃气生产和供应业			21147	462	136026	89486
水的生产和供应业	3114	23	5812	591	2475	2307
自来水生产和供应	3114	23	5812	591	2475	2307

续表3

单位：万元

应付账款	非流动负债合计	所有者权益合计	#实收资本	国家资本	集体资本	法人资本	个人资本	港澳台资本	外商资本
4929	14	6143	20030	16024	4006				
4929	14	6143	20030	16024	4006				
4929	14	6143	20030	16024	4006				
6026		26452	30000	15300	14700				
6026		26452	30000	15300	14700				
147448	126691	279194	212000	128820		9180		74000	
147448	126691	279194	212000	128820		9180		74000	
147448	126691	279194	212000	128820		9180		74000	
2749	438	7807	13123	6693			6430		
2749	438	7807	13123	6693			6430		
2749	438	7807	13123	6693			6430		
35164	4365	342373	175610	169580					6030
35164	4365	342373	175610	169580					6030
35164	4365	342373	175610	169580					6030
292777	749624	249525	390696	71626	5762	295888	17420		
287350	749457	286941	360580	56692		295888	8000		
271923	717410	281879	352580	48692		295888	8000		
241070	644199	256375	342372	38484		295888	8000		
26587	43335	13215	9218	9218					
4267	29876	12289	990	990					
15427	32047	5062	8000	8000					
4095		-42801	29312	14130	5762		9420		
1332	167	5386	804	804					
1332	167	5386	804	804					

8-9

行　业	营业收入	#主营业务收入	营业成本	#主营业务成本	税金及附加
总　计	**7098680**	**6982504**	**4754020**	**4658194**	**408804**
采矿业	3661555	3563700	2047932	1959274	244951
煤炭开采和洗选业	3243378	3152753	1718815	1636678	228735
烟煤和无烟煤开采洗选	3243378	3152753	1718815	1636678	228735
石油和天然气开采业					
黑色金属矿采选业	365580	365580	278824	278824	14672
铁矿采选	365580	365580	278824	278824	14672
有色金属矿采选业	52598	45367	50293	43772	1543
常用有色金属矿采选	52598	45367	50293	43772	1543
铝矿采选	52598	45367	50293	43772	1543
非金属矿采选业					
开采辅助活动					
其他采矿业					
制造业	3036474	3021175	2298344	2293139	161496
农副食品加工业					
食品制造业					
酒、饮料和精制茶制造业	1666139	1660652	1180490	1180460	149023
酒的制造	1666139	1660652	1180490	1180460	149023
白酒制造	1666139	1660652	1180490	1180460	149023
烟草制品业					
纺织业					
纺织服装、服饰业					
皮革、毛皮、羽毛及其制品和制鞋业					
木材加工和木、竹、藤、棕、草制品业					
家具制造业					
造纸和纸制品业					
印刷和记录媒介复制业	14027	13780	11133	11107	167
印　刷	14027	13780	11133	11107	167
书、报刊印刷	14027	13780	11133	11107	167
文教、工美、体育和娱乐用品制造业					
石油加工、炼焦和核燃料加工业	321380	320361	264010	263098	1743
炼　焦	321380	320361	264010	263098	1743
化学原料和化学制品制造业	38535	34015	23370	22352	839
炸药、火工及焰火产品制造	38535	34015	23370	22352	839
炸药及火工产品制造	38535	34015	23370	22352	839
医药制造业	2401	2144	1137	1092	23
中成药生产	2401	2144	1137	1092	23

续表4

单位：万元

	其他业务收　入	其他业务利　润	销售费用	管理费用	财务费用			营业利润
#主营业务税金及附加						#利息收入	#利息支出	
396797	**116177**	**18444**	**482767**	**423033**	**367463**	**22305**	**320675**	**678374**
233338	97855	17336	306183	273625	271790	15628	235237	537268
217123	90624	15509	304535	237537	254050	15275	215170	519835
217123	90624	15509	304535	237537	254050	15275	215170	519835
14672		1117		34810	17744	354	20067	19593
14672		1117		34810	17744	354	20067	19593
1543	7231	710	1648	1278	-4	-1		-2160
1543	7231	710	1648	1278	-4	-1		-2160
1543	7231	710	1648	1278	-4	-1		-2160
161251	15299	1048	173036	134317	48459	7089	50129	216491
149023	5487		131984	89733	2598	3890	6028	115342
149023	5487		131984	89733	2598	3890	6028	115342
149023	5487		131984	89733	2598	3890	6028	115342
167	247		171	2386	-8	9		247
167	247		171	2386	-8	9		247
167	247		171	2386	-8	9		247
1743	1019	67	26016	9004	16779	14	13354	3716
1743	1019	67	26016	9004	16779	14	13354	3716
839	4521		635	6151	327	31	354	7261
839	4521		635	6151	327	31	354	7261
839	4521		635	6151	327	31	354	7261
20	258	212	236	392	656		656	-43
20	258	212	236	392	656		656	-43

8-9

行　　业	营业收入	#主营业务收入	营业成本	#主营业务成本	税金及附加
化学纤维制造业					
橡胶和塑料制品业					
非金属矿物制品业	10972	10907	8358	8300	243
水泥、石灰和石膏制造	10972	10907	8358	8300	243
水泥制造	10972	10907	8358	8300	243
黑色金属冶炼和压延加工业	43711	43711	36918	36918	507
炼　铁	43711	43711	36918	36918	507
有色金属冶炼和压延加工业	607840	605353	490872	488761	7140
常用有色金属冶炼	607840	605353	490872	488761	7140
铝冶炼	607840	605353	490872	488761	7140
金属制品业					
通用设备制造业					
专用设备制造业	10479	10479	10328	10328	133
采矿、冶金、建筑专用设备制造	10479	10479	10328	10328	133
矿山机械制造	10479	10479	10328	10328	133
汽车制造业					
铁路、船舶、航空航天和其他运输设备制造					
电气机械和器材制造业	320989	319773	271727	270722	1678
输配电及控制设备制造	320989	319773	271727	270722	1678
光伏设备及元器件制造	320989	319773	271727	270722	1678
计算机、通信和其他电子设备制造业					
仪器仪表制造业					
其他制造业					
废弃资源综合利用业					
金属制品、机械和设备修理业					
电力、热力、燃气及水生产和供应业	400651	397629	407744	405781	2357
电力、热力生产和供应业	376343	374794	388157	387025	2134
电力生产	361969	360421	371035	369903	2119
火力发电	349137	347589	366867	365735	2110
风力发电	7251	7251	2334	2334	3
太阳能发电	5581	5581	1834	1834	6
热力生产和供应	14373	14373	17122	17122	15
燃气生产和供应业	21455	19981	17449	16618	198
水的生产和供应业	2854	2854	2138	2138	26
自来水生产和供应	2854	2854	2138	2138	26

续表5

单位：万元

#主营业务税金及附加	其他业务收入	其他业务利润	销售费用	管理费用	财务费用	#利息收入	#利息支出	营业利润
	65	6	190	2126	681	3	682	110
	65	6	190	2126	681	3	682	110
	65	6	190	2126	681	3	682	110
507				3028	-3	-5		3261
507				3028	-3	-5		3261
7140	2487	535	7998	6602	17282	2088	18994	77802
7140	2487	535	7998	6602	17282	2088	18994	77802
7140	2487	535	7998	6602	17282	2088	18994	77802
133			66	573	439	0	439	-1060
133			66	573	439	0	439	-1060
133			66	573	439	0	439	-1060
1678	1215	228	5741	14322	9709	1059	9623	9855
1678	1215	228	5741	14322	9709	1059	9623	9855
1678	1215	228	5741	14322	9709	1059	9623	9855
2208	3023	60	3547	15090	47214	-413	35308	-75385
1985	1548			10592	46535	-410	35717	-70694
1970	1548			9489	45435	-410	35717	-66070
1961	1548			9263	42336	-416	34115	-71400
3					1502			3413
6				227	1597	6	1602	1917
15				1103	1100			-4624
198	1474	60	3547	3650	679	0	-411	-4532
26				848	0	-3	2	-159
26				848	0	-3	2	-159

8-9

行　　业	资产减值损　　失	公允价值变动收益	投资收益	其他收益	营业外收入
总　计	**8113**	**4**	**5814**	**6570**	**28546**
采矿业	3279		6493	5474	19855
煤炭开采和洗选业	3279		9059	2843	16592
烟煤和无烟煤开采洗选	3279		9059	2843	16592
石油和天然气开采业					
黑色金属矿采选业			-2566	2630	17
铁矿采选			-2566	2630	17
有色金属矿采选业					3246
常用有色金属矿采选					3246
铝矿采选					3246
非金属矿采选业					
开采辅助活动					
其他采矿业					
制造业	4372	4	-1060	1096	3578
农副食品加工业					
食品制造业					
酒、饮料和精制茶制造业	-3814	4	-1079	292	1370
酒的制造	-3814	4	-1079	292	1370
白酒制造	-3814	4	-1079	292	1370
烟草制品业					
纺织业					
纺织服装、服饰业					
皮革、毛皮、羽毛及其制品和制鞋业					
木材加工和木、竹、藤、棕、草制品业					
家具制造业					
造纸和纸制品业					
印刷和记录媒介复制业	2		0	70	8
印　刷	2		0	70	8
书、报刊印刷	2		0	70	8
文教、工美、体育和娱乐用品制造业					
石油加工、炼焦和核燃料加工业	112				217
炼　焦	112				217
化学原料和化学制品制造业	-47				1
炸药、火工及焰火产品制造	-47				1
炸药及火工产品制造	-47				1
医药制造业					
中成药生产					

续表6

单位：万元

营业外支出	利润总额	所得税费用	亏损企业亏损总额	利税总额	应交税金及附加	本年应付职工薪酬	本年应交增值税	从业人员平均人数（人）
24484	**682435**	**168841**	**95147**	**1604112**	**1090518**	**671183**	**512873**	**67249**
18587	538535	103876	13985	1165202	730543	521184	381716	44976
17951	518475	100552	13985	1102569	684645	501073	355358	43280
17951	518475	100552	13985	1102569	684645	501073	355358	43280
144	19466	3130		59762	43426	18931	25624	1479
144	19466	3130		59762	43426	18931	25624	1479
492	595	194		2872	2471	1179	734	217
492	595	194		2872	2471	1179	734	217
492	595	194		2872	2471	1179	734	217
3720	216348	64235	1022	503232	351119	124663	125388	18970
2020	114692	40414		353442	279164	66123	89727	11615
2020	114692	40414		353442	279164	66123	89727	11615
2020	114692	40414		353442	279164	66123	89727	11615
9	246			776	530	3996	363	534
9	246			776	530	3996	363	534
9	246			776	530	3996	363	534
328	3605			12556	8951	9004	7208	1877
328	3605			12556	8951	9004	7208	1877
109	7154	1209		10664	4719	3958	2671	756
109	7154	1209		10664	4719	3958	2671	756
109	7154	1209		10664	4719	3958	2671	756
42	-86		86	140	225	419	202	154
42	-86		86	140	225	419	202	154

8-9

行　　业	资产减值损　　失	公允价值变动收益	投资收益	其他收益	营业外收入
化学纤维制造业					
橡胶和塑料制品业					
非金属矿物制品业				735	17
水泥、石灰和石膏制造				735	17
水泥制造				735	17
黑色金属冶炼和压延加工业					11
炼　铁					11
有色金属冶炼和压延加工业	144				992
常用有色金属冶炼	144				992
铝冶炼	144				992
金属制品业					
通用设备制造业					
专用设备制造业					125
采矿、冶金、建筑专用设备制造					125
矿山机械制造					125
汽车制造业					
铁路、船舶、航空航天和其他运输设备制造业					
电气机械和器材制造业	7976		20		838
输配电及控制设备制造	7976		20		838
光伏设备及元器件制造	7976		20		838
计算机、通信和其他电子设备制造业					
仪器仪表制造业					
其他制造业					
废弃资源综合利用业					
金属制品、机械和设备修理业					
电力、热力、燃气及水生产和供应业	462		380		5113
电力、热力生产和供应业	-1		380		5092
电力生产	-1		37		5079
火力发电	-1		37		5079
风力发电					
太阳能发电					
热力生产和供应			343		13
燃气生产和供应业	464				10
水的生产和供应业					12
自来水生产和供应					12

续表7

单位：万元

营业外支出	利润总额	所得税费用	亏损企业亏损总额	利税总额	应交税金及附加	本年应付职工薪酬	本年应交增值税	从业人员平均人数(人)
15	111			1217	1107	1201	864	193
15	111			1217	1107	1201	864	193
15	111			1217	1107	1201	864	193
120	3152			6188	3036	2473	2529	550
120	3152			6188	3036	2473	2529	550
1015	77778	22267		104983	49472	16352	20064	1226
1015	77778	22267		104983	49472	16352	20064	1226
1015	77778	22267		104983	49472	16352	20064	1226
2	-937		937	-385	552	844	419	150
2	-937		937	-385	552	844	419	150
2	-937		937	-385	552	844	419	150
60	10633	345		13652	3365	20294	1341	1915
60	10633	345		13652	3365	20294	1341	1915
60	10633	345		13652	3365	20294	1341	1915
2177	-72448	730	80139	-64323	8856	25336	5768	3303
2090	-67692	730	75383	-58377	10046	21470	7182	2504
2062	-63053	730	70744	-53753	10031	20555	7182	2206
2062	-68383	730	70744	-59091	10022	19822	7182	2152
	3413			3416	3	490		37
	1917			1923	6	243		17
28	-4639		4639	-4624	15	915		298
57	-4579		4579	-5881	-1303	2965	-1500	581
31	-178		178	-65	112	900	86	218
31	-178		178	-65	112	900	86	218

8-10 工业三资企业主要

类别	企业单位数(个)	#亏损企业	工业总产值(当年价格)	工业销售产值(当年价格)	#出口交货值	年初存货
总计	**14**	**3**	**2357547**	**2302726**	**3411**	**312547**
一、按登记注册类型分组:						
港、澳、台商投资企业	8	1	1788390	1711405		227485
合资经营企业(港或澳、台资)	7	1	1742124	1664897		225901
合作经营企业(港或澳、台资)						
港澳台商独资经营企业						
港澳台商投资股份有限公司						
其他港澳台商投资企业	1		46266	46508		1584
外商投资企业	6	2	569157	591321	3411	85063
中外合资经营企业	5	1	539617	563058	3411	82505
中外合作经营企业						
外资企业	1	1	29540	28263		2558
外商投资股份有限公司						
其他外商投资企业						
二、在总计中:亏损企业	**3**	**3**	**168679**	**159457**		**18611**
在总计中:国有控股企业	2		713881	706562	2624	104798
在总计中:轻工业	1		13435	11680	787	13996
重工业	13	3	2344111	2291046	2624	298551
在总计中:大型企业	6	1	867276	893465	2624	119666
中型企业	6	2	1430569	1351074		177302
小型企业	2		59702	58187	787	15580
微型企业						

经济指标(综合分组)(2017)

单位：万元

#产成品	资产总计	流动资产合计	应收账款	存货	#产成品	固定资产合计	固定资产原价	房屋和构筑物
80845	**4485617**	**2176741**	**342471**	**304954**	**57124**	**1389145**	**2304365**	**704145**
26847	3112531	1557672	88845	235905	21877	1068360	1635733	429277
26372	3035808	1489031	86775	234472	21700	1068360	1623673	429277
475	76723	68641	2070	1433	177		12060	
53998	1373086	619069	253627	69049	35247	320785	668632	274868
53699	1198643	613574	253627	65454	34003	179345	479923	168718
299	174443	5495		3596	1244	141440	188709	106150
12295	**631941**	**213862**	**39483**	**12384**	**4937**	**267547**	**472982**	**176182**
41193	1163386	403002	162664	119338	21879	478257	679491	374726
8678	30315	23761	5522	14744	9584	4718	5097	5097
72168	4455301	2152981	336949	290210	47540	1384427	2299268	699047
50597	1678710	946938	275675	65945	26713	251178	654009	163620
21096	2699868	1137401	59204	222832	20650	1133249	1633200	535427
9152	107039	92402	7592	16177	9761	4718	17157	5097

8-10

类　别	机器设备	运输工具	累计折旧	#本年折旧	负债合计	流动负债合　计
总　计	**504483**	**33322**	**897540**	**130546**	**2803508**	**2233937**
一、按登记注册类型分组:						
港、澳、台商投资企业	271907	21043	650170	98533	2299329	1737255
合资经营企业(港或澳、台资)	271907	21043	645574	97918	2224118	1694304
合作经营企业(港或澳、台资)						
港澳台商独资经营企业						
港澳台商投资股份有限公司						
其他港澳台商投资企业			4595	615	75211	42951
外商投资企业	232576	12279	247371	32013	504178	496682
中外合资经营企业	158496	5038	200109	24127	340844	336480
中外合作经营企业						
外资企业	74081	7241	47262	7886	163334	160202
外商投资股份有限公司						
其他外商投资企业						
二、在总计中：亏损企业	**115306**	**8671**	**205729**	**18458**	**562917**	**471018**
在总计中：国有控股企业	298909	1694	100764	36578	593003	485695
在总计中：轻工业			380	14	11659	11659
重工业	504483	33322	897161	130532	2791848	2222278
在总计中：大型企业	158496	5038	305097	39872	591009	541104
中型企业	345987	28284	587469	90045	2125629	1638222
小型企业			4975	628	86870	54610
微型企业						

续表1

单位：万元

应付账款	非流动负债合计	所有者权益合计	#实收资本	国家资本	集体资本	法人资本	个人资本	港澳台资本	外商资本
586026	**569571**	**1682109**	**949218**	**281580**	**126**	**75900**	**69988**	**334800**	**186824**
512673	562074	813202	566788	112000		50000	69988	334800	
507704	529814	811689	565788	111000		50000	69988	334800	
4969	32260	1512	1000	1000					
73353	7496	868907	382430	169580	126	25900			186824
71014	4365	857799	318178	169580	126	25900			122572
2339	3132	11109	64253						64253
64163	**91899**	**69024**	**146253**			**13100**		**44600**	**88553**
148001	107308	570383	360610	280580				74000	6030
189		18656	168		126				42
585836	569571	1663453	949050	281580		75900	69988	334800	186782
92962	49904	1087701	428881	169580		75900	60872		122530
487906	487406	574240	519169	111000			9116	334800	64253
5158	32260	20169	1168	1000	126				42

8-10

类　别	营业收入	#主营业务收入	营业成本	#主营业务成本	税金及附加
总　计	**2627949**	**2452470**	**1993427**	**1925954**	**50519**
一、按登记注册类型分组:					
港、澳、台商投资企业	1879773	1773825	1498046	1496099	23062
合资经营企业(港或澳、台资)	1829989	1724041	1468396	1466449	22661
合作经营企业(港或澳、台资)					
港澳台商独资经营企业					
港澳台商投资股份有限公司					
其他港澳台商投资企业	49784	49784	29650	29650	401
外商投资企业	748176	678645	495381	429855	27457
中外合资经营企业	720343	650837	473568	408064	26833
中外合作经营企业					
外资企业	27833	27809	21813	21791	624
外商投资股份有限公司					
其他外商投资企业					
二、在总计中：亏损企业	**163584**	**159362**	**145937**	**141643**	**3563**
在总计中：国有控股企业	788571	785911	655973	654058	7804
在总计中：轻工业	12561	12561	10934	10934	
重工业	2615388	2439909	1982494	1915021	50519
在总计中：大型企业	1066345	896601	706904	641399	36226
中型企业	1499259	1493524	1245940	1243971	13892
小型企业	62345	62345	40584	40584	401
微型企业					

续表2

单位：万元

	其他业务收　入	其他业务利　润	销售费用	管理费用	财务费用			营业利润
#主营业务税金及附加						#利息收入	#利息支出	
50047	**175479**	**3915**	**48547**	**89496**	**59089**	**15259**	**72297**	**378787**
22590	105948	3763	36202	45527	42609	14733	55424	234081
22190	105948	3763	35485	45175	39389	14853	52092	218640
401			716	352	3220	-120	3332	15441
27457	69531	152	12345	43968	16480	526	16873	144706
26833	69506	152	11345	36968	9854	526	10248	153936
624	24		1000	7001	6626	0	6625	-9230
3563	**4222**	**-75**	**2720**	**18899**	**14707**	**-116**	**14809**	**-22223**
7804	2660	763	11791	19137	22685	3003	24544	63082
			272	164	389	2	386	802
50047	175479	3915	48275	89331	58700	15257	71911	377985
35754	169744	152	30071	58394	16057	515	14292	210854
13892	5735	3763	17488	30585	39423	14863	54287	151690
401			988	516	3609	-118	3717	16243

8-10

类　　别	资产减值损　　失	公允价值变动收益	投资收益	其他收益	营业外收入
总　计	**8123**		**38**		**6632**
一、按登记注册类型分组:					
港、澳、台商投资企业	147		-98		5630
合资经营企业(港或澳、台资)	144		-98		5630
合作经营企业(港或澳、台资)					
港澳台商独资经营企业					
港澳台商投资股份有限公司					
其他港澳台商投资企业	3				
外商投资企业	7976		136		1003
中外合资经营企业	7976		136		869
中外合作经营企业					
外资企业					133
外商投资股份有限公司					
其他外商投资企业					
二、在总计中：亏损企业			**19**		**589**
在总计中：国有控股企业	8120		20		1352
在总计中：轻工业					
重工业	8123		38		6632
在总计中：大型企业	7976		136		5104
中型企业	144		-98		1529
小型企业	3				
微型企业					

续表3

单位：万元

营业外支出	利润总额	所得税费用	亏损企业亏损总额	利税总额	应交税金及附加	本年应付职工薪酬	本年应交增值税	从业人员平均人数（人）
7447	**377973**	**97687**	**22042**	**551685**	**271399**	**100279**	**123194**	**14481**
4816	234895	61001	8321	336259	162365	38475	78302	6653
3154	221116	57556	8321	318486	154926	37701	74708	6508
1662	13779	3445		17774	7439	774	3594	145
2631	143077	36686	13721	215426	109034	61804	44892	7828
2547	152258	36686	4541	222110	106538	56148	43019	7247
84	-9181		9181	-6684	2497	5656	1873	581
408	**-22042**		**22042**	**-11506**	**10536**	**19039**	**6973**	**3097**
691	63743	16204		93817	46277	32878	22270	2751
	802			808	6	253	6	195
7447	377171	97687	22042	550877	271393	100026	123188	14286
4005	211953	50914	4541	307225	146186	68916	59047	10002
1780	151438	43328	17502	225878	117768	30336	60548	4139
1662	14582	3445		18582	7445	1027	3600	340

8-11 工业三资企业主要

行业	企业单位数(个)	#亏损企业	工业总产值(当年价格)	工业销售产值(当年价格)	#出口交货值	年初存货
总计	**14**	**3**	**2357547**	**2302726**	**3411**	**312547**
采矿业	5	1	500632	507565		25571
煤炭开采和洗选业	5	1	500632	507565		25571
烟煤和无烟煤开采洗选	5	1	500632	507565		25571
石油和天然气开采业						
黑色金属矿采选业						
有色金属矿采选业						
非金属矿采选业						
开采辅助活动						
其他采矿业						
制造业	9	2	1856915	1795161	3411	286977
农副食品加工业	1		13435	11680	787	13996
蔬菜、水果和坚果加工	1		13435	11680	787	13996
水果和坚果加工	1		13435	11680	787	13996
食品制造业						
酒、饮料和精制茶制造业						
烟草制品业						
纺织业						
纺织服装、服饰业						
皮革、毛皮、羽毛及其制品和制鞋业						
木材加工和木、竹、藤、棕、草制品业						
家具制造业						
造纸和纸制品业						
印刷和记录媒介复制业						
文教、工美、体育和娱乐用品制造业						
石油加工、炼焦和核燃料加工业	4	1	361259	368577		66283
炼焦	4	1	361259	368577		66283
化学原料和化学制品制造业						
医药制造业						
化学纤维制造业						
橡胶和塑料制品业						
非金属矿物制品业	1	1	29540	28263		2558
水泥、石灰和石膏制造	1	1	29540	28263		2558
水泥制造	1	1	29540	28263		2558
黑色金属冶炼和压延加工业						
有色金属冶炼和压延加工业	2		1231741	1146205		156039
常用有色金属冶炼	2		1231741	1146205		156039
铝冶炼	2		1231741	1146205		156039
金属制品业						
通用设备制造业						
专用设备制造业						
汽车制造业						
铁路、船舶、航空航天和其他运输设备制造业						
电气机械和器材制造业	1		220939	240436	2624	48101
输配电及控制设备制造	1		220939	240436	2624	48101
光伏设备及元器件制造	1		220939	240436	2624	48101
计算机、通信和其他电子设备制造业						
仪器仪表制造业						
其他制造业						
废弃资源综合利用业						
金属制品、机械和设备修理业						
电力、热力、燃气及水生产和供应业						
电力、热力生产和供应业						
燃气生产和供应业						
水的生产和供应业						

经济指标(行业分组)(2017)

单位：万元

#产成品	资产总计	流动资产合计	应收账款	存货	#产成品	固定资产合计	固定资产原价	房屋和构筑物
80845	**4485617**	**2176741**	**342471**	**304954**	**57124**	**1389145**	**2304365**	**704145**
4880	1152694	693080	90199	30795	6797	203150	437083	128399
4880	1152694	693080	90199	30795	6797	203150	437083	128399
4880	1152694	693080	90199	30795	6797	203150	437083	128399
75966	3332923	1483662	252272	274159	50327	1185995	1867282	575746
8678	30315	23761	5522	14744	9584	4718	5097	5097
8678	30315	23761	5522	14744	9584	4718	5097	5097
8678	30315	23761	5522	14744	9584	4718	5097	5097
19084	891258	517054	81406	28742	14138	293679	446708	89772
19084	891258	517054	81406	28742	14138	293679	446708	89772
299	174443	5495		3596	1244	141440	188709	106150
299	174443	5495		3596	1244	141440	188709	106150
299	174443	5495		3596	1244	141440	188709	106150
6878	1787134	669677	2723	201427	5268	746158	1101251	339505
6878	1787134	669677	2723	201427	5268	746158	1101251	339505
6878	1787134	669677	2723	201427	5268	746158	1101251	339505
41027	449773	267676	162621	25650	20093		125517	35222
41027	449773	267676	162621	25650	20093		125517	35222
41027	449773	267676	162621	25650	20093		125517	35222

8-11

行　业	机器设备	运输工具	累计折旧	#本年折旧	负债合计	流动负债合计
总　计	**504483**	**33322**	**897540**	**130546**	**2803508**	**2233937**
采矿业	72678	4365	229204	18723	508180	435763
煤炭开采和洗选业	72678	4365	229204	18723	508180	435763
烟煤和无烟煤开采洗选	72678	4365	229204	18723	508180	435763
石油和天然气开采业						
黑色金属矿采选业						
有色金属矿采选业						
非金属矿采选业						
开采辅助活动						
其他采矿业						
制造业	431805	28957	668336	111823	2295327	1798174
农副食品加工业			380	14	11659	11659
蔬菜、水果和坚果加工			380	14	11659	11659
水果和坚果加工			380	14	11659	11659
食品制造业						
酒、饮料和精制茶制造业						
烟草制品业						
纺织业						
纺织服装、服饰业						
皮革、毛皮、羽毛及其制品和制鞋业						
木材加工和木、竹、藤、棕、草制品业						
家具制造业						
造纸和纸制品业						
印刷和记录媒介复制业						
文教、工美、体育和娱乐用品制造业						
石油加工、炼焦和核燃料加工业	58815	20022	240554	29638	980199	732140
炼　焦	58815	20022	240554	29638	980199	732140
化学原料和化学制品制造业						
医药制造业						
化学纤维制造业						
橡胶和塑料制品业						
非金属矿物制品业	74081	7241	47262	7886	163334	160202
水泥、石灰和石膏制造	74081	7241	47262	7886	163334	160202
水泥制造	74081	7241	47262	7886	163334	160202
黑色金属冶炼和压延加工业						
有色金属冶炼和压延加工业	213091	1021	355094	64738	1032736	791138
常用有色金属冶炼	213091	1021	355094	64738	1032736	791138
铝冶炼	213091	1021	355094	64738	1032736	791138
金属制品业						
通用设备制造业						
专用设备制造业						
汽车制造业						
铁路、船舶、航空航天和其他运输设备制造业						
电气机械和器材制造业	85818	673	25047	9547	107399	103035
输配电及控制设备制造	85818	673	25047	9547	107399	103035
光伏设备及元器件制造	85818	673	25047	9547	107399	103035
计算机、通信和其他电子设备制造业						
仪器仪表制造业						
其他制造业						
废弃资源综合利用业						
金属制品、机械和设备修理业						
电力、热力、燃气及水生产和供应业						
电力、热力生产和供应业						
燃气生产和供应业						
水的生产和供应业						

续表1

单位：万元

应付账款	非流动负债合计	所有者权益合计	#实收资本	国家资本	集体资本	法人资本	个人资本	港澳台资本	外商资本
586026	**569571**	**1682109**	**949218**	**281580**	**126**	**75900**	**69988**	**334800**	**186824**
51100	72417	644514	193400	1000		75900			116500
51100	72417	644514	193400	1000		75900			116500
51100	72417	644514	193400	1000		75900			116500
534926	497153	1037596	755818	280580	126		69988	334800	70324
189		18656	168		126				42
189		18656	168		126				42
189		18656	168		126				42
332131	248059	-88941	192588				69988	122600	
332131	248059	-88941	192588				69988	122600	
2339	3132	11109	64253						64253
2339	3132	11109	64253						64253
2339	3132	11109	64253						64253
165102	241598	754398	323200	111000				212200	
165102	241598	754398	323200	111000				212200	
165102	241598	754398	323200	111000				212200	
35164	4365	342373	175610	169580					6030
35164	4365	342373	175610	169580					6030
35164	4365	342373	175610	169580					6030

8-11

行　　业	营业收入	#主营业务收入	营业成本	#主营业务成本	税金及附加
总　计	**2627949**	**2452470**	**1993427**	**1925954**	**50519**
采矿业	603369	434840	288966	224466	34476
煤炭开采和洗选业	603369	434840	288966	224466	34476
烟煤和无烟煤开采洗选	603369	434840	288966	224466	34476
石油和天然气开采业					
黑色金属矿采选业					
有色金属矿采选业					
非金属矿采选业					
开采辅助活动					
其他采矿业					
制造业	2024580	2017630	1704461	1701488	16043
农副食品加工业	12561	12561	10934	10934	
蔬菜、水果和坚果加工	12561	12561	10934	10934	
水果和坚果加工	12561	12561	10934	10934	
食品制造业					
酒、饮料和精制茶制造业					
烟草制品业					
纺织业					
纺织服装、服饰业					
皮革、毛皮、羽毛及其制品和制鞋业					
木材加工和木、竹、藤、棕、草制品业					
家具制造业					
造纸和纸制品业					
印刷和记录媒介复制业					
文教、工美、体育和娱乐用品制造业					
石油加工、炼焦和核燃料加工业	367525	367521	321614	321610	1731
炼　焦	367525	367521	321614	321610	1731
化学原料和化学制品制造业					
医药制造业					
化学纤维制造业					
橡胶和塑料制品业					
非金属矿物制品业	27833	27809	21813	21791	624
水泥、石灰和石膏制造	27833	27809	21813	21791	624
水泥制造	27833	27809	21813	21791	624
黑色金属冶炼和压延加工业					
有色金属冶炼和压延加工业	1295672	1289966	1078374	1076431	12009
常用有色金属冶炼	1295672	1289966	1078374	1076431	12009
铝冶炼	1295672	1289966	1078374	1076431	12009
金属制品业					
通用设备制造业					
专用设备制造业					
汽车制造业					
铁路、船舶、航空航天和其他运输设备制造业					
电气机械和器材制造业	320989	319773	271727	270722	1678
输配电及控制设备制造	320989	319773	271727	270722	1678
光伏设备及元器件制造	320989	319773	271727	270722	1678
计算机、通信和其他电子设备制造业					
仪器仪表制造业					
其他制造业					
废弃资源综合利用业					
金属制品、机械和设备修理业					
电力、热力、燃气及水生产和供应业					
电力、热力生产和供应业					
燃气生产和供应业					
水的生产和供应业					

续表2

单位：万元

#主营业务税金及附加	其他业务收入	其他业务利润	销售费用	管理费用	财务费用			营业利润
						#利息收入	#利息支出	
50047	**175479**	**3915**	**48547**	**89496**	**59089**	**15259**	**72297**	**378787**
34476	168529	-75	14132	40600	9383	-665	8001	215924
34476	168529	-75	14132	40600	9383	-665	8001	215924
34476	168529	-75	14132	40600	9383	-665	8001	215924
15571	6950	3991	34415	48895	49706	15924	64296	162863
			272	164	389	2	386	802
			272	164	389	2	386	802
			272	164	389	2	386	802
1259	4		20877	16764	8282	-2	8098	-1841
1259	4		20877	16764	8282	-2	8098	-1841
624	24		1000	7001	6626	0	6625	-9230
624	24		1000	7001	6626	0	6625	-9230
624	24		1000	7001	6626	0	6625	-9230
12009	5706	3763	6526	10644	24699	14865	39564	163276
12009	5706	3763	6526	10644	24699	14865	39564	163276
12009	5706	3763	6526	10644	24699	14865	39564	163276
1678	1215	228	5741	14322	9709	1059	9623	9855
1678	1215	228	5741	14322	9709	1059	9623	9855
1678	1215	228	5741	14322	9709	1059	9623	9855

8-11

行　　业	资产减值损　　失	公允价值变动收益	投资收益	其他收益	营业外收入
总　计	**8123**		**38**		**6632**
采矿业	3		116		1072
煤炭开采和洗选业	3		116		1072
烟煤和无烟煤开采洗选	3		116		1072
石油和天然气开采业					
黑色金属矿采选业					
有色金属矿采选业					
非金属矿采选业					
开采辅助活动					
其他采矿业					
制造业	8120		-78		5560
农副食品加工业					
蔬菜、水果和坚果加工					
水果和坚果加工					
食品制造业					
酒、饮料和精制茶制造业					
烟草制品业					
纺织业					
纺织服装、服饰业					
皮革、毛皮、羽毛及其制品和制鞋业					
木材加工和木、竹、藤、棕、草制品业					
家具制造业					
造纸和纸制品业					
印刷和记录媒介复制业					
文教、工美、体育和娱乐用品制造业					
石油加工、炼焦和核燃料加工业			-98		3749
炼　焦			-98		3749
化学原料和化学制品制造业					
医药制造业					
化学纤维制造业					
橡胶和塑料制品业					
非金属矿物制品业					133
水泥、石灰和石膏制造					133
水泥制造					133
黑色金属冶炼和压延加工业					
有色金属冶炼和压延加工业	144				840
常用有色金属冶炼	144				840
铝冶炼	144				840
金属制品业					
通用设备制造业					
专用设备制造业					
汽车制造业					
铁路、船舶、航空航天和其他运输设备制造业					
电气机械和器材制造业	7976		20		838
输配电及控制设备制造	7976		20		838
光伏设备及元器件制造	7976		20		838
计算机、通信和其他电子设备制造业					
仪器仪表制造业					
其他制造业					
废弃资源综合利用业					
金属制品、机械和设备修理业					
电力、热力、燃气及水生产和供应业					
电力、热力生产和供应业					
燃气生产和供应业					
水的生产和供应业					

续表3

单位：万元

营业外支出	利润总额	所得税费用	亏损企业亏损总额	利税总额	应交税金及附加	本年应付职工薪酬	本年应交增值税	从业人员平均人数（人）
7447	**377973**	**97687**	**22042**	**551685**	**271399**	**100279**	**123194**	**14481**
5484	211513	54014	4541	307288	149789	44777	61299	6775
5484	211513	54014	4541	307288	149789	44777	61299	6775
5484	211513	54014	4541	307288	149789	44777	61299	6775
1963	166460	43673	17502	244397	121610	55503	61895	7706
	802			808	6	253	6	195
	802			808	6	253	6	195
	802			808	6	253	6	195
636	1272		8321	8743	7471	11026	5740	3509
636	1272		8321	8743	7471	11026	5740	3509
84	-9181		9181	-6684	2497	5656	1873	581
84	-9181		9181	-6684	2497	5656	1873	581
84	-9181		9181	-6684	2497	5656	1873	581
1183	162933	43328		227877	108272	18274	52935	1506
1183	162933	43328		227877	108272	18274	52935	1506
1183	162933	43328		227877	108272	18274	52935	1506
60	10633	345		13652	3365	20294	1341	1915
60	10633	345		13652	3365	20294	1341	1915
60	10633	345		13652	3365	20294	1341	1915

8-12 工业大中型企业主要

类　别	企　业单位数(个)	#亏损企业	工业总产值(当年价格)	工业销售产值(当年价格)	#出口交货值	年初存货
总　　计	**144**	**34**	**16162645**	**16021186**	**53213**	**2195653**
一、按登记注册类型分组:						
内资企业	132	31	13864800	13776647	50589	1898685
国有企业						
集体企业	2		316433	317072		40749
股份合作企业						
联营企业						
有限责任公司	68	15	6778268	6798576	39384	917698
国有独资公司	7	1	1561526	1502084		378132
其他有限责任公司	61	14	5216742	5296492	39384	539566
股份有限公司	7		1297428	1296047		124720
私营企业	53	16	5382223	5270510	11205	812715
私营独资企业						
私营合伙企业						
私营有限责任公司	53	16	5382223	5270510	11205	812715
私营股份有限公司						
其他企业	2		90450	94442		2804
港、澳、台商投资企业	7	1	1742124	1664897		225901
合资经营企业(港或澳、台资)	7	1	1742124	1664897		225901
合作经营企业(港或澳、台资)						
港澳台商独资经营企业						
港澳台商投资股份有限公司						
其他港澳台商投资企业						
外商投资企业	5	2	555722	579641	2624	71067
中外合资经营企业	4	1	526181	551378	2624	68509
中外合作经营企业						
外资企业	1	1	29540	28263		2558
外商投资股份有限公司						
其他外商投资企业						
二、在总计中:亏损企业	**34**	**34**	**1664231**	**1612145**	**3904**	**420229**
在总计中:国有控股企业	39	8	5319368	5264609	15339	793158
在总计中:轻工业	10	1	1547335	1472043		349566
重工业	134	33	14615311	14549143	53213	1846087
在总计中:大型企业	34	6	7729561	7767622	22641	1256596
中型企业	110	28	8433085	8253564	30572	939057

经济指标(综合分组)(2017)

单位：万元

#产成品	资产总计	流动资产合计	应收账款	存货	#产成品	固定资产合计	固定资产原价	房屋和构筑物
862340	**37471465**	**14705543**	**2105715**	**2224800**	**835671**	**12450071**	**17941294**	**4912973**
790647	33092887	12621203	1770836	1936023	788308	11065644	15654086	4213926
21506	266446	61701	3627	38049	27840	157100	404041	200482
441447	18282393	5899375	801952	954717	481033	6797675	9160388	2242631
156671	4362625	1393805	136573	377540	160807	1362374	1722364	189165
284776	13919767	4505569	665379	577177	320226	5435301	7438023	2053466
30275	2905918	902683	167163	143356	47525	1057995	1936211	925088
296030	11251561	5472645	695289	797917	231910	2987701	4048670	831063
296030	11251561	5472645	695289	797917	231910	2987701	4048670	831063
1390	386569	284800	102805	1984		65174	104776	14662
26372	3035808	1489031	86775	234472	21700	1068360	1623673	429277
26372	3035808	1489031	86775	234472	21700	1068360	1623673	429277
45321	1342770	595308	248104	54305	25663	316068	663535	269771
45022	1168328	589813	248104	50709	24419	174627	474826	163620
299	174443	5495		3596	1244	141440	188709	106150
210002	**6958686**	**2499483**	**269477**	**356191**	**148930**	**2770435**	**3142017**	**642717**
364759	14454568	3828677	700163	843138	374921	5548465	8096594	2592704
160004	1556884	957866	20359	369446	155635	442034	505418	22282
702336	35914581	13747677	2085356	1855354	680036	12008037	17435876	4890691
495699	18946639	6843590	861601	1125336	435043	5901482	8741040	2793804
366642	18524826	7861952	1244114	1099464	400628	6548589	9200254	2119169

8-12

类　　别	机器设备	运输工具	累计折旧	#本年折旧	负债合计	流动负债合计
总　计	**5216586**	**273266**	**6572346**	**930319**	**29312006**	**21600889**
一、按登记注册类型分组:						
内资企业	4712104	239944	5679781	800402	26595369	19421562
国有企业						
集体企业	103040	98016	247036	8013	242513	241297
股份合作企业						
联营企业						
有限责任公司	2288383	56524	2974983	463928	14642758	10478301
国有独资公司	147232	1837	644573	69484	2467699	1510836
其他有限责任公司	2141152	54687	2330410	394444	12175060	8967465
股份有限公司	676277	43487	720810	88936	1581504	1433156
私营企业	1622293	41517	1697349	233039	9738166	7019112
私营独资企业						
私营合伙企业						
私营有限责任公司	1622293	41517	1697349	233039	9738166	7019112
私营股份有限公司						
其他企业	22111	400	39602	6486	390428	249696
港、澳、台商投资企业	271907	21043	645574	97918	2224118	1694304
合资经营企业(港或澳、台资)	271907	21043	645574	97918	2224118	1694304
合作经营企业(港或澳、台资)						
港澳台商独资经营企业						
港澳台商投资股份有限公司						
其他港澳台商投资企业						
外商投资企业	232576	12279	246991	31999	492519	485023
中外合资经营企业	158496	5038	199729	24113	329185	324820
中外合作经营企业						
外资企业	74081	7241	47262	7886	163334	160202
外商投资股份有限公司						
其他外商投资企业						
二、在总计中:亏损企业	**912385**	**41429**	**1063546**	**149481**	**6461164**	**4248970**
在总计中:国有控股企业	1958106	70627	2651488	348891	10013594	7397629
在总计中:轻工业	24642	1071	197089	30751	761336	679258
重工业	5191944	272194	6375257	899568	28550670	20921631
在总计中:大型企业	2481116	196537	3616111	401206	14035250	9753144
中型企业	2735470	76728	2956235	529114	15276756	11847745

续表1

单位：万元

应付账款	非流动负债合计	所有者权益合计	#实收资本	国家资本	集体资本	法人资本	个人资本	港澳台资本	外商资本
4812306	**7157334**	**8158815**	**5240842**	**2501587**	**66152**	**1070043**	**1081478**	**334800**	**186782**
4231439	6620023	6496875	4292792	2221007	66152	994143	1011490		
219711	1216	23933	457		457				
1728253	3815688	3638991	2540599	1604512	44370	553359	338358		
307420	956863	1894926	953211	953211					
1420833	2858824	1744065	1587387	651301	44370	553359	338358		
311517	148347	1324415	768504	616495	1325	29180	121504		
1931593	2514040	1513394	980132		20000	408504	551628		
1931593	2514040	1513394	980132		20000	408504	551628		
40364	140732	-3859	3100			3100			
507704	529814	811689	565788	111000		50000	69988	334800	
507704	529814	811689	565788	111000		50000	69988	334800	
73164	7496	850251	382262	169580		25900			186782
70825	4365	839143	318010	169580		25900			122530
2339	3132	11109	64253						64253
668915	**1851342**	**497522**	**827794**	**68720**		**331336**	**294586**	**44600**	**88553**
1501123	2472530	4440973	2913615	2470987	20455	208961	133183	74000	6030
132352	82078	795548	132819	94364	10457	1400	26598		
4679954	7075256	7363267	5108023	2407223	55695	1068643	1054880	334800	186782
2210555	4127861	4911388	2751893	1985406	1000	129899	513058		122530
2601751	3029473	3247427	2488949	516181	65152	940144	568420	334800	64253

8-12

类　　别	营业收入	#主营业务收入	营业成本	#主营业务成本	税金及附加
总　计	**17720683**	**17251703**	**12671773**	**12383259**	**655272**
一、按登记注册类型分组:					
内资企业	15155079	14861578	10718930	10497889	605154
国有企业					
集体企业	321552	320821	161735	161370	25002
股份合作企业					
联营企业					
有限责任公司	7970430	7811831	5556268	5411827	435566
国有独资公司	2489156	2431936	1793997	1731424	190791
其他有限责任公司	5481274	5379895	3762271	3680403	244776
股份有限公司	1323555	1309363	679191	668911	56226
私营企业	5445101	5325121	4287651	4221695	79116
私营独资企业					
私营合伙企业					
私营有限责任公司	5445101	5325121	4287651	4221695	79116
私营股份有限公司					
其他企业	94442	94442	34086	34086	9244
港、澳、台商投资企业	1829989	1724041	1468396	1466449	22661
合资经营企业(港或澳、台资)	1829989	1724041	1468396	1466449	22661
合作经营企业(港或澳、台资)					
港澳台商独资经营企业					
港澳台商投资股份有限公司					
其他港澳台商投资企业					
外商投资企业	735615	666084	484447	418921	27457
中外合资经营企业	707782	638276	462635	397130	26833
中外合作经营企业					
外资企业	27833	27809	21813	21791	624
外商投资股份有限公司					
其他外商投资企业					
二、在总计中:亏损企业	**1513995**	**1507521**	**1351983**	**1346897**	**36863**
在总计中:国有控股企业	6573576	6467718	4318360	4230998	395253
在总计中:轻工业	2382554	2376387	1847704	1847294	155337
重工业	15338129	14875316	10824069	10535965	499935
在总计中:大型企业	9186570	8830052	6158364	5948050	444320
中型企业	8534113	8421650	6513410	6435209	210952

续表2

单位：万元

#主营业务税金及附加	其他业务收　　入	其他业务利　　润	销售费用	管理费用	财务费用	#利息收入	#利息支出	营业利润
634623	**468980**	**21153**	**757728**	**958788**	**812618**	**35466**	**708217**	**1878229**
584977	293502	17238	710170	869809	757138	20089	639638	1515685
25002	731		39075	20201	5588	3	5583	69287
423813	158598	13226	299117	528593	501369	18442	452679	672663
190791	57220	11424	140184	158846	63236	4387	68953	148329
233022	101379	1802	158933	369747	438133	14055	383726	524334
56226	14193	4052	232610	50766	23606	2077	24811	277584
70693	119979	-40	137113	254583	211408	-410	142767	478127
70693	119979	-40	137113	254583	211408	-410	142767	478127
9244			2254	15666	15168	-23	13798	18024
22190	105948	3763	35485	45175	39389	14853	52092	218640
22190	105948	3763	35485	45175	39389	14853	52092	218640
27457	69531	152	12073	43804	16091	524	16487	143903
26833	69506	152	11073	36804	9465	524	9862	153134
624	24		1000	7001	6626	0	6625	-9230
30835	**6473**	**-75**	**44402**	**123654**	**163491**	**728**	**138199**	**-206827**
383499	105858	17457	474719	398010	331184	22505	299709	670709
155337	6167	77	138665	104450	5225	3902	8378	134135
479287	462814	21075	619064	854338	807393	31564	699839	1744094
432236	356518	16364	538021	547603	419807	21374	379199	1087005
202388	112463	4789	219707	411185	392811	14093	329018	791224

8-12

类　　别	资产减值损　　失	公允价值变动收益	投资收益	其他收益	营业外收入
总　　计	**12621**	**4**	**8456**	**6383**	**54870**
一、按登记注册类型分组:					
内资企业	4501	4	8418	6383	48238
国有企业					
集体企业	781			117	361
股份合作企业					
联营企业					
有限责任公司	893	4	7126	5404	22157
国有独资公司	-6916	4	-3645	2952	12483
其他有限责任公司	7809		10772	2452	9674
股份有限公司	4696		324	800	2145
私营企业	-1869		968	61	23331
私营独资企业					
私营合伙企业					
私营有限责任公司	-1869		968	61	23331
私营股份有限公司					
其他企业					243
港、澳、台商投资企业	144		-98		5630
合资经营企业(港或澳、台资)	144		-98		5630
合作经营企业(港或澳、台资)					
港澳台商独资经营企业					
港澳台商投资股份有限公司					
其他港澳台商投资企业					
外商投资企业	7976		136		1003
中外合资经营企业	7976		136		869
中外合作经营企业					
外资企业					133
外商投资股份有限公司					
其他外商投资企业					
二、在总计中:亏损企业	**505**		**76**		**6653**
在总计中:国有控股企业	8142	4	5471	5819	21708
在总计中:轻工业	-2643	4	-492	809	2028
重工业	15263		8948	5574	52842
在总计中:大型企业	16909	4	7698	6251	44608
中型企业	-4288		758	131	10262

续表3

单位：万元

营业外支出	利润总额	所得税费用	亏损企业亏损总额	利税总额	应交税金及附加	本年应付职工薪酬	本年应交增值税	从业人员平均人数（人）
86011	**1847088**	**375657**	**214804**	**3590534**	**2119103**	**1153398**	**1088174**	**159103**
80226	1483697	281415	192762	3057431	1855149	1054146	968580	144962
214	69434	2		133455	64023	41470	39019	5444
39037	655783	167705	149488	1662485	1174407	704739	571135	89369
6102	154711	44988	6276	513632	403909	176436	168131	23373
32936	501073	122718	143212	1148853	770498	528303	403004	65996
2902	276827	55549		435352	214073	100471	102299	8579
33573	467885	58159	43274	790329	380603	199774	243328	40334
33573	467885	58159	43274	790329	380603	199774	243328	40334
4500	13767			35810	22043	7692	12799	1236
3154	221116	57556	8321	318486	154926	37701	74708	6508
3154	221116	57556	8321	318486	154926	37701	74708	6508
2631	142275	36686	13721	214617	109028	61551	44886	7633
2547	151456	36686	4541	221301	106532	55895	43013	7052
84	-9181		9181	-6684	2497	5656	1873	581
14630	**-214804**	**1**	**214804**	**-122782**	**92022**	**147020**	**55159**	**26270**
22015	670402	165658	71738	1557453	1052709	651826	491798	64691
4275	131888	40726	3443	379066	287903	96301	91841	20133
81736	1715200	334931	211361	3211468	1831200	1057096	996334	138970
26784	1104829	210999	58950	2199001	1305170	789373	649852	94853
59227	742259	164658	155854	1391533	813933	364025	438323	64250

8-13 工业大中型企业主要

行业	企业单位数(个)	#亏损企业	工业总产值(当年价格)	工业销售产值(当年价格)	#出口交货值	年初存货
总计	**144**	**34**	**16162645**	**16021186**	**53213**	**2195653**
采矿业	70	11	6356174	6453587	12716	459755
煤炭开采和洗选业	66	11	5921962	6025779	12716	441755
烟煤和无烟煤开采洗选	66	11	5921962	6025779	12716	441755
石油和天然气开采业						
黑色金属矿采选业	1		369170	365687		16670
铁矿采选	1		369170	365687		16670
有色金属矿采选业	3		65041	62122		1330
常用有色金属矿采选	3		65041	62122		1330
铝矿采选	3		65041	62122		1330
非金属矿采选业						
开采辅助活动						
其他采矿业						
制造业	70	19	9675483	9440660	40497	1732749
农副食品加工业	4	1	693712	693377		36485
饲料加工	2	1	587348	587321		25365
屠宰及肉类加工	2		106364	106056		11120
禽类屠宰	2		106364	106056		11120
食品制造业						
酒、饮料和精制茶制造业	4		831710	758627		307985
酒的制造	3		828713	755717		306184
白酒制造	3		828713	755717		306184
饮料制造	1		2996	2910		1801
果菜汁及果菜汁饮料制造	1		2996	2910		1801
烟草制品业						
纺织业						
纺织服装、服饰业						
皮革、毛皮、羽毛及其制品和制鞋业						
木材加工和木、竹、藤、棕、草制品业						
家具制造业						
造纸和纸制品业						
印刷和记录媒介复制业	1		13654	13780		1999
印　刷	1		13654	13780		1999
书、报刊印刷	1		13654	13780		1999
文教、工美、体育和娱乐用品制造业						
石油加工、炼焦和核燃料加工业	21	5	2920948	2991220		475975
炼　焦	21	5	2920948	2991220		475975
化学原料和化学制品制造业	12	3	463085	424058	26668	102801
基础化学原料制造	9	3	324255	307171	26668	85947
无机碱制造	3		103139	88278		31471
无机盐制造	2		35274	37805	26668	5092
有机化学原料制造	3	3	129554	124799		37309
其他基础化学原料制造	1		56289	56289		12075
肥料制造	2		101002	82183		14996
氮肥制造	1		23247	19528		7872
复混肥料制造	1		77755	62655		7124

经济指标(行业分组)(2017年)

单位：万元

#产成品	资产总计	流动资产合计	应收账款	存货	#产成品	固定资产合计	固定资产原价	房屋和构筑物
862340	**37471465**	**14705543**	**2105715**	**2224800**	**835671**	**12450071**	**17941294**	**4912973**
184291	19813656	6388983	1184613	453603	237944	6628002	9984957	3318944
179747	18542893	6154538	1145398	430057	228787	5974104	9225926	3318944
179747	18542893	6154538	1145398	430057	228787	5974104	9225926	3318944
3213	1216254	201316	27500	19395	5015	647362	750460	
3213	1216254	201316	27500	19395	5015	647362	750460	
1330	54509	33129	11715	4152	4142	6536	8571	
1330	54509	33129	11715	4152	4142	6536	8571	
1330	54509	33129	11715	4152	4142	6536	8571	
677292	16904487	8171037	900833	1764740	597563	5321432	7316964	1515502
18894	179379	56060	4721	35171	17644	99129	140396	10296
15181	124614	35227	1858	24780	14594	72468	107590	2784
3713	54765	20832	2863	10391	3050	26662	32806	7512
3713	54765	20832	2863	10391	3050	26662	32806	7512
138911	1351101	887744	11559	327816	135455	331586	340380	5879
138888	1343844	883860	11413	326058	135228	328462	336736	4816
138888	1343844	883860	11413	326058	135228	328462	336736	4816
23	7257	3883	146	1758	227	3124	3644	1063
23	7257	3883	146	1758	227	3124	3644	1063
1384	13521	7175	1416	3026	940	5323	15229	
1384	13521	7175	1416	3026	940	5323	15229	
1384	13521	7175	1416	3026	940	5323	15229	
236395	6647924	4003295	580868	446903	232625	1447563	2125422	438066
236395	6647924	4003295	580868	446903	232625	1447563	2125422	438066
33976	1202419	465917	25168	101527	40509	428087	618680	72166
19483	965159	386776	10515	75054	23045	286225	440540	72154
7338	190752	84960	8629	39731	5896	64772	93686	
3251	41821	16120	3759	6165	3246	21374	22516	267
8501	684908	275490	3955	25701	13578	164880	266103	71888
393	47679	10206	-5828	3457	325	35199	58235	
12782	192904	45514	8144	20154	15753	133130	147223	12
7268	63867	17277	-257	14992	12511	45824	45639	
5514	129037	28237	8401	5162	3242	87305	101583	12

8-13

行业	企业单位数(个)	#亏损企业	工业总产值(当年价格)	工业销售产值(当年价格)	#出口交货值	年初存货
炸药、火工及焰火产品制造	1		37828	34705		1858
炸药及火工产品制造	1		37828	34705		1858
医药制造业						
化学纤维制造业						
橡胶和塑料制品业						
非金属矿物制品业	7	1	198717	190660		47607
水泥、石灰和石膏制造	3	1	62890	60531		4855
水泥制造	3	1	62890	60531		4855
石膏、水泥制品及类似制品制造	1		25441	25441		1409
水泥制品制造	1		25441	25441		1409
玻璃制造	1		73913	69640		24751
平板玻璃制造	1		73913	69640		24751
玻璃制品制造	1		28740	27996		8577
技术玻璃制品制造	1		28740	27996		8577
耐火材料制品制造	1		7734	7052		8016
耐火陶瓷制品及其他耐火材料制造	1		7734	7052		8016
黑色金属冶炼和压延加工业	11	6	1523187	1427522	11205	410299
炼　铁	6	3	284458	259542	3904	53263
黑色金属铸造	2	2	58996	58545		22487
钢压延加工	2	1	920013	894303		310853
铁合金冶炼	1		259720	215132	7301	23696
有色金属冶炼和压延加工业	8	3	2801272	2694722		298400
常用有色金属冶炼	8	3	2801272	2694722		298400
铝冶炼	6	1	2778884	2679200		291761
镁冶炼	2	2	22388	15522		6638
金属制品业	1		8259	6259		3098
建筑、安全用金属制品制造	1		8259	6259		3098
其他建筑、安全用金属制品制造	1		8259	6259		3098
通用设备制造业						
专用设备制造业						
汽车制造业						
铁路、船舶、航空航天和其他运输设备制造						
电气机械和器材制造业	1		220939	240436	2624	48101
输配电及控制设备制造	1		220939	240436	2624	48101
光伏设备及元器件制造	1		220939	240436	2624	48101
计算机、通信和其他电子设备制造业						
仪器仪表制造业						
其他制造业						
废弃资源综合利用业						
金属制品、机械和设备修理业						
电力、热力、燃气及水生产和供应业	4	4	130989	126939		3149
电力、热力生产和供应业	3	3	126079	122029		2566
电力生产	3	3	126079	122029		2566
火力发电	3	3	126079	122029		2566
燃气生产和供应业	1	1	4910	4910		583
水的生产和供应业						

续表1

单位：万元

#产成品	资产总计	流动资产合计	应收账款	存货	#产成品	固定资产合计	固定资产原价	房屋和构筑物
1711	44356	33626	6509	6319	1711	8732	30918	
1711	44356	33626	6509	6319	1711	8732	30918	
14425	695600	297379	39181	47648	16763	255550	416422	147835
1199	225652	24826	7090	7045	2557	170323	253944	118108
1199	225652	24826	7090	7045	2557	170323	253944	118108
1134	14127	8162	1839	1936	1202	5528	10464	5639
1134	14127	8162	1839	1936	1202	5528	10464	5639
11682	374769	205490	17318	21540	9701	60097	120210	21132
11682	374769	205490	17318	21540	9701	60097	120210	21132
51	58071	41897	4296	9048	2834	13627	20050	2957
51	58071	41897	4296	9048	2834	13627	20050	2957
359	22980	17004	8639	8079	469	5976	11754	
359	22980	17004	8639	8079	469	5976	11754	
158610	2170544	769605	59399	319152	88032	909088	1330100	310518
19981	334257	141021	30932	40567	20539	180164	317329	18760
20537	182759	50021	8638	31334	30240	97517	47275	
102134	1456065	457393		203415	21295	631407	854283	256034
15958	197463	121170	19830	43836	15958		111213	35724
32854	4181345	1409300	13237	454415	43908	1839111	2195405	489413
32854	4181345	1409300	13237	454415	43908	1839111	2195405	489413
31778	4138785	1381884	4417	443260	37393	1831723	2165444	484908
1077	42560	27416	8820	11155	6515	7388	29961	4505
815	12883	6887	2663	3433	1596	5996	9413	6106
815	12883	6887	2663	3433	1596	5996	9413	6106
815	12883	6887	2663	3433	1596	5996	9413	6106
41027	449773	267676	162621	25650	20093		125517	35222
41027	449773	267676	162621	25650	20093		125517	35222
41027	449773	267676	162621	25650	20093		125517	35222
758	753322	145523	20269	6457	164	500637	639374	78528
175	731151	139645	19651	5648	164	484344	628640	78528
175	731151	139645	19651	5648	164	484344	628640	78528
175	731151	139645	19651	5648	164	484344	628640	78528
583	22171	5878	618	809		16293	10734	

8-13

行　业	机器设备	运输工具	累计折旧	#本年折旧	负债合计	流动负债合计
总　计	**5216586**	**273266**	**6572346**	**930319**	**29312006**	**21600889**
采矿业	2262725	193724	3401921	469533	15249685	11283734
煤炭开采和洗选业	2262725	193724	3296581	437830	14807280	11050352
烟煤和无烟煤开采洗选	2262725	193724	3296581	437830	14807280	11050352
石油和天然气开采业						
黑色金属矿采选业			103098	29925	398647	189654
铁矿采选			103098	29925	398647	189654
有色金属矿采选业			2242	1778	43758	43728
常用有色金属矿采选			2242	1778	43758	43728
铝矿采选			2242	1778	43758	43728
非金属矿采选业						
开采辅助活动						
其他采矿业						
制造业	2804656	79264	3022302	431998	13337434	9835624
农副食品加工业	18323	24	41267	14390	114118	111862
饲料加工	12842	3	35122	10120	88095	86807
屠宰及肉类加工	5481	21	6145	4270	26023	25055
禽类屠宰	5481	21	6145	4270	26023	25055
食品制造业						
酒、饮料和精制茶制造业	3550	509	142499	15594	630248	551615
酒的制造	1176	328	141980	15443	627498	549151
白酒制造	1176	328	141980	15443	627498	549151
饮料制造	2375	181	519	151	2750	2463
果菜汁及果菜汁饮料制造	2375	181	519	151	2750	2463
烟草制品业						
纺织业						
纺织服装、服饰业						
皮革、毛皮、羽毛及其制品和制鞋业						
木材加工和木、竹、藤、棕、草制品业						
家具制造业						
造纸和纸制品业						
印刷和记录媒介复制业			9906	481	4662	3473
印　刷			9906	481	4662	3473
书、报刊印刷			9906	481	4662	3473
文教、工美、体育和娱乐用品制造业						
石油加工、炼焦和核燃料加工业	447475	37829	1022761	118263	6369612	4203748
炼焦	447475	37829	1022761	118263	6369612	4203748
化学原料和化学制品制造业	289906	3308	218641	32673	953086	567669
基础化学原料制造	189891	1751	163950	19055	767659	390141
无机碱制造			29089	3839	141006	138727
无机盐制造	12534	455	10511	2032	30325	30117
有机化学原料制造	177357	1296	101223	9267	556100	184155
其他基础化学原料制造			23126	3917	40228	37143
肥料制造	100015	1557	32506	12909	157854	149955
氮肥制造			18228	2560	73468	66199
复混肥料制造	100015	1557	14278	10349	84386	83756

续表2

单位：万元

应付账款	非流动负债合计	所有者权益合计	#实收资本	国家资本	集体资本	法人资本	个人资本	港澳台资本	外商资本
4812306	**7157334**	**8158815**	**5240842**	**2501587**	**66152**	**1070043**	**1081478**	**334800**	**186782**
1752395	3715126	4563971	2796569	1918618	40995	465792	254664		116500
1687586	3506133	3735613	2042999	1167748	40995	463792	253964		116500
1687586	3506133	3735613	2042999	1167748	40995	463792	253964		116500
51493	208993	817606	750870	750870					
51493	208993	817606	750870	750870					
13316		10752	2700			2000	700		
13316		10752	2700			2000	700		
13316		10752	2700			2000	700		
2904335	3198851	3566409	2276508	530355	25157	498520	817394	334800	70282
12720	2256	65261	33498		10000	500	22998		
11744	1287	36519	15498			500	14998		
976	969	28742	18000		10000		8000		
976	969	28742	18000		10000		8000		
118024	78634	720853	95857	91357		900	3600		
117879	78347	716346	92857	91357		900	600		
117879	78347	716346	92857	91357		900	600		
146	287	4507	3000				3000		
146	287	4507	3000				3000		
1227	1188	8859	3007	3007					
1227	1188	8859	3007	3007					
1227	1188	8859	3007	3007					
1704946	2057855	277669	842623	120355		258688	340980	122600	
1704946	2057855	277669	842623	120355		258688	340980	122600	
116138	287993	249333	238101	1936		3548	232616		
77267	280094	197500	169240			3548	165692		
38965	2279	49746	53522			3000	50522		
2733	208	11496	1718			548	1170		
22946	274521	128807	106000				106000		
12622	3085	7451	8000				8000		
23992	7899	35050	66925				66925		
8529	7269	-9601	16925				16925		
15463	630	44651	50000				50000		

8-13

行　　业	机器设备	运输工具	累计折旧	#本年折旧	负债合计	流动负债合　　计
炸药、火工及焰火产品制造			22186	710	27573	27573
炸药及火工产品制造			22186	710	27573	27573
医药制造业						
化学纤维制造业						
橡胶和塑料制品业						
非金属矿物制品业	212240	9887	166212	20776	634333	621683
水泥、石灰和石膏制造	94576	7955	83705	10981	196912	193780
水泥制造	94576	7955	83705	10981	196912	193780
石膏、水泥制品及类似制品制造	3252	171	4937	589	5909	5909
水泥制品制造	3252	171	4937	589	5909	5909
玻璃制造	97792	1287	60114	7379	384685	378567
平板玻璃制造	97792	1287	60114	7379	384685	378567
玻璃制品制造	16620	474	11679	1601	34058	34058
技术玻璃制品制造	16620	474	11679	1601	34058	34058
耐火材料制品制造			5778	227	12769	9369
耐火陶瓷制品及其他耐火材料制造			5778	227	12769	9369
黑色金属冶炼和压延加工业	749416	22022	700757	76606	1608979	1317880
炼　铁	96166	1534	154172	19021	206555	197329
黑色金属铸造			26986	3701	169548	71340
钢压延加工	581306	16943	471939	46368	1162087	998422
铁合金冶炼	71944	3545	47660	7517	70789	50789
有色金属冶炼和压延加工业	995160	4475	691796	143382	2902690	2342352
常用有色金属冶炼	995160	4475	691796	143382	2902690	2342352
铝冶炼	983470	2984	671964	141911	2861441	2315098
镁冶炼	11690	1490	19832	1471	41249	27254
金属制品业	2769	539	3418	286	12308	12308
建筑、安全用金属制品制造	2769	539	3418	286	12308	12308
其他建筑、安全用金属制品制造	2769	539	3418	286	12308	12308
通用设备制造业						
专用设备制造业						
汽车制造业						
铁路、船舶、航空航天和其他运输设备制造						
电气机械和器材制造业	85818	673	25047	9547	107399	103035
输配电及控制设备制造	85818	673	25047	9547	107399	103035
光伏设备及元器件制造	85818	673	25047	9547	107399	103035
计算机、通信和其他电子设备制造业						
仪器仪表制造业						
其他制造业						
废弃资源综合利用业						
金属制品、机械和设备修理业						
电力、热力、燃气及水生产和供应业	149205	278	148123	28789	724887	481531
电力、热力生产和供应业	149205	278	143083	28327	659255	415899
电力生产	149205	278	143083	28327	659255	415899
火力发电	149205	278	143083	28327	659255	415899
燃气生产和供应业			5040	462	65632	65632
水的生产和供应业						

续表3

单位：万元

应付账款	非流动负债合计	所有者权益合计	#实收资本	国家资本	集体资本	法人资本	个人资本	港澳台资本	外商资本
14880		16783	1936	1936					
14880		16783	1936	1936					
64832	12650	61267	142363			23600	54510		64253
23963	3132	28740	76253				12000		64253
23963	3132	28740	76253				12000		64253
3623		8218	3600			3600			
3623		8218	3600			3600			
18318	6118	-9916	40250				40250		
18318	6118	-9916	40250				40250		
16538		24013	20000			20000			
16538		24013	20000			20000			
2390	3400	10211	2260				2260		
2390	3400	10211	2260				2260		
259422	193573	561565	229293	15300	14700	82104	117189		
43818	9225	127703	73085	15300	14700	34905	8180		
6945	18683	13211	51999			47199	4800		
186021	163665	293978	96688				96688		
22638	2000	126674	7521				7521		
591481	560338	1278654	515700	128820		129180	45500	212200	
591481	560338	1278654	515700	128820		129180	45500	212200	
573538	546343	1277343	500200	128820		129180	30000	212200	
17943	13995	1311	15500				15500		
381		575	457		457				
381		575	457		457				
381		575	457		457				
35164	4365	342373	175610	169580					6030
35164	4365	342373	175610	169580					6030
35164	4365	342373	175610	169580					6030
155577	243356	28435	167765	52614		105731	9420		
154338	243356	71896	144215	38484		105731			
154338	243356	71896	144215	38484		105731			
154338	243356	71896	144215	38484		105731			
1239		-43462	23550	14130			9420		

8-13

行业	营业收入	#主营业务收入	营业成本	#主营业务成本	税金及附加
总计	**17720683**	**17251703**	**12671773**	**12383259**	**655272**
采矿业	6884848	6612498	3745027	3586488	457842
煤炭开采和洗选业	6437553	6165203	3412003	3253571	434411
烟煤和无烟煤开采洗选	6437553	6165203	3412003	3253571	434411
石油和天然气开采业					
黑色金属矿采选业	365580	365580	278824	278824	14672
铁矿采选	365580	365580	278824	278824	14672
有色金属矿采选业	81715	81715	54200	54092	8759
常用有色金属矿采选	81715	81715	54200	54092	8759
铝矿采选	81715	81715	54200	54092	8759
非金属矿采选业					
开采辅助活动					
其他采矿业					
制造业	10714074	10517770	8772664	8642883	197064
农副食品加工业	668401	668129	631011	630656	674
饲料加工	587321	587321	555279	555279	511
屠宰及肉类加工	81081	80808	75733	75378	163
禽类屠宰	81081	80808	75733	75378	163
食品制造业					
酒、饮料和精制茶制造业	1690118	1684471	1196768	1196738	154458
酒的制造	1685373	1679726	1192571	1192541	154436
白酒制造	1685373	1679726	1192571	1192541	154436
饮料制造	4745	4745	4196	4196	22
果菜汁及果菜汁饮料制造	4745	4745	4196	4196	22
烟草制品业					
纺织业					
纺织服装、服饰业					
皮革、毛皮、羽毛及其制品和制鞋业					
木材加工和木、竹、藤、棕、草制品业					
家具制造业					
造纸和纸制品业					
印刷和记录媒介复制业	14027	13780	11133	11107	167
印　刷	14027	13780	11133	11107	167
书、报刊印刷	14027	13780	11133	11107	167
文教、工美、体育和娱乐用品制造业					
石油加工、炼焦和核燃料加工业	3092164	2981823	2607603	2549527	12121
炼　焦	3092164	2981823	2607603	2549527	12121
化学原料和化学制品制造业	427263	421756	366365	364655	2201
基础化学原料制造	306492	305559	273294	272601	1095
无机碱制造	94125	93919	86646	86646	564
无机盐制造	43932	43203	36514	35821	61
有机化学原料制造	98984	98984	87865	87865	140
其他基础化学原料制造	69452	69452	62270	62270	330
肥料制造	82235	82183	69701	69701	266
氮肥制造	19581	19528	14484	14484	43
复混肥料制造	62655	62655	55217	55217	223

续表4

单位：万元

#主营业务税金及附加	其他业务收入	其他业务利润	销售费用	管理费用	财务费用	#利息收入	#利息支出	营业利润
634623	**468980**	**21153**	**757728**	**958788**	**812618**	**35466**	**708217**	**1878229**
437807	272350	16536	378778	603032	555241	15224	490199	1169052
416174	272350	15527	374297	557683	537504	14871	470132	1145715
416174	272350	15527	374297	557683	537504	14871	470132	1145715
14672		1117		34810	17744	354	20067	19593
14672		1117		34810	17744	354	20067	19593
6961		-108	4481	10539	-8	-2		3745
6961		-108	4481	10539	-8	-2		3745
6961		-108	4481	10539	-8	-2		3745
196592	196304	4617	378951	348538	238882	20465	199953	768053
674	272	-83	6288	10047	2529	-1	2262	17715
511			4885	8695	1957		1697	15833
163	272	-83	1404	1352	572	-1	564	1882
163	272	-83	1404	1352	572	-1	564	1882
154458	5647	160	132205	90682	2710	3900	6116	116326
154436	5647	160	131984	90439	2681	3891	6079	116292
154436	5647	160	131984	90439	2681	3891	6079	116292
22			222	242	29	9	37	34
22			222	242	29	9	37	34
167	247		171	2386	-8	9		247
167	247		171	2386	-8	9		247
167	247		171	2386	-8	9		247
11649	110341	69	175709	79439	91700	887	59452	119149
11649	110341	69	175709	79439	91700	887	59452	119149
2201	5507	88	9620	33705	7900	40	7621	7519
1095	934	35	5994	24348	4946	10	4632	-3185
564	205		1249	1882	3188	18	3152	596
61	728	35	3752	2237	141	9	23	1226
140			239	15120	1470	5	1333	-5850
330			754	5109	147	-22	124	843
266	53	53	2992	3206	2627	0	2636	3443
43	53	53	1006	1159	2635	0	2636	254
223			1986	2047	-8			3189

8-13

行　业	营业收入	#主营业务收入	营业成本	#主营业务成本	税金及附加
炸药、火工及焰火产品制造	38535	34015	23370	22352	839
炸药及火工产品制造	38535	34015	23370	22352	839
医药制造业					
化学纤维制造业					
橡胶和塑料制品业					
非金属矿物制品业	238940	222235	201975	186385	1528
水泥、石灰和石膏制造	60101	60077	50810	50789	816
水泥制造	60101	60077	50810	50789	816
石膏、水泥制品及类似制品制造	25441	25301	19382	19313	174
水泥制品制造	25441	25301	19382	19313	174
玻璃制造	110183	93921	96380	80880	308
平板玻璃制造	110183	93921	96380	80880	308
玻璃制品制造	26696	26417	22164	22164	28
技术玻璃制品制造	26696	26417	22164	22164	28
耐火材料制品制造	16518	16518	13239	13239	202
耐火陶瓷制品及其他耐火材料制造	16518	16518	13239	13239	202
黑色金属冶炼和压延加工业	1481164	1432159	1219481	1169872	6515
炼　铁	299855	251168	275861	226555	1368
黑色金属铸造	73090	73090	69616	69616	87
钢压延加工	892770	892770	706171	706171	4346
铁合金冶炼	215449	215132	167834	167531	715
有色金属冶炼和压延加工业	2771002	2763637	2257808	2254428	17684
常用有色金属冶炼	2771002	2763637	2257808	2254428	17684
铝冶炼	2748613	2741248	2237054	2233674	17519
镁冶炼	22389	22389	20754	20754	165
金属制品业	10008	10008	8793	8793	38
建筑、安全用金属制品制造	10008	10008	8793	8793	38
其他建筑、安全用金属制品制造	10008	10008	8793	8793	38
通用设备制造业					
专用设备制造业					
汽车制造业					
铁路、船舶、航空航天和其他运输设备制造					
电气机械和器材制造业	320989	319773	271727	270722	1678
输配电及控制设备制造	320989	319773	271727	270722	1678
光伏设备及元器件制造	320989	319773	271727	270722	1678
计算机、通信和其他电子设备制造业					
仪器仪表制造业					
其他制造业					
废弃资源综合利用业					
金属制品、机械和设备修理业					
电力、热力、燃气及水生产和供应业	121761	121435	154083	153888	366
电力、热力生产和供应业	116851	116525	148832	148638	267
电力生产	116851	116525	148832	148638	267
火力发电	116851	116525	148832	148638	267
燃气生产和供应业	4910	4910	5250	5250	99
水的生产和供应业					

续表5

单位：万元

#主营业务税金及附加	其他业务收入	其他业务利润	销售费用	管理费用	财务费用	#利息收入	#利息支出	营业利润
839	4521		635	6151	327	31	354	7261
839	4521		635	6151	327	31	354	7261
1528	16705	350	7343	17202	13602	10	12464	-1216
816	24		1403	7830	6624	4	6626	-7381
816	24		1403	7830	6624	4	6626	-7381
174	140	71	2666	1475	26	0	26	1732
174	140	71	2666	1475	26	0	26	1732
308	16262		523	4011	6222	7	5687	4220
308	16262		523	4011	6222	7	5687	4220
28	279	279	2240	1963	125	0	125	177
28	279	279	2240	1963	125	0	125	177
202			511	1923	606			36
202			511	1923	606			36
6515	49004	13	15311	56460	34779	-432	36954	148709
1368	48688		7182	8466	2907	118	2619	4071
87			468	4035	1398		4365	-2513
4346			953	30773	26875	-735	26557	123654
715	317	13	6708	13187	3598	185	3414	23497
17684	7365	3791	26562	42960	75968	14998	65461	349901
17684	7365	3791	26562	42960	75968	14998	65461	349901
17519	7365	3791	26373	41448	74460	14998	65461	351641
165			189	1512	1508			-1740
38				1336	-5	-6		-153
38				1336	-5	-6		-153
38				1336	-5	-6		-153
1678	1215	228	5741	14322	9709	1059	9623	9855
1678	1215	228	5741	14322	9709	1059	9623	9855
1678	1215	228	5741	14322	9709	1059	9623	9855
225	326			7218	18496	-222	18065	-58876
126	326			5479	18284	-222	18476	-56022
126	326			5479	18284	-222	18476	-56022
126	326			5479	18284	-222	18476	-56022
99				1739	212	0	-411	-2854

8-13

行　　业	资产减值损　　失	公允价值变动收益	投资收益	其他收益	营业外收入
总　计	**12621**	**4**	**8456**	**6383**	**54870**
采矿业	-438		6605	5574	21487
煤炭开采和洗选业	-438		9172	2944	21430
烟煤和无烟煤开采洗选	-438		9172	2944	21430
石油和天然气开采业					
黑色金属矿采选业			-2566	2630	17
铁矿采选			-2566	2630	17
有色金属矿采选业					40
常用有色金属矿采选					40
铝矿采选					40
非金属矿采选业					
开采辅助活动					
其他采矿业					
制造业	12546	4	1813	809	31672
农副食品加工业	1170		587	447	345
饲料加工	1134		587	386	254
屠宰及肉类加工	36			61	92
禽类屠宰	36			61	92
食品制造业					
酒、饮料和精制茶制造业	-3814	4	-1079	292	1469
酒的制造	-3814	4	-1079	292	1468
白酒制造	-3814	4	-1079	292	1468
饮料制造					0
果菜汁及果菜汁饮料制造					0
烟草制品业					
纺织业					
纺织服装、服饰业					
皮革、毛皮、羽毛及其制品和制鞋业					
木材加工和木、竹、藤、棕、草制品业					
家具制造业					
造纸和纸制品业					
印刷和记录媒介复制业	2		0	70	8
印　刷	2		0	70	8
书、报刊印刷	2		0	70	8
文教、工美、体育和娱乐用品制造业					
石油加工、炼焦和核燃料加工业	7130		687		8570
炼　焦	7130		687		8570
化学原料和化学制品制造业	-47				870
基础化学原料制造					313
无机碱制造					132
无机盐制造					86
有机化学原料制造					84
其他基础化学原料制造					10
肥料制造					556
氮肥制造					30
复混肥料制造					526

续表6

单位：万元

营业外支出	利润总额	所得税费用	亏损企业亏损总额	利税总额	应交税金及附加	本年应付职工薪酬	本年应交增值税	从业人员平均人数（人）
86011	**1847088**	**375657**	**214804**	**3590534**	**2119103**	**1153398**	**1088174**	**159103**
70361	1120178	220559	86284	2299760	1400141	800056	721740	86211
69882	1097263	217142	86284	2220860	1340739	779463	689186	84021
69882	1097263	217142	86284	2220860	1340739	779463	689186	84021
144	19466	3130		59762	43426	18931	25624	1479
144	19466	3130		59762	43426	18931	25624	1479
335	3450	287		19138	15975	1662	6929	711
335	3450	287		19138	15975	1662	6929	711
335	3450	287		19138	15975	1662	6929	711
15063	784663	155098	70768	1348088	718524	337575	366361	70853
2144	15917	119	3443	16595	797	24345	4	6679
1989	14097	119	3443	14612	633	19262	4	5272
154	1820			1983	163	5083		1407
154	1820			1983	163	5083		1407
2077	115717	40605		361158	286046	67469	90983	12504
2074	115686	40597		361101	286012	67139	90979	12160
2074	115686	40597		361101	286012	67139	90979	12160
3	32	8		58	34	330	4	344
3	32	8		58	34	330	4	344
9	246			776	530	3996	363	534
9	246			776	530	3996	363	534
9	246			776	530	3996	363	534
4467	123252	14877	26030	214560	106184	68366	79187	17519
4467	123252	14877	26030	214560	106184	68366	79187	17519
737	7652	1826	5917	19633	13808	23531	9781	6241
314	-3187	617	5917	4589	8392	13731	6680	4053
81	648	128		5390	4870	4948	4178	1605
40	1272	286		1719	734	2754	386	978
150	-5917		5917	-3661	2256	3220	2116	875
43	811	203		1140	532	2809		595
314	3684			4380	696	5842	430	1432
217	66			539	473	1957	430	655
97	3618			3841	223	3885		777

8-13

行　　业	资产减值损　　失	公允价值变动收益	投资收益	其他收益	营业外收入
炸药、火工及焰火产品制造	-47				1
炸药及火工产品制造	-47				1
医药制造业					
化学纤维制造业					
橡胶和塑料制品业					
非金属矿物制品业	-14		1480		1078
水泥、石灰和石膏制造					956
水泥制造					956
石膏、水泥制品及类似制品制造	-14				64
水泥制品制造	-14				64
玻璃制造			1480		22
平板玻璃制造			1480		22
玻璃制品制造					37
技术玻璃制品制造					37
耐火材料制品制造					
耐火陶瓷制品及其他耐火材料制造					
黑色金属冶炼和压延加工业			92		16503
炼　铁					607
黑色金属铸造					1284
钢压延加工			2		14285
铁合金冶炼			90		328
有色金属冶炼和压延加工业	144		26		1785
常用有色金属冶炼	144		26		1785
铝冶炼	144		26		1699
镁冶炼					85
金属制品业					206
建筑、安全用金属制品制造					206
其他建筑、安全用金属制品制造					206
通用设备制造业					
专用设备制造业					
汽车制造业					
铁路、船舶、航空航天和其他运输设备制造					
电气机械和器材制造业	7976		20		838
输配电及控制设备制造	7976		20		838
光伏设备及元器件制造	7976		20		838
计算机、通信和其他电子设备制造业					
仪器仪表制造业					
其他制造业					
废弃资源综合利用业					
金属制品、机械和设备修理业					
电力、热力、燃气及水生产和供应业	512		37		1712
电力、热力生产和供应业	49		37		1711
电力生产	49		37		1711
火力发电	49		37		1711
燃气生产和供应业	464				0
水的生产和供应业					

续表7

单位：万元

营业外支出	利润总额	所得税费用	亏损企业亏损总额	利税总额	应交税金及附加	本年应付职工薪酬	本年应交增值税	从业人员平均人数（人）
109	7154	1209		10664	4719	3958	2671	756
109	7154	1209		10664	4719	3958	2671	756
218	-356	543	9181	13151	14050	20783	11978	4474
106	-6531		9181	-1628	4903	8057	4087	1284
106	-6531		9181	-1628	4903	8057	4087	1284
52	1744	524		3228	2009	2612	1310	375
52	1744	524		3228	2009	2612	1310	375
48	4194			8325	4131	5157	3824	1654
48	4194			8325	4131	5157	3824	1654
13	202	10		740	548	3992	511	830
13	202	10		740	548	3992	511	830
	36	9		2486	2459	965	2247	331
	36	9		2486	2459	965	2247	331
2336	162877	3125	11611	235763	76011	64212	66371	14126
370	4308	177	4583	17964	13832	10667	12288	3161
1069	-2297	1	2297	-699	1600	5502	1511	1342
822	137117		4730	189885	52768	42020	48423	8108
76	23749	2947		28613	7810	6023	4149	1515
2970	348716	93657	14587	472264	217204	44089	105863	6445
2970	348716	93657	14587	472264	217204	44089	105863	6445
2943	350398	93657	12906	472782	216041	42026	104866	5806
27	-1682		1682	-519	1163	2063	998	639
45	8	2		537	531	491	491	416
45	8	2		537	531	491	491	416
45	8	2		537	531	491	491	416
60	10633	345		13652	3365	20294	1341	1915
60	10633	345		13652	3365	20294	1341	1915
60	10633	345		13652	3365	20294	1341	1915
588	-57752		57752	-57314	439	15766	73	2039
557	-54868		54868	-53028	1840	14985	1573	1703
557	-54868		54868	-53028	1840	14985	1573	1703
557	-54868		54868	-53028	1840	14985	1573	1703
31	-2884		2884	-4285	-1401	781	-1500	336

主要统计指标解释

工业 从事自然资源的开采，对采掘品和农产品进行加工和再加工的物质生产部门。具体包括：(1)对自然资源的开采，如采矿、晒盐、森林采伐等(但不包括禽兽捕猎和水产捕捞)；(2)对农副产品的加工、再加工，如粮油加工、食品加工、轧花、缫丝、纺织、制革等；(3)对采掘品的加工、再加工，如炼铁、炼钢、化工生产、石油加工、机器制造、木材加工等，以及电力、自来水、煤气的生产和供应等；(4)对工业品的修理、翻新，如机器设备的修理、交通运输工具(包括小卧车)的修理等。

1984 年以前农村的村及村以下办工业归属农业，1984 年以后划归工业。

工业统计调查单位 工业统计调查单位分为两类：独立核算法人工业企业和工业活动单位。

(1)独立核算法人工业企业 指从事工业生产经营活动的单位。独立核算法人工业企业应同时具备以下条件：①依法成立，有自己的名称、组织机构和场所，能够承担民事责任；②独立拥有和使用资产，承担负债，有权与其他单位签订合同；③独立核算盈亏，并能够编制资产负债表。

(2)工业活动单位 指在一个场所从事一种或主要从事一种工业生产活动的经济单位。它包括独立核算工业企业按主营业务活动(即工业生产活动)划分的主营业务活动单位和非工业企业所属的工业生产活动单位(即原非独立核算工业生产单位)。工业活动单位，一般应同时具备以下三个条件：①具有一个场所，从事一种或主要从事一种工业活动；②单独组织工业生产、经营或业务活动；③单独核算收入和支出。

本年鉴中涉及的企业登记注册类型：

国有控股企业 国有企业和国有控股企业。国有企业（即过去的全民所有制工业或国营工业）是指企业全部资产归国家所有，并按《中华人民共和国企业法人登记管理条例》规定登记注册的非公司制的经济组织。包括国有企业、国有独资公司和国有联营企业。1957 年以前的公私合营和私营工业，后均改造为国营工业，1992 年改为国有工业，这部分工业的资料不单独分列时，均包括在国有企业内。国有控股企业是对混合所有制经济的企业进行的“国有控股”分类。它是指这些企业的全部资产中国有资产（股份）相对其他所有者中的任何一个所有者占资（股）最多的企业。该分组反映了国有经济控股情况。

集体企业 企业资产归集体所有，并按《中华人民共和国企业法人登记管理条例》规定登记注册的经济组织。是社会主义公有制经济的组成部分。包括城乡所有使用集体投资举办的企业，以及部分个人通过集资自愿放弃所有权并依法经工商行政管理机关认定为集体所有制的企业。

股份有限公司 根据《中华人民共和国企业法人登记管理条例》规定登记注册，其全部注册资本由等额股份构成并通过发行股票筹集资本，股东以其认购的股份对公司承担有限责任，公司以其全部资产对其债务承担责任的经济组织。

港、澳、台商投资企业 企业注册登记类型中的港、澳、台资合资、合作、独资经营企业和股份有限公司之和。

外商投资企业 企业注册登记类型中的中外合资、合作经营企业、外资企业和外商投资股份有限公司之和。

本年鉴中主要年份工业企业单位数涉及的名称为“其他”的企业 指除国有企业、集体企业以外的其他类型工业企业 (单位)。包括股份合作企业、联营企业、私营企业、股份有限公司、有限责任公司；外商投资企业(中外合资经营、中外合作经营、外资企业)；港、澳、台投资企业(与大陆合资经营、与大陆合作经营、港、澳、台独资企业)及其他企业。

轻工业 主要提供生活消费品和制作手工工具的工业。按其所使用的原料不同，可分为两大类：(1)以农产品为原料的轻工业，是指直接或间接以农产品为基本原料的轻工业。主要包括食品制造、饮料制造、烟草加工、纺织、缝纫、皮革和毛皮制作、造纸以及印刷等工业；(2)以非农产品为原料的轻工业，是指以工业品为原料的轻工业。主要包括文教体育用品、化学药品制造、合成纤维制造、日用化学制品、日用玻璃制品、日用金属制品、手工工具制造、医疗器械制造、文化和办公用机械制造等工业。

重工业　指为国民经济各部门提供物质技术基础的主要生产资料的工业。按其生产性质和产品用途，可以分为下列三类：(1)采掘工业，是指对自然资源的开采，包括石油开采、煤炭开采、金属矿开采、非金属矿开采和木材采伐等工业；(2)原材料工业，指向国民经济各部门提供基本材料、动力和燃料的工业。包括金属冶炼及加工、炼焦及焦炭、化学、化工原料、水泥、人造板以及电力、石油和煤炭加工等工业；(3)加工工业，是指对工业原材料进行再加工制造的工业。包括装备国民经济各部门的机械设备制造工业、金属结构、水泥制品等工业，以及为农业提供的生产资料如化肥、农药等工业。

根据上述划分原则，修理业中以重工业产品为修理作业对象的划为重工业，反之划为轻工业。从2003年起轻、重工业内部不再细划分。

工业增加值　指工业企业在报告期内以货币形式表现的工业生产活动的最终成果。

资产合计　企业拥有或控制的能以货币计量的经济资源。包括各种财产、债权和其他权利。资产按其流动性划分为流动资产、长期投资、固定资产、无形及递延资产和其他资产。

(1)流动资产　企业可以在一年内或者超过一年的一个生产周期内变现或耗用的资产合计。包括现金及各种存款、短期投资、应收及预付款项、存货等。

(2)固定资产　企业固定资产净值、固定资产清理、在建工程、待处理固定资产损失所占用的资金合计。

负债合计　企业承担的能以货币计量，将以资产或劳务偿付的债务。负债一般按偿还期长短分为流动负债和长期负债、递延税项等。

流动负债　企业在一年内或者超过一年的一个营业周期内需要偿还的债务合计，其中包括短期借款、应付及预收款项、应付工资、应交税金和应交利润等。

所有者权益　企业投资人对企业净资产的所有权。企业净资产等于企业全部资产减去全部负债后的余额，其中包括投资者对企业的最初投入，以及资本公积金、盈余公积金和未分配利润，股份制企业即为股东权益。

固定资产原价　企业在建造、购置、安装、改建、扩建、技术改造某项固定资产时所支出的全部货币总额。它一般包括买价、包装费、运杂费和安装费等。

主营业务收入　企业销售产品和提供劳务等主要经营业务取得的业务总额。

主营业务成本　企业销售产品和提供劳务等主要经营业务的实际成本。

主营业务税金及附加　企业销售产品和提供工业性劳务等主要经营业务应负担的城市维护建设税、消费税、资源税和教育费附加。

利润总额　企业在生产经营过程中各种收入扣除各种耗费后的盈余，反映企业在报告期内实现的亏盈总额，包括营业利润、补贴收入、投资净收益和营业外收支净额。

应交增值税　企业按税法规定，从事货物销售或提供加工、修理修配劳务等增加货物价值的活动报告期应交纳的增值税额。计算公式为：

应交增值税=销项税额-（进项税额-进项税额转出）-出口抵减内销产品应纳税额-减免税款+出口退税

九、建筑业

资料整理：刘泽荣

9-1 历年建筑施工企业主要经济指标

年 份	施 工 企业数 (个0	计算劳动 生 产 率 平均人数 (人)	建筑业 总产值 (万元)	竣工产值 (万元)	施工面积 (万平方米)	竣工面积 (万平方米)	利润总额 (万元)	资产总计 (万元)	工程结算 收 入 (万元)
1990	7	5384	4028	2451	11.7	6.0			1742
1991	7	5253	4129	2428	17.1	6.7			3899
1992	20	8947	8965	6776	39.2	18.3	-1		
1993	27	7801	10057	7034	36.6	21.0		15599	12823
1994	30	7791	12067	6817	43.1	19.9		17188	13967
1995	27	9300	16295	10645	56.2	17.0		19366	12344
1996	99	12977	33521	26307	74.7	38.9		32849	26847
1997	110	13692	32997	19974	76.0	37.9		43940	26596
1998	108	11917	37233	28421	91.9	50.3		44209	35068
1999	107	12562	35321	25756	88.6	43.2		43379	33083
2000	103	11525	27630	20918	81.2	51.6	-1	46627	28137
2001	90	13747	54656	45969	76.0	61.5	371	62159	45585
2002	75	18534	97798	88098	155.9	107.9	-285	114112	92123
2003	81	26011	134453	117608	152.2	104.9	2284	152500	117591

9-1 续表

年 份	施 工企业数(个0	计算劳动生产率平均人数(人)	建筑业总产值(万元)	竣工产值(万元)	施工面积(万平方米)	竣工面积(万平方米)	利润总额(万元)	资产总计(万元)	工程结算收 入(万元)
2004	82	17666	127349	105488	157.1	90.1	3895	161360	115299
2005	82	19518	130954	103857	141.1	86.4	675	151973	122058
2006	81	19836	150101	132931	168.4	98.9	2748	148674	136170
2007	82	20014	163867	133766	196.1	120.0	4252	175875	145255
2008	87	25520	228033	184056	262.9	159.4	5722	260143	230624
2009	86	19794	207101	162735	539.8	132.3	7418	246264	197276
2010	87	22841	282388	218492	494.6	153.9	10267	351491	275158
2011	93	22994	462445	277356	192.0	106.8	10142	491840	475811
2012	105	21644	588604	335077	340.4	126.7	25943	790744	566393
2013	106	29331	710754	359762	311.1	137.5	29487	823205	665782
2014	107	26340	554825	251531	357.0	117.2	30633	885747	565715
2015	108	22323	448725	307337	348.1	129.9	27229	856972	479479
2016	112	21321	456024	251471	325.4	100.7	16858	880171	492497
2017	106	22436	542431	313675	319.9	122.9	22442	799776	567957

注：1995年前(包括1995年)为国有建筑企业、集体建筑企业，1995年后为资质以上建筑企业。

9-2 建筑施工企业主要经济指标

指　　标	单　位	2016年	2017年
施工企业个数	个	112	106
计算劳动生产率平均人数	人	21321	22436
期末从业人数	人	20881	22367
固定资产原价	万元	193629	191519
固定资产合计	万元	156854	157458
自有机械设备总台数	台	11108	11264
自有机械设备净值	万元	57488	63983
自有机械设备总功率	万千瓦	32584	34708
建筑业总产值	万元	456024	542431
竣工产值	万元	251471	313676
固定资产折旧	万元	61094	66623
施工面积	万平方米	325.4	319.9
竣工面积	万平方米	100.7	122.9
工程结算收入	万元	492497	567957
营业利润	万元	17108	21928
管理费用	万元	17813	24459
利润总额	万元	16858	22442
上缴税金	万元	6841	7754
本年应付工资总额	万元	52486	56769
按总产值计算的全员劳动生产率	元/人	213885	241768
实收资本金	万元	262904	266113
资产总计	万元	880171	799776
负债合计	万元	544296	434169
所有者权益合计	万元	335875	365608
竣工率(按产值计算)	%	55.0	57.8
技术装备率	元/人	27531	28606
动力装备率	千瓦/人	15.3	15.5
资产负债率	%	61.8	54.3
产值利润率	%	3.7	4.1

9-3 建筑业企业个数和合同情况(2017年)

类　别	建筑业企业数(个)	有工作量的建筑业企业个数(个)	亏损企业个数(个)	签订的合同额(万元)	上年结转合同额(万元)	本年新签合同额(万元)
总　计	**122**	**106**	**28**	**711333**	**222206**	**489126**
#国有及国有控股企业	15	14	7	88086	26037	62050
一、按登记注册类型分组						
内资企业	122	106	28	711333	222206	489126
国有企业	8	8	2	74280	24876	49404
集体企业	3	3	1	20132	939	19194
股份合作企业						
联营企业						
国有联营企业						
集体联营企业						
国有与集体联营企业						
其他联营企业						
有限责任公司	17	15	8	159104	18029	141076
国有独资公司	3	3	3	13188	1087	12101
其他有限责任公司	14	12	5	145916	16942	128975
股份有限公司	3	3	1	13503	1464	12040
私营企业	91	77	16	444313	176899	267414
私营独资企业						
私营合伙企业						
私营有限责任公司	83	70	16	401003	155469	245533
私营股份有限公司	8	7		43310	21430	21881
其他企业						
港、澳、台商投资企业						
与港澳台商合资经营						
与港澳台商合作经营						
港、澳、台商独资						
港、澳、台商投资股份有限公司						
其他港澳台投资						
外商投资企业						
中外合资经营企业						
中外合作经营企业						
外资企业						
外商投资股份有限公司						
其他外商投资						
二、按国民经济行业分组						
房屋建筑业	66	56	11	448906	184575	264331
土木工程建筑业	29	27	7	176134	18434	157699
铁路、道路、隧道和桥梁工程建筑	14	13	4	129923	9410	120513
铁路工程建筑	1	1		2657		2657
公路工程建筑	4	4	1	50019	5328	44691
市政道路工程建筑	1	1	1	350		350
其他道路、隧道和桥梁工程建筑	8	7	2	76897	4082	72815
水利和内河港口工程建筑	3	3	1	9179	1646	7533
水源及供水设施工程建筑	3	3	1	9179	1646	7533
河湖治理及防洪设施工程建筑						
港口及航运设施工程建筑						
海洋工程建筑						
工矿工程建筑	1	1		815		815

9-3　续表

类　　别	建筑业企业数（个）	有工作量的建筑业企业个数（个）	亏损企业个数（个）	签订的合同额（万元）	上年结转合同额（万元）	本年新签合同额（万元）
架线和管道工程建筑	9	8	1	32056	7379	24678
架线及设备工程建筑	9	8	1	32056	7379	24678
管道工程建筑						
其他土木工程建筑	2	2	1	4161		4161
建筑安装业	17	15	4	72028	15687	56341
电气安装	2	2		5153		5153
管道和设备安装	4	3	1	9517	4729	4789
其他建筑安装业	11	10	3	57358	10958	46400
建筑装饰和其他建筑业	10	8	6	14265	3510	10755
建筑装饰业	3	3	1	7634	517	7117
工程准备活动						
建筑物拆除活动						
其他工程准备活动						
提供施工设备服务	3	2	2	84		84
其他未列明建筑业	4	3	3	6547	2993	3555
三、按隶属关系分组						
中　央						
省(自治区、直辖市)	1	1	1	11688	1087	10601
地区(州、盟、省辖市)	11	10	2	87267	31530	55738
县(区、市、旗)	7	7	3	23678	4954	18724
街　道	103	88	22	588700	184636	404064
镇						
乡	87	78	17	624578	202993	421584
居委会						
村委会	1	1	1	11688	1087	10601
其　他	24	23	3	336044	87127	248916
四、按企业资质等级分组	62	54	13	276846	114779	162067
施工总承包	35	28	11	86755	19213	67542
特　级	1	1		10774	5800	4975
一　级	9	7	4	15342	501	14841
二　级	25	20	7	60638	12912	47726
三级及以下						
专业承包						
一　级						
二　级						
三级及以下						
五、按营业状态分						
营　业	116	102	27	709000	222206	486793
停业(歇业)	5	3	1	1524		1524
筹　建						
当年关闭						
当年破产						
其　他	1	1		809		809
六、按控股情况分						
国有控股	15	14	7	88086	26037	62050
集体控股	7	7	3	51981	10074	41907
私人控股	97	82	17	527882	184006	343876
港澳台商控股						
外商控股						
其　他	3	3	1	43383	2089	41294

9-4 承包工程完成情况(2017年)

单位：万元

类　别	直接从建设单位承揽工程完成的产值	自行完成施工产值	分包出去工程的产值	从建设单位以外承揽工程完成的产值
总　计	**534224**	**527604**	**6620**	**14827**
#国有及国有控股企业	51818	51818		
一、按登记注册类型分组				
内资企业	534224	527604	6620	14827
国有企业	43572	43572		
集体企业	18070	18070		
股份合作企业				
联营企业				
国有联营企业				
集体联营企业				
国有与集体联营企业				
其他联营企业				
有限责任公司	131437	131437		
国有独资公司	7702	7702		
其他有限责任公司	123735	123735		
股份有限公司	18467	18467		4504
私营企业	322678	316059	6620	10323
私营独资企业				
私营合伙企业				
私营有限责任公司	294232	287612	6620	10323
私营股份有限公司	28447	28447		
其他企业				
港、澳、台商投资企业				
与港澳台商合资经营				
与港澳台商合作经营				
港、澳、台商独资				
港、澳、台商投资股份有限公司				
其他港澳台投资				
外商投资企业				
中外合资经营企业				
中外合作经营企业				
外资企业				
外商投资股份有限公司				
其他外商投资				
二、按国民经济行业分组				
房屋建筑业	309789	303169	6620	14374
土木工程建筑业	150831	150831		
铁路、道路、隧道和桥梁工程建筑	98998	98998		
铁路工程建筑	2657	2657		
公路工程建筑	31038	31038		
市政道路工程建筑	350	350		
其他道路、隧道和桥梁工程建筑	64954	64954		
水利和内河港口工程建筑	6103	6103		
水源及供水设施工程建筑	6103	6103		
河湖治理及防洪设施工程建筑				
港口及航运设施工程建筑				
海洋工程建筑				
工矿工程建筑	883	883		

9-4　续表

单位：万元

类　　别	直接从建设单位承揽工程完成的产值	自行完成施工产值	分包出去工程的产值	从建设单位以外承揽工程完成的产值
架线和管道工程建筑	36686	36686		
架线及设备工程建筑	36686	36686		
管道工程建筑				
其他土木工程建筑	8161	8161		
建筑安装业	64160	64160		453
电气安装	5153	5153		
管道和设备安装	6851	6851		
其他建筑安装业	52156	52156		453
建筑装饰和其他建筑业	9444	9444		
建筑装饰业	6227	6227		
工程准备活动				
建筑物拆除活动				
其他工程准备活动				
提供施工设备服务	82	82		
其他未列明建筑业	3135	3135		
三、按隶属关系分组				
中　央				
省(自治区、直辖市)	6202	6202		
地区(州、盟、省辖市)	68276	68276		
县(区、市、旗)	16074	16074		4504
街　道				
镇				
乡				
居委会				
村委会				
其　他	443673	437053	6620	10323
四、按企业资质等级分组				
施工总承包	450294	443674	6620	14374
特　级				
一　级	6202	6202		
二　级	245175	238555	6620	6620
三级及以下	198917	198917		7754
专业承包	83930	83930		453
一　级	8663	8663		
二　级	15059	15059		
三级及以下	60209	60209		453
五、按营业状态分				
营　业	531537	524917	6620	14827
停业(歇业)	2401	2401		
筹　建				
当年关闭				
当年破产				
其　他	286	286		
六、按控股情况分				
国有控股	51818	51818		
集体控股	42839	42839		4504
私人控股	395923	389303	6620	10323
港澳台商控股				
外商控股				
其　他	43644	43644		

9-5 建筑企业建筑总产值和竣工产值(2017年)

单位：万元

类　别	建筑业总产值	#装饰装修产值	#在外省完成的产值	建筑工程产　值	安装工程产　值	其他产值	竣工产值
				建筑业总产值			
总　计	**542431**	**5896**	**13277**	**475889**	**51585**	**14957**	**313676**
#国有及国有控股企业	51818			39211	12124	484	28989
一、按登记注册类型分组							
内资企业	542431	5896	13277	475889	51585	14957	313676
国有企业	43572			30964	12124	484	27944
集体企业	18070			17570	500		280
股份合作企业							
联营企业							
国有联营企业							
集体联营企业							
国有与集体联营企业							
其他联营企业							
有限责任公司	131437	457	6263	125208	6229		67745
国有独资公司	7702			7702			500
其他有限责任公司	123735	457	6263	117506	6229		67245
股份有限公司	22971	1806		19967	1200	1804	17693
私营企业	326381	3633	7014	282180	31532	12669	200014
私营独资企业							
私营合伙企业							
私营有限责任公司	297935	3629	7014	264554	20812	12569	177342
私营股份有限公司	28447	4		17626	10721	100	22671
其他企业							
港、澳、台商投资企业							
与港澳台商合资经营							
与港澳台商合作经营							
港、澳、台商独资							
港、澳、台商投资股份有限公司							
其他港澳台投资							
外商投资企业							
中外合资经营企业							
中外合作经营企业							
外资企业							
外商投资股份有限公司							
其他外商投资							
二、按国民经济行业分组							
房屋建筑业	317543	3310	6000	278358	29477	9708	199922
土木工程建筑业	150831		5883	147671	287	2872	88456
铁路、道路、隧道和桥梁工程建筑	98998		5249	98515		484	63112
铁路工程建筑	2657			2657			2657
公路工程建筑	31038		5249	31038			18955
市政道路工程建筑	350					350	350
其他道路、隧道和桥梁工程建筑	64954			64820		134	41151
水利和内河港口工程建筑	6103			6002		101	3103
水源及供水设施工程建筑	6103			6002		101	3103
河湖治理及防洪设施工程建筑							
港口及航运设施工程建筑							
海洋工程建筑							
工矿工程建筑	883					883	883

9-5　续表

单位：万元

类　　别	建筑业总产值			建筑业总产值			竣工产值
	建筑业总产值	#装饰装修产值	#在外省完成的产值	建筑工程产值	安装工程产值	其他产值	
架线和管道工程建筑	36686		633	34994	287	1405	17198
架线及设备工程建筑	36686		633	34994	287	1405	17198
管道工程建筑							
其他土木工程建筑	8161			8161			4161
建筑安装业	64613	2279	1202	40932	21612	2070	18820
电气安装	5153			1000	4153		5153
管道和设备安装	6851	1822	1014	6122	729		1645
其他建筑安装业	52609	457	189	33810	16730	2070	12022
建筑装饰和其他建筑业	9444	307	193	8928	209	307	6478
建筑装饰业	6227	307		5904	17	307	6211
工程准备活动							
建筑物拆除活动							
其他工程准备活动							
提供施工设备服务	82			82			75
其他未列明建筑业	3135		193	2942	193		193
三、按隶属关系分组							
中　央							
省(自治区、直辖市)	6202			6202			
地区(州、盟、省辖市)	68276	875	1014	56018	12124	134	26257
县(区、市、旗)	20578	1388		16495	1929	2154	11649
街　道	447376	3633	12264	397174	37532	12669	275770
镇							
乡							
居委会							
村委会							
其　他							
四、按企业资质等级分组							
施工总承包	458048	5589	11249	410572	36435	11042	283265
特　级							
一　级	6202			6202			
二　级	245175	875	9749	212379	25493	7303	141191
三级及以下	206671	4714	1500	191991	10941	3739	142074
专业承包	84383	307	2028	65317	15151	3916	30411
一　级	8663			7416		1248	
二　级	15059	307	1647	14601	17	441	12658
三级及以下	60662		381	43300	15134	2227	17753
五、按营业状态分							
营　业	539744	4396	13277	474486	51585	13673	312304
停业(歇业)	2401	1500		1117		1284	1372
筹建							
当年关闭							
当年破产							
其　他	286			286			
六、按控股情况分							
国有控股	51818			39211	12124	484	28989
集体控股	47343	1388		37610	7929	1804	8184
私人控股	399626	4507	12264	355424	31532	12669	258812
港澳台商控股							
外商控股							
其　他	43644		1014	43644			17691

9-6 建筑企业房屋建筑施工面积(2017年)

单位：平方米

类　别	房屋建筑施工面积	#新开工面积
总　计	**3198742**	**1419638**
#国有及国有控股企业	99663	81839
一、按登记注册类型分组		
内资企业	3198742	1419638
国有企业	99663	81839
集体企业	46785	46785
股份合作企业		
联营企业		
国有联营企业		
集体联营企业		
国有与集体联营企业		
其他联营企业		
有限责任公司	428499	358670
国有独资公司		
其他有限责任公司	428499	358670
股份有限公司	94405	80406
私营企业	2529390	851938
私营独资企业		
私营合伙企业		
私营有限责任公司	2279464	794040
私营股份有限公司	249926	57898
其他企业		
港、澳、台商投资企业		
与港澳台商合资经营		
与港澳台商合作经营		
港、澳、台商独资		
港、澳、台商投资股份有限公司		
其他港澳台投资		
外商投资企业		
中外合资经营企业		
中外合作经营企业		
外资企业		
外商投资股份有限公司		
其他外商投资		
二、按国民经济行业分组		
房屋建筑业	3123637	1399838
土木工程建筑业		
铁路、道路、隧道和桥梁工程建筑		
铁路工程建筑		
公路工程建筑		
市政道路工程建筑		
其他道路、隧道和桥梁工程建筑		
水利和内河港口工程建筑		
水源及供水设施工程建筑		
河湖治理及防洪设施工程建筑		
港口及航运设施工程建筑		
海洋工程建筑		
工矿工程建筑		

9-6　续表

单位：平方米

类　别	房屋建筑施工面积	#新开工面积
架线和管道工程建筑		
架线及设备工程建筑		
管道工程建筑		
其他土木工程建筑		
建筑安装业	55305	
电气安装		
管道和设备安装	46305	
其他建筑安装业	9000	
建筑装饰和其他建筑业	19800	19800
建筑装饰业		
工程准备活动		
建筑物拆除活动		
其他工程准备活动		
提供施工设备服务	19800	19800
其他未列明建筑业		
三、按隶属关系分组		
中　央		
省(自治区、直辖市)		
地区(州、盟、省辖市)	159348	143795
县(区、市、旗)	59215	25235
街　道	2980179	1250608
镇		
乡		
居委会		
村委会		
其　他		
四、按企业资质等级分组		
施工总承包	3105085	1325981
特　级		
一　级		
二　级	1884093	1030953
三级及以下	1220992	295028
专业承包	93657	93657
一　级		
二　级		
三级及以下	93657	93657
五、按营业状态分		
营　业	3186155	1413183
停业(歇业)	8092	4457
筹　建		
当年关闭		
当年破产		
其　他	4495	1998
六、按控股情况分		
国有控股	99663	81839
集体控股	71985	59785
私人控股	3018384	1278014
港澳台商控股		
外商控股		
其　他	8710	

9-7 建筑企业施工机械设备(2017年)

类 别	年末自有施工机械设备(净值)(万元)	年末自有施工机械设备(总台数)(台)	年末自有施工机械设备(总功率)(千瓦)
总 计	**63983**	**11264**	**347077**
#国有及国有控股企业	4334	2355	79413
一、按登记注册类型分组			
内资企业	63983	11264	347077
国有企业	2812	1999	69397
集体企业	1782	385	2630
股份合作企业			
联营企业			
国有联营企业			
集体联营企业			
国有与集体联营企业			
其他联营企业			
有限责任公司	12729	1817	65244
国有独资公司	1146	268	3371
其他有限责任公司	11583	1549	61873
股份有限公司	3012	692	59820
私营企业	43649	6371	149986
私营独资企业			
私营合伙企业			
私营有限责任公司	40209	5423	130618
私营股份有限公司	3440	948	19368
其他企业			
港、澳、台商投资企业			
与港澳台商合资经营			
与港澳台商合作经营			
港、澳、台商独资			
港、澳、台商投资股份有限公司			
其他港澳台投资			
外商投资企业			
中外合资经营企业			
中外合作经营企业			
外资企业			
外商投资股份有限公司			
其他外商投资			
二、按国民经济行业分组			
房屋建筑业	33943	8346	244905
土木工程建筑业	17923	1674	67414
铁路、道路、隧道和桥梁工程建筑	15825	1328	49845
铁路工程建筑	2463	31	4887
公路工程建筑	5155	370	13400
市政道路工程建筑	35	4	85
其他道路、隧道和桥梁工程建筑	8171	923	31473
水利和内河港口工程建筑	1439	114	10590
水源及供水设施工程建筑	1439	114	10590
河湖治理及防洪设施工程建筑			
港口及航运设施工程建筑			
海洋工程建筑			
工矿工程建筑	444	136	5527

9-7　续表

类　　别	年末自有施工机械设备(净值)(万元)	年末自有施工机械设备(总台数)(台)	年末自有施工机械设备(总功率)(千瓦)
架线和管道工程建筑	189	85	1386
架线及设备工程建筑	189	85	1386
管道工程建筑			
其他土木工程建筑	27	11	66
建筑安装业	9440	1164	29763
电气安装	378	20	1100
管道和设备安装	3877	55	216
其他建筑安装业	5186	1089	28447
建筑装饰和其他建筑业	2676	80	4995
建筑装饰业	457	39	183
工程准备活动			
建筑物拆除活动			
其他工程准备活动			
提供施工设备服务	1220	16	3830
其他未列明建筑业	999	25	982
三、按隶属关系分组			
中　央			
省(自治区、直辖市)	1123	265	3200
地区(州、盟、省辖市)	5688	2594	132237
县(区、市、旗)	4902	1257	25991
街　道	52270	7148	185649
镇			
乡			
居委会			
村委会			
其　他			
四、按企业资质等级分组			
施工总承包	56471	10271	320771
特　级			
一　级	1123	265	3200
二　级	28757	4482	202139
三级及以下	26591	5524	115432
专业承包	7513	993	26306
一　级	1498	380	555
二　级	1834	361	11761
三级及以下	4180	252	13990
五、按营业状态分			
营业	63043	10768	338977
停业(歇业)	493	139	5531
筹建			
当年关闭			
当年破产			
其　他	447	357	2569
六、按控股情况分			
国有控股	4334	2355	79413
集体控股	3778	868	22336
私人控股	51732	7312	225378
港澳台商控股			
外商控股			
其　他	4139	729	19950

9-8 建筑企业从业人员情况(2017年)

单位：人

类 别	从事主营业务活动的从业人员期末人数	从事主营业务活动的从业人员平均人数	#工程技术人员	#现场施工工人
总 计	**22436**	**22367**	**4159**	**10573**
#国有及国有控股企业	2283	2193	785	1276
一、按登记注册类型分组				
内资企业	22436	22367	4159	10573
国有企业	1511	1436	529	809
集体企业	623	656	168	293
股份合作企业				
联营企业				
国有联营企业				
集体联营企业				
国有与集体联营企业				
其他联营企业				
有限责任公司	3640	3685	854	2626
国有独资公司	604	589	164	400
其他有限责任公司	3036	3096	690	2226
股份有限公司	783	783	70	470
私营企业	15879	15807	2538	6375
私营独资企业				
私营合伙企业				
私营有限责任公司	14977	14896	2288	5789
私营股份有限公司	902	911	250	586
其他企业				
港、澳、台商投资企业				
与港澳台商合资经营				
与港澳台商合作经营				
港、澳、台商独资				
港、澳、台商投资股份有限公司				
其他港澳台投资				
外商投资企业				
中外合资经营企业				
中外合作经营企业				
外资企业				
外商投资股份有限公司				
其他外商投资				
二、按国民经济行业分组				
房屋建筑业	15342	15546	2399	6893
土木工程建筑业	4799	4534	1292	2631
铁路、道路、隧道和桥梁工程建筑	3404	3459	1033	1925
铁路工程建筑	92	92	20	18
公路工程建筑	1403	1427	365	1017
市政道路工程建筑	42	38	23	15
其他道路、隧道和桥梁工程建筑	1867	1902	625	875
水利和内河港口工程建筑	288	290	76	213
水源及供水设施工程建筑	288	290	76	213
河湖治理及防洪设施工程建筑				
港口及航运设施工程建筑				
海洋工程建筑				
工矿工程建筑	37	35	2	32

9-8　续表

单位：人

类　　别	从事主营业务活动的从业人员期末人数	从事主营业务活动的从业人员平均人数		
			# 工程技术人员	# 现场施工工人
架线和管道工程建筑	847	598	149	404
架线及设备工程建筑	847	598	149	404
管道工程建筑				
其他土木工程建筑	223	152	32	57
建筑安装业	1896	1904	424	898
电气安装	214	204	40	164
管道和设备安装	171	183	47	136
其他建筑安装业	1511	1517	337	598
建筑装饰和其他建筑业	399	383	44	151
建筑装饰业	209	212	30	32
工程准备活动				
建筑物拆除活动				
其他工程准备活动				
提供施工设备服务	66	66	6	41
其他未列明建筑业	124	105	8	78
三、按隶属关系分组				
中　央				
省(自治区、直辖市)	530	507	150	357
地区(州、盟、省辖市)	1959	1891	538	1241
县(区、市、旗)	1172	1235	250	722
街　道				
镇				
乡				
居委会				
村委会				
其他	18775	18734	3221	8253
四、按企业资质等级分组				
施工总承包	19921	20141	3619	9451
特　级				
一　级	530	507	150	357
二　级	7446	7948	1709	4401
三级及以下	11945	11686	1760	4693
专业承包	2515	2226	540	1122
一　级	320	320	127	
二　级	590	406	131	196
三级及以下	1605	1500	282	926
五、按营业状态分				
营　业	22295	22226	4126	10466
停业(歇业)	108	106	21	84
筹　建				
当年关闭				
当年破产				
其　他	33	35	12	23
六、按控股情况分				
国有控股	2283	2193	785	1276
集体控股	1343	1436	250	641
私人控股	17790	17688	2889	7841
港澳台商控股				
外商控股				
其　他	1020	1050	235	815

9-9 建筑企业主要建筑材料消耗量(2017年)

类　　别	1.钢材 (吨)	2.木材 (立方米)	3.水泥 (吨)	4.平板玻璃 (重量箱)	4.平板玻璃 (平方米)	5.铝材 (吨)
总　计	**195701**	**75096**	**1082617**	**11351**	**106818**	**29181**
#国有及国有控股企业	26846	1359	316475	2707	19145	79
一、按登记注册类型分组						
内资企业	195701	75096	1082617	11351	106818	29181
国有企业	22737	1059	308148	2707	19145	79
集体企业	736	3	2413	20	70	
股份合作企业						
联营企业						
国有联营企业						
集体联营企业						
国有与集体联营企业						
其他联营企业						
有限责任公司	40645	16990	185212	466	8390	83
国有独资公司	4100	300	8127			
其他有限责任公司	36545	16690	177085	466	8390	83
股份有限公司	2346	719	14722	832	1388	35
私营企业	129237	56325	572122	7326	77825	28984
私营独资企业						
私营合伙企业						
私营有限责任公司	107498	30450	542572	6865	58242	23117
私营股份有限公司	21739	25875	29550	461	19583	5867
其他企业						
港、澳、台商投资企业						
与港澳台商合资经营						
与港澳台商合作经营						
港、澳、台商独资						
港、澳、台商投资股份有限公司						
其他港澳台投资						
外商投资企业						
中外合资经营企业						
中外合作经营企业						
外资企业						
外商投资股份有限公司						
其他外商投资						
二、按国民经济行业分组						
房屋建筑业	99723	53225	573364	10648	104000	23272
土木工程建筑业	48652	305	172499			20
铁路、道路、隧道和桥梁工程建筑	27276	305	160957			20
铁路工程建筑			1585			
公路工程建筑	4600	300	43842			20
市政道路工程建筑						
其他道路、隧道和桥梁工程建筑	22676	5	115530			
水利和内河港口工程建筑	16507		10304			
水源及供水设施工程建筑	16507		10304			
河湖治理及防洪设施工程建筑						
港口及航运设施工程建筑						
海洋工程建筑						
工矿工程建筑	19		810			

9-9　续表

类　　别	1.钢材(吨)	2.木材(立方米)	3.水泥(吨)	4.平板玻璃(重量箱)	4.平板玻璃(平方米)	5.铝材(吨)
架线和管道工程建筑	4850					
架线及设备工程建筑	4850					
管道工程建筑						
其他土木工程建筑			428			
建筑安装业	45001	21246	37696	703	2818	5887
电气安装						
管道和设备安装	1805	46	16458	258	618	85
其他建筑安装业	43196	21200	21238	445	2200	5802
建筑装饰和其他建筑业	2325	320	299058			2
建筑装饰业	2325	320	35769			2
工程准备活动						
建筑物拆除活动						
其他工程准备活动						
提供施工设备服务			996			
其他未列明建筑业			262293			
三、按隶属关系分组						
中　央						
省(自治区、直辖市)	4100	300	8100			
地区(州、盟、省辖市)	24041	1445	314731	2712	16873	114
县(区、市、旗)	1909	1753	14940	1312	8020	7
街　道						
镇						
乡						
居委会						
村委会						
其　他	165651	71598	744846	7327	81925	29060
四、按企业资质等级分组						
施工总承包	147770	55096	807322	11351	106818	23379
特　级						
一　级	4100	300	8100			
二　级	91043	22295	499680	4010	30562	931
三级及以下	52627	32501	299542	7341	76256	22448
专业承包	47931	20000	275295			5802
一　级	2760					
二　级	25668		6			
三级及以下	19503	20000	275289			5802
五、按营业状态分						
营　业	194760	75048	1081059	11135	106316	29173
停业(歇业)	879		1006			
筹建						
当年关闭						
当年破产						
其　他	62	48	552	216	502	8
六、按控股情况分						
国有控股	26846	1359	316475	2707	19145	79
集体控股	1388	1483	12873	697	3000	
私人控股	151046	72034	652639	7927	82583	29095
港澳台商控股						
外商控股						
其　他	16421	220	100630	20	2090	7

9-10 建筑企业房屋建筑

类　别	合　计	住宅房屋	商业及服务用房屋
总　计	**1228970**	**530458**	**12589**
#国有及国有控股企业	33717	26078	
一、按登记注册类型分组			
内资企业	1228970	530458	12589
国有企业	33717	26078	
集体企业	6785	6785	
股份合作企业			
联营企业			
国有联营企业			
集体联营企业			
国有与集体联营企业			
其他联营企业			
有限责任公司	248200	17430	
国有独资公司			
其他有限责任公司	248200	17430	
股份有限公司	59373	28117	7129
私营企业	880895	452048	5460
私营独资企业			
私营合伙企业			
私营有限责任公司	757772	346275	5460
私营股份有限公司	123123	105773	
其他企业			
港、澳、台商投资企业			
与港澳台商合资经营			
与港澳台商合作经营			
港、澳、台商独资			
港、澳、台商投资股份有限公司			
其他港澳台投资			
外商投资企业			
中外合资经营企业			
中外合作经营企业			
外资企业			
外商投资股份有限公司			
其他外商投资			
二、按国民经济行业分组			
房屋建筑业	1178170	521728	12589
土木工程建筑业			
铁路、道路、隧道和桥梁工程建筑			
铁路工程建筑			
公路工程建筑			
市政道路工程建筑			
其他道路、隧道和桥梁工程建筑			
水利和内河港口工程建筑			
水源及供水设施工程建筑			
河湖治理及防洪设施工程建筑			
港口及航运设施工程建筑			
海洋工程建筑			
工矿工程建筑			

竣工面积(2017年)

单位：平方米

商厦房屋(批发和零售用房)	宾馆用房屋(住宿用房)	餐饮用房屋(餐饮用房)	商务会展用房屋	其他商业及服务用房屋(居民服务业用房)	办公用房屋
3000			**260**	**9329**	**49656**
					1909
3000			260	9329	49656
					1909
				7129	18803
3000			260	2200	28944
3000			260	2200	28944
3000			260	9329	49656

9-10

类　　别	合　计	住宅房屋	商业及服务用房屋
架线和管道工程建筑			
架线及设备工程建筑			
管道工程建筑			
其他土木工程建筑			
建筑安装业	31000	8730	
电气安装			
管道和设备安装			
其他建筑安装业	31000	8730	
建筑装饰和其他建筑业	19800		
建筑装饰业			
工程准备活动			
建筑物拆除活动			
其他工程准备活动			
提供施工设备服务	19800		
其他未列明建筑业			
三、按隶属关系分组			
中　央			
省(自治区、直辖市)			
地区(州、盟、省辖市)	62970	34375	1529
县(区、市、旗)	54605	44035	5600
街　道			
镇			
乡			
居委会			
村委会			
其　他	1111395	452048	5460
四、按企业资质等级分组			
施工总承包	1135313	530458	12589
特　级			
一　级			
二　级	550568	91650	2789
三级及以下	584745	438808	9800
专业承包	93657		
一　级			
二　级			
三级及以下	93657		
五、按营业状态分			
营　业	1227770	530458	11389
停业(歇业)	1200		1200
筹　建			
当年关闭			
当年破产			
其　他			
六、按控股情况分			
国有控股	33717	26078	
集体控股	31285	20715	5600
私人控股	1155268	474965	6989
港澳台商控股			
外商控股			
其　他	8700	8700	

续表1

单位：平方米

商厦房屋（批发和零售用房）	宾馆用房屋（住宿用房）	餐饮用房屋（餐饮用房）	商务会展用房屋	其他商业及服务用房屋（居民服务业用房）	办公用房屋
				1529	20712
				5600	
3000					
			260	2200	28944
3000					
			260	9329	49656
3000			260	2529	32617
				6800	17039
3000					
			260	8129	49656
				1200	
					1909
3000				5600	
			260	3729	47747

9-10

类 别	科研、教育、医疗用房屋	科学研究用房屋	教育用房屋
总 计	**56631**	**6830**	**47327**
#国有及国有控股企业	955	955	
一、按登记注册类型分组			
内资企业	56631	6830	47327
国有企业	955	955	
集体企业			
股份合作企业			
联营企业			
国有联营企业			
集体联营企业			
国有与集体联营企业			
其他联营企业			
有限责任公司	180		180
国有独资公司			
其他有限责任公司	180		180
股份有限公司	624		
私营企业	54872	5875	47147
私营独资企业			
私营合伙企业			
私营有限责任公司	50222	4580	44642
私营股份有限公司	4650	1295	2505
其他企业			
港、澳、台商投资企业			
与港澳台商合资经营			
与港澳台商合作经营			
港、澳、台商独资			
港、澳、台商投资股份有限公司			
其他港澳台投资			
外商投资企业			
中外合资经营企业			
中外合作经营企业			
外资企业			
外商投资股份有限公司			
其他外商投资			
二、按国民经济行业分组			
房屋建筑业	56451	6830	47147
土木工程建筑业			
铁路、道路、隧道和桥梁工程建筑			
铁路工程建筑			
公路工程建筑			
市政道路工程建筑			
其他道路、隧道和桥梁工程建筑			
水利和内河港口工程建筑			
水源及供水设施工程建筑			
河湖治理及防洪设施工程建筑			
港口及航运设施工程建筑			
海洋工程建筑			
工矿工程建筑			

续表2

单位：平方米

医疗用房屋（卫生医疗用房）	文化、体育、娱乐用房屋	厂房及建筑物	#厂房	仓 库	其他未列明的房屋建筑物*
2474	**5650**	**519728**	**62382**	**7495**	**46763**
	955	2865			955
2474	5650	519728	62382	7495	46763
	955	2865			955
		230500		90	
		230500		90	
624					4700
1850	4695	286363	62382	7405	41108
1000	2900	282863	58882		41108
850	1795	3500	3500	7405	
2474	5650	477928	20582	7405	46763

9-10

类　别	科研、教育、医疗用房屋	科学研究用房屋	教育用房屋
架线和管道工程建筑			
架线及设备工程建筑			
管道工程建筑			
其他土木工程建筑			
建筑安装业	180		180
电气安装			
管道和设备安装			
其他建筑安装业	180		180
建筑装饰和其他建筑业			
建筑装饰业			
工程准备活动			
建筑物拆除活动			
其他工程准备活动			
提供施工设备服务			
其他未列明建筑业			
三、按隶属关系分组			
中　央			
省(自治区、直辖市)			
地区(州、盟、省辖市)	1579	955	
县(区、市、旗)	180		180
街　道			
镇			
乡			
居委会			
村委会	54872	5875	47147
其　他			
四、按企业资质等级分组	56631	6830	47327
施工总承包			
特　级			
一　级	11956	955	10377
二　级	44675	5875	36950
三级及以下			
专业承包			
一　级			
二　级			
三级及以下			
五、按营业状态分	56631	6830	47327
营　业			
停业(歇业)			
筹　建			
当年关闭			
当年破产			
其　他			
六、按控股情况分	955	955	
国有控股	180		180
集体控股	55496	5875	47147
私人控股			
港澳台商控股			
外商控股			
其　他			

续表3

单位：平方米

医疗用房屋（卫生医疗用房）	文化、体育、娱乐用房屋	厂房及建筑物	#厂房	仓　库	其他未列明的房屋建筑物*
		22000	22000	90	
		22000	22000	90	
		19800	19800		
		19800	19800		
624	955	2865			955
				90	4700
1850	4695	516863	62382	7405	41108
2474	5650	426071	39582	7495	46763
624	955	386489			24112
1850	4695	39582	39582	7495	22651
		93657	22800		
		93657	22800		
2474	5650	519728	62382	7495	46763
	955	2865			955
				90	4700
2474	4695	516863	62382	7405	41108

9-11 建筑企业竣工

类　　别	合　计	住宅房屋	商业及服务用房屋
总　计	**149967**	**71798**	**3117**
#国有及国有控股企业	7019	5033	
一、按登记注册类型分组			
内资企业	149967	71798	3117
国有企业	7019	5033	
集体企业	280	280	
股份合作企业			
联营企业			
国有联营企业			
集体联营企业			
国有与集体联营企业			
其他联营企业			
有限责任公司	27766	2354	
国有独资公司			
其他有限责任公司	27766	2354	
股份有限公司	11987	5460	1099
私营企业	102915	58671	2018
私营独资企业			
私营合伙企业			
私营有限责任公司	82109	39938	2018
私营股份有限公司	20806	18733	
其他企业			
港、澳、台商投资企业			
与港澳台商合资经营			
与港澳台商合作经营			
港、澳、台商独资			
港、澳、台商投资股份有限公司			
其他港澳台投资			
外商投资企业			
中外合资经营企业			
中外合作经营企业			
外资企业			
外商投资股份有限公司			
其他外商投资			
二、按国民经济行业分组			
房屋建筑业	145706	70488	3117
土木工程建筑业			
铁路、道路、隧道和桥梁工程建筑			
铁路工程建筑			
公路工程建筑			
市政道路工程建筑			
其他道路、隧道和桥梁工程建筑			
水利和内河港口工程建筑			
水源及供水设施工程建筑			
河湖治理及防洪设施工程建筑			
港口及航运设施工程建筑			
海洋工程建筑			
工矿工程建筑			

房屋价值(2017年)

单位：万元

商厦房屋 (批发和 零售用房)	宾馆用房屋 (住宿用房)	餐饮用房屋 (餐饮用房)	商务会展 用房屋	其他商业及 服务用房屋 (居民服务业用房)	办公用房屋
885			**523**	**1710**	**7453**
					497
885			523	1710	7453
					497
				1099	3918
885			523	611	3039
885			523	611	3039
885			523	1710	7453

9-11

类　别	合　计	住宅房屋	商业及服务用房屋
架线和管道工程建筑	4197	1310	
架线及设备工程建筑			
管道工程建筑			
其他土木工程建筑	4197	1310	
建筑安装业	64		
电气安装			
管道和设备安装			
其他建筑安装业			
建筑装饰和其他建筑业			
建筑装饰业	64		
工程准备活动			
建筑物拆除活动			
其他工程准备活动			
提供施工设备服务			
其他未列明建筑业	12848	6646	199
三、按隶属关系分组	8819	6481	901
中　央			
省(自治区、直辖市)			
地区(州、盟、省辖市)			
县(区、市、旗)			
街　道			
镇	128300	58671	2018
乡			
居委会	149573	71798	3117
村委会			
其　他			
四、按企业资质等级分组	74630	16055	1078
施工总承包	74943	55743	2039
特　级	394		
一　级			
二　级			
三级及以下	394		
专业承包			
一　级	149713	71798	2864
二　级	254		254
三级及以下			
五、按营业状态分			
营　业			
停业(歇业)			
筹　建			
当年关闭	7019	5033	
当年破产	5721	3383	901
其　他	136183	62337	2217
六、按控股情况分			
国有控股			
集体控股	1044	1044	
私人控股			
港澳台商控股			
外商控股			
其　他			

续表1

单位：万元

商厦房屋（批发和零售用房）	宾馆用房屋（住宿用房）	餐饮用房屋（餐饮用房）	商务会展用房屋	其他商业及服务用房屋（居民服务业用房）	办公用房屋
				199	4414
				901	
			523	611	3039
			523	1710	7453
885					
885			523	556	6915
				1154	538
885					
			523	1456	7453
				254	
885					
					497
				901	
			523	809	6956
885					

9-11

类　别	科研、教育、医疗用房屋	科学研究用房屋	教育用房屋
总　计	**8584**	**862**	**7298**
#国有及国有控股企业	248	248	
一、按登记注册类型分组			
内资企业	8584	862	7298
国有企业	248	248	
集体企业			
股份合作企业			
联营企业			
国有联营企业			
集体联营企业			
国有与集体联营企业			
其他联营企业			
有限责任公司	18		18
国有独资公司			
其他有限责任公司	18		18
股份有限公司	100		
私营企业	8218	613	7280
私营独资企业			
私营合伙企业			
私营有限责任公司	7645	481	6954
私营股份有限公司	573	133	326
其他企业			
港、澳、台商投资企业			
与港澳台商合资经营			
与港澳台商合作经营			
港、澳、台商独资			
港、澳、台商投资股份有限公司			
其他港澳台投资			
外商投资企业			
中外合资经营企业			
中外合作经营企业			
外资企业			
外商投资股份有限公司			
其他外商投资			
二、按国民经济行业分组			
房屋建筑业	8566	862	7280
土木工程建筑业			
铁路、道路、隧道和桥梁工程建筑			
铁路工程建筑			
公路工程建筑			
市政道路工程建筑			
其他道路、隧道和桥梁工程建筑			
水利和内河港口工程建筑			
水源及供水设施工程建筑			
河湖治理及防洪设施工程建筑			
港口及航运设施工程建筑			
海洋工程建筑			
工矿工程建筑			

续表2

单位：万元

医疗用房屋（卫生医疗用房）	文化、体育、娱乐用房屋	厂房及建筑物	#厂房	仓库	其他未列明的房屋建筑物*
425	**1262**	**48413**	**4753**	**928**	**8412**
	248	745			248
425	1262	48413	4753	928	8412
	248	745			248
		25385		9	
		25385		9	
100					1410
325	1014	22283	4753	919	6754
210	754	21962	4432		6754
115	260	322	322	919	
425	1262	45489	1829	919	8412

9-11

类　　别	科研、教育、医疗用房屋	科学研究用房屋	教育用房屋
架线和管道工程建筑			
架线及设备工程建筑			
管道工程建筑			
其他土木工程建筑			
建筑安装业	18		18
电气安装			
管道和设备安装			
其他建筑安装业	18		18
建筑装饰和其他建筑业			
建筑装饰业			
工程准备活动			
建筑物拆除活动			
其他工程准备活动			
提供施工设备服务			
其他未列明建筑业			
三、按隶属关系分组			
中　央			
省(自治区、直辖市)			
地区(州、盟、省辖市)	348	248	
县(区、市、旗)	18		18
街　道			
镇			
乡			
居委会			
村委会			
其　他	8218	613	7280
四、按企业资质等级分组			
施工总承包	8584	862	7298
特　级			
一　级			
二　级	2171	248	1823
三级及以下	6413	613	5474
专业承包			
一　级			
二　级			
三级及以下			
五、按营业状态分			
营　业	8584	862	7298
停业(歇业)			
筹　建			
当年关闭			
当年破产			
其　他			
六、按控股情况分			
国有控股	248	248	
集体控股	18		18
私人控股	8318	613	7280
港澳台商控股			
外商控股			
其　他			

续表3

单位：万元

医疗用房屋（卫生医疗用房）	文化、体育、娱乐用房屋	厂房及建筑物	#厂房	仓　库	其他未列明的房屋建筑物*
		2860	2860	9	
		2860	2860	9	
		64	64		
		64	64		
100	248	745			248
				9	1410
325	1014	47668	4753	919	6754
425	1262	48019	4591	928	8412
100	248	43429			4734
325	1014	4591	4591	928	3679
		394	163		
		394	163		
425	1262	48413	4753	928	8412
	248	745			248
				9	1410
425	1014	47668	4753	919	6754

9-12 建筑企业年初存货和

类别	年初存货	流动资产合计	#应收工程款	#存货
总计	**123840**	**588916**	**224855**	**117456**
#国有及国有控股企业	4487	88024	44082	4155
一、按登记注册类型分组				
内资企业	123840	588916	224855	117456
国有企业	3853	60734	38314	3308
集体企业	2159	17946	2645	255
股份合作企业				
联营企业				
国有联营企业				
集体联营企业				
国有与集体联营企业				
其他联营企业				
有限责任公司	15887	109665	46216	8559
国有独资公司	633	17370	2137	847
其他有限责任公司	15254	92296	44079	7711
股份有限公司		8878	5973	-3
私营企业	101941	391692	131707	105337
私营独资企业				
私营合伙企业				
私营有限责任公司	100355	356700	117902	99705
私营股份有限公司	1586	34992	13805	5632
其他企业				
港、澳、台商投资企业				
与港澳台商合资经营				
与港澳台商合作经营				
港、澳、台商独资				
港、澳、台商投资股份有限公司				
其他港澳台投资				
外商投资企业				
中外合资经营企业				
中外合作经营企业				
外资企业				
外商投资股份有限公司				
其他外商投资				
二、按国民经济行业分组				
房屋建筑业	73854	328059	142037	84096
土木工程建筑业	29272	175591	53489	18329
铁路、道路、隧道和桥梁工程建筑	18172	106890	38688	9409
铁路工程建筑		3442	249	261
公路工程建筑	6014	36190	9660	6194
市政道路工程建筑	1	1479	848	1
其他道路、隧道和桥梁工程建筑	12157	65779	27930	2954
水利和内河港口工程建筑	47	4714	817	74
水源及供水设施工程建筑	47	4714	817	74
河湖治理及防洪设施工程建筑				
港口及航运设施工程建筑				
海洋工程建筑				
工矿工程建筑		3146	2299	

年末资产负债(2017年)

单位：万元

固定资产合　计	固定资产减值准备	固定资产原　价	#房屋和构筑物	#机器设备	#运输设备	累计折旧	#本年折旧
157458	**4**	**191519**	**19699**	**76297**	**28368**	**66623**	**8087**
14999	4	26197	4735	8842	1672	12126	371
157458	4	191519	19699	76297	28368	66623	8087
11129		16067	3873	2953	596	5865	312
7287		8176	4247	1585	1686	3304	34
30934	4	51121	2716	30280	11182	20915	2886
1196		3465	197	2393	823	2268	20
29738	4	47657	2519	27887	10359	18647	2866
4601		5401	6	133	3062	801	1
103508		110755	8858	41346	11842	35737	4854
82665		97186	8858	32668	11842	34247	4550
20843		13569		8679		1490	304
93274	4	95597	8189	37573	15213	25376	2951
37220		58644	5375	28907	5420	25155	3462
27410		45867	5375	26892	4364	19402	2702
2372		2743				371	
7161		11810	837	8786	2043	5017	2274
165		152					
17712		31162	4538	18106	2321	14014	428
3488		4361		2010	1041	975	200
3488		4361		2010	1041	975	200
2234		897				217	18

9-12

类　　别	年初存货	流动资产合　　计	#应收工程款	#存货
架线和管道工程建筑	11034	49238	11386	8500
架线及设备工程建筑	11034	49238	11386	8500
管道工程建筑				
其他土木工程建筑	19	11604	299	347
建筑安装业	17412	64146	18241	11351
电气安装	187	8091	2035	483
管道和设备安装	7672	13338	5168	6407
其他建筑安装业	9553	42717	11038	4462
建筑装饰和其他建筑业	3303	21120	11089	3679
建筑装饰业	309	4001	2086	444
工程准备活动				
建筑物拆除活动				
其他工程准备活动				
提供施工设备服务	236	3312	1804	415
其他未列明建筑业	2758	13807	7198	2821
三、按隶属关系分组				
中　央				
省(自治区、直辖市)	587	15446	1255	584
地区(州、盟、省辖市)	5850	90294	52086	3139
县(区、市、旗)	1016	10095	6112	1156
街　道				
镇				
乡				
居委会				
村委会				
其　他	116387	473081	165402	112576
四、按企业资质等级分组				
施工总承包	99658	464701	190394	100620
特　级				
一　级	587	15446	1255	584
二　级	53186	238224	105375	47278
三级及以下	45886	211032	83764	52758
专业承包	24182	124214	34461	16835
一　级	2872	3550	155	
二　级	4318	22417	9615	4377
三级及以下	16993	98247	24692	12459
五、按营业状态分				
营　业	123157	581491	221755	116782
停业(歇业)	44	4770	2795	35
筹　建				
当年关闭				
当年破产				
其　他	640	2655	305	640
六、按控股情况分				
国有控股	4487	88024	44082	4155
集体控股	2181	31151	11721	269
私人控股	116214	442472	148921	112081
港澳台商控股				
外商控股				
其　他	959	27269	20131	951

续表1

单位：万元

固定资产合　计	固定资产减值准备	固定资产原　价	#房屋和构筑物	#机器设备	#运输设备	累计折旧	#本年折旧
2394		4846		5	15	3564	252
2394		4846		5	15	3564	252
1695		2672				997	289
21214		26187	5968	9348	3422	10677	585
70		448				378	64
6687		12017	2166	7504	1347	5554	374
14458		13722	3802	1845	2076	4746	147
5750		11092	167	468	4313	5414	1089
1179		2024		57	24	871	552
445		1693	126	346	1221	1248	
4126		7375	41	65	3069	3296	537
1123		3344	197	2384	763	2221	
15709	4	23482	4906	5626	4988	11101	112
8513		9790	554	1821	779	1615	16
132114		154903	14042	66466	21838	51685	7960
133272	4	155464	14995	71494	22016	48088	7019
1123		3344	197	2384	763	2221	
47022		64403	5878	33374	10441	20077	3929
85126	4	87717	8919	35736	10812	25791	3091
24187		36056	4705	4803	6352	18534	1068
2406		1956				459	19
3931		9202	665	3548	411	5469	199
17850		24897	4040	1255	5941	12607	849
150090	4	187149	19699	76297	28368	66253	8047
2733		1397				217	19
4636		2974				152	21
14999	4	26197	4735	8842	1672	12126	371
9983		12521	4301	2606	2266	4954	48
124605		141314	10664	56523	22931	45455	7620
7872		11488		8325	1500	4089	47

9-12

类　　别	在建工程	资产合计	流动负债合计
总　计	**7978**	**799776**	**402725**
#国有及国有控股企业	913	124631	81994
一、按登记注册类型分组			
内资企业	7978	799776	402725
国有企业	913	92859	68619
集体企业	268.8	25433	16047
股份合作企业			
联营企业			
国有联营企业			
集体联营企业			
国有与集体联营企业			
其他联营企业			
有限责任公司	185.3	143453	56927
国有独资公司		18568	4084
其他有限责任公司	185.3	124885	52842
股份有限公司		13515	8846
私营企业	6610.9	524516	252287
私营独资企业			
私营合伙企业			
私营有限责任公司	4630	467600	227107
私营股份有限公司	1980.9	56916	25180
其他企业			
港、澳、台商投资企业			
与港澳台商合资经营			
与港澳台商合作经营			
港、澳、台商独资			
港、澳、台商投资股份有限公司			
其他港澳台投资			
外商投资企业			
中外合资经营企业			
中外合作经营企业			
外资企业			
外商投资股份有限公司			
其他外商投资			
二、按国民经济行业分组			
房屋建筑业	3396.4	452236	229167
土木工程建筑业	956.2	230941	130263
铁路、道路、隧道和桥梁工程建筑	930.8	136057	73177
铁路工程建筑		5814	1567
公路工程建筑	367.8	44340	17182
市政道路工程建筑		1644	1044
其他道路、隧道和桥梁工程建筑	563	84259	53384
水利和内河港口工程建筑		12587	6750
水源及供水设施工程建筑		12587	6750
河湖治理及防洪设施工程建筑			
港口及航运设施工程建筑			
海洋工程建筑			
工矿工程建筑		5380	33

续表2

单位：万元

#应付账款	非流动负债合计	负债合计	所有者权益合计	#实收资本	#国家资本	#集体资本
102411	**12587**	**434169**	**365608**	**266113**	**26852**	**5685**
16788	6363	88654	35978	28052	24452	600
102411	12587	434169	365608	266113	26852	5685
12876	6120	75036	17823	12418	10070	
3799	95	17142	8291	6098	2400	3698
9557		68710	74743	47353	14232	1653
3120		4084	14484	12800	12800	
6437		64625	60260	34553	1432	1653
5	242	9088	4427	3518	150	
76175	6130	264193	260324	196726		334
66738	6130	236100	231500	169913		334
9436		28093	28824	26813		
46155	11406	259309	192928	140579	3280	3698
45258	242	130506	100435	72623	20672	1934
23495	242	73419	62638	48286	17834	
315		1567	4247	4200		
6130		17182	27158	18700	12000	
853		1044	600	600	600	
16197	242	53626	30633	24786	5234	
825		6751	5836	4022	421	600
825		6751	5836	4022	421	600
32		33	5346	4120		

9-12

类别	在建工程	资产合计	流动负债合计	#应付账款
架线和管道工程建筑	5	52330	32117	14948
架线及设备工程建筑	5	52330	32117	14948
管道工程建筑				
其他土木工程建筑	20	24588	18186	5958
建筑安装业	3553	86849	37732	8539
电气安装		8161	6296	4460
管道和设备安装	224	20225	3547	603
其他建筑安装业	3330	58463	27889	3477
建筑装饰和其他建筑业	72	29750	5563	2459
建筑装饰业	26	5313	763	79
工程准备活动				
建筑物拆除活动				
其他工程准备活动				
提供施工设备服务		6503	1723	1216
其他未列明建筑业	46	17933	3077	1163
三、按隶属关系分组				
中　央				
省(自治区、直辖市)		16570	3585	2851
地区(州、盟、省辖市)	1182	127104	97542	11026
县(区、市、旗)		18954	6600	925
街　道				
镇				
乡				
居委会				
村委会				
其　他	6796	637149	294999	87610
四、按企业资质等级分组				
施工总承包	4571	644340	322008	75372
特　级				
一　级		16570	3585	2851
二　级	701	306120	158026	40447
三级及以下	3870	321650	160398	32074
专业承包	3407	155436	80717	27040
一　级	908	6169	2813	
二　级	198	29280	18090	1933
三级及以下	2301	119986	59813	25106
五、按营业状态分				
营　业	7673	780554	401412	102379
停业(歇业)		10249	565	32
筹　建				
当年关闭				
当年破产				
其　他	305	8974	748	
六、按控股情况分				
国有控股	913	124631	81994	16788
集体控股	269	41749	27529	5616
私人控股	6646	598055	275657	78918
港澳台商控股				
外商控股				
其　他	150	35341	17545	1090

续表3

单位：万元

非流动负债合计	负债合计	所有者权益合计	#实收资本	#国家资本	#集体资本
	32117	20214	11078	300	1334
	32117	20214	11078	300	1334
	18186	6401	5117	2117	
138	37990	48859	37681	2900	53
	6296	1865	1732		
	3547	16679	10480	500	
138	28148	30315	25469	2400	53
801	6364	23386	15230		
	763	4550	4140		
	1723	4781	4300		
801	3878	14055	6790		
	3585	12986	12000	12000	
6215	103757	23346	14729	9202	1000
242	8380	10574	9447	750	1553
6130	318447	318702	229937	4900	3132
11406	352151	292190	217440	23069	4351
	3585	12986	12000	12000	
6420	176989	129131	87423	6780	2198
4985	171577	150073	118017	4289	2153
1182	82018	73418	48673	3783	1334
39	2852	3317	1660		
5	18095	11185	9820	933	
1138	61071	58916	37193	2850	1334
7602	426245	354309	256601	26852	5685
	1042	9207	7420		
4985	6882	2092	2092		
6363	88654	35978	28052	24452	600
95	28624	13125	10282	2400	4751
6130	299105	298950	214290		334
	17786	17555	13488		

9-12 续表4

单位：万元

类　　别	#法人资本	#个人资本	#港澳台资本	#外商资本
总　计	**79677**	**153899**		
#国有及国有控股企业	2348	652		
一、按登记注册类型分组				
内资企业	79677	153899		
国有企业	2348			
集体企业				
股份合作企业				
联营企业				
国有联营企业				
集体联营企业				
国有与集体联营企业				
其他联营企业				
有限责任公司	11903	19565		
国有独资公司				
其他有限责任公司	11903	19565		
股份有限公司	-7	3375		
私营企业	65433	130959		
私营独资企业				
私营合伙企业				
私营有限责任公司	49733	119846		
私营股份有限公司	15700	11113		
其他企业				
港、澳、台商投资企业				
与港澳台商合资经营				
与港澳台商合作经营				
港、澳、台商独资				
港、澳、台商投资股份有限公司				
其他港澳台投资				
外商投资企业				
中外合资经营企业				
中外合作经营企业				
外资企业				
外商投资股份有限公司				
其他外商投资				
二、按国民经济行业分组				
房屋建筑业	47254	86347		
土木工程建筑业	14534	35482		
铁路、道路、隧道和桥梁工程建筑	10200	20252		
铁路工程建筑		4200		
公路工程建筑		6700		
市政道路工程建筑				
其他道路、隧道和桥梁工程建筑	10200	9352		
水利和内河港口工程建筑		3001		
水源及供水设施工程建筑		3001		
河湖治理及防洪设施工程建筑				
港口及航运设施工程建筑				
海洋工程建筑				
工矿工程建筑		4120		

9-12 续表5

单位：万元

类 别	#法人资本	#个人资本	#港澳台资本	#外商资本
架线和管道工程建筑	4334	5109		
架线及设备工程建筑	4334	5109		
管道工程建筑				
其他土木工程建筑		3000		
建筑安装业	13778	20951		
电气安装		1732		
管道和设备安装		9980		
其他建筑安装业	13778	9239		
建筑装饰和其他建筑业	4110	11120		
建筑装饰业	1110	3030		
工程准备活动				
建筑物拆除活动				
其他工程准备活动				
提供施工设备服务		4300		
其他未列明建筑业	3000	3790		
三、按隶属关系分组				
中 央				
省(自治区、直辖市)				
地区(州、盟、省辖市)		4527		
县(区、市、旗)	3220	3924		
街 道				
镇				
乡				
居委会				
村委会				
其 他	76456	145448		
四、按企业资质等级分组				
施工总承包	57607	132414		
特 级				
一 级				
二 级	27200	51245		
三级及以下	30407	81168		
专业承包	22069	21486		
一 级		1660		
二 级	2610	6277		
三级及以下	19459	13549		
五、按营业状态分				
营 业	79677	144387		
停业(歇业)		7420		
筹建				
当年关闭				
当年破产				
其 他		2092		
六、按控股情况分				
国有控股	2348	652		
集体控股	1696	1436		
私人控股	65433	148523		
港澳台商控股				
外商控股				
其 他	10200	3288		

9-13 建筑企业损益

类　别	营业收入	#主营业务收入	营业成本	#主营业务成本	营业税金及附加
总　计	**579361**	**567957**	**516621**	**479771**	**12126**
#国有及国有控股企业	43186	42635	38831	38787	2145
一、按登记注册类型分组					
内资企业	579361	567957	516621	479771	12126
国有企业	35644	35548	31029	31029	2106
集体企业	11681	11631	9805	9805	184
股份合作企业					
联营企业					
国有联营企业					
集体联营企业					
国有与集体联营企业					
其他联营企业					
有限责任公司	142423	141682	132010	131967	2400
国有独资公司	6448	6448	6171	6171	35
其他有限责任公司	135975	135235	125840	125796	2366
股份有限公司	23102	23102	21958	21958	591
私营企业	366511	355994	321819	285012	6845
私营独资企业					
私营合伙企业					
私营有限责任公司	328153	325930	289296	259865	4972
私营股份有限公司	38359	30064	32523	25147	1873
其他企业					
港、澳、台商投资企业					
与港澳台商合资经营					
与港澳台商合作经营					
港、澳、台商独资					
港、澳、台商投资股份有限公司					
其他港澳台投资					
外商投资企业					
中外合资经营企业					
中外合作经营企业					
外资企业					
外商投资股份有限公司					
其他外商投资					
二、按国民经济行业分组					
房屋建筑业	368148	357921	328100	296192	7898
土木工程建筑业	148268	147091	136850	136803	1627
铁路、道路、隧道和桥梁工程建筑	101963	101483	96354	96307	983
铁路工程建筑	2657	2657	1953	1953	362
公路工程建筑	30320	30295	27350	27350	155
市政道路工程建筑	360	360	324	324	4
其他道路、隧道和桥梁工程建筑	68627	68172	66727	66680	462
水利和内河港口工程建筑	6368	5768	5853	5853	328
水源及供水设施工程建筑	6368	5768	5853	5853	328
河湖治理及防洪设施工程建筑					
港口及航运设施工程建筑					
海洋工程建筑					
工矿工程建筑	883	883	786	786	

及分配表(2017年)

单位：万元

#主营业务税金及附加	其他业务利润	销售费用	管理费用	财务费用	#利息收入	#利息支出
11730	**2081**	**2014**	**24459**	**2258**	**131**	**1436**
2143	409	98	3348	20	25	56
11730	2081	2014	24459	2258	131	1436
2106		98	2489	49	22	55
184	50	2	1633	-2	4	
2398	409	339	6272	480	99	397
35			377			
2364	409	339	5896	481	99	397
591			196	1		
6451	1621	1575	13869	1731	6	984
4595	1621	1501	11884	1331	5	936
1856		74	1986	400	1	48
7581	1671	917	11146	1263	1	574
1625	409	587	7387	592	125	662
981	409	41	3748	659	49	662
362		15	232	6		
155		9	802	441	19	423
4			142	26		26
460	409	16	2573	186	30	213
328		69	484	-11		
328		69	484	-11		
			52	2		

9-13

类　别	营业收入	#主营业务收入	营业成本	#主营业务成本	营业税金及附加
架线和管道工程建筑	35518	35516	30957	30957	310
架线及设备工程建筑	35518	35516	30957	30957	310
管道工程建筑					
其他土木工程建筑	3536	3440	2901	2901	6
建筑安装业	53409	53409	43425	43425	2536
电气安装	5143	5143	3366	3366	1185
管道和设备安装	6447	6447	4306	4306	131
其他建筑安装业	41819	41819	35752	35752	1220
建筑装饰和其他建筑业	9536	9536	8246	3351	66
建筑装饰业	6227	6227	5183	288	57
工程准备活动					
建筑物拆除活动					
其他工程准备活动					
提供施工设备服务	163	163	133	133	1
其他未列明建筑业	3146	3146	2930	2930	8
三、按隶属关系分组					
中　央					
省(自治区、直辖市)	6202	6202	5944	5944	30
地区(州、盟、省辖市)	68084	67533	59375	59331	2314
县(区、市、旗)	17817	17807	15214	15214	793
街　道					
镇					
乡					
居委会					
村委会					
其　他	487258	476414	436088	399281	8989
四、按企业资质等级分组					
施工总承包	498255	487307	448710	411903	9344
特　级					
一　级	6202	6202	5944	5944	30
二　级	291185	290507	261822	238251	5313
三级及以下	200868	190598	180943	167708	4002
专业承包	81106	80650	67911	67868	2782
一　级	6894	6894	6481	6481	30
二　级	13468	13013	11058	11014	159
三级及以下	60744	60742	50373	50373	2593
五、按营业状态分					
营　业	577298	565894	514821	477970	12110
停业(歇业)	1863	1863	1641	1641	5
筹建					
当年关闭					
当年破产					
其　他	200	200	160	160	12
六、按控股情况分					
国有控股	43186	42635	38831	38787	2145
集体控股	36400	36350	31691	31691	839
私人控股	456131	445327	403387	366580	8724
港澳台商控股					
外商控股					
其　他	43644	43644	42712	42712	419

续表1

单位：万元

#主营业务税金及附加	其他业务利润	销售费用	管理费用	财务费用	#利息收入	#利息支出
310		478	1991	-80	78	
310		478	1991	-80	78	
6			1111	20	-2	
2506		434	5565	402	4	201
1185			248	-2	3	
131		359	708	366	-4	199
1190		75	4609	38	5	2
19		77	362	2		
11		34	141	3		
1		8	3			
8		35	218	-1		
30			322			
2313	409	413	4960	126	80	30
793	10	14	1809	38		26
8595	1661	1587	17369	2094	50	1381
8950	1671	1063	17776	2115	47	1397
30			322			
5012	53	640	9576	1060	41	771
3908	1619	424	7878	1055	5	626
2780	409	950	6683	144	84	40
30		55	284	21		
157	409	375	1466	179	-2	11
2593		521	4934	-56	86	29
11714	2081	2009	24330	2251	130	1436
5			124	3		
12		5	6	5		
2143	409	98	3348	20	25	56
839	50	5	3995	-73	83	
8330	1621	1585	16378	2144	24	1378
419		325	739	168	-2	2

9-13

类　别	资产减值损　失	公允价值变动收益	投资收益	营业利润
总　计	**-76**	**1**	**46**	**21928**
#国有及国有控股企业				-1254
一、按登记注册类型分组				
内资企业	-76	1	46	21928
国有企业				-126
集体企业	-81			140
股份合作企业				
联营企业				
国有联营企业				
集体联营企业				
国有与集体联营企业				
其他联营企业				
有限责任公司	5		46	962
国有独资公司				-134
其他有限责任公司	5		46	1096
股份有限公司		1		357
私营企业				20595
私营独资企业				
私营合伙企业				
私营有限责任公司				19092
私营股份有限公司				1504
其他企业				
港、澳、台商投资企业				
与港澳台商合资经营				
与港澳台商合作经营				
港、澳、台商独资				
港、澳、台商投资股份有限公司				
其他港澳台投资				
外商投资企业				
中外合资经营企业				
中外合作经营企业				
外资企业				
外商投资股份有限公司				
其他外商投资				
二、按国民经济行业分组				
房屋建筑业		1		18840
土木工程建筑业	5		46	1267
铁路、道路、隧道和桥梁工程建筑				178
铁路工程建筑				89
公路工程建筑				1562
市政道路工程建筑				-136
其他道路、隧道和桥梁工程建筑				-1338
水利和内河港口工程建筑				-354
水源及供水设施工程建筑				-354
河湖治理及防洪设施工程建筑				
港口及航运设施工程建筑				
海洋工程建筑				
工矿工程建筑				43

续表2

单位：万元

营业外收入	营业外支出	利润总额	所得税费用	应付职工薪酬(本年贷方累计发生额)	建筑业企业在境外完成的营业收入	应交增值税
1314	**800**	**22442**	**7754**	**56769**		**14962**
328	15	-941	321	9782		160
1314	800	22442	7754	56769		14962
323	14	182	182	7963		-210
72	24	189	180	1164		119
25	53	934	1440	11721		3266
5		-129	125	1340		323
20	53	1064	1315	10381		2943
27	-3	387	369	3586		838
866	712	20750	5583	32335		10950
756	706	19142	5245	29214		9993
111	6	1608	338	3121		957
189	146	18884	4960	40534		9687
1019	631	1655	2134	8919		3812
235	52	361	1407	6073		2752
		89	60	23		
5	38	1529	175	2006		1321
		-136		176		
230	14	-1122	1172	3868		1430
		-354	201	611		12
		-354	201	611		12
		43	6	165		

9-13

类　别	资产减值损　失	公允价值变动收益	投资收益	营业利润
架线和管道工程建筑	5		46	1903
架线及设备工程建筑	5		46	1903
管道工程建筑				
其他土木工程建筑				-503
建筑安装业	-81			1129
电气安装				346
管道和设备安装				577
其他建筑安装业	-81			206
建筑装饰和其他建筑业				692
建筑装饰业				809
工程准备活动				
建筑物拆除活动				
其他工程准备活动				
提供施工设备服务				-74
其他未列明建筑业				-43
三、按隶属关系分组				
中　央				
省(自治区、直辖市)				-94
地区(州、盟、省辖市)	-76		46	1018
县(区、市、旗)		1		-49
街　道				
镇				
乡				
居委会				
村委会				
其　他				21053
四、按企业资质等级分组				
施工总承包		1		19247
特　级				
一　级				-94
二　级				12774
三级及以下		1		6567
专业承包	-76		46	2681
一　级				24
二　级				247
三级及以下	-76		46	2410
五、按营业状态分				
营　业	-76	1	46	21824
停业(歇业)				91
筹　建				
当年关闭				
当年破产				
其　他				13
六、按控股情况分				
国有控股				-1254
集体控股	-76	1	46	66
私人控股				23835
港澳台商控股				
外商控股				
其　他				-719

续表3

单位：万元

营业外收入	营业外支出	利润总额	所得税费用	应付职工薪酬(本年贷方累计发生额)	建筑业企业在境外完成的营业收入	应交增值税
692	579	2016	460	1414		1030
692	579	2016	460	1414		1030
93		-410	60	656		18
82	21	1190	529	6488		1049
10		355	186	386		79
		577	122	568		89
72	20	258	221	5534		881
23	2	713	131	829		415
		809	124	312		400
		-74		173		2
23	2	-22	7	345		12
5		-90	124	1272		319
240	37	1220	786	10358		1139
27	-1	-21	22	4224		285
1042	763	21333	6823	40916		13219
517	198	19566	6796	48885		12970
5		-90	124	1272		319
193	153	12815	3829	23941		5757
320	45	6842	2843	23672		6894
797	602	2876	958	7884		1992
		24	6	2926		
	2	246	95	1526		197
797	600	2607	857	3432		1795
1314	800	22338	7738	56299		14960
		91	11	390		2
		13	5	80		
328	15	-941	321	9782		160
120	27	159	193	3075		402
866	758	23944	6367	40713		12754
		-719	873	3199		1646

主要统计指标解释

签订的合同额 指建筑业企业在报告期直接同建设单位签订合同的总价款和以前年度同建设单位签订的各种国内工程合同的未完工程跨入本年度继续施工工程合同的总价款余额。

本年新签合同额 指建筑业企业在报告期内同建设单位直接新签订的各种国内工程合同的总价款，不包括与其他建筑业企业新签的分包合同额。

建筑业总产值 指以货币表现的建筑业企业在一定时期内生产的建筑业产品和服务的总和。建筑业总产值包括建筑工程产值、安装工程产值和其他产值三部分内容。

竣工产值 一般是以单位工程为对象，当该工程按照设计所规定的工程内容全部完成，达到了设计规定的交工条件，经有关部门检查验收鉴定合格的单位工程价值，即为竣工产值。竣工产值包括范围应是报告期内竣工单位工程从开工到竣工的全部自行完成的价值，竣工产值不包括附属辅助企业或内部核算的其他单位为外单位生产和服务的价值。

房屋施工面积 指报告期内施工的全部房屋建筑面积，它包括本期新开工的房屋建筑面积、上期跨入本期继续施工的房屋建筑面积、上期停缓建在本期恢复施工的房屋建筑面积、本期竣工的房屋建筑面积以及本期施工后又停缓建的房屋建筑面积。

房屋竣工面积 指在报告期内房屋建筑按照设计要求已全部完工，达到住人和使用条件，经验收鉴定合格或达到竣工验收标准，可正式移交使用的各栋房屋建筑面积总和。

房屋竣工价值 指在报告期内按规定已经上报竣工的房屋本身的建造价值。一般按房屋设计和预算规定的内容计算。一般按结算价格（或中标价）计算。

固定资产合计 指企业为生产商品、提供劳务、出租或经营管理而持有的，使用寿命超过一个会计年度的有形资产。包括使用期限超过一年的房屋、建筑物、机器、机械、运输工具以及其他与生产、经营有关的设备、器具、工具等。

资产总计 指企业过去的交易或者事项形成的、由企业拥有或者控制的、预期会给企业带来经济利益的资源。资产一般按流动性分为流动资产和非流动资产。

执行 2006 年《企业会计准则》的企业：资产合计 ＝ 流动资产合计 ＋ 非流动资产合计；

未执行 2006 年《企业会计准则》的企业：资产合计 ＝ 流动资产合计 ＋ 长期投资 ＋ 固定资产合计 ＋ 无形及递延资产小计 ＋ 其他资产。

负债合计 指企业过去的交易或者事项形成的，预期会导致经济利益流出企业的现时义务。负债一般按偿还期长短分为流动负债和非流动负债。

所有者权益合计 指企业资产扣除负债后由所有者享有的剩余权益。公司的所有者权益又称股东权益。包括实收资本、资本公积、盈余公积、未分配利润等。

主营业务收入 指企业确认的销售商品、提供劳务等主营业务的收入。

执行 2006 年《企业会计准则》的企业，如未设置该科目，以“营业收入”代替填报。

销售费用 指企业从事施工生产活动过程中发生的各项费用，包括应由企业负担的运输费、装卸费、包装费、保险费、维修费、展览费、差旅费、广告费和其他经费。

营业利润 指企业从事生产经营活动所取得的利润。

执行 2006 年《企业会计准则》的企业，营业利润为营业收入减去营业成本、营业税金及附加、销售费用、管理费用、财务费用、资产减值损失，再加上公允价值变动收益和投资收益。

未执行 2006 年《企业会计准则》的企业，营业利润为主营业务收入减去主营业务成本、主营业务税金及附加，加上其他业务利润后，再减去销售费用、管理费用、财务费用后的金额。

利润总额 指企业在一定会计期间的经营成果，是生产经营过程中各种收入扣除各种耗费后的盈余，反映企业在报告期内实现的亏盈总额。

执行 2006 年《企业会计准则》的企业，利润总额为营业利润加上营业外收入，减去营业外支出后的金额。

未执行 2006 年《企业会计准则》的企业，利润总额为营业利润加上投资收益、政府补助、营业外收入，再减去营业外支出后的金额。

应付职工薪酬 指企业为获得职工提供的服务而给予各种形式的报酬以及其他相关支出。包括职工工资、奖金、津贴和补贴，职工福利费，医疗保险费、养老保险费、失业保险费、工伤保险费和生育保险费等社会保险费，住房公积金，工会经费和职工教育经费，非货币性福利，因解除与职工的劳动关系给予的补偿，其他与获得职工提供的服务相关的支出。

十、批发零售贸易和餐饮业

资料整理：成贵安

10-1　主要年份社会消费品零售总额

单位：万元

年　份	社会消费品零售总额	城　镇	#城区	乡　村
1980	30228			
1985	60227			
1990	106205		64705	41500
1991	113032		67501	45531
1992	133360	19270	60776	53314
1993	144113	18009	76764	54038
1994	165332	25084	84695	60785
1995	198645	33498	108145	71208
1996	247278	127451	126967	87400
1997	267040	147360	13885	94229
1998	256398	142559	128113	83532
1999	265041	150199	134513	85526
2000	288587	160441	158679	81065
2001	312453	142803	84992	84658
2002	336115	161321	87281	87513
2003	357424	180386	90480	86558
2004	730936	373465	183820	173651
2005	838257	423327	189389	225441
2006	1010340	483187	231085	296068
2007	1254786	583215	289912	381659
2008	1609385	753207	382481	473696
2009	1913761	896429	466389	550943
2010	2224956	1742763	1027077	482193
2011	2610539	2036907	1236928	573632
2012	3013884	2387459	1435331	626425
2013	3440357	2732327	1647949	708030
2014	3767860	2981531	1817688	786329
2015	4059694	3044771	2111143	1014924
2016	4337402	3311452	2073518	1025950
2017	**4615657**	**3553825**	2258144	**1061833**

10-2　社会消费品零售总额(2017年)

单位：万元

指标名称	数　量	指标名称	数　量	指标名称	数　量
社会消费品零售总额	**4615657**	1.批发业	279564	3.住宿业	82700
一、按销售单位所在地分		限额以上	12930	限额以上	6233
1.城　镇	3553825	限额以下	266634	限额以下	76467
#城　区	2258144	2.零售业	3760991	4.餐饮业	492402
2.乡　村	1061833	限额以上	745572	限额以上	35601
二、按行业分		限额以下	3015419	限额以下	456801

备注：限额以上企业包括达到规模的个体户。社会消费品零售总额为快报数据。

10-3　限额以上批发零售贸易业基本情况(2017年)

类　　别	法人企业(个)	年末从业人数(人)	类　　别	法人企业(个)	年末从业人数(人)
总　　计	**203**	**13731**	**二、零售业**	**148**	**8040**
一、批发业	**55**	**5691**	#国有及国有控股	16	1507
#国有及国有控股	16	3709	1.按登记注册类型分组		
1.按登记注册类型分组			内　资	147	8025
内　资	55	5691	国　有	5	50
国　有	2	1117	集　体	2	77
集　体	2	84	有限责任公司	39	1704
联营企业			国有独资公司	4	95
集体联营			其他有限责任公司	35	1609
国有与集体联营			股份有限公司	6	1302
其他联营			私营企业	93	4869
有限责任公司	18	2670	私营独资	9	173
国有独资公司	5	767	私营合伙	1	82
其他有限责任公司	13	1903	私营有限责任公司	79	4358
股份有限公司	1	95	私营股份有限公司	4	256
私营企业	32	1725	其　他	2	23
私营独资			港澳台商投资企业	1	15
私营有限责任公司	32	1725	与港澳台商合资经营	1	15
其他企业			外商投资企业		
外商投资企业			中外合资经营		
中外合资经营			中外合作经营		
2.按国民经济行业分组			外资企业		
农畜产品	3	162	2.按国民经济行业分组		
食品、饮料及烟草制品	13	2497	综合零售	20	1897
#米、面制品及食用油	1	33	#百　货	11	931
烟草制品	1	1040	超级市场	8	950
纺织、服装及日用品			食品、饮料及烟草制品专门零售	12	234
#服　装			纺织、服装及日用品专门零售	7	558
文化、体育用品及器材			#服 装	6	523
医药及医疗器材批发业	2	207	文化、体育用品及器材专门零售	12	317
矿产品、建材及化工产品	31	2390	#图　书	9	238
#煤炭及制品	20	2114	医药及医疗器材专门零售	9	1493
石油及制品	1	12	#药　品	9	1493
金属及金属矿	3	42	汽车、摩托车、燃料及零配件专门零售	54	2534
建　材	3	89	#汽　车	35	1038
化　肥			机动车燃料零售	16	1423
机械设备、五金交电及电子产品	6	435	家用电器及电子产品专门零售	18	364
#汽车、摩托车及零配件	2	48	#家用电器零售	14	301
家用电器			计算机、软件及辅助设备零售	1	10
计算机、软件及辅助设备			通讯设备零售	2	38
贸易经纪与代理			五金、家具及室内装修材料专门	4	121
其他批发业			无店铺及其他零售	11	483

10-4　限额以上住宿业和限额以上餐饮业经营情况(2017年)

类　别	法人企业(个)	从业人数(人)	营业额(万元)	客房收入	餐费收入	商品销售收入	其他收入
总　计	**63**	**4983**	**50115**	**18314**	**22479**	**6426**	**2895**
一、住宿业	**17**	**1440**	**15116**	**7027**	**6334**	**112**	**1643**
#国有及国有控股	3	809	8086	2600	4279	44	1163
1.按登记注册类型分组							
内　资	17	1440	15116	7027	6334	112	1643
国　有	3	809	8086	2600	4279	44	1163
集　体	1	30	247	156	91		
有限责任公司	2	101	1025	594	302	9	120
其他有限责任公司	2	101	1025	594	302	9	120
私营企业	10	429	5095	3227	1471	38	360
私营独资	3	122	1060	657	389	12	2
私营有限责任公司	7	307	4035	2570	1082	26	358
其他企业	1	71	662	450	191	21	
港澳台商投资企业							
合资经营企业							
合作经营企业							
外商投资企业							
中外合资经营							
外资企业							
2.按国民经济行业分组							
旅游饭店	3	247	686	274	270	9	134
一般旅馆	13	1170	11491	5176	4887	94	1334
其他住宿服务	1	23	447	447			
二、餐饮业	**46**	**3543**	**34999**	**11287**	**16146**	**6315**	**1252**
#国有及国有控股	7	529	3322	1260	2061		1
1.按登记注册类型分组							
内　资	46	3543	34999	11287	16146	6315	1252
国　有	6	484	2883	1196	1687		1
集　体	1	103	1405	782	624		
有限责任公司	6	302	7638	907	1749	4982	
其他有限责任公司	6	302	7638	907	1749	4982	
股份有限公司	2	225	1305	726	579		
私营企业	29	2242	20839	7403	10852	1333	1251
私营独资	5	179	1488	132	1352	3	1
私营合伙							
私营有限责任公司	24	2063	19351	7271	9500	1330	1250
其他企业	2	187	928	273	655		0
港澳台商投资企业							
合资经营企业							
合作经营企业							
外商投资企业							
中外合资经营							
外资企业							
2.按国民经济行业分组							
正餐服务	44	3448	33972	11287	15641	5792	1252
快餐服务	1	45	572		429	143	
餐饮配送及外卖送餐服务	1	50	456		76	380	

10-5 限额以上批发零售贸易业商品购进、销售、库存总额(2017年)

单位：万元

类别	购进总额	#进口	销售额	批发	#出口	零售	年末库存总额
总计	**2524396**	**3553**	**3210016**	**2571419**	**1217**	**638597**	**351700**
一、批发业	**1972457**		**2452679**	**2415951**		**36728**	**268098**
#国有及国有控股	860671		1192477	1186519		5958	157549
1.按登记注册类型分组							
内资	1972457		2452679	2415951		36728	268098
国有	208375		342683	342292		391	13406
集体	7314		8356	8261		95	1231
联营企业							
集体联营							
国有与集体联营							
其他联营							
有限责任公司	664887		849655	833255		16400	160518
国有独资公司	112840		130700	130700			4814
其他有限责任公司	552046		718954	702554		16400	155704
股份有限公司	42553		42553	42553			597
私营企业	1049329		1209433	1189591		19842	92347
私营独资							
私营有限责任公司	1049329		1209433	1189591		19842	92347
私营股份有限公司							
其他							
外商投资企业							
中外合资经营							
2.按国民经济行业分组							
农畜产品批发业	56382		54997	53919		1078	17043
食品、饮料及烟草制品批发业	748751		1048618	1030898		17720	166843
#米、面制品及食用油	2516		2778	2133		645	341
烟草制品	204219		338170	338170			13292
纺织、服装及日用品批发业							
#服装							
文化、体育用品及器材批发业							
医药及医疗器材批发业	20812		24905	24514		391	2096
矿产品、建材及化工产品批发业	1019070		1197446	1182594		14852	53483
#煤炭及制品	861170		1000310	1000310			38789
石油及制品	3056		4056	4056			
金属及金属矿	71441		89083	77082		12001	3791
建材	30144		38521	38359		162	8774
化肥							
机械设备、五金交电及电子产品批发业	127442		126713	124026		2687	28634
#汽车、摩托车及零配件	44624		45625	45625			4079
五金产品批发							
家用电器							
其他机械设备及电子产品批发	80183		78159	75655		2504	24490
计算机、软件及辅助设备							
贸易经纪与代理							
其他批发业							

10-5　续表

单位：万元

类　　别	购进总额	#进口	销售额	批　发	#出口	零　售	年末库存总额
二、零售业	**551939**	**3553**	**757337**	**155468**	**1217**	**601869**	**83602**
#国有及国有控股	132144		286115	68636		217479	26874
1.按登记注册类型分组							
内　资	550944	3553	756342	155468	1217	600874	83582
国　有	4096		4112			4112	408
集　体	1472		3691			3691	730
有限责任公司	160879		191740	77179		114561	16441
国有独资公司	8403		8377			8377	946
其他有限责任公司	152476		183363	77179		106184	15495
股份有限公司	109549		264174	61751		202423	24982
私营企业	269840	3553	286741	16538	1217	270203	40768
私营独资	11352	1221	13050	1730	1217	11320	1622
私营有限责任公司	237186	2332	247520	11782		235738	34377
私营股份有限公司	18817		22778	3026		19752	4447
其　他	5107		5885			5885	253
港澳台商投资企业							
外商投资企业							
2.按国民经济行业分组							
综合零售业	45285		56638	490		56148	7908
#百　货	17829		21621			21621	1536
超级市场零售业	25519		33226	490		32735	5959
其他综合零售							
食品、饮料及烟草制品专门零售	14923		20869	8088		12781	3443
纺织、服装及日用品专门零售	49760	2056	33539	43		33496	1361
#服装零售	48931	2056	31791	43		31748	1240
文化、体育用品及器材专门零售	20762		22039			22039	3385
#图书、报刊零售	16319		17746			17746	1950
医药及医疗器材专门零售	45337		49484	6886		42598	7023
汽车、摩托车、燃料及零配件专门零售	262892	1496	443994	65648	1217	378346	45318
汽车及零配件零售	138869	276	166083	633		165450	17623
机动车燃料零售	124023	1221	277911	65015	1217	212896	27695
家用电器及电子产品专门零售	74469		84439	59529		24910	10287
日用家电零售	19235		21973			21973	9456
计算机、软件及辅助设备零售	526		570			570	590
通信设备零售	53713		60901	59529		1372	222
五金、家具及室内装饰材料专门零售	13809.3		15038.7	1491.1		13547.6	977
货摊、无店铺及其他零售业	24702.8		31295.4	13293.1		18002.3	3900
互联网零售	13581.9		16675.7	10867.4		5808.3	949.9
自动售货机零售	346.8		2425.7	2425.7			784.5
生活用燃料零售	2407.4		3342.5			3342.5	770.1
其他未列明零售业	8366.7		8851.5			8851.5	1395.5

10-6 限额以上批发和零售业企业财务状况(2017年)

单位：万元

类　　别	年末资产负债					
	流动资产合　　计	#存货	固定资产原价	累计折旧	#本年折旧	资产合计
总　计	**3384028**	**359230**	**294452**	**111170**	**17772**	**4380962**
一、批发业	**3089363**	**274169**	**136003**	**57072**	**8003**	**3928674**
#国有及国有控股	1457867	159705	92927	45109	4950	1709160
1.按登记注册类型分组						
内　资	3089363	274169	136003	57072	8003	3928674
国　有	69344	13433	55080	23698	2941	103620
集　体	4294	1237	1167	733	94	4733
联营企业						
集体联营						
国有与集体联营						
其他联营						
有限责任公司	1398805	162533	40847	21989	1670	1620500
国有独资公司	974708	5134	22661	14213	1096	1147260
其他有限责任公司	424097	157399	18186	7776	574	473240
股份有限公司	23761	607	897	526	526	24261
私营企业	1593158	96360	38012	10126	2772	2175559
私营独资						
私营有限责任公司	1593158	96360	38012	10126	2772	2175559
私营股份有限公司						
其　他						
外商投资企业						
中外合资经营						
2.按国民经济行业分组						
农畜产品批发业	32020	17777	16319	1637	260	51828
食品、饮料及烟草制品批发业	330564	166727	62018	27696	3519	382680
#米、面制品及食用油	588	341	69	27	12	634
烟草制品	67261	13292	53823	23489	2927	100489
纺织、服装及日用品批发业						
#服　装						
文化、体育用品及器材批发业						
医药及医疗器材批发业	10231	2123	1475	373	15	11348
矿产品、建材及化工产品批发业	2653117	59277	55326	27130	4146	3418660
#煤炭及制品	2459741	44583	49812	26022	4067	3188499
石油及制品	905					905
金属及金属矿	28808	3791	372	271	12	33984
建　材	137837	8776	275	169	60	148196
化　肥						
机械设备、五金交电及电子产品批发业	63431	28265	865	236	64	64157
#汽车、摩托车及零配件	7512	2020	162	62	0	7676
家用电器						
计算机、软件及辅助设备						
贸易经纪与代理						
其他批发业						

10-6　续表1

单位：万元

类　　别	年末资产负债					
	流动资产合　计	#存货	固定资产原价	累计折旧	#本年折旧	资产合计
二、零售业	**294666**	**85061**	**158449**	**54098**	**9769**	**452289**
#国有及国有控股	47222.7	28601.7	89919.0	32515.7	5451.4	120427.0
1.按登记注册类型分组						
内　资	294608	85061	157774	53999	9769	451457
国　有	699	110	308	177		845
集　体	900	730	100	75	5	929
有限责任公司	71880	15562	22077	8817	1076	102262
国有独资公司	3999	502	1484	627	55	5421
其他有限责任公司	67882	15060	20593	8190	1021	96841
股份有限公司	32936	27745	85916	30336	5385	103490
私营企业	186974	40662	49259	14589	3301	242459
私营独资	4279	1505	937	283	101	4933
私营有限责任公司	167860	34710	46754	13613	2991	220314
私营股份有限公司	14314	4446	1458	675	208	16013
其　他	1218	253	114	5	1	1474
港澳台商投资企业						
外商投资企业						
2.按国民经济行业分组						
综合零售业	87399	7075	21984	8044	695	126999
#百　货	75050	843	13220	3425	303	97795
超级市场零售业	11805	5819	8746	4611	384	28642
食品、饮料及烟草制品专门零售	12403	3786	2578	212	83	15912
纺织、服装及日用品专门零售	12361	508	5094	1227	322	16695
#服装零售	11696	373	4404	970	284	15596
文化、体育用品及器材专门零售	17151	2132	9477	3555	1241	25468
#图书、报刊零售	13914	1641	8849	3246	1240	21790
医药及医疗器材专门零售	20806	8771	1224	765	205	23160
汽车、摩托车、燃料及零配件专门零售	103058	47526	105476	36871	6788	189007
汽车及零配件零售	60555	17638	22812	7028	2342	78925
机动车燃料零售	42504	29888	82664	29843	4446	110082
家用电器及电子产品专门零售	24413	9752	2658	1772	28	25531
日用家电零售	17119	9088	1788	1524	23	17417
计算机、软件及辅助设备零售	1806	590	161	145	1	1821
通信设备零售	5430.9	74.3	34.5	3.8	3.4	5461.6
五金、家具及室内装饰材料专门零售	3574.9	986.2	1362.1	105.4	49.3	6488.8
货摊、无店铺及其他零售业	13500.3	4525.2	8596.2	1547.2	358	23029.2
互联网零售	5106	1862	191.2	36.9	19.9	5405.4
自动售货机零售	2468.1	784.5	166.8	73.5	73.5	2561.4
生活用燃料零售	2331.7	772.2	8148	1408.4	260.6	11391.4
其他未列明零售业	3594.5	1106.5	90.2	28.4	4	3671

10-6 续表2

单位：万元

类别	年末资产负债						
	负债合计	所有者权益合计	#实收资本				
				#国家	#集体	#法人	#个人
总计	**3395265**	**985697**	**406609**	**49242**	**1130**	**232360**	**123868**
一、批发业	**3088662**	**840012**	**273876**	**45243**	**476**	**151668**	**76479**
#国有及国有控股	1485448	223711	51675	45159		6516	
1.按登记注册类型分组							
内资	3088662	840012	273876	45243	476	151668	76479
国有	22520	81100	1995	1995			
集体	4119	615	540	74	466		
联营企业							
集体联营							
国有与集体联营							
其他联营							
有限责任公司	1475153	145346	52680	41164		10516	1000
国有独资公司	1140131	7129	31980	27800		4180	
其他有限责任公司	335023	138217	20700	13364		6336	1000
股份有限公司	19598	4664	2000	2000			
私营企业	1567272	608287	216661	10	10	141152	75479
私营独资							
私营有限责任公司	1567272	608287	216661	10	10	141152	75479
私营股份有限公司							
其他							
外商投资企业							
中外合资经营							
2.按国民经济行业分组							
农畜产品批发业	15810	36018	10701			10200	501
食品、饮料及烟草制品批发业	202249	180431	15434	9842	476	3586	1520
#米、面制品及食用油	80	554	500				500
烟草制品	20526	79963	1494	1494			
纺织、服装及日用品批发业							
#服装							
文化、体育用品及器材批发业							
医药及医疗器材批发业	9809	1539	903	501		402	
矿产品、建材及化工产品批发业	2809430	609231	234938	34900		126880	73158
#煤炭及制品	2608143	580356	219546	31900		122980	64666
石油及制品	413	492	492				492
金属及金属矿	23438	10546	2200			1000	1200
建材	137888	10307	3400			2900	500
化肥							
机械设备、五金交电及电子产品批发业	51364	12793	11900			10600	1300
#汽车、摩托车及零配件	6220	1456	1500			500	1000
家用电器							
计算机、软件及辅助设备							
贸易经纪与代理							
其他批发业							

10-6　续表3

单位：万元

类　别	年末资产负债						
	负债合计	所有者权益合计	#实收资本				
				#国家	#集体	#法人	#个人
二、零售业	**306604**	**145685**	**132733**	**3999**	**654**	**80692**	**47388**
#国有及国有控股	32689	87738	7635	3991	40	3254	350
1.按登记注册类型分组							
内　资	306272	145185	132233	3999	654	80192	47388
国　有	1058	-214	159	159			
集　体	492	437	104	3	100	1	
有限责任公司	74078	28184	78708	5	454	60790	17459
国有独资公司	2341	3080	2180			2132	48
其他有限责任公司	71737	25104	76528	5	454	58658	17411
股份有限公司	25486	78004	5296	3832	40	772	652
私营企业	204217	38241	47446		20	18609	28817
私营独资	3051	1882	1015		20	379	616
私营合伙	630	568	568			568	
私营有限责任公司	190556	29758	39834			17133	22701
私营股份有限公司	9980	6033	6030			530	5500
其　他	940	533	519		40	19	460
港澳台商投资企业							
外商投资企业							
2.按国民经济行业分组							
综合零售业	119035	7963	8688	159	204	1898	6426
#百　货	95852	1944	1627	159		748	720
超级市场零售业	22608	6034	6960		204	1050	5706
食品、饮料及烟草制品专门零售	11745	4167	2470		140	610	1720
纺织、服装及日用品专门零售	11879	4816	7862			70	7792
#服　装	11332	4264	7313			70	7243
文化、体育用品及器材专门零售	9108	16360	7026	3772		2875	379
#图　书	6444	15346	6021	3772		2132	117
医药及医疗器材专门零售	17182	5978	3857			1716	2140
汽车、摩托车、燃料及零配件专门零售	101539	87468	82059	65	310	64455	17229
汽车及零配件零售	70336	8590	25190			14157	11033
机动车燃料零售	31203	78879	56869	65	310	50298	6196
家用电器及电子产品专门零售	12902	12630	13556	3		5973	7580
日用家电零售	10978	6439	7006	3		5423	1580
计算机、软件及辅助设备零售	886	935	1000				1000
通信设备零售	706.3	4755.3	5050			50	5000
五金、家具及室内装饰材料专门零售	5684.7	804.1	2400			1000	1400
货摊、无店铺及其他零售业	17530.7	5498.5	4815.8			2093.8	2722
互联网零售	3726.7	1678.7	1223.8			1063.8	160
自动售货机零售	2596.7	-35.3	30			30	
生活用燃料零售	8631.8	2759.6	2480				2480
其他未列明零售业	2575.5	1095.5	1082			1000	82

10-6 续表4

单位：万元

类 别	损益及分配				
	主营业务收入	主营业务成本	主营业务税金及附加	其他业务利润	销售费用
总 计	**2871481**	**2432774**	**47617**	**2022**	**194969**
一、批发业	**2184802**	**1806468**	**45787**	**52**	**149973**
#国有及国有控股	1057051	783886	43730	15	103298
1.按登记注册类型分组					
内 资	2184802	1806468	45787	52	149973
国 有	292904	208348	41404		5760
集 体	7618	6246	8		758
联营企业					
集体联营					
国有与集体联营					
其他联营					
有限责任公司	757767	564810	2347	52	101339
国有独资公司	132792	126902	239	15	458
其他有限责任公司	624975	437908	2108	37	100882
股份有限公司	42736	42268	48		
私营企业	1083777	984796	1979		42116
私营独资					
私营合伙					
私营有限责任公司	1083777	984796	1979		42116
私营股份有限公司					
其 他					
外商投资企业					
中外合资经营					
2.按国民经济行业分组					
农畜产品批发业	48400	42051	4		850
食品、饮料及烟草制品批发业	897183	624807	43470	37	106334
#米、面制品及食用油	2504	2322	4	37	97
烟草制品	289034	204867	41398		5495
纺织、服装及日用品批发业					
#服 装					
文化、体育用品及器材批发业					
医药及医疗器材批发业	21757	20137	18		983
矿产品、建材及化工产品批发业	1107197	1013754	2253	15	41320
#煤炭及制品	935869	851412	1431	15	40016
石油及制品	4056	3555	13		427
金属及金属矿	76139	70632	749		4
建 材	34899	33765	31		
化 肥					
机械设备、五金交电及电子产品批发业	110264	105718	41		487
#汽车、摩托车及零配件	38996	38279	3		366
家用电器					
计算机、软件及辅助设备					
贸易经纪与代理					
其他批发业					

10-6　续表5

单位：万元

类　　别	损益及分配				
	主营业务收入	主营业务成本	主营业务税金及附加	其他业务利润	销售费用
二、零售业	**686680**	**626305**	**1831**	**1970**	**44996**
#国有及国有控股	280894	260738	789	152	23487
1.按登记注册类型分组					
内　资	685684	625306	1824	1970	44996
国　有	3860	3303	54		247
集　体	3154	2841	7		243
有限责任公司	170593	155365	319	596	7775
国有独资公司	8283	5565	18		1573
其他有限责任公司	162310	149800	300	596	6203
股份有限公司	259361	243872	683	152	20684
私营企业	243854	215130	761	1222	16034
私营独资	12470	11368	39		149
私营有限责任公司	209031	183450	672	1222	14866
私营股份有限公司	19049	17217	44		849
其　他	4862	4795	1		13
港澳台商投资企业					
外商投资企业					
2.按国民经济行业分组					
综合零售业	47412	40540	188	1454	3946
#百　货	14860	11888	83	-3	999
超级市场零售业	30761	26898	105	1457	2897
食品、饮料及烟草制品专门零售	16748	15091	14		1008
纺织、服装及日用品专门零售	15191	12544	71		1218
#服　装	13493	11062	68		1143
文化、体育用品及器材专门零售	21270	14796	165	151	4384
#图　书	17364	11830	74	151	3810
医药及医疗器材专门零售	43898	32131	289	1	7923
汽车、摩托车、燃料及零配件专门零售	423806	400836	963	296	22966
汽车及零配件零售	152588	144608	283	281	3273
机动车燃料零售	271218	256228	680	15	19694
家用电器及电子产品专门零售	80811	79068	80	69	1025
日用家电零售	18604	17341	25	61	948
计算机、软件及辅助设备零售	491	394	1		32
通信设备零售	60720.4	60333.6	48.1	7.8	45.4
五金、家具及室内装饰材料专门零售	7597.9	5194.7	29.4		620.8
货摊、无店铺及其他零售业	29946.7	26105.1	30.5		1904.6
互联网零售	16052.8	14024.6	3.5		1246.4
自动售货机零售	2425.7	1967.8	8		65.4
生活用燃料零售	3517	2345.7	10.3		139.9
其他未列明零售业	7951.2	7767	8.7		452.9

10-6 续表6

单位: 万元

类 别	损益及分配					
	管理费用	财务费用	#利息支出	营业利润	利润总额	应交所得税
总 计	**71852**	**64098**	**50779**	**117773**	**117556**	**29070**
一、批发业	**51852**	**60021**	**48328**	**126800**	**127501**	**27978**
#国有及国有控股	38402	19156	21403	67771	72976	26582
1.按登记注册类型分组						
内 资	51852	60021	48328	126800	127501	27978
国 有	14441	-1903		24963	24768	6433
集 体	646	5	5	-33	-74	20
联营企业						
集体联营						
国有与集体联营						
其他联营						
有限责任公司	23428	21112	21404	44153	49191	20299
国有独资公司	7588	21801	21366	-23894	-20145	4
其他有限责任公司	15840	-689	38	68047	69336	20295
股份有限公司	776	0		-660	-264	
私营企业	12562	40807	26920	58377	53880	1226
私营独资						
私营合伙						
私营有限责任公司	12562	40807	26920	58377	53880	1226
私营股份有限公司						
其 他						
外商投资企业						
中外合资经营						
2.按国民经济行业分组						
农畜产品批发业	651	366	20	4478	2830	4
食品、饮料及烟草制品批发业	27518	-3028	44	97130	96666	27215
#米、面制品及食用油	79	1	1	36	35	2
烟草制品	14275	-1903		25012	24775	6433
纺织、服装及日用品批发业						
#服装						
文化、体育用品及器材批发业						
医药及医疗器材批发业	411	88		120	163	
矿产品、建材及化工产品批发业	21068	62113	47687	23763	26584	514
#煤炭及制品	19470	60508	46349	20107	22771	507
石油及制品	67	0		-5	-5	
金属及金属矿	532	304	301	3918	3984	
建 材	562	312	0	230	238	
化 肥						
机械设备、五金交电及电子产品批发业	2205	482	578	1309	1258	245
#汽车、摩托车及零配件	354	-107		103	96	15
家用电器						
计算机、软件及辅助设备						
贸易经纪与代理						
其他批发业						

10-6　续表7

单位：万元

类　别	损益及分配					
	管理费用	财务费用	#利息支出	营业利润	利润总额	应交所得税
二、零售业	**20000**	**4078**	**2451**	**-9026**	**-9945**	**1092**
#国有及国有控股	4386	179	73	-8378	-9094	313
1.按登记注册类型分组						
内　资	19939	4077	2450	-8966	-9945	1092
国　有	165	0	0	104	60	13
集　体	178	6		-120	59	
有限责任公司	4818	1781	1365	-621	-221	328
国有独资公司	432	-2		862	829	184
其他有限责任公司	4386	1783	1365	-1483	-1050	143
股份有限公司	3495	84	33	-9488	-10126	77
私营企业	11228	2182	1053	1186	283	674
私营独资	897	69	51	-28	64	
私营有限责任公司	9590	1892	1001	1204	-79	568
私营股份有限公司	723	214		2	292	106
其　他	56	24		-26	0	
港澳台商投资企业						
外商投资企业						
2.按国民经济行业分组						
综合零售业	2655	839	216	-638	-1463	4
#百　货	1427	312	16	148	150	0
超级市场零售业	1208	527	200	-753	-1579	3
食品、饮料及烟草制品专门零售	448	40	1	147	335	36
纺织、服装及日用品专门零售	1683	337	333	-96	-477	
#服　装	1630	317	313	-160	-541	
文化、体育用品及器材专门零售	1164	1		1296	1219	302
#图　书	1037	-7		1082	997	252
医药及医疗器材专门零售	2325	512	91	1071	1088	507
汽车、摩托车、燃料及零配件专门零售	9273	1905	1513	-11946	-12055	152
汽车及零配件零售	5241	1765	1439	-2114	-1993	45
机动车燃料零售	4031	140	74	-9833	-10062	106
家用电器及电子产品专门零售	599	181	68	-627	-496	32
日用家电零售	324	119	68	-152	-88	1
计算机、软件及辅助设备零售	8	62		-5	-5	
通信设备零售	207			-409.7	-402.9	30.7
五金、家具及室内装饰材料专门零售	556.8	16.6	9.3	25.5	1188.6	2.7
货摊、无店铺及其他零售业	1295.4	245.3	219.5	1742.2	715.4	57.1
互联网零售	609.9	28.5	1.4	112	88.9	
自动售货机零售	19.3	0.2		365	365	
生活用燃料零售	594	217.3	217.8	209.8	202.8	57.1
其他未列明零售业	72.2	-0.7	0.3	1055.4	58.7	

10-6　续表8

单位：万元

类　别	工资、增值税		类　别	工资、增值税	
	本年应付职工薪酬	本年应交增值税		本年应付职工薪酬	本年应交增值税
总　计	**75449**	**73618**	**二、零售业**	**26656**	**6823**
一、批发业	**48793**	**66794**	#国有及国有控股	9709	1359
#国有及国有控股	40535	57529	1.按登记注册类型分组		
1.按登记注册类型分组			内　资	26623	6820
内　资	48793	66794	国　有	65	61
国　有	13748	13803	集　体	164	6
集　体	444	23	股份合作		
股份合作			有限责任公司	5411	116
联营企业			国有独资公司	1025	
集体联营			其他有限责任公司	4387	116
国有与集体联营			股份有限公司	8395	1230
其他联营			私营企业	12527	5408
有限责任公司	27059	29409	私营独资	399	23
国有独资公司	4082	4094	私营合伙	127	4
其他有限责任公司	22978	25315	私营有限责任公司	10471	5113
股份有限公司	258	14530	私营股份有限公司	1530	268
私营企业	7284	9030	其　他	61	
私营独资			港澳台商投资企业		
私营合伙			港澳台商独资经营		
私营有限责任公司	7284	9030	外商投资企业		
私营股份有限公司			外资企业		
其　他			中外合作经营		
外商投资企业			外　资		
中外合资经营			2.按国民经济行业分组		
2.按国民经济行业分组			综合零售业	3567	885
农畜产品批发业	433		#百　货	1630	613
食品、饮料及烟草制品批发业	32910	34030	超级市场零售业	1879	271
#米、面制品及食用油	121	25	食品、饮料及烟草制品专门零售	609	110
烟草制品	13504	13738	纺织、服装及日用品专门零售	300	57
纺织、服装及日用品批发业			#服　装	226	6
#服　装			文化、体育用品及器材专门零售	1859	47
文化、体育用品及器材批发业			#图　书	1466	29
医药及医疗器材批发业	745	64	医药及医疗器材专门零售	4967	3838
矿产品、建材及化工产品批发业	12547	33565	#药　品	4967	3838
#煤炭及制品	11970	32467	汽车、摩托车、燃料及零配件专门零售	12308	1556
石油及制品	22				
金属及金属矿	126	19	#汽　车	3814	230
建　材	226	103	机动车燃料	8494	1327
化　肥			家用电器及电子产品专门零售	1721	131
机械设备、五金交电及电子产品批发业	2158	-865	#家用电器	1542	111
#汽车、摩托车及零配件	337	47	计算机、软件及辅助设备零售	18	3
家用电器			通讯设备	129	13
计算机、软件及辅助设备			五金、家具及室内装修材料专门零售	282	34
贸易经纪与代理			货摊、无店铺及其他	1043	165
其他批发业					

10-7　限额以上餐饮企业财务状况(2017年)

单位：万元

类　别	年末资产负债					
	流动资产合　计	#存货	固定资产原价	累计折旧	#本年折旧	资产合计
总　计	**47997**	**15886**	**143033**	**47011**	**10157**	**157216**
#国有及国有控股	2129	715	9207	4248	2646	9678
1.按登记注册类型分组						
内　资	47997	15886	143033	47011	10157	157216
国　有	2004	636	9207	4248	2646	9553
集　体	1439	342	2025	1297	87	2328
有限责任公司	5337	793	13683	4419	450	15113
其他有限责任公司	5337	793	13683	4419	450	15113
股份有限公司	468	120	11	2	2	478
私营企业	38166	13882	114072	34578	6752	127185
私营独资	788	213	676	28	27	1673
私营合伙						
私营有限责任公司	37377	13669	113396	34550	6725	125511
其　他	584	113	4035	2468	220	2560
港澳台商投资企业						
合资经营企业						
合作经营企业						
外商投资企业						
中外合资经营						
外资企业						
2.按国民经济行业分组						
正餐服务业	47295	15762	142164	46823	9994	153683
快餐服务	550		565	161	141	3076
其他未列明的餐饮业	152	124	304	27	22	457

10-7 续表1

单位: 万元

类别	年末资产负债						
	负债合计	所有者权益合计	#实收资本	国家	集体	法人	个人
总 计	**169644**	**-12428**	**44071**	**2293**	**2270**	**16800**	**22708**
#国有及国有控股	3496	6182	8411	2293		6118	
1.按登记注册类型分组							
内 资	169644	-12428	44071	2293	2270	16800	22708
国 有	3309	6244	7907	2293		5614	
集 体	257	2071	2170		2170		
有限责任公司	9511	5602	1250		100	250	900
其他有限责任公司	9511	5602	1250		100	250	900
股份有限公司	694	-217	704			704	
私营企业	149346	-22161	31390			10232	21158
私营独资	449	1225	1383			442	941
私营合伙							
私营有限责任公司	148897	-23386	30007			9790	20217
其 他	6527	-3967	650				650
港澳台商投资企业							
合资经营企业							
合作经营企业							
外商投资企业							
中外合资经营							
外资企业							
2.按国民经济行业分组							
正餐服务业	167872	-14189	41921	2293	2270	15400	21958
快餐服务	1282	1794	2000			1400	600
其他未列明的餐饮业	490	-33	150				150

10-7　续表2

单位：万元

类　别	损益及分配				
	主营业务收入	主营业务成本	主营业务税金及附加	其他业务利润	销售费用
总　计	**33490**	**17751**	**371**	**308**	**9530**
#国有及国有控股	3273	2206	42		622
1.按登记注册类型分组					
内　资	33490	17751	371	308	9530
国　有	2847	1887	35		539
集　体	1332	394	3	2	518
有限责任公司	7541	4997	66	0	697
其他有限责任公司	7541	4997	66	0	697
股份有限公司	1267	530	14		505
私营企业	19584	9276	219	91	6749
私营独资	1381	847	28	75	161
私营合伙					
私营有限责任公司	18204	8429	191	16	6588
其　他	917	667	35	215	523
港澳台商投资企业					
合资经营企业					
合作经营企业					
外商投资企业					
中外合资经营					
外资企业					
2.按国民经济行业分组					
正餐服务业	32545	17000	368	308	9342
快餐服务	555	307	2		145
其他未列明的餐饮业	390	444	1		43

10-7 续表3

单位：万元

类　　别	营业利润	利润总额	应交所得税	应付职工薪酬(本年贷方累计发生额)
总　计	**-11268**	**-10208**	**14**	**12975**
#国有及国有控股	-1078	-570		1080
1.按登记注册类型分组				
内　资	-11268	-10208	14	12975
国　有	-1010	-502		968
集　体	204	205		269
有限责任公司	3	-15	13	510
其他有限责任公司	3	-15	13	510
股份有限公司	-201	-68		605
私营企业	-9514	-9825	1	10224
私营独资	267	-12		359
私营合伙				
私营有限责任公司	-9781	-9813	1	9865
其　他	-750	-3		399
港澳台商投资企业				
合资经营企业				
合作经营企业				
外商投资企业				
中外合资经营				
外资企业				
2.按国民经济行业分组				
正餐服务业	-11078	-10018	14	12901
快餐服务业	-61	-61		10
其他未列明的餐饮业	-129	-129		65

10-8　限额以上住宿企业财务状况(2017年)

单位：万元

类　　别	年末资产负债					
	流动资产合计	#存货	固定资产原价	累计折旧	#本年折旧	资产合计
总　计	**31099**	**1082**	**28924**	**10320**	**3277**	**82794**
#国有及国有控股	15560	708	11535	4973	302	50689
1.按登记注册类型分组						
内　资	31099	1082	28924	10320	3277	82794
国　有	15560	708	11535	4973	302	50689
集　体	7		22	5		24
有限责任公司	1299	103	2574	668	139	3315
其他有限责任公司	1299	103	2574	668	139	3315
私营企业	13694	245	11974	3175	2683	26729
私营独资	922	6	0	0	0	939
私营有限责任公司	12772	239	11973	3175	2682	25790
其　他	538	26	2819	1498	154	2037
港澳台商投资企业						
合资经营企业						
合作经营企业						
外商投资企业						
中外合资经营						
外资企业						
2.按国民经济行业分组						
旅游饭店	4459	76	9356	2676	1891	11142
一般旅馆	26400	995	17992	7586	1386	69372
其他住宿服务	240	11	1575	57		2280

10-8 续表1

单位：万元

类 别	年末资产负债						
	负债合计	所有者权益合计	#实收资本				
				国家	集体	法人	个人
总 计	**44960**	**37833**	**47569**	**40020**		**3520**	**4029**
#国有及国有控股	17494	33195	40020	40020			
1.按登记注册类型分组							
内 资	44960	37833	47569	40020		3520	4029
国 有	17494	33195	40020	40020			
集 体	48	-24	20			20	
有限责任公司	2681	634	2010			2010	
其他有限责任公司	2681	634	2010			2010	
私营企业	22328	4402	5019			1490	3529
私营独资	710	229	209				209
私营有限责任公司	21618	4173	4810			1490	3320
其 他	2410	-373	500				500
港澳台商投资企业							
合资经营企业							
合作经营企业							
外商投资企业							
中外合资经营							
外资企业							
2.按国民经济行业分组							
旅游饭店	8180	2962	810	20		190	600
一般旅馆	34442	34930	46734	40000		3330	3404
其他住宿服务	2339	-59	25				25

10-8 续表2

单位：万元

类别	损益及分配				
	主营业务收入	主营业务成本	主营业务税金及附加	其他业务利润	销售费用
总计	**14832**	**5178**	**188**		**4700**
#国有及国有控股	7916	2200	81		2468
1.按登记注册类型分组					
内资	14832	5178	188		4700
国有	7916	2200	81		2468
集体	151	21	6		83
有限责任公司	1319	662	25		494
其他有限责任公司	1319	662	25		494
私营企业	4697	2083	55		1181
私营独资	980	563	16		196
私营有限责任公司	3717	1520	38		985
其他	749	212	22		474
港澳台商投资企业					
合资经营企业					
合作经营企业					
外商投资企业					
中外合资经营					
外资企业					
2.按国民经济行业分组					
旅游饭店	2518	747	15		1048
一般旅馆	11880	4191	172		3652
其它住宿业	434	240			1

10-8 续表3

单位: 万元

类　　别	营业利润	利润总额	应交所得税	应付职工薪酬(本年贷方累计发生额)
总　计	**-2226**	**-2089**		**3948**
#国有及国有控股	-1829	-1807		2468
1.按登记注册类型分组				
内　资	-2226	-2089		3948
国　有	-1829	-1807		2468
集　体	-7	-7		3
有限责任公司	-148	-46		354
其他有限责任公司	-148	-46		354
私营企业	-228	-212		986
私营独资	32	14		316
私营有限责任公司	-259	-227		671
其　他	-16	-16		136
港澳台商投资企业				
合资经营企业				
合作经营企业				
外商投资企业				
中外合资经营				
外资企业				
2.按国民经济行业分组				
旅游饭店	9	9		494
一般旅馆	-2194	-2056		3370
其他住宿服务	-41	-41		84

10-9　贸易限额以上法人单位商品零售类值表

单位：万元

类　　别	2017年	2016年	增速(%)
合　计	**765647**	**742071**	**3.2**
1.粮油、食品类	50048	45275	10.5
#粮油类	17037	16272	4.7
肉禽蛋类	6298	5314	18.5
水产品类	4337	3711	16.9
蔬菜类	6038	5289	14.2
干鲜果品类	9484	8590	10.4
2.饮料类	13283	13183	0.8
3.烟酒类	54249	57480	-5.6
4.服装、鞋帽、针纺织品类	53231	50054	6.3
服装类	38883	35810	8.6
鞋帽类	8333	8044	3.6
针纺织品类	6015	6199	-3.0
5.化妆品类	6495	5563	16.8
6.金银珠宝类	15794	14997	5.3
7.日用品类	9884	9184	7.6
#儿童玩具类	1120	1150	-2.7
8.五金、电料类	1948	1813	7.4
9.体育、娱乐用品类	545	399	36.5
10.书报杂志类	24359	27352	-10.9
11.电子出版物及音像制品类	86	132	-34.8
12.家用电器和音像器材类	29076	37965	-23.4
13.中西药品类	40674	27761	46.5
#西药类	31897	18598	71.5
中草药及中成药类	8107	7068	14.7
14.文化办公用品类	1446	3034	-52.4
15.家具类	17243	23558	-26.8
16.通讯器材类	1974	1519	30.0
17.煤炭及制品类	151	48	217.9
19.石油及制品类	255260	258372	-1.2
22.建筑及装潢材料类	28514	3172	799.0
24.汽车类	152402	156183	-2.4
27.其他类	8984	5029.5	78.6

主要统计指标解释

批发业 指向其他批发或零售单位（含个体经营者）及其他企事业单位、机关团体等批量销售生活用品、生产资料的活动，以及从事进出口贸易和贸易经纪与代理的活动。

零售业 指百货商店、超级市场、专门零售商店、品牌专卖店、售货摊等主要面向最终消费者（如居民等）的销售活动，以互联网、邮政、电话、售货机等方式的销售活动，还包括在同一地点，后面加工生产，前面销售的店铺（如面包房）。

批发和零售业法人企业 指具备如下条件的批发零售贸易企业：(1)依法成立，有自己的名称、组织机构和场所，能够承担民事责任；(2)独立拥有和使用资产，承担负债，有权与其他单位签订合同；(3)独立核算盈亏，并能够编制包括资产负债表在内的全部会计帐户。

限额以上批发企业 年主营业务收入 2000 万元及以上为限额以上批发企业。

限额以上零售企业 年主营业务收入 500 万元及以上为限额以上零售企业。

社会消费品零售总额 指企业（单位、个体户）通过交易直接售给个人、社会集团非生产、非经营用的实物商品金额，以及提供餐饮服务所取得的收入金额。个人包括城乡居民和入境人员，社会集团包括机关、社会团体、部队、学校、企事业单位、居委会或村委会等。

批发和零售业零售额 指批发和零售业企业、产业活动单位和个体户售给城乡居民用于生活消费和社会集团用于公共消费的商品金额。

门店总数 指该连锁企业所拥有的全部连锁门店数量，包括总店(如果总公司有门店的话)和全部直营分店、加盟分店数。其中，总店作为一个直营店处理。此外，有的地区分出控股店，控股店按直营店统计。

连锁企业（或称连锁店、连锁公司） 指在核心企业或总店的领导下，由分散的、经营同类商品或服务的企业或活动单位，采取共同方针，实行集中采购和分散销售的有机结合，通过规范化经营，实现规模效益的经济联合组织形式。一般连锁店应由若干个分店组成。其经营特征：(1)经营同类商品；(2)使用统一商号；(3)统一采购配送，采购与销售相分离(部分商品可根据物流合理和保质保鲜原则由供应商直接送货到门店，其余均由总部统一配送)。连锁店总店(总部)指连锁店的核心企业或管理中心。连锁店分店指连锁店所属各分散经营的企业或活动单位，也可称分店或成员店。

连锁店包括下列三种形式：

直营连锁 指连锁店铺由连锁公司全资或控股开设，在总部的直接控制下，开展统一经营的连锁经营形式。

特许连锁 指拥有注册商标、企业标志、专利、专有技术等经营资源的企业（特许人），以合同形式将其拥有的经营资源许可其他经营者（被特许人）使用，被特许人按合同约定在统一的经营模式下开展经营，并向特许人支付特许经营费用的连锁经营形式。

自愿连锁 指若干个店铺或企业自愿组合起来，在不改变各自资产所有权关系的情况下，以同一个品牌形象面对消费者，以共同进货为纽带开展的连锁经营形式。

零售业态 指零售企业（单位）为满足不同的消费需求进行相应的要素组合而形成的不同经营形态；分类原则是，零售业态按零售店铺的结构特点，根据其经营方式、商品结构、服务功能，以及选址、商圈、规模、店堂设施、目标顾客和有无固定营业场所进行分类。

零售业态从总体上可以分为有店铺零售业态和无店铺零售业态两类。按照零售业态分类原则分为食杂店、便利店、折扣店、超市、大型超市、仓储会员店、百货店、专业店、专卖店、家居建材商店、购物中心、社区购物中心、市区购物中心、城郊购物中心、厂家直销中心、电视购物、邮购、网上商店、自动售货亭、电话购物等20种零售业态。

商品购进额　指从本企业以外的单位和个人购进（包括从国外直接进口）作为转卖或加工后转卖的商品金额（含增值税）。本指标反映批发和零售业从国内外市场上购进商品的总价。

商品销售额　指对本单位以外的单位和个人出售的商品金额（包括售给本单位消费用的商品，含增值税），本指标反映批发和零售业在国内市场上销售商品以及出口商品的总量。

期末商品库存额　对于批发和零售业法人单位和个体经营户，是指报告期末取得所有权的全部商品金额（含增值税）；对于批发和零售业产业活动单位，是指报告期末实际在库且归属法人具有所有权的全部商品金额（含增值税）。该指标反映批发和零售业商品库存情况，以及对市场商品供应的保证程度。

亿元以上商品交易市场　指年成交额在亿元及以上的商品交易市场。商品交易市场是指经有关部门和组织批准设立，有固定场所、设施，有经营管理部门和监管人员，若干市场经营者入内，常年或实际开业三个月以上，集中、公开、独立地进行生活消费品、生产资料等现货商品交易以及提供相关服务的交易场所，包括各类消费品市场、生产资料市场等。

住宿业　指为旅行者提供短期留宿场所的活动，有些单位只提供住宿，也有些单位提供住宿、饮食、商务、娱乐一体的服务。

餐饮业　指通过即时制作加工、商业销售和服务性劳动等，向消费者提供食品和消费场所及设施的服务。

限额以上住宿企业　年主营业务收入200万元及以上为限额以上住宿企业。

限额以上餐饮企业　年主营业务收入200万元及以上为限额以上餐饮企业。

住宿和餐饮业零售额　指专门从事提供食宿服务、进行食品烹饪调制的住宿和餐饮业企业、产业活动单位和个体户，直接向居民和社会集团出售主食、菜肴、烟酒饮料和其他商品取得的餐费收入和商品销售额，包括各行业企业或单位附设的对外营业的旅馆、火车餐车、轮船餐厅、机场餐厅的零售额，不包括机关、团体、学校、企事业单位不对外营业的职工食堂所出售的餐费收入。

住宿业企业星级评定情况　星级等级指符合《中华人民共和国星级酒店评定标准》(GB/T14308-2003)，并经过有关旅游管理权威部门评定（验收）后授予"星级"称号的宾馆、饭店等住宿设施的等级划分，分为一星级到五星级5个标准。星级越高，表示企业的档次越高。

营业额　指住宿和餐饮业单位在经营活动中因提供服务或销售商品等取得的全部收入，包括：客房收入、餐费收入、商品销售额（含增值税）和其他收入。

客房收入　指住宿和餐饮业单位在经营活动中因提供住宿服务取得的收入。

餐费收入　指住宿和餐饮业单位因为顾客提供就餐服务取得的收入。

商品销售额　指住宿和餐饮业单位出售商品的销售总额（含增值税）。

其他收入　指营业额中除客房收入、餐费收入、商品销售额（含增值税）以外的其他收入。

十一、交通运输业

资料整理：严兴华

11-1　主要年份运输线路长度

单位：公里

年份	铁路营业里程	公路线路里程			每百平方公里平均里程	
			#晴雨通车里程	#高速公路	铁路	公路
1980		3013	421			14
1985		3335	847			16
1990		3617	1209			17
1991		3656	1226			18
1992		3699	1226			18
1993		3795	1253			18
1994		3849	1307			19
1995		3891	1410			19
1996		4088	1992			20
1997		4510	2482			22
1998		5027	3050			24
1999		5477	3161			26
2000		5825	3310	56		28
2001		5974	3208	56		29
2002		6096	3289	79		29
2003		6193	3439	79		30
2004		6305	3603	79		30
2005		6746	4328	157		32
2006		13262	8619	157		64
2007		14468	10528	192		68
2008		14759	11094	192		70
2009		14822	13331	192		70
2010		15996	14972	324		76
2011		16206	15420	333		77
2012		16713	15926	533		79
2013		17015	16243	533		81
2014		17153	16413	533		81
2015		17270	16553	534		82
2016		17382	16680	534		82
2017		17415	16749	534.4		82

11-2 主要年份民用汽车拥有量

单位：辆

年 份	民用汽车总数	#载货汽车	#载客汽车	#私人汽车	#载货	#载客	每百公里公路平均汽车数
1980							
1985	7782						233
1990	11760						325
1991	12197						334
1992	12577						340
1993	12961						342
1994	13864						360
1995	15235						392
1996	15245						373
1997	15200						337
1998	15654						311
1999	15802						289
2000	17218						296
2001	20112						337
2002	42716	23286	18963	15166	6668	8449	701
2003	45802	21368	23884	19751	7425	12279	740
2004	55304	23269	31322	27960	9505	19381	877
2005	68493	25837	41879	38716	11264	27346	1015
2006	82401	25837	55452	51953	12544	39192	621
2007	102694	29113	71717	68791	15091	53316	710
2008	135184	35579	96937	96277	19903	75792	916
2009	156368	40728	114831	115323	23014	92018	1055
2010	183706	46035	136636	139964	27208	112338	1178
2011	210823	45826	163637	167885	30119	137173	1297
2012	222350	39698	181167	186842	28193	157946	1349
2013	256027	42211	212189	218809	30739	187263	1505
2014	278856	42692	234515	241069	30622	210134	1645
2015	293973	40968	251307	260709	28836	228762	1702
2016	317490	43455	272345	280413	29318	250245	1827
2017	351016	46596	302706	308753	28220	279683	2016

注：民用汽车总数不包括三轮汽车和低速汽车。

11-3　民用汽车拥有量(2017年)

单位：辆

指　　标	合　　计	营　　运	非营运	#个　人
一、民用汽车	351016	36372	314619	308753
载客汽车	302706	6111	296570	279683
#大　型	2352	1757	577	34
中　型	767	410	350	83
小轿车	223218	3873	219345	209593
载货汽车	46596	29791	16805	28220
#重　型	20736	20330	406	7039
中　型	503	407	96	206
普通载货汽车	20822	5956	14866	17349
二、拖拉机	14670			
三、摩拖车	50420	14847	35573	43517
#普　通	50351	14846	35505	43448
轻　便	69	1	68	69
四、其他类型车				
五、载货挂车	11507	11451	56	2440

注：1.民用汽车中不包括三轮汽车和低速货车；
2.拖拉机为农机部门提供数据。

11-4　邮电业务总量及电话数

指　　标	2017年
一、邮电业务总量(万元)	538000
邮政业务总量	27451
电信业务总量	488000
二、电话用户数(户)	3725363
固　话	176049
移　动	3549314
三、宽带用户数(户)	658211

注：邮电业务总量包含电信业务、邮政业务和快递业务。

主要统计指标解释

公路网 是由各级公路组成的网状运输系统。它是由连结各城镇、乡村和工矿基地之间主要供汽车行驶的道路形成的网络。我国的公路里程是按其作用及使用管理性质分为国家干线公路、省级干线公路、县级公路、乡公路和专用公路。按其公路工程技术要求分为高速公路和一、二、三、四级公路。

公路里程 也称“公路通车里程”，是指实际达到交通部制定的公路工程技术标准规定的等级公路长度。它包括大中城市的郊区以及通过小城镇街道的公路里程，也包括桥梁、渡口的长度，但不包括城市街道以及厂矿、林区和农业生产用道的里程。两条或多条公路共同径由同一路段，只计算一次，不得重复计算里程长度。公路里程是反映公路建设发展规模的重要指标，也是计算运输网密度等指标的资料。

民用汽车 由公安交通监理部门所掌管的领有本地区民用车辆牌照的机动车辆中的一部分。不包括拖拉机、摩托车、其他机动车等。民用汽车包括普通载货汽车、专用载货汽车、载客汽车、其他专用汽车、特种汽车等。

营运汽车 指领有公安交通监理部门核发的车辆牌照，并经当地工商行政管理机关核准，领取营业执照，参加营业性运输的载客和载货汽车。

货(客)运量 指运输业实际运送的货物（旅客）数量。货运按吨计算。货物不论运输距离长短、货物类别，均按实际重量计算，旅客不论行程远近或票价多少，均按一人一次作为客运量统计。半票价、小孩票也按一人统计。货（客）运量反映运输业为国民经济和人民生活服务的数量指标，也是制定和检查运输生产计划，研究运输发展规模和速度的重要指标。

货物(旅客)周转量 指运输业运送的货物（旅客）数量与其相应运输距离的乘积之总和，通常以吨公里和人公里为计算单位。计算货物周转量通常按发出站与到达站之间的最短距离，也就是计费距离计算。它是反映运输业生产总成果的重要指标，也是编制和检查运输生产计划、计算运输效率、劳动生产率以及核算运输单位成本的主要基础资料。

换算周转量 是综合反映各种运输工具在一定时期内实际完成的旅客、货物周转量的综合指标。具体计算方法是将旅客周转量和货物周转量区分不同运输工具按相应的换算比例，换算成同一计量单位进行加总求得。其计算单位为：吨公里。

公路运输的换算比例是：1 吨公里=10 人公里

内河水运的换算比例是：1 吨公里=3 人公里（座位）　　1 吨公里=1 人公里（带卧铺）

铁路运输的换算比例是：1 吨公里=1 人公里（地方铁路为 5 人公里）

民航运输的换算比例是：1 吨公里=13.9 人公里（国际航线为 13.3 人公里）

邮电业务总量 指以货币表现的邮电部门为用户传递信息和提供其他邮电服务的总量。它用各种邮电分类业务量，如函件件数、电报份数、长话张数、市内电话和农村电话的年均户数、订销报刊累计份数等，分别乘以相应的平均单价（不变价），加总后再加上出租电路和设备的收入、代用户维护电话交换机和线路等设备的收入、其他业务收入求得。邮电业务总量综合反映了一定时期邮电工作的总成果，是研究邮电业务量构成和发展趋势的重要指标。

电话用户数 包括固定和移动电话。固定电话用户指接入国家公众固定电话网，并按固定电话业务进行经营管理的电话用户。移动电话用户指在移动电话营业部门登记，通过移动电话交换机接入移动电话网、占有移动电话号码的用户。

十二、教育、卫生

资料整理：樊玉梅

12-1　全市各级各类学校基本情况

类　别	学校数(所)			在校学生数(人)		
	2016年	2017年	比上年增减	2016年	2017年	比上年增减
普通中学	288	288		204314	200106	-4208
#高　中	44	41	-3	84306	79992	-4314
#初　中	244	247	3	120008	120114	106
#民办高中	11	6	-5	13266	12592	-674
#民办初中	29	31	2	19537	21658	2121
职业中学	19	19		17213	17580	367
#职　高	19	19		17213	17580	367
#民办高中	2	2		513	511	-2
小　学	576	575	-1	265580	270368	4788
#民　办	22	24	2	11420	13228	1808
特殊教育学校	6	6		1065	1410	345
幼儿园	710	727	17	129456	133938	4482
#民　办	291	305	14	50617	55770	5153

12-1　续表

类　别	招生数(人)			毕业生数(人)		
	2016年	2017年	比上年增减	2016年	2017年	比上年增减
普通中学	68775	65795	-2980	74627	70408	-4219
#高　中	27258	24946	-2312	29034	28795	-239
#初　中	41517	40849	-668	45593	41613	-3980
#民办高中	4337	3933	-404	4830	4439	-391
#民办初中	7014	7802	788	6920	6673	-247
职业中学	6095	6093	-2	5834	5801	-33
#职　高	6095	6093	-2	5834	5801	-33
#民办高中	215	113	-102	159	154	-5
小　学	45451	46135	684	43305	42408	-897
#民　办	1765	2235	470	2064	2321	257
特殊教育学校	197	258	61	55	94	39
幼儿园	58107	64215	6108	48268	46350	-1918
#民　办	23034	28586	5552	18557	17570	-987

12-2 全市各级各类学校教师数

单位：人

类 别	专任教师			代课老师			兼任老师		
	2016年	2017年	比上年增减	2016年	2017年	比上年增减	2016年	2017年	比上年增减
普通中学	19062	20615	1553	2402	2405	3	342	378	36
职业高中	1454	1459	5	162	132	-30			
小 学	18033	17653	-380	2542	2809	267	161	172	11
特殊教育学校	226	227	1	66	65	-1	10	10	
幼儿园	5662	5960	298	3883	4072	189	737	739	2

12-3 全市中等专业学校校数、学生数、教职工数

单位：人

类 别	学校数	学生数				教职工数	
	(所)	毕业生	招生数	在校生	毕业班学生	总计	专任教师
总 计	**9**	**2354**	**2024**	**5590**	**1848**	**866**	**529**
会 校	1	287	226	563	277	152	97
农 校	1	281	206	687	174	130	87
卫 校	1	742	440	1503	574	238	113
煤 校	1	201	369	486	91	118	81
体 校	1	58	99	331	135	71	44
艺 校	1	37	182	478	42	42	19
汾 师	1	269	115	467	168		
离 师	1	285	202	641	196		
经管校	1	194	185	434	191	115	88

12-4　医疗卫生机构数

单位：个

类　别	2013年	2014年	2015年	2016年	2017年
合　计	**3885**	**3896**	**3966**	**4784**	**4691**
医　院	65	68	72	99	104
综合医院	44	45	49	68	68
中医医院	14	15	16	15	15
专科医院	7	8	7	16	20
基层医疗卫生机构	3774	3780	3846	4635	4537
社区卫生服务中心(站)	36	33	34	57	57
乡镇卫生院	147	147	159	181	162
村卫生室	3112	3109	3130	3614	3542
门诊部(所)、护理站	441	457	499	783	756
专业公共卫生机构数	43	44	44	45	46
疾病预防控制中心(防疫站)	14	14	14	14	14
专科疾病防治院(所.站)					
妇幼保健院(所.站)	14	14	14	14	14
卫生监督所(中心)	14	14	14	14	14
健康教育所				1	1
采供血机构				1	1
其他卫生机构				5	5

12-5　医疗卫生机构床位数

单位：个

类　别	2008	2009	2010	2011	2012	2013	2014	2015	2016	2017
合　计	**5528**	**5490**	**7123**	**6700**	**10463**	**10802**	**11122**	**11226**	**12202**	**13365**
医　院	5285	5202	6740	6381	6236	6654	7083	7152	7934	8613
综合医院	4273	4197	5458	5186	5166	5507	5793	5873	6705	7156
中医医院	615	685	952	895	790	846	975	985	886	926
专科医院	397	320	330	300	280	301	315	294	343	511
基层卫生机构		5	5	5	3908	3857	3750	3820	3999	4481
社区卫生服务中心(站)					208	257	274	281	302	271
乡镇卫生院					3361	3272	3162	3357	3494	3977
专业公共卫生机构	243	283	378	314	319	291	289	254	269	271
妇幼保健院(所、站)	243	283	378	314	319	291	289	254	269	271
专科疾病防治院(所、站)										
其他机构										
每千人口拥有床位数		2.95	3.24	2.92	2.77	2.83	2.92	2.92	3.18	3.41

12-6 卫生人员数

单位：人

指 标	2008年	2009年	2010年	2011年	2012年	2013年	2014年	2015年	2016年	2017年
合 计	**17066**	**14141**	**15414**	**14340**	**21278**	**20881**	**21111**	**21308**	**23852**	**24126**
卫生技术人员	9391	7675	7906	7621	13974	13781	14037	14113	15812	16059
执业(助理)医师	4657	3516	3862	3557	6572	6407	6483	6657	7267	7201
#执业医师	4424	3118	3277	3103	5250	5156	5230	5381	5986	5901
注册护士	3601	2913	2802	2798	4312	4424	4731	4805	5624	5921
药师(士)	362	373	413	403	633	635	611	579	608	613
技师(士)	343	427	440	436	710	695	713	725	836	823
#检验师(士)	241	292	277	278	463	458	451	469	534	529
其 他	428	446	389	427	1747	1620	1499	1347	1477	1501
乡村医生和卫生员	6302	4882	5926	5065	4919	4775	4612	4670	4988	4846
其他技术人员	321	393	413	362	656	577	662	694	845	879
管理人员	464	514	538	598	598	578	469	422	622	612
工勤技能人员	588	677	631	694	1131	1170	1331	1409	1585	1730
每千人口卫生技术人员数		3.38	3.58	3.54	3.7	3.62	2.79	3.67	4.12	4.1

12-7　各类医疗卫生机构情况(2017年)

类　　别	机构个数(个)	已报机构	编　制床位数(张)	实　有床位数(张)	编制人数(人)
总　　计	**4691**	**4691**	**14244**	**13365**	**16469**
一、医院	**104**	**104**	**9322**	**8613**	**8876**
综合医院	68	68	7543	7156	7556
中医医院	15	15	1170	926	1185
中西医结合医院	1	1	20	20	25
民族医院					
专科医院	20	20	589	511	110
口腔医院	3	3	37	34	
眼科医院	1	1	25	25	
耳鼻喉科医院					
肿瘤医院					
心血管病医院					
胸科医院					
血液病医院					
妇产(科)医院	1	1	50	18	
儿童医院					
精神病医院	1	1	99	99	40
传染病医院					
皮肤病医院					
结核病医院	1	1	20	20	
麻风病医院					
职业病医院					
骨科医院	3	3	78	78	40
康复医院	4	4	90	67	
整形外科医院	1	1	20	20	
美容医院					
其他专科医院	5	5	170	150	30
护理院					
二、基层医疗卫生机构	**4537**	**4537**	**4546**	**4481**	**5438**
社区卫生服务中心(站)	57	57	347	271	737
社区卫生服务中心	17	17	310	238	597
社区卫生服务站	40	40	37	33	140
卫生院	182	182	4193	4192	4139
街道卫生院	20	20	174	215	222
乡镇卫生院	162	162	4019	3977	3917
中心卫生院	57	57	2095	1962	1721
乡卫生院	105	105	1924	2015	2196
村卫生室	3542	3542			
门诊部	17	17		12	158
综合门诊部	15	15		12	146
中医门诊部					
中西医结合门诊部	1	1			
民族医门诊部					
专科门诊部	1	1			12
诊所、卫生所、医务室	739	739	6	6	404
诊　所	696	696			381
卫生所、医务室	41	41			18
护理站	2	2	6	6	5

注：1.本表人员合计中包括乡村医生4443人和卫生员545人。
　　2.不含乡镇卫生院在村卫生室工作的执业(助理)医师、注册护士数。

12-7 续表1

类　　别	机构个数(个)	已报机构	编制床位数(张)	实有床位数(张)	编制人数(人)
三、专业公共卫生机构	**46**	**46**	**376**	**271**	**2134**
疾病预防控制中心	14	14			516
省　属					
省辖市(地区)属	1	1			50
地辖市属	2	2			97
县　属	9	9			290
其　他	2	2			79
专科疾病防治院(所、站)					
专科疾病防治院					
传染病防治院					
结核病防治院					
职业病防治院					
其　他					
专科疾病防治所(站、中心)					
口腔病防治所(站、中心)					
精神病防治所(站、中心)					
皮肤病与性病防治所(中心)					
结核病防治所(站、中心)					
职业病防治所(站、中心)					
地方病防治所(站、中心)					
血吸虫病防治所(站、中心)					
药物戒毒所(中心)					
其　他					
健康教育所(站、中心)	2	2			10
妇幼保健院(所、站)	14	14	376	271	946
省　属					
省辖市(地区)属	1	1	50		90
地辖市属	3	3	80	80	338
县　属	10	10	246	191	518
其　他					
妇幼保健院	11	11	327	260	810
妇幼保健所					
妇幼保健站	3	3	49	11	136
生殖保健中心					
急救中心(站)					
采供血机构	1	1			25
卫生监督所(中心)	14	14			605
省　属					
省辖市(地区)属	1	1			33
地辖市属	2	2			129
县　属	11	11			443
其　他					
计划生育技术服务机构	1	1			32
四、其他卫生机构	**4**	**4**			**21**
疗养院					
卫生监督检验(监测、检测)所(站)	1	1			12
医学科学研究机构					
医学在职培训机构	1	1			9
临床检验中心(所、站)	2	2			
统计信息中心					
其　他					

12-7　续表2

单位：人

类　　别	在岗职工					
	合计	卫生技术人员				
		小计	执业(助理)医师	#执业医师	注册护士	药师(士)
总　　计	**24126**	**16059**	**7201**	**5901**	**5921**	**613**
一、医　院	**10373**	**8504**	**3310**	**3032**	**3791**	**388**
综合医院	8847	7269	2758	2543	3318	321
中医医院	1073	871	413	389	316	52
中西医结合医院	22	20	8	6	7	1
民族医院						
专科医院	431	344	131	94	150	14
口腔医院	47	39	21	12	11	
眼科医院	31	24	7	2	14	1
耳鼻喉科医院						
肿瘤医院						
心血管病医院						
胸科医院						
血液病医院						
妇产(科)医院	56	41	8	6	28	
儿童医院						
精神病医院	30	20	20	10		
传染病医院						
皮肤病医院						
结核病医院	17	17	6	5	7	1
麻风病医院						
职业病医院						
骨科医院	69	58	18	14	28	3
康复医院	42	35	13	13	14	
整形外科医院	23	19	7	4	7	2
美容医院						
其他专科医院	116	91	31	28	41	7
护理院						
二、基层医疗卫生机构	**11822**	**6108**	**3344**	**2405**	**1793**	**200**
社区卫生服务中心(站)	869	775	343	244	303	34
社区卫生服务中心	557	504	223	138	167	30
社区卫生服务站	312	271	120	106	136	4
卫生院	3840	3183	1491	977	964	131
街道卫生院	215	177	86	50	58	10
乡镇卫生院	3625	3006	1405	927	906	121
中心卫生院	1626	1319	628	429	398	50
乡卫生院	1999	1687	777	498	508	71
村卫生室	5391	545	461	234	84	
门诊部	184	147	67	56	58	1
综合门诊部	172	135	60	51	53	1
中医门诊部						
中西医结合门诊部	8	8	5	3	3	
民族医门诊部						
专科门诊部	4	4	2	2	2	
诊所、卫生所、医务室	1538	1458	982	894	384	34
诊　所	1447	1373	929	843	361	33
卫生所、医务室	86	80	48	46	23	1
护理站	5	5	5	5		

12-7 续表3

单位：人

类别	在岗职工					
	合计	卫生技术人员				
		小计	执业(助理)医师	#执业医师	注册护士	药师(士)
三、专业公共卫生机构	**1832**	**1379**	**518**	**437**	**309**	**25**
疾病预防控制中心	451	332	180	135	50	8
省　属						
省辖市(地区)属	34	19	10	10		
地辖市属	96	84	53	44	10	1
县　属	258	187	103	67	34	5
其　他	63	42	14	14	6	2
专科疾病防治院(所、站)						
专科疾病防治院						
传染病防治院						
结核病防治院						
职业病防治院						
其　他						
专科疾病防治所(站、中心)						
口腔病防治所(站、中心)						
精神病防治所(站、中心)						
皮肤病与性病防治所(中心)						
结核病防治所(站、中心)						
职业病防治所(站、中心)						
地方病防治所(站、中心)						
血吸虫病防治所(站、中心)						
药物戒毒所(中心)						
其　他						
健康教育所(站、中心)	8	7	1	1	3	
妇幼保健院(所、站)	831	648	325	292	227	17
省　属						
省辖市(地区)属	62	49	22	22	27	
地辖市属	311	254	137	123	93	2
县　属	458	345	166	147	107	15
其　他						
妇幼保健院	729	574	283	253	207	14
妇幼保健所						
妇幼保健站	102	74	42	39	20	3
生殖保健中心						
急救中心(站)						
采供血机构	69	52	9	6	23	
卫生监督所(中心)	449	330				
省　属						
省辖市(地区)属	25	23				
地辖市属	109	98				
县　属	315	209				
其　他						
计划生育技术服务机构	24	10	3	3	6	
四、其他卫生机构	**99**	**68**	**29**	**27**	**28**	
疗养院						
卫生监督检验(监测、检测)所(站)	12	11	1	1	4	
医学科学研究机构						
医学在职培训机构	9	8	6	6	2	
临床检验中心(所、站)	78	49	22	20	22	
统计信息中心						
其　他						

12-7　续表4

单位：人

类　　别	在岗职工						
	卫生技术人员				其他技术人员	管理人员	工勤技能人员
	技师(士)	#检验师	其他	#见习医师			
总　　计	**823**	**529**	**1501**	**248**	**879**	**612**	**1730**
一、医　院	**536**	**322**	**479**	**182**	**504**	**339**	**1026**
综合医院	453	275	419	169	411	285	882
中医医院	48	31	42	8	64	22	116
中西医结合医院	2	1	2		2		
民族医院							
专科医院	33	15	16	5	27	32	28
口腔医院	7				4	2	2
眼科医院	2	1				2	5
耳鼻喉科医院							
肿瘤医院							
心血管病医院							
胸科医院							
血液病医院							
妇产(科)医院	5	3			1	11	3
儿童医院							
精神病医院					10		
传染病医院							
皮肤病医院							
结核病医院	2	1	1				
麻风病医院							
职业病医院							
骨科医院	9	5			3	6	2
康复医院	1	1	7		1	2	4
整形外科医院	2	1	1		2	2	
美容医院							
其他专科医院	5	3	7	5	6	7	12
护理院							
二、基层医疗卫生机构	**174**	**108**	**597**	**61**	**257**	**159**	**452**
社区卫生服务中心(站)	32	22	63	9	39	25	30
社区卫生服务中心	22	15	62	8	17	14	22
社区卫生服务站	10	7	1	1	22	11	8
卫生院	122	75	475	41	190	115	352
街道卫生院	7	4	16		15	3	20
乡镇卫生院	115	71	459	41	175	112	332
中心卫生院	60	36	183	17	100	50	157
乡卫生院	55	35	276	24	75	62	175
村卫生室							
门诊部	10	5	11	1	7	7	23
综合门诊部	10	5	11	1	7	7	23
中医门诊部							
中西医结合门诊部							
民族医门诊部							
专科门诊部							
诊所.卫生所.医务室	10	6	48	10	21	12	47
诊　所	10	6	40	7	20	8	46
卫生所、医务室			8	3	1	4	1
护理站							

12-7 续表5

单位：人

类别	在岗职工						
	卫生技术人员				其他技术人员	管理人员	工勤技能人员
	技师(士)	#检验师	其他	#见习医师			
三、专业公共卫生机构	**108**	**95**	**419**	**5**	**104**	**104**	**245**
疾病预防控制中心	56	52	38		39	33	47
省　属							
省辖市(地区)属	7	7	2		6	6	3
地辖市属	9	8	11		3	5	4
县　属	26	25	19		18	19	34
其　他	14	12	6		12	3	6
专科疾病防治院(所、站)							
专科疾病防治院							
传染病防治院							
结核病防治院							
职业病防治院							
其　他							
专科疾病防治所(站、中心)							
口腔病防治所(站、中心)							
精神病防治所(站、中心)							
皮肤病与性病防治所(中心)							
结核病防治所(站、中心)							
职业病防治所(站、中心)							
地方病防治所(站、中心)							
血吸虫病防治所(站、中心)							
药物戒毒所(中心)							
其　他							
健康教育所(站、中心)	1		2		1		
妇幼保健院(所、站)	36	28	43	5	44	46	93
省　属							
省辖市(地区)属						2	11
地辖市属	12	10	10	3	9	23	25
县　属	24	18	33	2	35	21	57
其　他							
妇幼保健院	28	23	42	5	32	39	84
妇幼保健所							
妇幼保健站	8	5	1		12	7	9
生殖保健中心							
急救中心(站)							
采供血机构	14	14	6		5	5	7
卫生监督所(中心)			330		10	19	90
省　属							
省辖市(地区)属			23				2
地辖市属			98			6	5
县　属			209		10	13	83
其　他							
计划生育技术服务机构	1	1			5	1	8
四、其他卫生机构	**5**	**4**	**6**		**14**	**10**	**7**
疗养院							
卫生监督检验(监测、检测)所(站)			6				1
医学科学研究机构							
医学在职培训机构					1		
临床检验中心(所、站)	5	4			13	10	6
统计信息中心							
其　他							

12-8　各类卫生人员数(2017年)

单位：人

类　别	合　计	卫生技术人员				
		小　计	执业(助理)医师	#执业医师	注册护士	药师(士)
总　计	**24126**	**15514**	**6740**	**5667**	**5837**	**613**
按城乡分						
城　市	3410	2885	1149	1010	1263	100
农　村	20716	12629	5591	4657	4574	513
按经济类型分						
公　立	19893	12680	5308	4398	4751	526
国　有	12231	9765	3874	3306	3790	402
集　体	7662	2915	1434	1092	961	124
非公立	4233	2834	1432	1269	1086	87
#联　营	304	71	25	18	35	3
私　营	3145	2438	1311	1169	879	70
按主办单位分						
政府办	14226	11471	4806	4006	4266	471
#卫生部门	14018	11300	4743	3950	4214	459
社会办	6167	1558	634	512	642	64
个人办	3722	2485	1300	1149	929	78

12-8　续表

单位：人

类　别	卫生技术人员			乡村医生和卫生员	其他技术人员	管理人员	工勤技能人员
	技师(士)	#检验师(士)	其　他				
总　计	**823**	**529**	**1501**	**4846**	**879**	**612**	**1730**
按城乡分							
城　市	186	102	187		125	200	200
农　村	637	427	1314	4846	754	412	1530
按经济类型分							
公　立	699	463	1396	4011	704	506	1551
国　有	581	385	1118	184	511	399	1299
集　体	118	78	278	3827	193	107	252
非公立	124	66	105	835	175	106	179
#联　营	8	3		179	1	3	23
私　营	91	49	87	359	119	67	102
按主办单位分							
政府办	641	425	1287	300	601	443	1411
#卫生部门	620	411	1264	300	594	435	1389
社会办	84	52	134	3730	138	85	209
个人办	98	52	80	806	140	84	110

主要统计指标解释

普通高等学校 指按照国家规定的审批程序批准举办，通过全国统一招生考试招收高级中等学校毕业生和具有同等学历者，实施高等教育，培养高等专门人材的学校。包括大学、专门学院、专科学院和短期职业大学。

成人高等学校 指按照国家规定的审批程序批准举办，招收在职高中毕业或同等学历者，利用多种形式对成人实施高等教育，培训相当普通高等学校专科或本科毕业水平的专门人才的学校。包括广播电视大学、职工高等学校、农民高等学校、干部管理学院、教育学院、独立函授学院以及普通高等学校举办的函授、夜大等。

小学学龄儿童入学率 指调查范围内已入小学学习的学龄儿童数占全部小学学龄儿童总数（包括弱智儿童在内，但不包括盲聋哑儿童）的比重。计算公式是：

$$\text{小学学龄儿童入学率} = \frac{\text{已入学的小学学龄儿童数}}{\text{校内外小学学龄儿童总数}} \times 100\%$$

科学家和工程师 指大学毕业及以上文化程度和其他具有高、中级职称的从事科技活动人员。

自然科学技术人员 指已取得科学技术职称，或大学、中专的理、工、农、医类系毕业，以及国民经济各部门从工作实践中提拔，从事理、工、农、医等自然科学技术的研究、教学、生产（事业）技术方面工作的专业人员和在机关、企业、事业中从事科学技术业务管理工作的专业人员。

工程技术人员 指在国民经济各行业从事工程技术工作的自然科学技术的专业人员。包括：高级工程师、工程师、助理工程师、技术员和未评定职称的技术人员。

农业技术人员 指在国民经济各行业从事农业技术工作的自然科学技术的专业人员。包括：高级农艺师、农艺师、助理农艺师、技术员和未评定职称的技术人员。

卫生技术人员 指在国民经济各行业从事卫生医务工作的自然科学技术的专业人员。包括：正副主任医师、主治医师、医师、医（护）士和未评定职称的技术人员。

十三、县市篇

13-1　地区生产总值(2017年)

按当年价格计算

地　区	地　区 生产总值 (万元)	第一产业	第二产业	第三产业	人均地区 生产总值 (元)
吕梁市	**13103217**	**568790**	**8252935**	**4281492**	**33886**
离石区	813938	19868	228647	565423	24359
文水县	661339	120745	351759	188835	15119
交城县	722394	32564	464593	225237	30350
兴　县	858943	39952	666638	152353	29574
临　县	550413	75408	204907	270098	9151
柳林县	1758784	21131	1273333	464320	53085
石楼县	95964	24814	1587	69563	8270
岚　县	329885	25002	196211	108672	18280
方山县	357558	19102	236787	101669	24155
中阳县	671301	14992	485676	170633	45839
交口县	551220	18711	445524	86985	44330
孝义市	4389493	101899	2980917	1306677	90365
汾阳市	1320656	62309	718634	539713	30501

13-2　地区生产总值构成(2017)

单位：%

地　区	地　区 生产总值	第一产业	第二产业	第三产业
吕梁市	**100.0**	**4.3**	**63.0**	**32.7**
离石区	100.0	2.4	28.1	69.5
文水县	100.0	18.3	53.2	28.5
交城县	100.0	4.5	64.3	31.2
兴　县	100.0	4.7	77.6	17.7
临　县	100.0	13.7	37.2	49.1
柳林县	100.0	1.2	72.4	26.4
石楼县	100.0	25.8	1.7	72.5
岚　县	100.0	7.6	59.5	32.9
方山县	100.0	5.4	66.2	28.4
中阳县	100.0	2.2	72.4	25.4
交口县	100.0	3.4	80.8	15.8
孝义市	100.0	2.3	67.9	29.8
汾阳市	100.0	4.7	54.4	40.9

注：本表数据为年报数。

13-3 地区生产总值发展速度(2017年)

上年=100

地 区	地 区 生产总值	第一产业	第二产业	第三产业	人均地区 生产总值
吕梁市	**109.2**	**103.1**	**111.0**	**107.5**	**108.5**
离石区	106.4	93.7	108.5	106.1	105.6
文水县	107.8	104.4	109.6	106.7	107.1
交城县	107.8	104.2	109.5	105.9	107.2
兴 县	108.5	102.1	109.0	108.4	107.8
临 县	114.2	105.9	123.8	110.1	113.6
柳林县	116.1	105.7	119.1	110.2	115.4
石楼县	105.0	92.5	118.9	109.6	104.5
岚 县	100.1	106.8	97.8	103.4	99.6
方山县	111.4	112.8	115.9	104.4	110.8
中阳县	106.7	105.4	106.9	106.4	106.1
交口县	106.8	107.5	106.8	106.5	106.2
孝义市	106.3	108.9	106.4	106.0	105.6
汾阳市	117.7	91.2	126.9	111.8	116.9

13-4　总人口数

单位：人

地　区	总人口	按性别分		按城镇乡村分	
		男　性	女　性	城镇人口	乡村人口
2016年					
吕梁市	**3854871**	**2012400**	**1842471**	**1840570**	**2014301**
离石区	332665	174966	157699	273459	59206
文水县	436555	222478	214077	162056	274499
交城县	237423	121796	115627	123850	113573
兴　县	288714	152338	136376	115775	172939
临　县	600474	320310	280164	197423	403051
柳林县	330525	174439	156086	137664	192861
石楼县	115690	60175	55515	50239	65451
岚　县	180157	96831	83326	64870	115287
方山县	147223	75856	71367	53232	93991
中阳县	146022	78876	67146	90402	55620
交口县	124064	63951	60113	51545	72519
孝义市	484116	247921	236195	322183	161933
汾阳市	431243	222463	208780	197872	233371
2017年					
吕梁市	**3878872**	**2008054**	**1870818**	**1910364**	**1968508**
离石区	335674	170248	165426	276375	59299
文水县	438423	223730	214693	170739	267684
交城县	238661	122526	116135	126975	111686
兴　县	291363	152807	138556	121908	169455
临　县	602539	313255	289284	209709	392830
柳林县	332158	176480	155678	143782	188376
石楼县	116336	61297	55039	52746	63590
岚　县	180929	93925	87004	68225	112704
方山县	148501	78859	69642	56305	92196
中阳县	146943	78010	68933	91852	55091
交口县	124719	64868	59851	53802	70917
孝义市	487893	251181	236712	332126	155767
汾阳市	434733	220868	213865	205820	228913

13-5 人口自然变动

单位：人

地区	出生		死亡		自然增长	
	人数	出生率（‰）	人数	死亡率（‰）	人数	增长率（‰）
2016年						
吕梁市	**39749**	**10.34**	**17115**	**4.45**	22634	**5.89**
离石区	3469	10.46	1568	4.73	1901	5.73
文水县	4613	10.61	1009	2.32	3604	8.29
交城县	2558	10.80	1266	5.35	1292	5.46
兴县	2194	7.61	1034	3.59	1160	4.03
临县	6187	10.34	2135	3.57	4052	6.77
柳林县	3362	10.20	1397	4.24	1965	5.96
石楼县	1122	9.72	643	5.57	479	4.15
岚县	1963	10.93	927	5.16	1036	5.77
方山县	1186	8.06	967	6.57	219	1.49
中阳县	1548	10.63	817	5.61	731	5.02
交口县	1339	10.83	562	4.54	777	6.28
孝义市	5637	11.68	2589	5.36	3048	6.32
汾阳市	4571	10.63	2201	5.12	2370	5.51
2017年						
吕梁市	**42992**	**11.12**	**18991**	**4.91**	**24001**	**6.21**
离石区	4499	13.46	1441	4.31	3058	9.15
文水县	4667	10.67	2681	6.13	1986	4.54
交城县	2540	10.67	1261	5.30	1279	5.37
兴县	3050	10.50	1193	4.11	1857	6.39
临县	5079	8.44	2937	4.88	2142	3.56
柳林县	3550	10.71	1860	5.61	1690	5.10
石楼县	1050	9.05	446	3.84	604	5.21
岚县	1911	10.59	984	5.45	927	5.14
方山县	1489	10.06	543	3.67	946	6.39
中阳县	1803	12.31	813	5.55	990	6.76
交口县	1510	12.14	759	6.10	751	6.04
孝义市	6242	12.85	1961	4.04	4281	8.81
汾阳市	5602	12.94	2112	4.88	3490	8.06

13-6　2017年吕梁市分县居民人均可支配收入表

市县名	全体居民			城镇居民			农村居民		
	2017年	2016年	增幅	2017年	2016年	增幅	2017年	2016年	增幅
吕梁市	**15554**	**14429**	**7.8**	**25704**	**24180**	**6.3**	**8232**	**7644**	**7.7**
离石区	24362	22705	7.3	28035	26349	6.4	5907	5474	7.9
文水县	13096	12239	7.0	20995	19695	6.6	9692	9050	7.1
交城县	15141	14085	7.5	21114	19751	6.9	9429	8763	7.6
兴　县	9711	8885	9.3	20148	19061	5.7	4471	4006	11.6
临　县	8094	7345	10.2	17204	16169	6.4	4971	4446	11.8
柳林县	18065	16883	7.0	30120	28415	6.0	11408	10583	7.8
石楼县	7499	6786	10.5	13795	13063	5.6	3277	2877	13.9
岚　县	9193	8512	8.0	19213	18109	6.1	5064	4689	8.0
方山县	9119	8451	7.9	20195	19087	5.8	4461	4142	7.7
中阳县	15671	14537	7.8	21560	20187	6.8	6723	6208	8.3
交口县	11898	10966	8.5	19481	18292	6.5	7389	6829	8.2
孝义市	26130	24398	7.1	32575	30416	7.1	16027	14978	7.0
汾阳市	16974	15834	7.2	22821	21328	7.0	13289	12397	7.2

13-7　一般公共预算收入

单位：万元

地　区	2017年	2016年
吕梁市	**1387790**	**895988**
市本级	268290	156756
离石区	96389	80108
文水县	24445	20988
交城县	52006	41071
兴　县	133309	71191
临　县	63225	40260
柳林县	240749	106994
石楼县	4353	2876
岚　县	40070	32452
方山县	41396	31423
中阳县	63444	37568
交口县	63481	46300
孝义市	209782	155569
汾阳市	86851	72432

13-8　一般公共预算支出

单位：万元

地　区	2017年	2016年
吕梁市	**3153750**	**2758512**
市本级	480179	355478
离石区	216544	206784
文水县	209501	211710
交城县	179634	141994
兴　县	287883	205113
临　县	411115	333552
柳林县	231550	202943
石楼县	143399	108708
岚　县	137771	413017
方山县	151162	138779
中阳县	138246	120652
交口县	114618	115188
孝义市	249284	262445
汾阳市	202864	212149

13-9　固定资产投资主要指标

单位：万元

地　区	施工项目个数(个)	#本年新开工	本年投产项目个数(个)	本年新增固定资产	本年完成投资	#住宅	建筑工程
2016年							
吕梁市	**1460**	**979**	**1233**	**8159138**	**11184608**	**1448152**	**6428726**
离石区	159	115	114	749780	1185676	114863	580020
文水县	92	75	69	220722	567369	59036	294167
交城县	78	52	56	270813	715514	44712	339654
兴　县	51	44	43	336713	659858	46985	339308
临　县	91	20	43	212964	712677	1720	435576
柳林县	280	209	277	914591	1648676	137266	1037944
石楼县	32	16	18	57011	146362	17367	114507
岚　县	66	43	53	205781	399560	43177	159210
方山县	40	22	26	167599	246846	131328	199291
中阳县	81	70	66	320142	647473	95060	356160
交口县	91	46	69	1695214	638425	24425	276348
孝义市	254	206	274	2169766	2700745	354481	1582097
汾阳市	143	61	125	829942	886727	377732	685744
2017年							
吕梁市	**598**	**401**	**356**	**3379271**	**4267234**	**392113**	**2656678**
离石区	66	37	34	317983	556758	36187	422101
文水县	49	29	27	324103	217777	59340	140320
交城县	88	76	59	208966	373728	52564	252235
兴　县	35	23	17	144264	308287	19130	230626
临　县	28	10	2	16723	278347	4971	136162
柳林县	41	21	24	524004	417170	34076	238240
石楼县	20	10	8	9594	81642	7804	44281
岚　县	27	14	3	25611	151342	44468	79792
方山县	20	11	10	69206	108366	17786	87739
中阳县	22	13	11	76018	239753	19998	143398
交口县	31	22	19	231626	154509	10549	90319
孝义市	119	96	119	1306813	1141417	34081	650268
汾阳市	50	39	22	85231	197549	51159	139737

注：固定资产投资不包括跨省、市项目和个体投资(下同)。

13-9 续表

单位：万元

地区	安装工程	设备工器具购置	其他	新建	扩建	改建和技术改造	其他
2016年							
吕梁市	**1417209**	**2443390**	**895283**	**5239368**	**2014236**	**1983842**	**1619893**
离石区	142649	265645	197362	97398	61284	80711	61625
文水县	66644	120827	85731	105486	17626	11942	66058
交城县	125510	216218	34132	70432	9025	15076	39107
兴　县	88102	91702	140746	23821	30244	17838	38286
临　县	44246	151080	81775	15921	17107	20621	1706
柳林县	221976	332449	56307	208819	268265	260565	120705
石楼县	14723	91	17041	13383	2202	10761	20256
岚　县	37004	105709	97637	45277	22908	20705	50238
方山县	18880	20908	7767	8687	8809	10524	13874
中阳县	72529	123755	95029	51239	53121	17506	21680
交口县	146923	205469	9685	45271	28689	9607	23049
孝义市	342202	732757	43689	403708	61476	72483	264599
汾阳市	95821	76780	28382	45322	41772	31309	403267
2017年							
吕梁市	**550877**	**690363**	**369316**	**2641425**	**379040**	**635704**	**58280**
离石区	25703	32357	76597	394263	32796	80606	11000
文水县	46781	21330	9346	76148	45651	21247	10574
交城县	38798	61120	21575	289291	12506	15475	
兴　县	12893	38752	26016	231771	12614	28912	3360
临　县	44196	32497	65492	196366	45162	33460	3359
柳林县	88772	47443	42715	194018	82985	67542	4927
石楼县	20845	11525	4991	59893	2885	9108	
岚　县	11291	42146	18113	72762	22189	9582	
方山县	4930	12497	3200	74538	1500	8870	6738
中阳县	16263	69825	10267	161743	37701	17339	4849
交口县	21636	40654	1900	97537	41727	4696	10549
孝义市	203120	255379	32650	653074	12736	327120	
汾阳市	15649	24838	17325	100892	28588	10287	2924

13-10　城镇固定资产投资主要指标

地区	施工项目个数（个）	#本年新开工	本年投产项目个数（个）	本年新增固定资产（万元）	本年完成投资（万元）	#住宅	建筑工程	安装工程
2016年								
吕梁市	**1460**	**979**	**1233**	**7791313**	**10479280**	**910131**	**5931709**	**1288210**
离石区	159	115	114	687778	1133308	68377	553023	125419
文水县	92	75	69	210518	515693	18529	264943	61415
交城县	78	52	56	238733	676407	7800	310065	115992
兴　县	51	44	43	321463	621572	21602	316143	79415
临　县	91	20	43	212964	712677	1720	435576	44246
柳林县	280	209	277	914591	1609209	107689	1008227	214426
石楼县	32	16	18	57011	127102	996	99807	14723
岚　县	66	43	53	205781	369423	20101	136695	36067
方山县	40	22	26	163570	232972	125450	188246	17151
中阳县	81	70	66	320142	626988	81180	344873	65312
交口县	91	46	69	1695214	625943	17850	276348	136779
孝义市	254	206	274	1989254	2568903	276420	1485443	321986
汾阳市	143	61	125	766194	630383	162417	483620	55279
2017年								
吕梁市	**598**	**401**	**356**	**3300402**	**3879068**	**68291**	**2371240**	**469619**
离石区	66	37	34	317983	523536	9630	403585	16887
文水县	49	29	27	324103	153620	10674	95956	28300
交城县	88	76	59	208966	317272		211479	26153
兴　县	35	23	17	144264	294157	8160	221606	8300
临　县	28	10	2	16723	278347	4971	136162	44196
柳林县	41	21	24	512802	380266	3457	216157	75007
石楼县	20	10	8	9594	71886		34525	20845
岚　县	27	14	3	25611	106116		38235	10033
方山县	20	11	10	69206	91646	3306	71629	4720
中阳县	22	13	11	66244	221632	4849	130153	13913
交口县	31	22	19	198166	154509	10549	90319	21636
孝义市	119	96	119	1282380	1102801	9771	623662	195253
汾阳市	50	39	22	85231	142691	2924	96312	4376

注：不包括房地产开发投资。

13-10 续表

单位：万元

地 区	设备工器具购置	其他费用	新 建	扩 建	改建和技术改造	其 他
2016年						
吕梁市	**2430886**	**828475**	**5239368**	**2014236**	**1983842**	**914565**
离石区	263624	191242	97398	61284	80711	9257
文水县	120827	68508	105486	17626	11942	14382
交城县	216218	34132	70432	9025	15076	
兴 县	88507	137507	23821	30244	17838	
临 县	151080	81775	15921	17107	20621	1706
柳林县	332449	54107	208819	268265	260565	81238
石楼县	91	12481	13383	2202	10761	996
岚 县	105709	90952	45277	22908	20705	20101
方山县	20908	6667	8687	8809	10524	
中阳县	122455	94348	51239	53121	17506	1195
交口县	205469	7347	45271	28689	9607	10567
孝义市	728025	33449	403708	61476	72483	132757
汾阳市	75524	15960	45322	41772	31309	146923
2017年						
吕梁市	**687557**	**350652**	**5239368**	**2014236**	**1983842**	**1619893**
离石区	32302	70762	97398	61284	80711	61625
文水县	21330	8034	105486	17626	11942	66058
交城县	61013	18627	70432	9025	15076	39107
兴 县	38552	25699	23821	30244	17838	38286
临 县	32497	65492	15921	17107	20621	1706
柳林县	46485	42617	208819	268265	260565	120705
石楼县	11525	4991	13383	2202	10761	20256
岚 县	42146	15702	45277	22908	20705	50238
方山县	12497	2800	8687	8809	10524	13874
中阳县	68419	9147	51239	53121	17506	21680
交口县	40654	1900	45271	28689	9607	23049
孝义市	255379	28507	403708	61476	72483	264599
汾阳市	24758	17245	45322	41772	31309	403267

13-11　固定资产投资房屋面积及价值

地　区	本年施工房屋面积(平方米)	#住宅	本年竣工房屋面积(平方米)	#住宅	本年竣工房屋价值(万元)	#住宅
2016年						
吕梁市	**17954957**	**11301197**	**5425229**	**4334520**	**1052995**	**831137**
离石区	3797902	2668586	703903	660910	117717	111482
文水县	1064861	844087	143452	126966	20847	19284
交城县	1092750	849975	190669	166766	32080	24480
兴　县	890902	418433	145143	83448	20990	16910
临　县	786527	79500	22706	22706	4477	4477
柳林县	1332842	898679	530304	479513	71566	70816
石楼县	438239	51714	119904	5420	11566	996
岚　县	302302	232461	139237	126547	24185	22225
方山县	1194959	89484	45787	15084	8402	2255
中阳县	623228	426420	30468	3500	12505	385
交口县	286504	195681	83261	83261	13907	13907
孝义市	3278966	2419678	1899251	1518153	436524	328460
汾阳市	2864975	2126499	1371144	1042246	278229	215460
2017年						
吕梁市	**8433862**	**5997704**	**960441**	**809465**	**205618**	**161655**
离石区	2043970	1520700	197122	160702	33543	25140
文水县	693078	597424	120060	110984	28931	27206
交城县	1110957	888227	110474	105375	20852	19652
兴　县	423513	258180	16237	13100	4616	3900
临　县	89715	82423	88735	82423	6409	5289
柳林县	566136	360056	101977	96011	30469	28927
石楼县	93734	73183				
岚　县	186984	155970	55528	31614	17249	9446
方山县	158032	130333				
中阳县	311025	259817	60435	57835	11889	11889
交口县	68865	68865	39949	39949	22998	7596
孝义市	1617387	787165	18400		1200	
汾阳市	1070466	815361	151524	111472	27462	22610

注：2015年不统计本年竣工房屋价值及住宅指标。

13-12 各地区房地产开发投资(2017年)

单位：万元

地 区	企业个数(个)	计 划总投资	自开始建设累计完成投资	本年完成投资	
					建筑工程
总 计	**114**	**2358781**	**1862987**	**388166**	**285438**
离石区	34	573709	441986	33222	18516
文水县	11	193649	146767	64157	44364
交城县	10	260098	234264	56456	40756
兴 县	5	78841	72655	14130	9020
临 县	3	4235	4235		
柳林县	5	111715	122778	36904	22083
石楼县	1	52645	29016	9756	9756
岚 县	4	122496	88689	45226	41557
方山县	4	55830	22849	16720	16110
中阳县	4	60701	36645	18121	13245
交口县					
孝义市	22	542297	388492	38616	26606
汾阳市	11	302565	274611	54858	43425

13-12 续表

单位：万元

地 区	安装工程	设备工器具购置	其他费用		
				#旧建筑物购置费	#土地购置费
总 计	**81258**	**2806**	**18664**	**170**	**8229**
离石区	8816	55	5835		
文水县	18481		1312		1312
交城县	12645	107	2948		
兴 县	4593	200	317	30	287
临 县					
柳林县	13765	958	98		98
石楼县					
岚 县	1258		2411		2291
方山县	210		400		
中阳县	2350	1406	1120	140	98
交口县					
孝义市	7867		4143		4143
汾阳市	11273	80	80		

13-13　各地区房地产开发投资(2017年)

单位：万元

地　区	商品住宅	#90平方米及以下	#144平方米以上	#别墅、高档公寓	办公楼	商业营业用房	其　他
总　计	**323822**	**120044**	**24931**	**564**	**1622**	**46448**	**16274**
离石区	26557	6064	32		40	5990	635
文水县	48666	1784				11827	3664
交城县	52564	13212	11580	564	213	3508	171
兴　县	10970	2517	678		99	1660	1401
临　县							
柳林县	30619	945	786		958	5295	32
石楼县	7804	1502	6302			971	981
岚　县	44468	40464	420			78	680
方山县	14480	12380				1640	600
中阳县	15149	3108	1490		110	2070	792
交口县							
孝义市	24310	14193	316		202	11291	2813
汾阳市	48235	23875	3327			2118	4505

13-14　房地产企业资金和土地情况

单位：万元

地　区	本年新增固定资产	本年实际到位资金合计	上年末结余资金	本年实际到位资金小计	国内贷款	#银行贷款	#非银行金融机构贷款
总　计	**149405**	**469691**	**73776**	**395915**	**10480**	**10480**	
离石区	33543	64858	10341	54517			
文水县	8841	98949	29494	69455			
交城县	20852	67016	10482	56534	1923	1923	
兴　县	4680	20215	2400	17815			
临　县	4100						
柳林县	25542	36927		36927			
石楼县		15500	15000	500			
岚　县	22369	42480	470	42010			
方山县		19100		19100			
中阳县	7040	19805		19805	5557	5557	
交口县							
孝义市		42348	200	42148			
汾阳市	22438	42493	5389	37104	3000	3000	

13-15 各地区房地产企业资金和土地情况(2017年)

单位：万元

地　区	自筹资金	其他资金来　源	#定金及预收款	#个人按揭贷款
总　计	**243503**	**141932**	**84800**	**45331**
离石区	18349	36168	15826	17342
文水县	37942	31513	17190	14323
交城县	26543	28068	18671	1520
兴　县	3200	14615	13015	1600
临　县				
柳林县	36927			
石楼县	500			
岚　县	24974	17036	15832	280
方山县	19100			
中阳县	14248			
交口县				
孝义市	41417	731	512	219
汾阳市	20303	13801	3754	10047

13-15 续表

地　区	本年各项应付款合计(万元)	#工程款	待开发土地面积(平方米)	本年购置土地面积(平方米)	本年土地成交价款(万元)	#拆迁补偿费
总　计	**118997**	**67738**	**12400**	**47405**	**6012**	**800**
离石区	3291	2277				
文水县	19049	18842				
交城县	16689	8120				
兴　县	2600	1800				
临　县						
柳林县						
石楼县						
岚　县	36940					
方山县						
中阳县	9892	8546				
交口县						
孝义市	3068	2315		35005	4143	
汾阳市	27468	25838	12400	12400	1869	800

13-16　各地区房地产开发财务(2017年)

单位：万元

地　区	年初存货	流动资产合　　计	应收账款	存货	固定资产合　　计	固定资产原　　价	#房屋和构筑物	机器设备
总　计	**683940.9**	**1789642**	**37854.3**	**921552**	**26555.8**	**34634.7**	**11869**	**769.2**
离石区	167543.5	473501.8	8128.7	283884.9	9985.6	13762.8	7191.4	39
文水县	57601.9	103551.6	2967.7	59805.7	2448.7	2450.3	149.4	124.6
交城县	48221.4	178357	1708.2	117038	5602.8	5703.7	4259.7	8.1
兴　县	27854.2	41931.1	661.8		2.7	29.3		
临　县	2038	6174.6		2345	1.4	132.9		
柳林县	40570.8	102909.8	6447.3	42028.8	40.3	461		
石楼县		893.9			92	92		
岚　县	7260.9	98227.4	319.7	7737.9	471.5	131.6		
方山县	2104.4	5733.1	2066.1	1769.1	0.1			
中阳县	24137.2	56494.1	189	56083.1	84	617.4		
交口县								
孝义市	237229.1	590327	7729.8	256180.9	7133.4	10123.7	268.5	86
汾阳市	69379.5	131540.6	7636	94678.6	693.3	1130		511.5

13-16　续表1

单位：万元

地　区	运输工具	累计折旧	#本年折旧	在建工程	资产总计	流动负债合　　计	#应付账款
总　计	**1400.4**	**9462.9**	**870.7**	**22473.8**	**2029047.9**	**1624938**	**254950.8**
离石区	1019.9	3703.8	312.5	3550.7	586323.1	521727.2	116678.8
文水县		19.7	17.1	374.1	112100.6	86651.3	28932.5
交城县	32.7	1135.9	260.7	3661.1	188891.1	114020.3	7421
兴　县		26.6	6.3	3220	47961.8	45364.2	698.1
临　县	132.9	131.5		551.6	6737.5	5551.6	230.9
柳林县	40.3	420.7	2.7		149818.1	131090.6	9882.4
石楼县					985.9		
岚　县		5	1.8	11034.4	114549.6	110889.8	36397.5
方山县					7532	5581.2	1
中阳县		533.5	17.3		57841.7	48292.8	5229.7
交口县							
孝义市	144.4	3045.9	144.7	81.9	610796.3	475784.3	39892.2
汾阳市	30.2	440.3	107.6		145510.2	79984.7	9586.7

13-16 续表2

单位：万元

地　区	非流动负债合计	负债合计	所有者权益合计	#实收资本	营业收入
总　计	**171302.8**	**1796240.8**	**232807.1**	**256791.1**	**129606.1**
离石区	40333.6	562060.8	24262.3	46566.7	51295.2
文水县	12318.6	98969.9	13130.7	13824.5	24438.3
交城县	36738.5	150758.8	38132.3	28483.3	1332.7
兴　县	645	46009.2	1952.6	2150	5650
临　县		5551.6	1185.9	1800	
柳林县		131090.6	18727.5	14599.7	8688.3
石楼县			985.9	100	
岚　县	-162.7	110727.1	3822.5	7460.8	3502.2
方山县	0.1	5581.3	1950.7	1800.1	2544.9
中阳县		48292.8	9548.9	7840.9	646.4
交口县					
孝义市	36113.3	511897.6	98898.7	105415.1	30307.4
汾阳市	45316.4	125301.1	20209.1	26750	1200.7

13-16 续表3

单位：万元

地　区	主营业务收　　入	商品房屋销售收入	自持物业收　　入	#房屋出租收入	其他收入	营业成本	#主营业务成　　本
总　计	**113013.9**	**111482.9**	**413.6**	**413.6**	**1117.4**	**112530.3**	**106274.6**
离石区	39845.9	39286.5			559.4	49345.3	48386.7
文水县	24438.3	24438.3				20354	20254
交城县	1332.7	1184.3	148.4	148.4		403	403
兴　县	5585	5585				1200	200
临　县							
柳林县	7178.3	6939	239.3	239.3		7724.2	6969.2
石楼县							
岚　县	56.2	56.2				3432	
方山县	2544.9	2544.9				814.2	814.2
中阳县	565.4	565.4				412.8	402.8
交口县							
孝义市	30266.5	29682.6	25.9	25.9	558	27721.6	27721.5
汾阳市	1200.7	1200.7				1123.2	1123.2

13-16　续表4

单位：万元

地　区	营业税金及附加	#主营业务税金及附加	其他业务利　润	销售费用	管理费用	财务费用	#利息收入	#利息支出
总　计	**1733.6**	**1057.1**	**-445.6**	**4696.5**	**8999.7**	**272**	**56.4**	**49.1**
离石区	-1760.4	-1760.6	-486.5	2529.7	3016.3	11.9	8.7	-27.3
文水县	903.2	855.9		145.2	303.7	56.6	0.6	26.4
交城县	313.8	3.4		192.1	916.3	-10.2	12.4	1.3
兴　县	110.3	60.3		117.6	200.4	7.1		
临　县					24.7			
柳林县	450.8	386.8		6.6	353.3	98.1	1.7	
石楼县					12			
岚　县	7.9	7.9		167.7	778	-3.7	3.9	
方山县	2.9	2.9		150.4	74.8	3.2	0.1	2.7
中阳县	197.5	50		36.1	137.4	-5.7	-2.5	-8.3
交口县								
孝义市	1463.4	1406.3	40.9	1077.5	2062.7	128.2	12.6	51.8
汾阳市	44.2	44.2		273.6	1120.1	-13.5	18.9	2.5

13-16　续表5

单位：万元

地　区	营业利润	营业外收　入	营业外支　出	利润总额	应　交所得税	应　交增值税	应付职工薪酬（贷方累计发生额）	年末从业人员总计（人）
总　计	**-16036**	**1823.4**	**376**	**-14588.6**	**136.4**	**-1121**	**9988.1**	**1912**
离石区	-15359.9	310.8	80.5	-15129.6	-1096.7	-1256.4	3008.3	578
文水县	2675.6	2.5	31.3	2646.8	379.6	12.7	248.6	112
交城县	-482.3	1298.3	151.9	664.1	272.6	20	4368.5	173
兴　县	-220.6	2.5	10	-228.1			265	88
临　县	-11.7			-11.7			76.6	33
柳林县	55.3		1.7	53.6	140.3	358.9	219.2	67
石楼县	-12			-12				5
岚　县	-697.4	1	3.4	-699.8			92.1	157
方山县	1499.4		0.9	1498.5	30.1	7.4	58.5	30
中阳县	-131.7	0.2	56.5	-188	0.4	-531.6	322.2	117
交口县								
孝义市	-2026.4	200	25	-1851.4	410.1	259.8	1024.9	351
汾阳市	-1324.3	8.1	14.8	-1331		8.2	304.2	201

13-17 房地产开发施工面积(2017年)

单位：平方米

地区	房屋施工面积合计	住宅	#90平方米及以下住房	#144平方米以上住房	#别墅、高档公寓	办公楼	商业营业用房	其他房屋
总计	**7141156**	**5598308**	**1592780**	**576174**	**57230**	**81455**	**788356**	**673037**
离石区	1962322	1439052	480805	144403		6100	225366	291804
文水县	617631	523477	92920	3560		2300	48577	43277
交城县	1025419	888227	407370	74336	4259	247	82843	54102
兴县	290285	230609	24125	2492		500	32909	26267
临县	24110	17798					4135	2177
柳林县	455500	343220		38936		37808	58549	15923
石楼县	93734	73183	14637	58546			10062	10489
岚县	186984	155970	71826	4610			9187	21827
方山县	147032	119333	64405				17178	10521
中阳县	281966	233982	16570	25000		1500	27188	19296
交口县								
孝义市	1083707	772485	137701	146922	52971	33000	177269	100953
汾阳市	972466	800972	282421	77369			95093	76401

13-17 续表

单位：平方米

地区	新开工面积合计	住宅	#90平方米及以下住房	#144平方米以上住房	#别墅、高档公寓	办公楼	商业营业用房	其他房屋
总计	**1209869**	**1035407**	**307573**	**74407**	**4259**	**1847**	**73664**	**98951**
离石区	46020	46020	10889					
文水县	119783	109286					5012	5485
交城县	214936	213168	66146	2304	4259	247	992	529
兴县	11583	10287	321	2492		100	623	573
临县								
柳林县								
石楼县	33612	26889	5378	21511			3440	3283
岚县	50056	50056	50056					
方山县	147032	119333	64405				17178	10521
中阳县	204966	170982	16570	25000		1500	21188	11296
交口县								
孝义市	104415	55211	2379				18487	30717
汾阳市	277466	234175	91429	23100			6744	36547

13-18 房地产开发竣工面积、竣工价值(2017年)

单位：平方米

地 区	房屋竣工面积合计	住 宅	#90平方米及以下住房	#144平方米以上住房	#别墅、高档公寓	办公楼	商业营业用 房	其他房屋
总 计	**629435**	**532596**	**84181**	**50977**			**41293**	**55546**
离石区	155434	119014					23019	13401
文水县	46513	37437					6070	3006
交城县	110474	105375	23700	12041				5099
兴 县	13100	13100	3100					
临 县	24110	17798					4135	2177
柳林县	85141	79175		38936				5966
石楼县								
岚 县	55528	31614	5310				2787	21127
方山县								
中阳县	32000	32000						
交口县								
孝义市								
汾阳市	107135	97083	52071				5282	4770

13-18 续表

单位：平方米

地 区	竣工房屋价值合计	住 宅	#90平方米及以下住房	#144平方米以上住房	#别墅、高档公寓	办公楼	商业营业用 房	其他房屋
总 计	**143505**	**118960**	**21050**	**9052**			**9588**	**14957**
离石区	33543	25140					6009	2394
文水县	8841	7116					1154	571
交城县	20852	19652	5451	2726				1200
兴 县	3900	3900	875					
临 县	4100	2980					800	320
柳林县	25542	24000		6326				1542
石楼县								
岚 县	17249	9446	1890				821	6982
方山县								
中阳县	7040	7040						
交口县								
孝义市								
汾阳市	22438	19686	12834				804	1948

13-19 房地产开发销售面积、销售额(2017年)

单位：平方米

地区	商品房销售面积合计	住宅	#90平方米及以下住房	#144平方米以上住房	#别墅、高档公寓	办公楼	商业营业用房	其他房屋
总计	**646059**	**588403**	**35317**	**47306**		**6447**	**38512**	**12697**
离石区	192631	190282	8633	16205			1566	783
文水县	72884	64229	8489				8655	
交城县	18380	18380						
兴县	37300	37300	2400					
临县								
柳林县	69643	69643		31101				
石楼县								
岚县	23776	18202					2787	2787
方山县	2324	1711	1156				613	
中阳县	5200	5200						
交口县								
孝义市	167693	127228	4116			6447	24891	9127
汾阳市	56228	56228	10523					

13-19 续表1

单位：万元

地区	商品房销售额合计	住宅	#90平方米及以下住房	#144平方米以上住房	#别墅、高档公寓	办公楼	商业营业用房	其他房屋
总计	**237579**	**206000**	**14182**	**19642**		**2460**	**25167**	**3952**
离石区	91620	85318	5566	8144			5950	352
文水县	21518	16397	2381				5121	
交城县	5763	5763						
兴县	13955	13955	1050					
临县								
柳林县	23945	23945		11498				
石楼县								
岚县	7888	5515					1393	980
方山县	2168	586	393				1582	
中阳县	1500	1500						
交口县								
孝义市	54301	38100	1432			2460	11121	2620
汾阳市	14921	14921	3360					

13-19　续表2

单位：平方米

地　区	现房销售面积合计	住　宅	#90平方米及以下住房	#144平方米以上住房	#别墅、高档公寓	办公楼	商业营业用　房	其他房屋
总　计	**446029**	**411080**	**20821**	**47306**		**6447**	**23332**	**5170**
离石区	138193	135844	87	16205			1566	783
文水县	48654	39999	8489				8655	
交城县	18380	18380						
兴　县	33800	33800	2400					
临　县								
柳林县	69643	69643		31101				
石楼县								
岚　县	23776	18202					2787	2787
方山县	2324	1711	1156				613	
中阳县	5200	5200						
交口县								
孝义市	89574	71816	1904			6447	9711	1600
汾阳市	16485	16485	6785					

13-19　续表3

单位：万元

地　区	现房销售额合计	住　宅	#90平方米及以下住房	#144平方米以上住房	#别墅、高档公寓	办公楼	商业营业用　房	其他房屋
总　计	**165181**	**140300**	**6674**	**19642**		**2460**	**20689**	**1732**
离石区	61154	54852	40	8144			5950	352
文水县	15296	10175	2381				5121	
交城县	5763	5763						
兴　县	12710	12710	1050					
临　县								
柳林县	23945	23945		11498				
石楼县								
岚　县	7888	5515					1393	980
方山县	2168	586	393				1582	
中阳县	1500	1500						
交口县								
孝义市	31052	21549	575			2460	6643	400
汾阳市	3705	3705	2235					

13-19 续表4

单位：平方米

地区	期房销售面积合计	住宅	#90平方米及以下住房	#144平方米以上住房	#别墅、高档公寓	办公楼	商业营业用房	其他房屋
总计	**200030**	**177323**	**14496**				**15180**	**7527**
离石区	54438	54438	8546					
文水县	24230	24230						
交城县								
兴县	3500	3500						
临县								
柳林县								
石楼县								
岚县								
方山县								
中阳县								
交口县								
孝义市	78119	55412	2212				15180	7527
汾阳市	39743	39743	3738					

13-19 续表5

单位：万元

地区	期房销售额合计	住宅	#90平方米及以下住房	#144平方米以上住房	#别墅、高档公寓	办公楼	商业营业用房	其他房屋
总计	**72398**	**65700**	**7508**				**4478**	**2220**
离石区	30466	30466	5526					
文水县	6222	6222						
交城县								
兴县	1245	1245						
临县								
柳林县								
石楼县								
岚县								
方山县								
中阳县								
交口县								
孝义市	23249	16551	857				4478	2220
汾阳市	11216	11216	1125					

13-20　房地产开发待售面积(2017年)

单位：平方米

地　区	待售面积合　　计	住　宅				办公楼	商业营业用　　房	其他房屋
			#90平方米以下住房	#144平方米以上住房	#别墅、高档公寓			
总　计	**737825**	**424183**	**66699**	**57692**		**9030**	**110797**	**193815**
离石区	127299	71181	32962	9294			10328	45790
文水县	20179	18571	16561				672	936
交城县	3506	3506		909				
兴　县	39419	27386	1470				4993	7040
临　县	24110	17798					4135	2177
柳林县	68048	49186		47489			3818	15044
石楼县								
岚　县	18340							18340
方山县	4076	289	289				2387	1400
中阳县	26800	26800						
交口县								
孝义市	337407	147340	11105			9030	79182	101855
汾阳市	68641	62126	4312				5282	1233

13-20　续表

单位：平方米

地　区	待售1-3年面积合计	住　宅				办公楼	商业营业用　　房	其他房屋
			#90平方米以下住房	#144平方米以上住房	#别墅、高档公寓			
总　计	**129779**	**85857**	**1759**	**48398**			**7018**	**36904**
离石区								
文水县	2010	2010						
交城县	3506	3506		909				
兴　县	11297	8364	1470				813	2120
临　县								
柳林县	68048	49186		47489			3818	15044
石楼县								
岚　县	18340							18340
方山县	4076	289	289				2387	1400
中阳县								
交口县								
孝义市								
汾阳市	22502	22502						

13-21 房地产开发竣工、销售套数(2017年)

单位：套

地 区	商品住宅竣工套数	#90平方米及以下住房	#144平方米以上住房	#别墅、高档公寓	商品住宅销售套数合 计	#90平方米及以下住房	#144平方米以上住房	#别墅、高档公寓
总 计	**4823**	**982**	**268**		**5263**	**441**	**301**	
离石区	1245				1768	99	86	
文水县	298				607	128		
交城县	957	291	78		171			
兴 县	130	35			374	30		
临 县	159							
柳林县	530		190		506		215	
石楼县								
岚 县	281	59			155			
方山县					20	14		
中阳县	270				40			
交口县								
孝义市					1058	48		
汾阳市	953	597			564	122		

13-21 续表

单位：套

地 区	现房销售套数合计	#90平方米及以下住房	#144平方米以上住房	#别墅、高档公寓	期房销售套 数	#90平方米及以下住房	#144平方米以上住房	#别墅、高档公寓
总 计	**3655**	**275**	**301**		**1608**	**166**		
离石区	1261	1	86		507	98		
文水县	396	128			211			
交城县	171							
兴 县	339	30			35			
临 县								
柳林县	506		215					
石楼县								
岚 县	155							
方山县	20	14						
中阳县	40							
交口县								
孝义市	590	23			468	25		
汾阳市	177	79			387	43		

13-22　房地产开发不可销售面积(2017年)

单位：平方米

地　区	不可销售面积合计	住　宅	#90平方米以下住房	#144平方米以上住房	#别墅、高档公寓	办公楼	商业营业用　房	其他房屋
总　计	**21517**	**13412**	**5310**					**8105**
离石区								
文水县	3006							3006
交城县	5099							5099
兴　县								
临　县								
柳林县								
石楼县								
岚　县	13412	13412	5310					
方山县								
中阳县								
交口县								
孝义市								
汾阳市								

13-23　乡村人口与从业人员情况(2017年)

地　区	乡村户数(户)	乡村人口(人)	乡村劳动力资源数(人)	乡村从业人　员(人)	#农业从业人员
吕梁市	**1078636**	**3114152**	**1708682**	**1446347**	**815235**
离石区	72829	225596	132582	117019	36008
文水县	137432	384860	213364	190883	110862
交城县	67149	192630	102263	84957	31210
兴　县	77668	237002	129448	108687	68952
临　县	207093	576556	305965	263032	188636
柳林县	98254	286007	136684	118117	53679
石楼县	29312	94738	51515	41700	31578
岚　县	50010	160140	86694	74158	50062
方山县	47440	131642	74881	55040	38762
中阳县	34266	109066	59577	47428	21736
交口县	34109	107968	62181	53633	30840
孝义市	101414	279157	155436	123742	46359
汾阳市	121660	328790	198092	167951	106551

13-24 农业主要能源及物质消耗情况(2017年)

地 区	农 村 用电量 (万千瓦时)	农用化肥 施用实物量 (吨)	农用塑料 薄膜使用量 (吨)	农用柴油 使用量 (吨)	农 药 使用量 (吨)
吕梁市	**98037**	**199151**	**1410**	**11127**	**744**
离石区	9173	7744	42	233	7
文水县	17239	24399	80	1782	272
交城县	14341	7361	32	681	61
兴 县	3126	17799	39	590	36
临 县	6266	39904	102	613	105
柳林县	3979	13209	145	461	46
石楼县	1105	10721	34	281	32
岚 县	2427	20409	573	510	40
方山县	2223	14476	75	509	15
中阳县	6539	4303	17	110	7
交口县	6923	3944	182	358	1
孝义市	10322	11856	31	1350	31
汾阳市	14374	23025	58	3649	91

13-25 农林牧渔业总产值(2017年)

地 区	农林牧渔业 总 产 值 (万元)	农 业	林 业	牧 业	渔 业	农林牧渔 服 务 业
吕梁市	**1078911**	**479297**	**87325**	**488898**	**3391**	**20000**
离石区	35875	13876	5278	15727	94	900
文水县	226953	86821	1181	134857	994	3100
交城县	64253	24179	3039	36223	178	635
兴 县	76185	31170	24425	19012	78	1500
临 县	135619	66406	8604	57952	257	2400
柳林县	39994	21007	3801	13596	189	1400
石楼县	44269	26477	6596	10628	88	480
岚 县	46229	19926	14241	9940	322	1800
方山县	37006	17016	4830	14680	240	240
中阳县	29200	12805	2044	13924	127	300
交口县	36524	18307	3999	14018		200
孝义市	187092	81450	5443	87603	284	12313
汾阳市	115992	44224	4583	60793	392	6000

13-26　农林牧渔业中间消耗(2017年)

地　区	农林牧渔业中间消耗(万元)	农　业	林　业	牧　业	渔　业	农林牧渔服务业
吕梁市	**499871**	**205154**	**39981**	**243448**	**1540**	**9750**
离石区	15494	5355	2796	6908	48	387
文水县	104610	31714	599	70309	487	1500
交城县	31349	10340	1690	18928	96	295
兴　县	35378	13046	12052	9597	38	645
临　县	58842	24484	3873	29314	139	1031
柳林县	18063	8658	2092	6620	92	601
石楼县	19196	10180	3430	5325	40	221
岚　县	20273	6823	7481	4971	151	846
方山县	17777	7484	2561	7496	123	113
中阳县	14052	5504	1002	7337	65	144
交口县	17701	8157	2166	7290		88
孝义市	78844	25524	2638	44583	136	5963
汾阳市	50382	14512	2459	30539	172	2700

13-27　农林牧渔业增加值(2017年)

地　区	农林牧渔业增加值(万元)	农　业	林　业	牧　业	渔　业	农林牧渔服务业
吕梁市	**579040**	**274143**	**47345**	**245451**	**1852**	**10250**
离石区	20381	8521	2482	8819	46	513
文水县	122344	55108	582	64548	507	1600
交城县	32904	13838	1349	17295	82	340
兴　县	40807	18124	12373	9415	41	855
临　县	76777	41922	4731	28637	118	1369
柳林县	21930	12350	1709	6976	97	799
石楼县	25073	16296	3166	5303	49	259
岚　县	25956	13103	6760	4968	171	954
方山县	19229	9532	2269	7184	118	127
中阳县	15148	7301	1042	6588	62	156
交口县	18823	10150	1833	6728		112
孝义市	108248	55926	2805	43020	148	6350
汾阳市	65610	29712	2124	30254	219	3300

13-28 粮食作物生产情况(2017年)

地 区	粮食产量(吨)	#小麦	#玉米	#大豆	#马铃薯(鲜薯)
吕梁市	**994034**	**4750**	**761482**	**35070**	**320413**
离石区	25328		15456	3094	10640
文水县	251991	564	242591	353	24624
交城县	44457	251	38564	230	13718
兴 县	73313		32569	8194	34582
临 县	139925		100684	6797	63925
柳林县	41369	16	19432	7349	15120
石楼县	56272	216	39887	1742	5010
岚 县	66450		36099	552	73411
方山县	43340		30213	829	45576
中阳县	23456		16377	1154	11524
交口县	29437	8	25788	586	4066
孝义市	68272	3596	46754	3262	5078
汾阳市	130427	99	117067	928	13143

13-29 经济作物生产情况(2017年)

地 区	油料产量(吨)	#花生	#葵花籽	棉花产量(吨)	中药材产量(吨)
吕梁市	**16854**	**2309**	**3873**	**23**	**749**
离石区	531	2	146		1
文水县	436	348	88		57
交城县	368		5		198
兴 县	6468	919	1246		25
临 县	3224	384	1809		49
柳林县	854	159	281	17	
石楼县	1402	22	126	7	
岚 县	1186				
方山县	1107	6	143		
中阳县	192		15		49
交口县	464				365
孝义市	284	143	3		6
汾阳市	337	324	12		

13-30　蔬菜及食用菌、瓜果、中草药材生产情况(2017年)

地　区	蔬菜及食用菌产量(吨)	#大白菜	#四季豆	#西红柿	#食用菌
吕梁市	**251616**	**48310**	**12041**	**46045**	**11893**
离石区	3429	82	234	856	4
文水县	36611	12130	1169	2001	207
交城县	34913	16928	1538	4107	19
兴　县	2485	834	106	388	4
临　县	39919	6770	5080	3631	899
柳林县	17302	2953	762	3615	
石楼县	3994	804	165	499	
岚　县	3938		126	397	2
方山县	8573	106	1387	1247	56
中阳县	3461	298	119	695	470
交口县	10801	485	71	429	7957
孝义市	77490	4666	1184	27443	2133
汾阳市	8701	2254	100	738	143

13-31　茶叶、水果及食用坚果生产情况(2017年)

地　区	年末果园面积(公顷)	全年水果产量(吨)	#苹果	#红枣	核桃产量(吨)
吕梁市	**52208**	**220405**	**9378**	**80623**	**50786**
离石区	358	819	404	133	3310
文水县	3970	117716	439	48	30
交城县	499	9284	660	1467	1521
兴　县	6947	14615	1494	12788	275
临　县	24273	54622	1808	50953	4106
柳林县	5188	5488	963	4166	980
石楼县	10168	11785	648	10899	6631
岚　县	15	19	7		21
方山县	188	843	540	30	2767
中阳县	159	237	149	39	4246
交口县	21	59	59		6112
孝义市	200	1368	429	87	12472
汾阳市	223	3552	1777	12	8316

13-32 林业生产情况(2017年)

地区	当年造林面积(公顷)	#防护林	育苗面积(公顷)	#本年新育	零星植树(株)
吕梁市	**79399**		**7988**		**11250000**
离石区	5133		407		900000
文水县	600		301		1350000
交城县	1593		480		1100000
兴　县	17760		520		850000
临　县	23614		400		1400000
柳林县	8406		267		800000
石楼县	4940		600		350000
岚　县	7580		3000		650000
方山县	4340		426		400000
中阳县			400		400000
交口县	2579		300		350000
孝义市	1933		267		1350000
汾阳市	921		620		1350000

13-33 畜禽生产情况(2017年)

地区	猪		牛		
	年末存栏头数	年内出栏头数	年末存栏头数	年内出栏头数	牛奶产量(吨)
吕梁市	**658820**	**795287**	**197571**	**135491**	**27373**
离石区	27043	38816	8755	1849	627
文水县	67572	84971	93592	92862	4995
交城县	49316	66091	25363	14629	1385
兴　县	40381	49273	5300	2289	64
临　县	104037	140010	3818	1628	6484
柳林县	43969	44438	1717	463	1738
石楼县	19334	33836	3487	1861	171
岚　县	20752	16920	9815	1380	38
方山县	17201	11448	19064	5084	329
中阳县	44045	42082	8996	2675	66
交口县	40046	35830	5621	2504	98
孝义市	102492	86819	2499	803	2547
汾阳市	82632	144753	9544	7464	8831

13-33　续表1

地　区	羊		家　禽		
	年末存栏只数	年内出栏只数	年末存栏只数	年内出栏只数	禽蛋产量(吨)
吕梁市	**923550**	**679545**	**17467431**	**47216942**	**91595**
离石区	54727	30731	650435	889338	3399
文水县	78577	78068	3075271	5292976	25886
交城县	45395	52069	988565	2138488	5549
兴　县	123391	67450	460151	245895	3735
临　县	224269	159514	1614888	1813224	14419
柳林县	48640	35490	321134	136246	3047
石楼县	31285	23445	103001	139951	1169
岚　县	82456	53857	87986	93995	670
方山县	31664	24801	757515	1318795	6937
中阳县	26560	15014	431042	600231	3499
交口县	54139	26070	488224	1089607	1533
孝义市	51407	42624	6289357	27767433	7030
汾阳市	71040	70412	2199862	5690763	14722

13-33　续表2

地　区	活牲畜(除猪、牛、羊外)年末存栏数	肉类总产量(吨)	奶类总产量(吨)	山羊毛产量(吨)	绵羊毛产量(吨)
吕梁市	**12524**	**185959**	**27373**	**471**	**199**
离石区	5	5172	627	23	1
文水县	49	25964	4995	0	26
交城县	836	11439	1385	16	50
兴　县	334	5139	64	88	4
临　县	259	16636	6484	164	4
柳林县	237	4385	1738	29	1
石楼县	426	3661	171	15	1
岚　县	8438	2633	38	48	26
方山县	428	3979	329	14	8
中阳县	297	4754	66	14	
交口县	805	5429	98	56	11
孝义市	203	74768	2547	2	33
汾阳市	207	22002	8831	2	36

13-34 渔业生产情况(2017年)

地　区	养殖面积(公顷)	总产量(吨)
吕梁市	**1233**	**1739**
离石区	52	59
文水县	316	710
交城县	98	99
兴　县	14	55
临　县	95	155
柳林县	14	90
石楼县	20	55
岚　县	63	92
方山县	453	160
中阳县	40	79
交口县		
孝义市	44	98
汾阳市	24	87

13-35 主要工业产品产量

地　区	原　煤(吨)	洗精煤(吨)	铁矿石原　矿(吨)	粗钢(吨)	成品钢材(吨)	生　铁(吨)	焦　炭(吨)	水　泥(吨)	白酒(千升)	化学肥料(吨)	发电量(万千瓦小时)	氧化铝(吨)
吕梁市	**109248860**	**73172197**	**23050916**	**3123506**	**2873763**	**3953735**	**19297990**	**4274191**	**114590**	**84464**	**1834628**	**11025999**
离石区	5304703	2073639					1876398				59519	
文水县		177912		331869	172788	136384	215268	1092575	887	84464	285273	
交城县	1301917	1638655	106000			204634	5047448	350835			142725	
兴　县	25105482	4976050						181228			64510	1986948
临　县	7352486	2321282					83409					
柳林县	31756620	23366879					663757	1258312			738877	554912
石楼县												
岚　县	1882802	192736	22668736			357532	72127	489000			51094	
方山县	7011038	3426140					330109	37176	238		24203	
中阳县	7399541	2257869		2791637	2700975	2998971	1015881	456138			9501	
交口县	3365166	2570706	276180			229389	831285				93910	3334968
孝义市	18769105	28123734				26825	7676695	408927	8891		100787	5149171
汾阳市		2046595					1485613		104574		264228	

13-36　2017年工业企业主要经济指标(分地区)

单位：万元

地　区	企　业单位数(个)	#亏损企业	工业总产值(当年价格)	工业销售产值(当年价格)	#出口交货值	年初存货
吕梁市	**451**	**123**	**20927217**	**20849174**	**76379**	**2666818**
离石区	24	12	815743	846691		90232
文水县	35	12	1406594	1452848	2637	298423
交城县	44	9	1688649	1638465	55904	334950
兴　县	17	4	1745569	1710341		161537
临　县	24	6	508581	511207		37831
柳林县	43	10	3324471	3498069	12716	241069
石楼县	2		8926	8752		1316
岚　县	14	6	616649	614098		37977
方山县	14	3	503963	476745		30880
中阳县	30	10	1408864	1396800		235366
交口县	21	6	1375152	1383706		163903
孝义市	152	39	6149050	6011104	2608	570154
汾阳市	31	6	1375007	1300348	2514	463180

13-36　续表1

单位：万元

地　区	#产成品	资产总计	流动资产合　计	应收账款	存货	#产成品	固定资产合　计	固定资产原　价
吕梁市	**1089709**	**44148400**	**18134604**	**2793561**	**2815002**	**1150477**	**14515409**	**21048615**
离石区	31607	3758181	1853809	223648	70675	26996	829887	1272256
文水县	210934	1991585	753396	247531	239697	146112	929126	999728
交城县	128216	2780248	1238514	197027	316866	149102	957399	1531143
兴　县	32905	3709798	806400	189035	171379	32316	1853355	2638179
临　县	19790	2200527	327155	39691	62967	31054	589549	811141
柳林县	88071	10105597	4915148	836610	280442	96014	2883355	4621653
石楼县	547	10154	5140	1004	2658	551	4521	4363
岚　县	13956	2007358	466859	77112	39142	13652	1021328	1209511
方山县	16267	882013	229467	44733	53246	40591	474146	772708
中阳县	13518	2624638	902556	50030	209916	17586	804304	1238511
交口县	79182	1522651	562423	15337	246046	95336	537156	958912
孝义市	206964	9978788	4750721	782612	598965	251650	3060660	4050459
汾阳市	247755	2576862	1323015	89192	523004	249516	570622	940051

13-36 续表2

单位：万元

地　区	房屋和构筑物	机器设备	运输工具	累计折旧	#本年折旧	负债合计	流动负债合　计
吕梁市	**5411694**	**6045589**	**297462**	**7525618**	**1090332**	**34622708**	**25290363**
离石区	155128	140751	8347	437499	49781	3487380	2102217
文水县	165306	309814	20131	337946	58745	1326082	986515
交城县	416677	863784	19661	684359	99073	2474569	1959159
兴　县	1273148	740503	41411	788315	128677	2240512	1791191
临　县	227981	291273	1847	255836	41805	1840322	1721292
柳林县	1799273	1382048	157944	1792461	218621	8763759	6153844
石楼县				556	48	2360	2260
岚　县	165178	126159	4437	187682	47075	973819	654469
方山县	201809	225484	14156	385032	26035	626661	477254
中阳县	249330	493395	1447	470172	83299	2195272	1921737
交口县	7597	474400	2077	366036	65530	1017377	818902
孝义市	732650	959469	23174	1549184	243247	8104313	5613744
汾阳市	17616	38509	2830	270540	28396	1570280	1087780

13-36 续表3

单位：万元

地　区	应付账款	非流动负债合计	所有者权益合计	#实收资本	国家资本	集体资本	法人资本	个人资本
吕梁市	**5783696**	**8111147**	**9488634**	**6479517**	**2572668**	**106187**	**1575352**	**1703585**
离石区	766714	1384518	270800	258872	16495		83524	158853
文水县	258960	247015	664860	428511	176273	500	118090	127619
交城县	432299	496866	305679	504216	16177	1000	194528	292511
兴　县	401464	449056	1469286	943636	761989	1325	17942	88379
临　县	146646	76110	351346	200346	107986	3900	38319	50141
柳林县	1398676	2402469	1336685	961451	153209	15240	482831	51419
石楼县	746	100	7794	1500			1000	500
岚　县	176226	306654	1033538	878456	834112	7006	23449	13889
方山县	91357	123798	255352	169124	113905	29400	17269	8550
中阳县	303747	253631	429366	285245	51076	20000	90456	123712
交口县	307628	159713	505273	244493	17820	40	182892	43640
孝义市	1131310	1763817	1864953	1262446	112283	27649	262113	677601
汾阳市	367925	447401	993701	341224	211345	126	62940	66771

13-36　续表4

单位：万元

地　区	港澳台资本	外商资本	营业收入	#主营业务收　　入	营业成本	#主营业务成　　本	税金及附加
吕梁市	**334900**	**186824**	**22759790**	**22251531**	**17068792**	**16742144**	**705776**
离石区			914677	815013	654461	592666	35481
文水县		6030	1558608	1557155	1422693	1407088	3513
交城县			1686858	1636070	1414590	1392657	10476
兴　县	74000		1771665	1753186	940253	928832	85378
临　县			531488	529194	285255	283975	39205
柳林县	78000	180753	3826785	3646543	2336380	2258311	175082
石楼县			8752	8752	7951	7951	
岚　县			644002	643098	489855	489629	25457
方山县			509517	508851	297410	297316	37531
中阳县			1432517	1430318	1033196	1031855	40548
交口县	100		1463267	1401913	1199597	1148955	20959
孝义市	182800		6107827	6019967	5245727	5163235	79746
汾阳市		42	2303825	2301471	1741426	1739676	152402

13-36　续表5

单位：万元

地　区	主营业务税金及附加	其他业务收　　入	其他业务利　　润	销售费用	管理费用	财务费用	#利息收入	#利息支出
吕梁市	**684839**	**508259**	**22838**	**903840**	**1096464**	**923139**	**36902**	**787529**
离石区	28854	99664	244	14078	77040	73217	1142	77972
文水县	3494	1453	313	28766	41909	39524	943	42162
交城县	4689	50788	333	69926	90939	37964	12805	24590
兴　县	85297	18480	4736	241363	49335	46922	5596	50799
临　县	39202	2294	3	35332	69861	37773	559	31556
柳林县	175082	180242	17	95318	317452	299436	-1400	241380
石楼县				20	132	96	4	92
岚　县	25214	904	1553	4713	52998	36286	-1051	33237
方山县	37531	665	572	23506	58990	55068	89	39535
中阳县	40548	2199		8570	59288	43698	-423	39603
交口县	19161	61355	-80	29638	27542	19120	193	17255
孝义市	73373	87861	14838	189487	149700	200660	14531	166749
汾阳市	152394	2354	309	163124	101280	33373	3914	22599

13-36 续表6

单位：万元

地　区	营业利润	资产减值损　失	公允价值变动收益	投资收益	其他收益	营业外收入	营业外支出
吕梁市	**2077633**	**12718**	**-28**	**9967**	**7134**	**73706**	**108447**
离石区	60645	-225		20		7124	5188
文水县	13974	9159	-31	577	386	4113	2880
交城县	57313	7199		1548		5786	2281
兴　县	420878	558		715	800	2047	3280
临　县	64022	40				612	5335
柳林县	611029	2655		8491	2078	7131	60395
石楼县	554						
岚　县	35455	38		-2566	3365	591	1308
方山县	37038	11			36	926	3625
中阳县	247174	44		2		14693	3731
交口县	166411					1821	4186
孝义市	248049	-3108		2257	178	22735	10857
汾阳市	115092	-3653	4	-1076	292	6128	5382

13-36 续表7

单位：万元

地　区	利润总额	所得税费用	亏损企业亏损总额	利税总额	应交税金及附加	本年应付职工薪酬	本年应交增值税	从业人员平均人数(人)
吕梁市	**2042892**	**412147**	**284880**	**3965114**	**2334369**	**1260755**	**1216445**	**185858**
离石区	62581	15769	48683	154642	107830	74741	56580	12771
文水县	15206	614	28693	29800	15207	68226	11080	15150
交城县	60817	17765	47764	119438	76386	81314	48145	17796
兴　县	419644	102068	1446	662750	345174	114168	157729	8784
临　县	59299	4709	13868	144580	89990	84446	46076	9398
柳林县	557765	115466	57954	1050566	608267	285104	317719	37999
石楼县	554			554		219		117
岚　县	34739	3143	4405	110112	78516	42353	49916	4571
方山县	34338	344	498	126818	92824	81899	54950	6594
中阳县	258137	24450	4168	403574	169888	73494	104889	13031
交口县	164047	31637	6960	249258	116849	46287	64252	6838
孝义市	259927	55699	56668	541645	337417	232271	201972	37319
汾阳市	115837	40482	13774	371376	296021	76234	103138	15490

13-37　2017年工业国有控股企业主要经济指标(分地区)

单位：万元

地　区	企　业单位数(个)	#亏损企业	工业总产值(当年价格)	工业销售产值(当年价格)	#出口交货值	年初存货
吕梁市	**58**	**16**	**5833471**	**5764452**	**15339**	**815251**
离石区	4	2	76480	65195		4300
文水县	3	2	302813	318027	2624	52944
交城县	2	1	109928	104186		21381
兴　县	6	1	1633721	1602879		132727
临　县	4	1	282248	281069		7219
柳林县	5	2	465902	505326	12716	37524
石楼县						
岚　县	5		483008	484759		24031
方山县	5		439776	416238		22594
中阳县	2		98846	100854		2335
交口县	1		143699	139177		14766
孝义市	17	6	773308	802704		110910
汾阳市	4	1	1023742	944039		384520

13-37　续表1

单位：万元

地　区	#产成品	资产总计	流动资产合　计	应收账款	存货	#产成品	固定资产合　计	固定资产原　价
吕梁市	**368419**	**16113191**	**4110852**	**752952**	**875821**	**385135**	**6490713**	**9629755**
离石区	3080	249688	145396	101218	4686	2374	34239	115439
文水县	41027	891976	338300	174253	33391	23789	289374	422014
交城县	7807	436299	80474	6356	12794	7807	347184	403295
兴　县	13474	3528533	715524	168790	141836	17080	1804817	2575961
临　县	2448	1533722	92550	4343	26432	15221	411626	555836
柳林县	17295	1781968	531859	54659	31648	6149	914750	1557929
石楼县								
岚　县	5113	1747670	338528	37849	26754	7472	928336	1086040
方山县	11086	640609	169679	10380	43892	36412	311638	614580
中阳县	1201	326357	47705	82	1927	734	156922	184207
交口县	639	237971	71351		53050	4390		142731
孝义市	62125	2725032	535427	149161	85027	60118	819924	1192170
汾阳市	203124	2013368	1044061	45862	414383	203589	471902	779553

13-37 续表2

单位：万元

地 区	房屋和构筑物	机器设备	运输工具	累计折旧	#本年折旧	负债合计	流动负债合计
吕梁市	**2771385**	**2386322**	**72952**	**3068928**	**391363**	**11336616**	**8070514**
离石区	26715	18484	1416	61639	4816	165728	164608
文水县	41955	93550	927	46614	24869	512950	388907
交城县	140399	163756	612	122320	18442	613280	486524
兴 县	1261764	727454	40734	777066	124380	2109123	1666890
临 县	153829	227614	1048	162210	23595	1304066	1239636
柳林县	501731	602941	8445	632069	46686	1451373	815959
石楼县							
岚 县	129230	82187	1932	157887	43737	774920	492359
方山县	201229	223933	13875	325917	23944	433352	309707
中阳县	32658	28920	134	42007	7384	258075	218074
交口县				11164	5431	186787	163040
孝义市	281876	217484	3829	497818	45227	2319760	1287154
汾阳市				232217	22851	1207201	837658

13-37 续表3

单位：万元

地 区	应付账款	非流动负债合计	所有者权益合计	#实收资本	国家资本	集体资本	法人资本	个人资本
吕梁市	**1714683**	**3076127**	**4776575**	**3224209**	**2539814**	**44923**	**410929**	**148513**
离石区	24247	1121	83960	46650	16495		20000	10155
文水县	113337	124044	379026	244463	176273		55731	6430
交城县	81964	126757	-176981	67177	16177	1000	50000	
兴 县	384422	442234	1419410	909253	761989	1325	1500	70439
临 县	102592	25160	229656	129158	107808		1750	19600
柳林县	196274	635414	330595	270714	121533		149181	
石楼县								
岚 县	139961	282561	972750	838118	834112	4006		
方山县	72005	123645	207257	146305	113905	29400	3000	
中阳县	12332	40001	68282	60876	51076		9800	
交口县	34611	23747	51184	27000	17820		9180	
孝义市	256213	881901	405272	192086	111283	9192	67811	3800
汾阳市	296726	369543	806167	292409	211345		42976	38089

13-37　续表4

单位：万元

地　区			营业收入	#主营业务收　入	营业成本	#主营业务成　本	税金及附加
	港澳台资本	外商资本					
吕梁市	**74000**	**6030**	**7098680**	**6982504**	**4754020**	**4658194**	**408804**
离石区			81339	70884	41524	33303	6221
文水县		6030	398712	397364	354323	353317	1811
交城县			124254	108971	115484	114833	5786
兴　县	74000		1631659	1616620	828342	818822	83675
临　县			279259	277717	133941	133411	23622
柳林县			633864	633653	501555	499567	23267
石楼县							
岚　县			509855	509361	364988	364929	24727
方山县			422285	421619	245750	245657	32361
中阳县			95130	94566	37129	36947	8724
交口县			140258	139215	106626	105425	1015
孝义市			912623	845037	662316	591525	54140
汾阳市			1869443	1867496	1362041	1360457	143457

13-37　续表5

单位：万元

地　区	#主营业务税金及附加	其他业务收　入	其他业务利　润	销售费用	管理费用	财务费用	#利息收入	#利息支出
吕梁市	**396797**	**116177**	**18444**	**482767**	**423033**	**367463**	**22305**	**320675**
离石区	6218	10455	212	1290	9037	2929	365	2626
文水县	1811	1347	228	5807	16367	21840	721	22086
交城县		15283		1786	11232	18860	12307	6450
兴　县	83594	15039	4736	237745	44224	44496	5408	48667
临　县	23622	1542	1	28192	37991	34457	12	28774
柳林县	23267	211		9572	36713	63773	168	63693
石楼县								
岚　县	24484	494	1553	1275	49881	32318	-1061	29622
方山县	32361	665	572	21937	48847	41573	46	26107
中阳县	8724	564		969	9311	10428	-45	10341
交口县	1015	1042		1948	1787	4306	144	4073
孝义市	48253	67586	11076	26867	64862	72191	326	66540
汾阳市	143449	1947	67	145379	92780	20294	3913	11696

13-37 续表6

单位：万元

地区	营业利润	资产减值损失	公允价值变动收益	投资收益	其他收益	营业外收入	营业外支出
吕梁市	**678374**	**8113**	**4**	**5814**	**6570**	**28546**	**24484**
离石区	20562	-225				174	1230
文水县	-9441	8025		20		1028	320
交城县	-28991	135		37		3187	324
兴　县	405665	535		715	800	2007	3196
临　县	21056					519	3758
柳林县	2942	6347		8345	1961	3390	1574
石楼县							
岚　县	37426	38		-2566	3365	300	1012
方山县	31842	11			36	856	2632
中阳县	28527	44				52	525
交口县	24575					477	384
孝义市	35850	-3144		343	116	14773	6816
汾阳市	108362	-3653	4	-1079	292	1783	2712

13-37 续表7

单位：万元

地区	利润总额	所得税费用	亏损企业亏损总额	利税总额	应交税金及附加	本年应付职工薪酬	本年应交增值税	从业人员平均人数（人）
吕梁市	**682435**	**168841**	**95147**	**1604112**	**1090518**	**671183**	**512873**	**67249**
离石区	19506	4799	2970	25246	10539	9830	-480	1904
文水县	-8734	345	19367	-4440	4639	26304	2483	2555
交城县	-26129		30162	-13280	12849	22999	7063	3018
兴　县	404477	98410	856	645356	339289	110486	157204	7578
临　县	17817	3336	8734	70029	55548	66452	28590	6087
柳林县	4758	2989	13653	71289	69521	86784	43265	7620
石楼县								
岚　县	36714	3130		103737	70153	37533	42296	3304
方山县	30065	304		108807	79046	76822	46381	5280
中阳县	28054	3569		51209	26724	14115	14432	1732
交口县	24668	6409		24819	6559	3768	-865	390
孝义市	43807	5441	10907	178067	139700	147600	80120	15640
汾阳市	107433	40110	8498	343274	275951	68491	92384	12141

13-38　2017年工业三资企业主要经济指标(分地区)

单位：万元

地　区	企　业单位数(个)	#亏损企业	工业总产值(当年价格)	工业销售产值(当年价格)	#出口交货值	年初存货	#产成品
吕梁市	**14**	**3**	**2357547**	**2302726**	**3411**	**312547**	**80845**
离石区							
文水县	1		220939	240436	2624	48101	41027
交城县							
兴　县	1		492942	466126		56697	166
临　县							
柳林县	7	2	628023	649085		36061	9724
石楼县							
岚　县							
方山县							
中阳县							
交口县							
孝义市	4	1	1002208	935400		157692	21251
汾阳市	1		13435	11680	787	13996	8678

13-38　续表1

单位：万元

地　区	资产总计	流动资产合　计	应收账款	存货	#产成品	固定资产合　计	固定资产原　价	房屋和构筑物
吕梁市	**4485617**	**2176741**	**342471**	**304954**	**57124**	**1389145**	**2304365**	**704145**
离石区								
文水县	449773	267676	162621	25650	20093		125517	35222
交城县								
兴　县	713614	135326	43	93689	1786	478257	553974	339505
临　县								
柳林县	1799845	990273	121742	49904	21348	518853	800354	324321
石楼县								
岚　县								
方山县								
中阳县								
交口县								
孝义市	1492070	759706	52544	120968	4313	387317	819423	
汾阳市	30315	23761	5522	14744	9584	4718	5097	5097

13-38　续表2

单位：万元

地　区	机器设备	运输工具	累计折旧	#本年折旧	负债合计	流动负债合　　计	应付账款
吕梁市	**504483**	**33322**	**897540**	**130546**	**2803508**	**2233937**	**586026**
离石区							
文水县	85818	673	25047	9547	107399	103035	35164
交城县							
兴　县	213091	1021	75717	27031	485604	382661	112837
临　县							
柳林县	205265	31526	363980	35854	1314653	1085194	325098
石楼县							
岚　县							
方山县							
中阳县							
交口县							
孝义市	309	102	432416	58099	884193	651389	112737
汾阳市			380	14	11659	11659	189

13-38　续表3

单位：万元

地　区	非流动负债合计	所有者权益合计	#实收资本	国家资本	集体资本	法人资本	个人资本	港澳台资本
吕梁市	**569571**	**1682109**	**949218**	**281580**	**126**	**75900**	**69988**	**334800**
离石区								
文水县	4365	342373	175610	169580				
交城县								
兴　县	102943	228010	185000	111000				74000
临　县								
柳林县	229459	485192	335653	1000		75900		78000
石楼县								
岚　县								
方山县								
中阳县								
交口县								
孝义市	232804	607877	252788				69988	182800
汾阳市		18656	168		126			

13-38　续表4

单位：万元

地　区	外商资本	营业收入	#主营业务收　入	营业成本	#主营业务成　本	税金及附加	#主营业务税金及附加
吕梁市	**186824**	**2627949**	**2452470**	**1993427**	**1925954**	**50519**	**50047**
离石区							
文水县	6030	320989	319773	271727	270722	1678	1678
交城县							
兴　县		467582	466137	384246	383336	6125	6125
临　县							
柳林县	180753	743056	574498	397499	332975	35952	35952
石楼县							
岚　县							
方山县							
中阳县							
交口县							
孝义市		1083761	1079500	929022	927988	6763	6291
汾阳市	42	12561	12561	10934	10934		

13-38　续表5

单位：万元

地　区	其他业务收　入	其他业务利　润	销售费用	管理费用	财务费用	#利息收入	#利息支出	营业利润
吕梁市	**175479**	**3915**	**48547**	**89496**	**59089**	**15259**	**72297**	**378787**
离石区								
文水县	1215	228	5741	14322	9709	1059	9623	9855
交城县								
兴　县	1445	535	6050	4815	12977	1944	14921	53227
临　县								
柳林县	168557	-75	23658	57010	16009	-667	14626	213041
石楼县								
岚　县								
方山县								
中阳县								
交口县								
孝义市	4261	3228	12826	13185	20006	12921	32741	101862
汾阳市			272	164	389	2	386	802

13-38 续表6

单位：万元

地 区	资产减值损失	公允价值变动收益	投资收益	其他收益	营业外收入	营业外支出	利润总额
吕梁市	**8123**		**38**		**6632**	**7447**	**377973**
离石区							
文水县	7976		20		838	60	10633
交城县							
兴 县	144				514	631	53110
临 县							
柳林县	3		116		1314	6017	208338
石楼县							
岚 县							
方山县							
中阳县							
交口县							
孝义市			-98		3967	739	105090
汾阳市							802

13-38 续表7

单位：万元

地 区	所得税费用	亏损企业亏损总额	利税总额	应交税金及附加	本年应付职工薪酬	本年应交增值税	从业人员平均人数(人)
吕梁市	**97687**	**22042**	**551685**	**271399**	**100279**	**123194**	**14481**
离石区							
文水县	345		13652	3365	20294	1341	1915
交城县							
兴 县	15859		80164	42913	12584	20929	836
临 县							
柳林县	54014	13721	311356	157032	54408	67066	8163
石楼县							
岚 县							
方山县							
中阳县							
交口县							
孝义市	27470	8321	145704	68084	12741	33851	3372
汾阳市			808	6	253	6	195

13-39 2017年工业大中型企业主要经济指标(分地区)

单位：万元

地 区	企 业单位数(个)	#亏损企业	工业总产值(当年价格)	工业销售产值(当年价格)	#出口交货值	年初存货	#产成品
吕梁市	**144**	**34**	**16162645**	**16021186**	**53213**	**2195653**	**862340**
离石区	9	3	700168	711767		57246	19774
文水县	9	3	1090947	1093514	2624	221748	180084
交城县	17	5	1508536	1461164	37873	295575	108826
兴 县	7	1	1649907	1611918		133631	14378
临 县	7	1	360695	358339		9096	4201
柳林县	30	7	2695589	2844211	12716	207794	69858
石楼县							
岚 县	5	2	536977	536121		27255	9347
方山县	3		384363	354573		21315	11470
中阳县	8		1221650	1212178		206136	3432
交口县	8		1175458	1165640		135946	60056
孝义市	37	11	3793743	3698475		470961	162780
汾阳市	4	1	1044613	973287		408950	218136

13-39 续表1

单位：万元

地 区	资产总计	流动资产合 计	应收账款	存货	#产成品	固定资产合 计	固定资产原 价	房屋和构筑物
吕梁市	**37471465**	**14705543**	**2105715**	**2224800**	**835671**	**12450071**	**17941294**	**4912973**
离石区	3550067	1732774	175622	43819	9508	754183	1172393	117647
文水县	1638605	504088	184187	141429	94074	842057	886273	128052
交城县	2493265	1052357	127875	280976	129834	886301	1413512	405376
兴 县	3590423	716626	168988	142479	17080	1832007	2602351	1261764
临 县	1741428	155833	12681	29859	17108	499636	673774	205998
柳林县	8819080	4329649	706860	249984	89956	2268015	3640863	1604278
石楼县								
岚 县	1676251	362825	50730	28874	9199	866806	1029525	127465
方山县	558954	137772	14772	44086	37027	282125	571564	147674
中阳县	2195771	701364	717	174716	3771	664871	1061857	247882
交口县	1250233	423017	10643	205014	65963	455063	911087	3527
孝义市	8042552	3517192	619997	443073	150437	2613477	3406262	657864
汾阳市	1914834	1072047	32645	440491	211714	485529	571835	5448

13-39 续表2

单位：万元

地 区	机器设备	运输工具	累计折旧	#本年折旧	负债合计	流动负债合计	应付账款
吕梁市	**5216586**	**273266**	**6572346**	**930319**	**29312006**	**21600889**	**4812306**
离石区	105562	7418	413327	44718	3288774	1963378	710025
文水县	266569	17948	302894	46311	1097321	772725	222945
交城县	806119	16310	637005	91060	2320210	1814686	409451
兴 县	727454	40734	779707	127021	2190093	1741658	385430
临 县	287460	1325	202533	31047	1426680	1351044	111261
柳林县	927702	153864	1425176	182230	7588794	5286798	1119223
石楼县							
岚 县	94163	1854	163269	43128	704446	464928	126202
方山县	195760	12844	336266	17209	416148	350717	64419
中阳县	487964	380	416651	71083	1854153	1661366	236326
交口县	467748	1209	347658	63052	785863	651214	258513
孝义市	818340	17535	1327849	187725	6580089	4718996	901985
汾阳市	31745	1844	220011	25735	1059436	823379	266527

13-39 续表3

单位：万元

地 区	非流动负债合计	所有者权益合计	实收资本	国家资本	集体资本	法人资本	个人资本	港澳台资本
吕梁市	**7157334**	**8158815**	**5240842**	**2501587**	**66152**	**1070043**	**1081478**	**334800**
离石区	1325396	261294	203748	14895		62000	126853	
文水县	241375	540642	352950	169580		95730	81611	
交城县	487379	173055	436838	16177	1000	190236	229425	
兴 县	448435	1400330	911253	761989	1325	3500	70439	74000
临 县	36366	314748	165458	107808		17750	39900	
柳林县	2118098	1230286	782827	152133	15240	316210	40492	78000
石楼县								
岚 县	239517	971806	816870	808870		5000	3000	
方山县	65430	142807	115295	98595	14700	2000		
中阳县	175192	341619	184952	51076	20000	23876	90000	
交口县	124589	464370	202405	17820		151085	33500	
孝义市	1659503	1462462	821653	92290	13887	201756	330920	182800
汾阳市	236054	855398	246593	210355		900	35338	

13-39　续表4

单位：万元

地　区	外商资本	营业收入	#主营业务收　　入	营业成本	#主营业务成　　本	税金及附加	#主营业务税金及附加
吕梁市	**186782**	**17720683**	**17251703**	**12671773**	**12383259**	**655272**	**634623**
离石区		753563	654190	508877	447129	34719	28095
文水县	6030	1181774	1180374	1085066	1084061	2496	2496
交城县		1490794	1441277	1249598	1229017	10007	4221
兴　县		1647222	1632131	834652	825080	85160	85080
临　县		376121	374580	171002	170473	32522	32522
柳林县	180753	3106854	2927245	1806611	1728586	165303	165303
石楼县							
岚　县		560487	559814	419050	419050	24826	24826
方山县		377884	377218	217659	217566	28162	28162
中阳县		1177464	1176247	801888	801406	36713	36713
交口县		1224308	1173076	992154	941513	18054	16256
孝义市		3919175	3851402	3204774	3139584	68318	61959
汾阳市		1905037	1904150	1380442	1379796	148992	148992

13-39　续表5

单位：万元

地　区	其他业务收　　入	其他业务利　　润	销售费用	管理费用	财务费用	#利息收入	#利息支出
吕梁市	**468980**	**21153**	**757728**	**958788**	**812618**	**35466**	**708217**
离石区	99374		2189	70300	68530	1143	73405
文水县	1400	280	12766	32920	33236	735	36463
交城县	49517	378	62182	82355	33388	12746	20465
兴　县	15091	4736	237898	47522	45855	5598	50216
临　县	1542	1	33192	52685	36749	12	30094
柳林县	179609	17	82082	298375	269212	-1003	210764
石楼县							
岚　县	672	1547	4334	49141	31249	-1064	29716
方山县	665	572	20865	45581	49781	-20	38224
中阳县	1218		3004	50157	41065	-722	39341
交口县	51232	-80	16560	23065	17067	195	15924
孝义市	67773	13475	128909	112530	166701	13937	143854
汾阳市	887	227	153748	94157	19784	3909	19751

13-39 续表6

单位：万元

地　区	营业利润	资产减值损失	公允价值变动收益	投资收益	其他收益	营业外收入	营业外支出
吕梁市	**1878229**	**12621**	**4**	**8456**	**6383**	**54870**	**86011**
离石区	69199	-225		26		5561	5019
文水县	7124	9159		607	386	3256	2655
交城县	47668	7139		1543		4644	2081
兴　县	408623	535		715	800	2007	3196
临　县	49972					561	4428
柳林县	493139	2702		8491	2078	3647	47828
石楼县							
岚　县	31913	38		-2566	2630	425	1022
方山县	15868	4			36	808	2258
中阳县	244594	44		2		14498	3257
交口县	157407					1548	2016
孝义市	241940	-3122		714	162	16222	9981
汾阳市	110785	-3653	4	-1076	292	1694	2270

13-39 续表7

单位：万元

地　区	利润总额	所得税费用	亏损企业亏损总额	利税总额	应交税金及附加	本年应付职工薪酬	本年应交增值税	从业人员平均人数（人）
吕梁市	**1847088**	**375657**	**214804**	**3590534**	**2119103**	**1153398**	**1088174**	**159103**
离石区	69740	15485	37679	157686	103430	69716	53226	11370
文水县	7725	473	23382	15377	8126	58902	5157	12481
交城县	50230	16665	46198	104252	70687	69569	44015	14657
兴　县	407434	99149	856	649942	341657	111642	157347	8107
临　县	46105	3336	8734	117852	75083	73681	39226	7647
柳林县	448957	87080	49924	895200	533323	278231	280940	36824
石楼县								
岚　县	31315	3130	1876	101198	73013	38515	45057	3772
方山县	14418	115		84065	69762	76349	41485	5331
中阳县	255836	23913		390413	158490	66829	97864	11085
交口县	156939	31611		230091	104764	42191	55099	5340
孝义市	248182	54407	41354	489602	295827	198484	173102	29359
汾阳市	110208	40294	4800	354856	284942	69289	95656	13130

13-40　建筑业企业个数和合同情况(2017年)

地　区	建筑业企业个数(个)	有工作量的建筑业企业个数(个)	亏损企业个　数(个)	签订的合同额(万元)	上年结转合同额(万元)	本年新签合同额(万元)
吕梁市	**122**	**106**	**28**	**71133**	**22221**	**48913**
离石区	44	37	6	31118	5358	25760
文水县	12	10	4	4304	1431	2872
交城县	12	11	4	5806	3887	1918
兴　县	2	2	1	1358	437	921
临　县	3	3		4435	430	4005
柳林县	4	2		1065	300	765
石楼县						
岚　县	3	2		962	125	836
方山县	4	4	1	1379	114	1265
中阳县	4	4	2	5954	4584	1370
交口县						
孝义市	18	16	6	5285	349	4936
汾阳市	16	15	4	9470	5205	4265

13-41　承包工程完成情况(2017年)

单位：万元

地　区	直接从建设单位承揽工程完成的产值	自行完成施工产值	分包出去工程的产值	从建设单位以外承揽工程完成的产值
吕梁市	**534224**	**527604**	**6620**	**14827**
离石区	254952	248333	6620	9870
文水县	30447	30447		
交城县	30831	30831		
兴　县	8700	8700		4504
临　县	37436	37436		
柳林县	16536	16536		
石楼县				
岚　县	8893	8893		
方山县	11438	11438		
中阳县	14010	14010		
交口县				
孝义市	60233	60233		
汾阳市	60750	60750		453

13-42 建筑企业建筑总产值和竣工产值(2017年)

单位：万元

地 区	建筑业总产值	#装饰装修产值	#在外省完成的产值	建筑工程产 值	安装工程产 值	其他产值	竣工产值
吕梁市	**542431**	**5896**	**13277**	**475889**	**51585**	**14957**	**313676**
离石区	258202	875	2514	218731	33629	5843	143396
文水县	30447		5249	30097		350	27110
交城县	30831	2129		29778	745	307	21800
兴 县	13204	931		10200	1200	1804	12575
临 县	37436			30015	4222	3199	28994
柳林县	16536	457		16307	229		3800
石楼县							
岚 县	8893			8573	220	100	8738
方山县	11438			10938	500		5094
中阳县	14010			13362	648		4198
交口县							
孝义市	60233	1500	4500	48948	10000	1284	28847
汾阳市	61203	4	1014	58941	193	2070	29124

13-43 建筑企业房屋建筑施工面积(2017年)

单位：平方米

地 区	房屋建筑施工面积	#本年新开工面积
吕梁市	**319874**	**141964**
离石区	88788	61898
文水县	20976	13142
交城县	25509	1761
兴 县	11509	7062
临 县	23509	23509
柳林县	900	
石楼县		
岚 县	4415	4015
方山县	4931	3624
中阳县	55630	12130
交口县		
孝义市	27362	8075
汾阳市	56346	6748

13-44　建筑企业施工机械设备(2017年)

地　区	年末自有施工机械设备(净值)(万元)	年末自有施工机械设备(总台数)(台)	年末自有施工机械设备(总功率)(千瓦)
吕梁市	**63983**	**11264**	**347077**
离石区	17925	3961	180809
文水县	10315	1959	36196
交城县	8269	875	6817
兴　县	374	307	4970
临　县	9390	79	7326
柳林县	1942	443	18946
石楼县			
岚　县	831	381	4457
方山县	2313	414	3285
中阳县	2353	303	9284
交口县			
孝义市	5529	977	48949
汾阳市	4744	1565	26038

13-45　建筑企业从业人员情况(2017年)

单位：人

地　区	从事主营业务活动的从业人员期末人数	从事主营业务活动的从业人员平均人数		
			#工程技术人员	#现场施工工人
吕梁市	**22367**	**22436**	**4159**	**10573**
离石区	7941	8251	1822	5710
文水县	1001	1019	227	638
交城县	4788	4886	254	370
兴　县	531	531	49	280
临　县	2305	1265	276	970
柳林县	416	438	69	266
石楼县				
岚　县	254	244	56	189
方山县	767	762	203	579
中阳县	653	878	276	324
交口县				
孝义市	1770	1896	403	564
汾阳市	1941	2266	524	683

13-46　建筑企业主要建筑材料消耗量(2017年)

地　区	1.钢材(吨)	2.木材(立方米)	3.水泥(吨)	4.平板玻璃(重量箱)	4.平板玻璃(平方米)	5.铝材(吨)
吕梁市	**195701**	**75096**	**1082617**	**11351**	**106818**	**29181**
离石区	116265	42439	601145	3731	29429	6336
文水县	4471	1668	43960	2271	13242	110
交城县	12939	659	296726	1108	3928	15085
兴　县	755	387	3830	314	3190	72
临　县	5390	2160	28080	620	2800	168
柳林县	500	1200	8900	445	2200	
石楼县						
岚　县	1441	5600	7848	40	17150	25
方山县	4509	73	8770	627	4200	
中阳县	6551	350	34644			
交口县						
孝义市	6167	533	19265			
汾阳市	36713	20027	29449	2195	30679	7385

13-47　建筑企业竣工房面积(2017年)

单位：平方米

地　区	合　计	住宅房屋	商业及服务用房屋			
				商厦房屋(批发和零售用房)	宾馆用房屋(住宿用房)	餐饮用房屋(餐饮用房)
吕梁市	**1228970**	**530458**	**12589**	**3000**		
离石区	485017	196138	5789	3000		
文水县	154620	32550				
交城县	5000	5000				
兴　县	111872	51410	5600			
临　县	174670					
柳林县	9000	8730				
石楼县						
岚　县	39650	22300				
方山县	21405	21405				
中阳县	17951	6340				
交口县						
孝义市	34070	10870	1200			
汾阳市	175715	175715				

13-47　续表1

单位：平方米

地　区			办公用房屋	科研、教育、医疗用房屋		
	商务会展用房屋	其他商业及服务用房屋(居民服务业用房)			科学研究用房屋	教育用房屋
吕梁市	**260**	**9329**	**49656**	**56631**	**6830**	**47327**
离石区	260	2529	32843	4230	955	2651
文水县			16503	11910		11910
交城县						
兴　县		5600		26300	4580	21720
临　县				9361		8361
柳林县				180		180
石楼县						
岚　县				4650	1295	2505
方山县						
中阳县			310			
交口县						
孝义市		1200				
汾阳市						

13-47　续表2

单位：平方米

地　区		文化、体育、娱乐用房屋	厂房及建筑物		仓　库	其他未列明的房屋建筑物*
	医疗用房屋(卫生医疗用房)			#厂房		
吕梁市	**2474**	**5650**	**519728**	**62382**	**7495**	**46763**
离石区	624	3855	233365			8797
文水县			93657	22800		
交城县						
兴　县			14082	14082		14480
临　县	1000		153124			12185
柳林县					90	
石楼县						
岚　县	850	1795	3500	3500	7405	
方山县						
中阳县						11301
交口县						
孝义市			22000	22000		
汾阳市						

13-48 建筑企业竣工房屋价值(2017年)

单位：万元

地 区	合 计	住宅房屋	商业及服务用房屋	商厦房屋(批发和零售用房)	宾馆用房屋(住宿用房)	餐饮用房屋(餐饮用房)
吕梁市	**149967**	**71798**	**3117**	**885**		
离石区	74021	35457	1963	885		
文水县	7803	3906				
交城县	606	606				
兴 县	12575	5491	901			
临 县	21018					
柳林县	1337	1310				
石楼县						
岚 县	6873	4800				
方山县	2334	2334				
中阳县	3122	732				
交口县						
孝义市	4552	1438	254			
汾阳市	15726	15726				

13-48 续表1

单位：万元

地 区	商务会展用房屋	其他商业及服务用房屋(居民服务业用房)	办公用房屋	科研、教育、医疗用 房 屋	科学研究用 房 屋	教育用房屋
吕梁市	**523**	**1710**	**7453**	**8584**	**862**	**7298**
离石区	523	556	6926	771	248	423
文水县			496	3008		3008
交城县						
兴 县		901		2583	481	2102
临 县				1631		1421
柳林县				18		18
石楼县						
岚 县				573	133	326
方山县						
中阳县			31			
交口县						
孝义市		254				
汾阳市						

13-48　续表2

单位：万元

地　区	医疗用房屋(卫生医疗用房)	文化、体育、娱乐用房屋	厂房及建筑　物	#厂房	仓　库	其他未列明的房屋建筑物*
吕梁市	**425**	**1262**	**48413**	**4753**	**928**	**8412**
离石区	100	1002	26130			1773
文水县			394	163		
交城县						
兴　县			1409	1409		2192
临　县	210		17299			2088
柳林县					9	
石楼县						
岚　县	115	260	322	322	919	
方山县						
中阳县						2360
交口县						
孝义市			2860	2860		
汾阳市						

13-49　建筑企业年初存货和年末资产负债(2017年)

单位：万元

地　区	年初存货	流动资产合　　计	#应收工程款	#存货	固定资产合　　计	固定资产减值准备	固定资产原　　价
吕梁市	**123840**	**588916**	**224855**	**117456**	**157458**	**4**	**191519**
离石区	17013	268235	129661	9698	70225	4	71313
文水县	12805	36395	16001	12713	17398		23503
交城县	28702	61831	14157	18614	17306		26218
兴　县	261	610	209	263	365		574
临　县		11441	4279	1146	13255		13664
柳林县	10634	26224	4364	7797	3060		4237
石楼县							
岚　县	131	1225	446	115	3811		3735
方山县	190	6825	4803	635	4340		4485
中阳县	20339	43049	11044	29586	3358		4559
交口县							
孝义市	12052	65470	17614	13493	12725		18589
汾阳市	21715	67611	22280	23396	11616		20643

13-49 续表1

单位：万元

地　区	累计折旧	#本年折旧	在建工程	资产合计	流动负债合计	#应付账款	非流动负债合计	负债合计
吕梁市	**66623**	**8087**	**7978**	**799776**	**402725**	**102411**	**12587**	**434169**
离石区	24020	2394	2999	365241	186941	36682	6758	209273
文水县	8292	2781	340	56244	20827	8182	4985	27201
交城县	11950	1422	2946	82180	30196	10282		30196
兴　县	209	7		2940	270	69		270
临　县	409	38		24710	3121	1070		3121
柳林县	2184	115	5	29530	23109	10603		23109
石楼县								
岚　县	81	81		5470	1259	120		1259
方山县	145	109		11562	3707	957		5004
中阳县	1201			50223	35161	5911		35280
交口县								
孝义市	7604	802	186	91234	44182	19866	801	45461
汾阳市	10530	338	1502	80443	53952	8670	43	53995

13-49 续表2

单位：万元

地　区	所有者权益合计	#实收资本	#国家资本	#集体资本	#法人资本	#个人资本	#港澳台资本	#外商资本
吕梁市	**365608**	**266113**	**26852**	**5685**	**79677**	**153899**		
离石区	155968	110477	20470		52100	37908		
文水县	29043	18117	600		2050	15467		
交城县	51984	32695			6960	25735		
兴　县	2670	2143			-7	2150		
临　县	21589	18840			11000	7840		
柳林县	6421	3371		387	1214	1770		
石楼县								
岚　县	4211	3878				3878		
方山县	6558	5811		1500	4311			
中阳县	14944	10350			850	9500		
交口县								
孝义市	45773	39885	4900	2798	824	31363		
汾阳市	26448	20546	882	1000	375	18289		

13-50 建筑企业损益及分配表(2017年)

单位：万元

地 区	营业收入	#主营业务收入	营业成本	#主营业务成本	营业税金及附加	#主营业务税金及附加
吕梁市	**579361**	**567957**	**516621**	**479771**	**12126**	**11730**
离石区	303331	294078	268871	234629	6374	6084
文水县	29126	29101	25654	25654	332	332
交城县	35708	35708	32399	32399	91	91
兴 县	14073	13966	12296	12296	1101	1101
临 县	67380	67367	63217	63217	448	448
柳林县	16548	16548	13290	13290	124	124
石楼县						
岚 县	9024	9024	7108	7108	776	776
方山县	9381	7869	7574	6611	296	295
中阳县	13778	13778	13083	11482	164	164
交口县						
孝义市	27867	27827	23357	23357	2067	2037
汾阳市	53145	52690	49773	49729	353	279

13-50 续表1

单位：万元

地 区	其他业务利 润	销售费用	管理费用	财务费用	#利息收入	#利息支出
吕梁市	**2081**	**2014**	**24459**	**2258**	**131**	**1436**
离石区		1081	13213	877	0	232
文水县		28	615	352	19	287
交城县		201	1141	642	2	643
兴 县	107		104			
临 县	13		144	2	-1	2
柳林县		431	1812	7		
石楼县						
岚 县		66	830	86		13
方山县	1512	14	155	5		1
中阳县		1	574	150		150
交口县						
孝义市	40	67	3072	142	28	55
汾阳市	409	126	2800	-4	83	54

13-50　续表2

单位：万元

地　区	资产减值损　　失	公允价值变动收益	投资收益	其他收益	营业利润	营业外收　入	营业外支出
吕梁市	**-76**	**1**	**46**		**21928**	**1314**	**800**
离石区	-81				13010	286	133
文水县					2054		38
交城县					1233	23	2
兴　县		1			573	27	-3
临　县					3570		
柳林县					885	671	565
石楼县							
岚　县					158		
方山县					1337		2
中阳县					-193	17	31
交口县							
孝义市					-838	186	5
汾阳市	5		46		138	105	26

13-50　续表3

单位：万元

地　区	利润总额	所得税费用	应付职工薪酬（本年贷方累计发生额）	应交增值税	建筑业企业在境外完成的营业收入
吕梁市	**22442**	**7754**	**56769**	**14962.3**	
离石区	13163	4333	25287	6947.6	
文水县	2016	193	5246	1369.6	
交城县	1254	582	1687	287.7	
兴　县	604	189	320	1602.3	
临　县	3570	1347	2977	2485.2	
柳林县	991	189	1303	798.1	
石楼县					
岚　县	158	136	1371		
方山县	1335	111	1658	264	
中阳县	-208	119	1113	444.7	
交口县					
孝义市	-658	424	3257	-145.2	
汾阳市	217	132	12550	908.3	

13-51　社会消费品零售总额(2017年)

单位：万元

地　区	社会消费品零售总额		
		城　镇	乡　村
吕梁市	**4615657**	**3553825**	**1061833**
离石区	713114	469006	244108
文水县	216370	147581	68789
交城县	192489	120607	71882
兴　县	157858	113268	44590
临　县	445679	348637	97042
柳林县	405864	320978	84886
石楼县	32790	25855	6935
岚　县	116023	81473	34550
方山县	96555	73703	22852
中阳县	140120	101869	38251
交口县	81884	58567	23317
孝义市	1371474	1167068	204406
汾阳市	645438	525212	120226

13-52　海关进出口情况(2017年)

单位：万元

地　区	进出口总　额		
		进　口	出　口
吕梁市	**171400**	**121989**	**49411**
离石区	17	17	
文水县	31987	31656	331
交城县	125627	77391	48237
兴　县			
临　县			
柳林县			
石楼县			
岚　县			
方山县			
中阳县			
交口县			
孝义市	4950	4203	747
汾阳市	8819	8722	96

13-53 旅游事业发展情况(2017年)

地　区	海外旅游人数(人次)	旅游创汇(万美元)	国内旅游接待人次(万人)	国内旅游接待收入(亿元)
吕梁市	**5917**	**227.43**	**4569.85**	**389.11**
离石区	1307	23.22	579.26	64.3
文水县	164	10.96	288.96	25.3
交城县	350	21.09	784.87	65.8
兴　县	183	9.19	96.76	8.19
临　县	698	16.99	349.64	25.91
柳林县	686	20.18	843.74	55.6
石楼县	365	11.06	24.58	3.04
岚　县	446	20.89	82.93	5.25
方山县	216	5.32	179.96	29.7
中阳县	187	10.46	57.9	5.15
交口县	238	11.12	52.08	4.27
孝义市	357	21.05	572.89	47.34
汾阳市	720	45.9	656.28	49.26

13-54 公路通车里程(2017年)

单位：公里

地　区	公路通车里　　程	在通车里程中					
		国　道	省　　道	县 公 路	乡 公 路	专用公路	村　道
吕梁市	**17415**	**1288**	**837**	**2553**	**4583**		**8154**
离石区	1003	141	33	128	166		534
文水县	1452	102	60	171	312		807
交城县	998	72	79	152	360		335
兴　县	2185	113	80	421	634		937
临　县	2799	153	171	338	635		1502
柳林县	1539	84	70	246	343		796
石楼县	829	76	41	137	390		184
岚　县	1082	142	50	174	279		437
方山县	838	98	79	132	193		336
中阳县	953	56	24	193	233		448
交口县	753	77	43	96	250		286
孝义市	1756	45	62	203	400		1047
汾阳市	1227	129	45	161	386		506

13-55　公路等级里程(2017年)

单位：公里　　单位：公里，%

地　区	等级里程						等外里程	等级里程占总里程的百分比
		高　速	一　级	二　级	三　级	四　级		
吕梁市	**16507**	**534**	**356**	**2115**	**2110**	**11391**	**908**	**95**
离石区	964	89	47	98	146	584	39	96
文水县	1452	33		155	374	891		100
交城县	993	18	24	127	167	657	5	99
兴　县	2185	62	5	215	139	1764		100
临　县	2456	139	8	214	207	1888	343	88
柳林县	1528	42	15	193	185	1093	12	99
石楼县	804			127	6	671	25	97
岚　县	916	18	14	212	90	582	166	85
方山县	835	60	24	89	122	540	3	100
中阳县	791		45	86	177	484	162	83
交口县	621		3	140	87	391	132	82
孝义市	1756		120	328	236	1073		100
汾阳市	1205	74	52	131	175	775	21	98

13-56　邮政业务总量

单位：万元

地　区	2017年	2016年
吕梁市	**27451**	**22536**
离石区	5444	3785
文水县	1704	1392
交城县	1144	946
兴　县	2449	2029
临　县	1882	1447
柳林县	1181	1050
石楼县	697	714
岚　县	1332	1039
方山县	1177	1002
中阳县	1053	989
交口县	1729	1623
孝义市	5114	4587
汾阳市	2547	1933

13-57 全市教育基本情况(2017年)

单位：个，所

地 区	乡镇、办事处数	学校总数	小 学	普通中学合 计		
					完全中学	高级中学
总 计	**158**	**1615**	**575**	**288**	**7**	**34**
离石区	10	228	47	23	4	4
文水县	12	274	80	34		6
交城县	10	129	43	27		2
兴 县	17	59	32	18		3
临 县	23	128	58	35	2	
柳林县	15	177	62	31	1	2
石楼县	9	33	12	10		1
岚 县	12	61	34	19		1
方山县	7	76	31	9		1
中阳县	7	55	27	10		1
交口县	7	60	26	9		1
孝义市	15	175	44	34		8
汾阳市	14	160	79	29		4

13-57 续表

单位：个，所

地 区				职业高中	幼儿园	特殊教育
	初级中学	九年一贯制学校	十二年一贯制学校			
总 计	**185**	**62**		**19**	**727**	**6**
离石区	15			3	153	2
文水县	28			1	158	1
交城县	25			1	58	
兴 县	12	3		2	7	
临 县	11	22		3	32	
柳林县	19	9		1	83	
石楼县	6	3		1	10	
岚 县	11	7		1	7	
方山县	6	2		1	34	1
中阳县	5	4		1	17	
交口县	7	1		1	24	
孝义市	16	10		1	95	1
汾阳市	24	1		2	49	1

13-58　全市教职工数(2017年)

单位：人

地　区	教职工数					
	合　计	中　学	职　高	小　学	特殊教育	幼儿园
总　计	**54739**	**24079**	**1702**	**20160**	**285**	**8513**
离石区	5973	2418	208	1931	216	1200
文水县	5235	2319	146	2241	25	504
交城县	3356	1593	120	1079		564
兴　县	3247	1425	50	1554		218
临　县	6548	3048	339	2732		429
柳林县	6158	2634	148	2239		1137
石楼县	1617	736	117	547		217
岚　县	2135	1101	106	801		127
方山县	2328	818	47	970	8	485
中阳县	2431	1213	55	826		337
交口县	1809	698	88	750		273
孝义市	8496	3870	173	2322	17	2114
汾阳市	5406	2206	105	2168	19	908

13-58　续表

单位：人

地　区	专任教师数					
	合　计	中学	职高	小学	特殊教育	幼儿园
总　计	**45914**	**20615**	**1459**	**17653**	**227**	**5960**
离石区	4268	1952	159	1709	162	286
文水县	4819	2147	114	2139	25	394
交城县	3064	1461	116	1019		468
兴　县	2739	1157	47	1358		177
临　县	4647	2231	285	1806		325
柳林县	5354	2267	128	2031		928
石楼县	1387	652	89	469		177
岚　县	1930	979	98	746		107
方山县	1452	468	34	658	5	287
中阳县	2224	1122	52	775		275
交口县	1636	620	80	715		221
孝义市	7524	3484	159	2226	16	1639
汾阳市	4870	2075	98	2002	19	676

13-59 全市在校学生数

单位：人

地 区	在校学生数			
	合 计	高 中	初 中	职 高
总 计	**623402**	**79992**	**120114**	**17580**
离石区	102472	14307	17826	750
文水县	68022	8433	13918	2277
交城县	41889	5056	7845	1714
兴 县	26550	4036	6178	188
临 县	55025	7237	11734	3059
柳林县	61427	7965	12034	1706
石楼县	19582	2085	3982	1229
岚 县	24125	3142	5335	1043
方山县	19006	1735	3260	259
中阳县	26292	3220	4849	623
交口县	19683	2065	3460	856
孝义市	91431	12295	16988	2083
汾阳市	67898	8416	12705	1793

13-59 续表

单位：人

地 区	在校学生数		
	小 学	特殊教育	幼儿园
总 计	**270368**	**1410**	**133938**
离石区	42142	810	26637
文水县	29958	81	13355
交城县	17691	13	9570
兴 县	13977	30	2141
临 县	23018	15	9962
柳林县	25727	14	13981
石楼县	8277	6	4003
岚 县	12016	9	2580
方山县	8581	24	5147
中阳县	11742	41	5817
交口县	9059	15	4228
孝义市	39914	166	19985
汾阳市	28266	186	16532

13-60 小学学校数(2017年)

单位：所

地区	合计	城市			县镇			农村		
		教育部门和集体办	民办	其它部门办	教育部门和集体办	民办	其它部门办	教育部门和集体办	民办	其它部门办
总计	**575**	**51**	**3**		**179**	**12**		**321**	**9**	
离石区	47	24	1		2			18	2	
文水县	80				18			60	2	
交城县	43				20			23		
兴县	32				18	1		13		
临县	58				25	4		28	1	
柳林县	62				23	2		36	1	
石楼县	12				10			2		
岚县	34				11			23		
方山县	31				7	3		21		
中阳县	27				12	1		14		
交口县	26				11			14	1	
孝义市	44	17			9			18		
汾阳市	79	10	2		13	1		51	2	

13-61 小学基本情况(2017年)

单位：人

地区	学龄人口	在校学龄人口	招生数	在校学生数		
				合计	一年级	二年级
总计		**266080**	**46135**	**270368**	**46121**	**45590**
离石区		41372	8079	42142	8063	7555
文水县		29940	4926	29958	4926	4962
交城县		17388	2738	17691	2738	3025
兴县		13359	2186	13977	2186	2096
临县		22181	4150	23018	4150	4025
柳林县		25629	4352	25727	4352	4415
石楼县		7750	1456	8277	1456	1250
岚县		11978	2101	12016	2101	2147
方山县		8492	1427	8581	1427	991
中阳县		11425	1968	11742	1968	1889
交口县		8742	1453	9059	1455	1409
孝义市		39671	6450	39914	6450	6814
汾阳市		28153	4849	28266	4849	5012

13-61 续表

单位：人

地 区	在校学生数				毕业生数	毕业班学生数
	三年级	四年级	五年级	六年级		
总 计	**44693**	**41619**	**45413**	**46932**	**42408**	**46932**
离石区	6971	6258	6739	6556	6023	6556
文水县	5153	4869	4949	5099	4652	5099
交城县	3102	2836	2895	3095	2700	3095
兴 县	2077	2424	2608	2586	2074	2586
临 县	3185	3320	4133	4205	4134	4205
柳林县	4430	3933	4026	4571	4332	4571
石楼县	1333	1429	1334	1475	1349	1475
岚 县	1824	1573	2132	2239	1963	2239
方山县	1624	1521	1544	1474	1344	1474
中阳县	1907	1903	1958	2117	1880	2117
交口县	1616	1627	1326	1626	1597	1626
孝义市	7131	5741	6912	6866	5977	6866
汾阳市	4340	4185	4857	5023	4383	5023

13-62 小学教职工情况(2017年)

单位：人

地 区	教职工数						代课教师	兼任教师
	合 计	专任教师	行政人员	教辅人员	工勤人员	工厂工人		
总 计	**20160**	**17653**	**442**	**1326**	**739**		**2809**	**172**
离石区	1931	1709	35	112	75		861	82
文水县	2241	2139	68	32	2		407	3
交城县	1079	1019	38	15	7		45	1
兴 县	1554	1358	39	80	77		69	9
临 县	2732	1806	97	517	312		16	2
柳林县	2239	2031	19	134	55		69	5
石楼县	547	469	8	70			99	
岚 县	801	746	14	30	11		71	
方山县	970	658	31	171	110		93	
中阳县	826	775	2	40	9		53	
交口县	750	715	15	6	14		287	37
孝义市	2322	2226	26	42	28		10	
汾阳市	2168	2002	50	77	39		729	33

13-63 普通中学学校数(2017年)

单位：所

地区	合计	城市			县镇			农村		
		教育部门和集体办	民办	其它部门办	教育部门和集体办	民办	其它部门办	教育部门和集体办	民办	其它部门办
总计	**288**	**34**	**11**		**122**	**22**		**90**	**9**	
离石区	23	11	8					3	1	
文水县	34				14	4		15	1	
交城县	27				15			12		
兴县	18				9	4		4	1	
临县	35				19	4		12		
柳林县	31	1			14	4		11	1	
石楼县	10				6			4		
岚县	19				8	3		8		
方山县	9				6	1			2	
中阳县	10				7	1		1	1	
交口县	9				5	1		3		
孝义市	34	14	1		8			9	2	
汾阳市	29	8	2		11			8		

13-64 初中学生情况(2017年)

单位：人

地区	学龄人口	在校学龄人口	在校学生数				毕业生数	毕业班学生数
			合计	一年级	二年级	三年级		
总计		**107320**	**120114**	**40851**	**41851**	**37412**	**41613**	**37412**
离石区		13682	17826	6460	6149	5217	5972	5217
文水县		13605	13918	4544	4882	4492	4971	4492
交城县		7324	7845	2638	2876	2331	2720	2331
兴县		5194	6178	1973	2104	2101	2018	2101
临县		9447	11734	3792	4079	3863	4588	3863
柳林县		11625	12034	4057	4188	3789	3965	3789
石楼县		3181	3982	1358	1346	1278	1437	1278
岚县		5135	5335	1737	1927	1671	1789	1671
方山县		2912	3260	951	1179	1130	1194	1130
中阳县		4636	4849	1729	1640	1480	1656	1480
交口县		3241	3460	1189	1185	1086	1230	1086
孝义市		16430	16988	6025	5879	5084	5654	5084
汾阳市		10908	12705	4398	4417	3890	4419	3890

13-65 高中学生情况(2017年)

单位：人

地 区	毕业生数	招生数	在校学生数				毕业班学生数
			合 计	一年级	二年级	三年级	
总 计	**28795**	**24946**	**79992**	**24946**	**27124**	**27922**	**27922**
离石区	4810	4574	14307	4574	4811	4922	4922
文水县	3022	2620	8433	2620	2891	2922	2922
交城县	1877	1600	5056	1600	1691	1765	1765
兴 县	1471	1259	4036	1259	1354	1423	1423
临 县	2484	2370	7237	2370	2415	2452	2452
柳林县	2742	2404	7965	2404	2778	2783	2783
石楼县	694	700	2085	700	708	677	677
岚 县	1197	964	3142	964	1064	1114	1114
方山县	642	575	1735	575	530	630	630
中阳县	1285	1000	3220	1000	1108	1112	1112
交口县	744	717	2065	717	682	666	666
孝义市	4899	3484	12295	3484	4326	4485	4485
汾阳市	2928	2679	8416	2679	2766	2971	2971

13-66 普通中学教职工情况(2017年)

单位：人

地 区	教职工数						代课教师	兼任教师
	合 计	专任教师	行政人员	教辅人员	工勤人员	工厂工人		
总 计	**24079**	**20615**	**632**	**1635**	**1181**	**16**	**2405**	**378**
离石区	2418	1952	85	176	205		638	282
文水县	2319	2147	64	59	49		383	30
交城县	1593	1461	40	78	14			
兴 县	1425	1157	43	87	133	5	240	5
临 县	3048	2231	140	400	274	3	44	45
柳林县	2634	2267	79	163	117	8		16
石楼县	736	652	2	73	9		30	
岚 县	1101	979	18	63	41		164	
方山县	818	468	54	157	139			
中阳县	1213	1122	8	56	27		333	
交口县	698	620	12	44	22		337	
孝义市	3870	3484	56	218	112		147	
汾阳市	2206	2075	31	61	39		89	

13-67　全市成人中等专业学校校数、学生数、教职工数(2017年)

单位：人

类　别	学校数(个)	学生数				教职工数	
		毕业生	招生数	在校生	毕业班学生	总计	专任教师
总　计	**13**					**303**	**274**
离石区进修校	1					17	11
文水县进修校	1					28	25
交城县进修校	1					19	19
兴县进修校	1					26	22
临县进修校	1					16	16
柳林县进修校	1					47	42
石楼县进修校	1					16	15
岚县进修校	1					20	17
方山县进修校	1					15	13
中阳县进修校	1					48	47
交口县进修校	1					7	7
孝义市进修校	1					12	9
汾阳市进修校	1					32	31

13-68　职业中学学校数(2017年)

单位：所

地　区	职业高中				
	合　计	地方部门			民办
		小　计	教育部门	非教育部门	
总　计	**19**	**17**	**17**		**2**
离石区	3	2	18		1
文水县	1	1	19		
交城县	1	1	20		
兴　县	2	2	21		
临　县	3	3	22		
柳林县	1	1	23		
石楼县	1	1	24		
岚　县	1	1	25		
方山县	1	1	26		
中阳县	1	1	27		
交口县	1	1	28		
孝义市	1	1	29		
汾阳市	2	1	30		1

13-69　职业高中教职工情况(2017年)

单位：人

地　区	教职工数						聘请校外教师
	合　计	专任教师	行政人员	教辅人员	工勤人员	工厂工人	
总　计	**1674**	**1459**	**54**	**114**	**47**		**132**
离石区	190	159	8	14	9		18
文水县	146	114	2	26	4		31
交城县	120	116	3		1		12
兴　县	50	47	3				
临　县	329	285	16	9	19		
柳林县	148	128	1	19			
石楼县	117	89	6	18	4		
岚　县	106	98	4	4			
方山县	47	34	5	5	3		
中阳县	55	52		3			30
交口县	88	80		7	1		18
孝义市	173	159	2	6	6		2
汾阳市	105	98	4	3			21

13-70　职业高中学生情况(2017年)

单位：人

地　区	毕业生数	招生数	在校学生数					毕业班学生数
			合　计	一年级	二年级	三年级	四年级	
总　计	**5801**	**6093**	**17580**	**6090**	**5723**	**5655**	**112**	**6020**
离石区	214	256	750	256	280	214		218
文水县	666	780	2277	780	741	756		756
交城县	623	636	1714	636	569	509		618
兴　县	112	87	188	87	15	86		110
临　县	963	886	3059	886	946	1167	60	1167
柳林县	492	591	1706	591	642	473		540
石楼县	395	499	1229	500	386	343		431
岚　县	372	362	1043	362	328	353		353
方山县	175	65	259	65	80	62	52	97
中阳县	72	418	623	414	116	93		93
交口县	316	306	856	306	239	311		349
孝义市	791	724	2083	724	692	667		667
汾阳市	610	483	1793	483	689	621		621

13-71　幼儿园教职工情况(2017年)

单位：人

地　区	教职工数					代课教师	兼任教师
	合　计	园　长	专任教师	保健员	其　他		
总　计	**8513**	**664**	**5960**	**111**	**1778**	**4072**	**739**
离石区	1200	152	286	24	738	1359	689
文水县	504	59	394	3	48	580	4
交城县	564	48	468	4	44	72	8
兴　县	218	7	177	4	30	22	1
临　县	429	31	325	7	66	69	5
柳林县	1137	96	928	7	106	250	13
石楼县	217	15	177	5	20	42	
岚　县	127	8	107	4	8	6	9
方山县	485	45	287	13	140	43	9
中阳县	337	24	275	3	35	279	
交口县	273	17	221		35	117	
孝义市	2114	108	1639	32	335	1117	1
汾阳市	908	54	676	5	173	116	

13-72　幼儿园园数、幼儿数(2017年)

单位：所

地　区	幼儿园数合计	城　市			县　镇		
		教育部门和集体办	民　办	其　它部门办	教育部门和集体办	民　办	其　它部门办
总　计	**727**	**27**	**166**		**121**	**101**	**5**
离石区	153	5	134		1		
文水县	158				20		
交城县	58				20	2	
兴县	7				2	4	
临　县	32				15	11	1
柳林县	83	1			18	46	
石楼县	10				3	7	
岚　县	7				2	5	
方山县	34				5	16	
中阳县	17				11	3	
交口县	24				11	4	
孝义市	95	16	22		9		3
汾阳市	49	5	10		4	3	1

13-72 续表

地 区	农村			幼儿人数		
	教育部门和集体办	民 办	其 它部门办	入园(班)人数	在园(班)幼儿数	离园(班)人数
总 计	**268**	**38**	**1**	**64215**	**133938**	**46350**
离石区	3	10		15165	26637	8196
文水县	138			5085	13355	4532
交城县	34	2		5843	9570	3044
兴 县	1			31	2141	798
临 县	3	2		4917	9962	3782
柳林县	15	3		9614	13981	5045
石楼县				1484	4003	1326
岚 县				1472	2580	1534
方山县	5	8		2882	5147	1968
中阳县	3			2680	5817	2061
交口县	8	1		2234	4228	1759
孝义市	43	1	1	7284	19985	6689
汾阳市	15	11		5524	16532	5616

13-73 特殊教育学校数、教职工数(2017年)

单位：人

地 区	特教学校合 计	教育部门和集体办		教职工数				
		城 市	县 镇	合 计	专任教师	行政人员	教辅人员	工勤人员
合 计	**6**	**2**	**2**	**285**	**227**	**17**	**11**	**30**
离石区	2	1		216	162	16	9	29
文水县	1		1	25	25			
方山县	1		1	8	5	1	2	
孝义市	1	1		17	16			1
汾阳市	1			19	19			

13-74　特殊教育学生数(2017年)

单位：人

地　区	毕业生	招生数	在校学生数					
			合　计	一年级	二年级	三年级	四年级	五年级
合　计	**94**	**258**	**1410**	**127**	**151**	**151**	**145**	**157**
离石区	49	163	810	54	64	82	73	80
文水县		8	81	6	23	2	11	16
交城县	1	2	13	2	2	3		2
兴　县	4	5	30	4	5	2	3	4
临　县		1	15		4	2		1
柳林县		6	14		2	1	1	
石楼县	1		6				1	1
岚　县		2	9		1			4
方山县		11	24	18	1	3	1	1
中阳县	5	10	41	6	2	5	4	4
交口县	3	5	15		2		1	1
孝义市	13	19	166	18	21	32	29	21
汾阳市	18	26	186	19	24	19	21	22

13-74　续表

单位：人

地　区	在校学生数						
	六年级	七年级	八年级	九年级	十年级	十一年级	十二年级
合　计	**140**	**162**	**148**	**141**	**27**	**36**	**25**
离石区	67	116	95	91	27	36	25
文水县	4	3	11	5			
交城县	3			1			
兴　县	2	1	6	3			
临　县	2	1	4	1			
柳林县		6	4				
石楼县	1		2	1			
岚　县	1	2		1			
方山县							
中阳县	1	4	7	8			
交口县	3	5		3			
孝义市	25	9	6	5			
汾阳市	31	15	13	22			

中国统计出版社最新图书简目

(仅供参考,以实际出版为准)

统计资料

中国统计年鉴　中国统计摘要　中国发展报告
中国经济普查年鉴　国际统计年鉴　金砖国家联合统计手册
中国-东盟国家统计手册　中国农村统计年鉴　中国县域统计年鉴
中国城市统计年鉴　中国对外直接投资统计公报　中国地区经济监测报告
中国贸易外经统计年鉴　中国零售和餐饮连锁企业统计年鉴　中国商品交易市场统计年鉴
大中型批发零售和住宿餐饮企业统计年鉴　中国农产品价格调查年鉴　中国住户调查年鉴
中国价格统计年鉴　中国能源统计年鉴　全国农产品成本收益资料汇编
中国环境统计年鉴　中国建筑业统计年鉴　国外资源、能源和环境统计资料汇编
中国工业统计年鉴　中国城乡建设统计年鉴　中国县城建设统计年鉴
中国城市建设统计年鉴　中国科技统计年鉴　中国房地产统计年鉴
中国证券期货统计年鉴　中国劳动统计年鉴　中国第三产业统计年鉴
工业企业科技活动资料　中国社会统计年鉴　中国高技术产业统计年鉴
中国人才资源统计报告　中国教育统计年鉴　中国人口和就业统计年鉴
文化及相关产业统计概览　中国文化及相关产业统计年鉴　中国教育经费统计年鉴
中国民族统计年鉴　中国残疾人事业统计年鉴　中国民政统计年鉴
中国乡镇街道行政区域简册　中国基本单位统计年鉴　中国妇女儿童状况统计资料（英）

省级综合统计年鉴系列

北京 天津 河北 山西 内蒙古 辽宁 吉林 黑龙江 上海 江苏 浙江 安徽 福建 江西 山东 河南 湖北 湖南
广东 广西 海南 重庆 四川 贵州 云南 西藏 陕西 甘肃 青海 宁夏 新疆 新疆生产建设兵团

市(县)级综合统计年鉴系列

滨海新区 石家庄 唐山 邯郸 保定 沧州 邢台 廊坊 承德 衡水 秦皇岛 张家口 太原 大同 阳泉 长治 晋城
朔州 晋中 运城 忻州 临汾 吕梁 呼和浩特 呼和浩特新城区 鄂尔多斯 包头 沈阳 大连 长春 吉林 延吉 四平
通化 松原 哈尔滨 齐齐哈尔 黑龙江垦区 上海浦东新区 南京 无锡 徐州 常州 苏州 南通 连云港 淮安 盐城
扬州 镇江 泰州 宿迁 江阴 丹阳 海门 杭州 宁波 温州 嘉兴 湖州 绍兴 金华 衢州 舟山 台州 丽水 合肥
安庆 马鞍山 福州 厦门 宁德 漳州 龙岩 南昌 九江 上饶 新余 抚州 萍乡 赣州 吉安 景德镇 济南 青岛 潍坊
枣庄 日照 滕州 郑州 洛阳 平顶山 三门峡 商丘 信阳 济源 汝州 武汉 十堰 荆州 宜昌 荆门 咸宁 长沙 广州
深圳 惠州 东莞 汕尾 南宁 柳州 桂林 来宾 河池 防城港 海口 三亚 成都 贵阳 黔南 毕节 昆明 西安 咸阳
延安 宝鸡 安康 铜川 汉中 榆林 兰州 庆阳 银川 乌鲁木齐 兵团一师 兵团十师

调查年鉴系列

天津 山西 内蒙古 辽宁 吉林 上海　福建 江西 河南 湖北 湖南 广西　重庆 四川 云南 甘肃 宁夏 新疆

统计方法应用/实用手册

实用SAS统计分析教程　马克威统计分析与数据挖掘应用案例　统计公文知识问答
乡镇统计人员岗位知识培训系列教材：辅助调查员岗位基础知识　乡镇统计人员岗位基础知识
县级统计人员岗位知识培训系列教材：Excel在统计工作中的应用　简明统计分析
地市级统计人员岗位知识培训系列教材：统计报告与演示　Excel在统计工作中的应用

统计通俗读物/统计科普图书

国家统计局核心统计指标变迁　货架上的统计　账本里的统计

重点图书

砥砺奋进的五年——从十八大到十九大　新编英汉汉英统计大词典　中华医学统计百科全书
新常态下的中国服务业：理论与实践　新动能新产业发展报告-2017
挑大学选专业2018—考研择校指南　挑大学选专业2018—高考志愿填报指南